KB097093

지은이

김병권
(부동산아저씨)

| 이메일 |
sungyou1004@hanmail.net
| 블로그 |
blog.naver.com/sungyou1004
| 유튜브 |
부동산 알려주는 아저씨

어릴 적부터 유독 '돈'과 '재테크'에 관심이 많았다.
하지만 어디서부터 어떻게 시작해야 하는지 그 방법을 몰랐고
주변에 알려줄 만한 사람도 없었다.
우연찮게 15회 공인중개사자격시험에 응시해서
2004년 부동산중개업에 입문한 후
전월세/매매, 오피스텔, 상가, 아파트, 재개발재건축, 빌라신축, 경매 등의
다양한 분야에서 실무 경험을 쌓았다.

이러한 경험과 지식을 바탕으로 네이버 카페 '부동산스터디'에
'부동산아저씨'라는 닉네임으로
실무 경험이 녹아 있는 현실적인 글들을 통해
올리는 글마다 좋은 반응을 얻고 있다.
또한 부동산 기본상식과 부자 마인드를 함께 나누고자
'부동산 알려주는 아저씨'라는
블로그와 유튜브를 개설하여 운영 중이다.

금수저는 고사하고 흙수저도 못 물고 태어났지만
현재 서울과 경기 지역에 여러 개의 부동산을 보유하고 있으며
55세가 되기 전까지
완벽한 경제적 자유인이 되어 은퇴하는 것을 목표로
부동산중개, 경매투자, 재테크 상담 등의 업무를 하고 있다.

김병권의 부동산대백과

이 책은 2021년 2월 출간된 《돈이 된다! 부동산대백과》의 '확장증보판'이다.

최신 세법과 정부의 정책을 반영하여 수정하였으며,

e-Book으로 제공되었던 〈상가 마당〉을 〈일곱째 마당〉으로 수록하였다.

책의 분량은 기존 600쪽에서 추가되어 744쪽으로 내용이 보강되었으며,

수록된 사진과 각종 자료는 가급적 최신 버전으로 업데이트를 하였다.

새롭게 탄생한 《김병권의 부동산대백과》가 독자들의 부동산 공부와 재테크에

길라잡이가 되었으면 한다.

김병권의 부동산대백과

초판 1쇄 인쇄 2023년 8월 1일
초판 2쇄 발행 2024년 4월 1일

지은이 · 김병권
발행인 · 강혜진
발행처 · 진서원
등록 · 제2012-000384호 2012년 12월 4일
주소 · (03938) 서울시 마포구 동교로 44-3 진서원빌딩 3층
대표전화 · (02)3143-6353 ┃ **팩스** · (02)3143-6354
홈페이지 · www.jinswon.co.kr ┃ **이메일** · service@jinswon.co.kr

편집진행 · 김수미 ┃ **마케팅** · 강성우, 문수연 ┃ **경영지원** · 지경진
표지 및 내지 디자인 · 디박스 ┃ **일러스트** · 홍유연 ┃ **종이** · 다올페이퍼 ┃ **인쇄** · 보광문화사

ISBN 979-11-983998-9-2 13320

진서원 도서번호 20007

값 38,000원

김병권의

김병권(부동산아저씨) 지음

부동산
대백과

전월세, 청약, 재개발, 재건축, 경매, 상가, 절세, 대출까지!

진원

'부자가 되려는 마음'과 '꼭 그렇게 되겠다는 의지'

더 늦기 전에 부동산 문맹에서 벗어나자

글을 제대로 배우지 못해 읽거나 쓸 줄 모르는 사람을 '문맹'이라고 한다. 요즘 주변에서는 이러한 문맹을 거의 찾아볼 수 없다.

그러나 부동산중개업을 하다 보면 '부동산 문맹'을 상당히 자주 보게 된다. 내가 운영하고 있는 사무실이 대학가에 있다 보니 젊은층(대학생, 사회초년생, 신혼부부 등) 손님을 많이 만나게 된다. 그런데 놀라운 사실은 부동산에 관심은 있지만 부동산에 대한 상식, 지식, 안목 등이 거의 백지 상태와 같을 때가 많다는 것이다. 그리고 '무엇을', '어떻게' 시작해야 하는지 전혀 감을 잡지 못하고 있는 경우가 많다.

20~30대 때에는 공부와 취업 준비로 시간이 없었고, 40~50대 때에는 먹고사는 것이

팍팍해서 시간이 없었을 것이다. 그러나 이는 다 핑계일 뿐이다. 부동산에 대한 관심과 공부는 생각보다 시간이 많이 필요한 것이 아니다. 정말 필요한 것은 '부자가 되겠다는 마음'과 '꼭 그렇게 되겠다는 의지'다.

자본주의 사회를 살아가려면 끊임없이 경제활동을 해야 한다. 경제활동이란 우리가 숨 쉬는 마지막 날까지 해야 하는 마라톤과 같다. 그러므로 늦었다는 생각을 버리고 지금부터라도 차근차근 경제, 금융, 부동산 등에 관심을 갖고 기초를 쌓아서 스타트를 해야 한다. 그래야 노년에 마라톤을 마치 100m 단거리 달리기를 하듯 전력 질주해야 하는 고통을 피할 수 있기 때문이다. 그런데 42.195km의 마라톤을 100m 달리기를 하듯 전력 질주하다가는 체력적인 한계로 중간에 포기할 수밖에 없는 상황이 생긴다. 재테크에서는 페이스 조절을 하면서 목표지점을 향해 꾸준히 달려가는 것이 중요하다.

부동산 공부를 해야 하는 2가지 이유

우리는 다음과 같은 두 가지 이유 때문에 부동산에 관심을 갖고 공부를 해야 한다.

첫 번째, '소중한 내 돈을 잃지 않기 위해서'다.

집이란, 외형(가치, 상태)과 내형(권리관계)이 중요하다. 부동산은 다른 일반 거래에 비해 많은 돈이 오고가기 때문에 한 번의 실수가 자칫 경제적으로 치명타가 될 수도 있다. 그러므로 좋은 집을 알아볼 수 있는 안목(가치)과 권리관계를 잘 따질 줄 알아야 한다.

부동산은 거래금액 단위부터 크며, 일반인들에게는 거래의 횟수가 빈번하지 않아 마음속으로 거리감을 두고 있을 수도 있다. 하지만 우리가 살아가면서 실거주 목적이든 투자 목적이든 끊임없이 부동산을 접할 수밖에 없기 때문에 피하는 것만으로는 해결책이 될 수 없다. 자본주의에서는 '돈을 버는 것'도 중요하지만 '지키는 것'도 중요하다. 그러므로 소중한 내 돈을 잘 지킬 수 있는 안목과 실력을 키워야 한다.

두 번째, '돈을 벌기 위해서'다.

부동산에 관심을 갖게 되면, 자연스럽게 재테크에 대한 관심으로 이어지게 된다. 일단 관심으로 이어지면 그것에 대한 실천으로 옮겨질 확률이 높아진다. 그리고 이러한 행위들을 반복해서 하다 보면 자신도 모르는 사이에 내공이 쌓이고 자산도 쌓이게 된다. 처음부터 많은 돈을 가질 수는 없다. 그러나 이렇게 불려나가는 과정을 반복하다 보면 자산은 계속해서 불어날 것이다. 재테크는 관심으로 시작해서 실천으로 완성된다.

그러므로 부동산에 대한 관심은 빠를수록 좋다. 집을 구할 때에만 관심을 가져야 하는 것이 아니라 평상시에도 꾸준하게 가져야 한다. 관심의 정도에 따라 앞으로의 경제적 상황도 크게 달라질 수 있음을 알아야 한다.

'자본소득'은 '내집마련'으로 시작하는 게 좋다

자본주의 사회에서의 능력은 결국 경제력으로 평가를 받게 된다. 돈은 모으는 것과 굴리는 것이 합쳐질 때 강력한 시너지를 발휘할 수 있다. 그러므로 사회 일원으로 경제활동에서 소외되지 않고 주체로서 살아가고 싶다면 '근로소득'에만 의지하여 돈을 모을 생각만 하지 말고, '자본소득'으로의 전환을 위해 끊임없이 돈을 굴리며 자산을 증식해 낼 고민도 병행해야 한다.

이러한 자본소득의 기본 바탕은 '내집마련'에서 시작된다. 내집마련을 발판으로 삼아 지속적인 관심과 공부 그리고 실천을 통해 자본소득을 늘려나가야 한다. 나는 이 책을 읽는 독자 모두가 유주택자가 되기를 바란다. 간혹, "집값이 너무 비싸서 집을 살 수가 없다" 혹은 "앞으로 집값이 떨어질 것이기 때문에 집을 사지 않겠다"라는 사람들이 있다. 반복해서 말하지만, 일반인에게 자본소득의 첫 입문은 '내집마련'이다. 그러므로 여러분이 하루 빨리 내집마련의 목표를 이루었으면 한다. 그리고 이를 발판 삼아 55세 전에 근로소득에서 조기에 은퇴하는 자본소득의 자유인이 되기를 진심으로 바란다.

집 안에 비치해 놓는 비상약 같은 책이 되길…

나의 20~30대를 돌이켜 생각해 보면, 근로소득과 자본소득에 대한 개념, 부동산에 대한 기본상식 등에 대해 알려주는 사람이 주변에 전혀 없었다. 그래서 더 빙빙 돌아서 갈 수밖에 없었고, 더 막막했는지도 모른다. 나는 이러한 시행착오와 어려움을 겪지 않기를 바라는 마음으로 그동안의 경험과 지식을 담아 이 책을 쓰게 되었다.

이 책은 크게 〈준비 마당〉과 〈첫째 마당〉부터 〈일곱째 마당〉까지로 구성되어 있다.

〈준비 마당〉은 부동산을 처음 공부하는 분들의 마인드 조성을 위한 에세이 형식의 글이다. 분량이 얼마 되지 않고 비교적 쉽게 쓰여 있기 때문에 가벼운 마음으로 끝까지 완독해 보기를 바란다. 주로 집을 왜 사야 하는지와 자본주의에서 돈과 금융에 대한 개념을 다루고 있다.

〈첫째 마당〉에는 임차인들은 '전세'와 '월세'를 구할 때 한번쯤 '소중한 내 보증금을 떼이지 않을까?'라는 걱정을 하게 되고, 이러한 걱정과 불안함을 최소화하고 안전하게 집을 구할 수 있도록 반드시 알아야 하는 기본적인 내용을 담았다. 특히, 사회 초년생 또는 부동산 거래 경험이 적은 분들이 반복해서 읽었으면 한다.

〈둘째 마당〉~〈넷째 마당〉에서는 평범한 사람들의 꿈인 '내집마련'과 관련해서 필요한 정보, 절차 그리고 관련 세금 등을 비교적 상세하게 망라해서 담아 놓았다.

〈다섯째 마당〉~〈일곱째 마당〉에서는 경매, 재개발·재건축, 상가 순으로 자산을 불릴 수 있는 방법과 정보를 적어놓았다. 내집마련에 성공해서 추가적인 재테크를 계획하거나 은퇴 후 자본소득을 생각하는 분들에게 도움이 될 것이다.

2004년도부터 부동산중개업 및 투자를 하면서 쌓인 경험과 지식을 최대한 나누고 싶은 마음이 앞서 생각보다 원고의 양이 늘어났다.

다루는 주제와 내용이 다양해서 책의 두께에서 오는 압박감이 크게 느껴질 수도 있다. 또한, 이론적인 부분과 관련법도 상당수 포함되어 있기 때문에 부동산을 처음 접하는 초보자들에게는 어렵게 느껴질 수 있다.

그러므로 이 책을 읽을 때에는 굳이 처음부터 끝까지 차례대로 모두 읽겠다는 생각은 하지 않아도 된다. 독자들의 관심과 필요에 따라 관련 정보가 수록된 각각의 마당을 찾아서 그때마다 조금씩 읽어 보았으면 한다. 결코 한 번에 읽어야 하는 책이 아니라 항상 곁에 두고 필요할 때마다 찾아서 조금씩 읽고 참고하는 책이 되었으면 하는 바람이 있다. 즉 비상약처럼 각 가정마다 비치되어 '약방의 감초'처럼 쓰였으면 한다.

마지막으로 이 책에서 다루는 주제와 분량이 많다 보니 처음 원고를 쓸 때와 다르게 책이 출간된 다음 서점에 깔리는 시점에 관련법이 개정되거나 정부 정책이 바뀌기도 한다. 특히, 세법(세율)의 경우 짧은 시간에 자주 바뀌는 부분이 많았으며, 정부에서는 이미 개정안을 발표했는데 국회를 통과하지 못하고 계류 중인 것이 제법 있었다. 수정 작업 시에 이를 최대한 반영하려 노력하였으나 그 속도를 미쳐 따라가지 못하고 놓친 부분이 있지는 않을까 염려된다.

큰 틀이 바뀐 것이 아니라 세부적인 부분에서 미세하게 변경된 것들이 많기 때문에 큰 틀 위주로 이해하고 참고한다면 별다른 어려움 없이 이 책의 역할을 다할 수 있으리라 생각된다. 시간의 흐름으로 인해 간혹 작은 부분에서 맞지 않는 것이 있다면 너그러운 마음으로 이해해 주시기를 바란다. 물론, 보완 및 수정이 필요한 부분이 생길 때마다 운영 중인 블로그를 통해 계속해서 업데이트를 할 생각이다.

감사의 말
············

나에게 책을 쓸 수 있는 기회를 주고 어떠한 책을 써야 하는지 방향을 제시해 준 강혜진 편집장님, 어설픈 나의 원고를 명작으로 탈바꿈시키기 위해 불철주야 최선을 다해 주는 도서출판 진서원 가족들에게 감사의 말을 전한다.

그리고 내가 안주하지 않고 계속해서 노력하는 삶을 살아야 하는 이유를 갖게 해 주는 아내 이혜경과 아들 건희와 찬희에게 사랑한다는 말을 전하고 싶다. 마지막으로 곁에 계시다는 것만으로도 너무나 감사한 나의 부모님께 깊이 감사하며, 서둘러 하늘나라에 가신 장인어른, 장모님께 보고 싶다는 말을 전하고 싶다.

생각만 해도 가슴 한편이 아려오는 나의 어머니 이팔임 여사께 이 책을 바친다.

어느 여름날, 김병권

200만 부동산스터디 인정!

'부동산아저씨'의 생애주기 재테크 로드맵

20대
—— 로드맵 ——

**전월세 계약서
어떻게 써야 보증금 지키죠?**

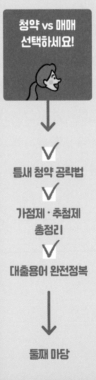

돈 공부를 시작하세요!	부동산 서류에 익숙해지세요!
∨	∨
보증금 사기 유형 익히기	계약서 특약 작성법
∨	∨
좋은 대출·나쁜 대출 구분하기	허위매물 감별법
∨	∨
종잣돈 만들기 신공	집주인 확인법
↓	↓
준비 마당	첫째 마당

30대
—— 로드맵 ——

**이 돈으로
아파트 살 수 있나요?**

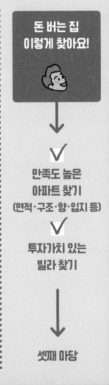

청약 vs 매매 선택하세요!	돈 버는 집 이렇게 찾아요!
∨	∨
틈새 청약 공략법	만족도 높은 아파트 찾기 (면적·구조·향·입지 등)
∨	∨
가점제·추첨제 총정리	투자가치 있는 빌라 찾기
∨	↓
대출용어 완전정복	셋째 마당
↓	
둘째 마당	

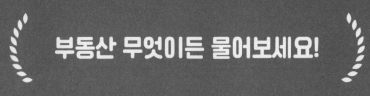

부동산 무엇이든 물어보세요!

전월세 · 청약 · 재개발 재건축 · 경매 · 상가 재테크 완전정복!

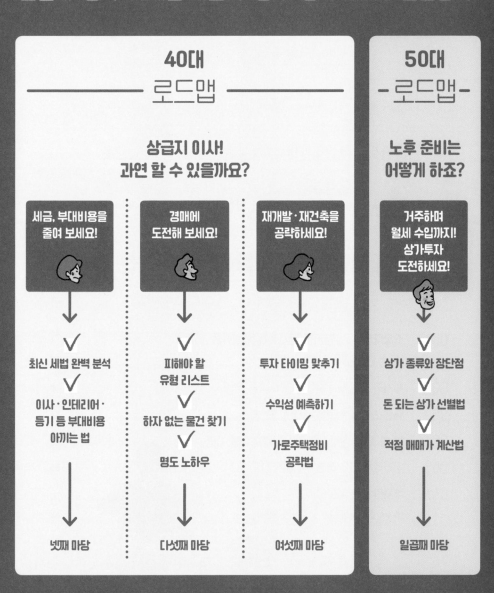

40대
로드맵

상급지 이사!
과연 할 수 있을까요?

세금, 부대비용을 줄여 보세요!	경매에 도전해 보세요!	재개발 · 재건축을 공략하세요!

최신 세법 완벽 분석

이사 · 인테리어 · 등기 등 부대비용 아끼는 법

넷째 마당

피해야 할 유형 리스트

하자 없는 물건 찾기

명도 노하우

다섯째 마당

투자 타이밍 맞추기

수익성 예측하기

가로주택정비 공략법

여섯째 마당

50대
로드맵

노후 준비는 어떻게 하죠?

거주하며 월세 수입까지! 상가투자 도전하세요!

상가 종류와 장단점

돈 되는 상가 선별법

적정 매매가 계산법

일곱째 마당

목차

준비 마당

부동산 공부의 시작은 부자 마인드를 갖는 것부터!!

셋째 마당

30대 내집마련! ❷ 선택
(feat. 아파트, 단독, 빌라)

— 넷째 마당 —

30대 내집마련! ❸ 실천
(feat. 계약, 세금, 이사)

40대 점프업! ❶ 경매로 5억 만들기!

여섯째 마당

40대 점프업! ❷ 재개발·재건축으로 10억 만들기!

일곱째 마당

50대 노후 준비! 상가투자

'부동산아저씨'에게 물어보세요

······ '부동산아저씨' 채널 ······

부동산스터디 인기 카운슬러 '부동산아저씨'가 당신의 고민을 기다립니다.

저자 블로그(blog.naver.com/sungyou1004) → 〈고민상담〉 게시판을 이용해 보세요.

유튜브 채널도 구독해 보세요.

블로그 이웃 추가로 각종 실무 서류, 개정 세법 등 최신 부동산 정보를 구독해 보세요.

준비
마당

부동산 공부의 시작은
부자 마인드를 갖는 것부터!!

001

스물다섯, 나는 부자가 되기로 마음먹었다!
(feat. 나의 경제활동을 돌아보며)

어릴 적 나는 부모님을 부끄러워한 적이 많다

정확하게 말하자면 부모님의 경제력을 부끄러워했다.

부모님은 시골 출신이다. 누구보다 열심히 농사를 짓던 분들이다. 그래서 매년 논과 밭을 조금씩 넓혀 갔다고 한다. 그러다가 내가 태어나기 직전인 1978년에 자식 교육만큼은 서울에서 시켜야 한다고 결심했다고 한다. 그래서 뜻하지 않게 '맹모삼천지교'를 가슴에 새기고 아무런 연고도 없는 서울살이를 시작하게 되었다.

시골의 땅을 모두 팔아 서울에 작은집을 장만했다. 그런데 문제는 집만 달랑 있을 뿐, 당장 먹고살 것이 없었다는 것이다. 농사일 말고는 특별한 기술이 없던 부모님은 카메라 외판원, 야채 행상, 식당일, 포장마차, 화장품 판매 등등의 고된 일들을 했다. 당시 어린 내가 보아도 부모님은 언제나 아침 일찍부터 밤늦게까지 정말 일을 열심히 했다.

하지만 안타깝게도 집안 형편은 조금도 나아지지 않았다.

나는 학창 시절 친구들을 집에 데리고 온 적이 거의 없었고, 늘 우리 집의 경제력을 숨기기에 급급했다.

부모님은 내가 초등학교 4학년이 되던 1988년에 집을 팔았다

그리고 지금은 없어진 서대문구 홍은동에 있는 미미예식장 1층에서 결혼식 하객을 상대로 영업을 하는 '한일회관'이라는 식당을 개업했다.

집을 판 돈에 친척들에게 빌린 돈을 보태서 시작한 식당은 제법 장사가 잘 되어 2~3년 만에 빚을 다 갚았다. 그 후 부모님은 친척들에게 더 많은 돈을 빌려 '영빈회관'이라는 더 큰 식당을 추가로 인수했다. 식당 규모도 커지고 위치도 좋아서인지 많은 권리금을 주고 인수했다. 새로 인수한 식당도 예상했던 것처럼 장사가 잘 되어서 다행히 빚을 다 갚았다.

부모님께 새로운 목표가 생겼다

빚을 다 갚고 나자 부모님은 이제부터 돈을 차곡차곡 모아 '내 집 장만'이라는 목표를 이루리라 다짐했다. 하지만 부모님의 식당 경영 운은 딱 거기까지였다.

부모님이 예식장에 딸린 식당을 운영하던 시기가 1988~1999년이었는데, 1990년대 초반까지만 해도 결혼식 문화는 마을잔치 분위기였다. 그래서 하객들에게 대접할 음식은 대부분 혼주 가정에서 정성을 다해 준비했다. 때문에 식당에서는 갈비탕이나 국수, 부수적으로 주류 혹은 간단한 밑반찬 정도만 제공하는 시스템이었다.

그런데 1990년대 중반에 접어들면서 뷔페 문화가 퍼지고 있었다. 부모님은 뷔페 문화에 대한 대비책이 전혀 없었다. 그렇게 새로운 패러다임에 맞추지 못하고 퇴보하고 있었던 것이다. 그러다가 식당 운영에서 손을 떼게 만든 결정타는 1997~1998년에 불어 닥친 IMF 외환위기였다. 경제 날벼락 IMF를 견디지 못하고 1999년에 엄청난 영업 손실을 떠안은 채 가게를 포기하고 나와야 했다. 당연히 장사가 안 되는 가게를 권리금을 주고 인수할 사람은 없었고 월세가 계속 밀리기 시작했다. 이로 인해 밀린 월세 때문에 보증금마저 모두 잠식되어 버렸다.

결국 서울살이 20여 년 만인 아버지 나이 50대 중반, 어머니 나이 40대 후반에 거의 무일푼이 되었다.

부모님의 경제력은 날개 없이 추락했다

우리는 관악구 봉천동에 있는 반지하 월세방으로 이사를 했다. 우리 가족은 단칸방에서는 살아봤어도 반지하는 처음이었다. 지금 생각해 보면 그때 부모님의 심정은 이루 말할 수 없을 만큼 참담했을 것이다. 그 이후 집안의 경제력은 나의 10대 후반부터 20대 때까지 날개 없이 끝없이 떨어지고 있었다.

철없던 나는 그때 부모님의 경제적 어려움만 탓하면서 젊음을 하루하루 허비하고 있었다. 그리고 현실 도피성으로 군대에 갔고, 23살 봄에 제대를 했다. 입대하기 전까지는 군대라는 도피처가 있었기 때문에 부모님 탓만 했을 뿐, 인생에 대한 구체적인 계획은 없었다. 그런데 막상 제대를 하고 나니 정말 삶이라는 것이 현실로 다가왔다.

20대를 이렇게 부모님 탓만 하며 현실에 적응하지 못하고 허비한다면 먼 훗날 나도 나의 자식에게 경제적으로 부끄러움의 대상이 될 수 있겠다는 생각이 들었다. 그리고 이런 상태로 가다가는 결혼은 고사하고 어쩌면 기본적인 삶조차 꾸려나가지 못할 수도 있겠다는 생각이 들었다.

나는 생각을 고쳐먹기로 했다. 20대라 아직 젊으므로 노력해서 열심히 살아간다면 나의 미래는 가난이라는 굴레에서 벗어나 스스로 멋진 삶을 개척할 수 있을 것이라는 믿음을 갖기로 했다.

사람은 긍정적으로 살아야 한다. 그래서 나는 부자가 되기로 결심했고 그 이후 경제적으로 아무리 힘들어도 부모님의 가난을 더 이상 탓하지 않게 되었다.

그때는 이해가 되지 않았지만…

지금은 분명하게 이해가 되는 것이 있다. 그런데 당시 가장 이해하기 힘들었던 것은 부모님이 그 누구보다 열심히 개미처럼 일을 했는데 경제적으로는 전혀 나아지지 않고 점점 더 어려워졌다는 것이다. 열심히 일한 만큼 돈을 벌고 잘살게 되어야 하는데 현실은 정반대로 흘러갔다. 그리고 일의 양이 늘어나면 늘어날수록 부모님의 고단함은 돈으로 보상되지 않고 삶의 무게로만 되돌아왔다.

20대 중반이던 나는 그 이유에 대해 생각해 보았다. 당시 나의 결론은 소득도 여러 종류가 있으며, 일을 해서 버는 소득 외에 다른 소득이 있다는 것을 어렴풋이나마 알게 되었다. 그리고 그 소득을 얼마만큼 빠르게 추가(전환)하느냐에 따라 물리적 근로의 양을 줄일 수 있음을 깨닫게 되었다. 지금 와서 생각해 보니 그것이 바로 '자본소득'이었다. 근로소득으로 열심히 돈을 벌었다면 최대한 빠른 시간 내에 자본소득으로 전환시켜야 한다.

그런데 부모님은 역행을 하고 있었던 것이다. 즉 '집'이라는 자본소득을 팔아서 '식당'이라는 근로소득으로 전환했고, 식당을 운영하던 10여 년 동안 그토록 엄청나게 고생했지만 결과는 너무도 황당한 무일푼이었다.

물론, 다 지난 이야기이지만 그때 만약 부모님이 집을 팔지 않고 어떻게든 생계를 꾸려 나갔다면 어땠을까라는 생각을 해보았다. 10년 동안 아등바등 일을 해서 번 돈보다 집을 팔지 않았다면, 어떻게든 집을 갖고 계셨다면 집값이 올라 번 돈이 비교도 되지 않을 만큼 컸을 것이다. 실제로 당시 우리가 살던 동네는 이미 오래전에 재개발이 되어 대단지 아파트단지로 변했고 30평형대가 15억원대의 가격을 형성하고 있었다.

나는 부모님의 삶을 보면서 비교적 이른 나이에 근로소득과 자본소득에 대한 개념을 이해하게 되었다. 그런데 자본소득의 개념은 이해했지만 중요한 것은 나처럼 부모님에게 물려받을 것이 없는 경우 근로소득이 뒷받침되지 않으면 절대 자본소득을 만들 수 없기 때문에 어찌됐든 돈을 많이 벌 수 있는 근로소득을 찾아내야 했다.

그런데 한 가지 문제가 있었다

일단 근로소득으로 돈을 벌어야겠다는 생각을 하게 되면서 나 자신을 객관적으로 냉정하게 평가해 보았다. 서울 4년제 하위권 대학을 다니고 있었기 때문에 대기업에 취업을 한다는 것은 현실적으로 불가능에 가까웠다. 그렇다면 무슨 일을 해서 '돈을 벌어야 할까?'라는 고민에 빠졌다. 그런데 쉽게 답을 찾을 수 없었고 안타깝게도 내 주변에는 돈 버는 방법에 대해 알려줄 만한 사람이 없었다.

그러던 어느 늦은 밤, 우연찮게 TV 홈쇼핑에서 운명(?)의 방송을 보게 되었다. 바로 공인중개사자격시험 교재를 판매하는 방송이었다. 한 달에 몇 건만 거래를 성사시키면 1,000만원을 벌 수 있다는 쇼호스트의 현란한 멘트에 순간 이거다 싶었다. '그래, 부동산이다.' 무슨 이유에서인지는 모르겠지만 쇼호스트의 말처럼 부동산을 하면 왠지 큰돈을 벌 수 있을 것만 같았다. 물론, 부동산으로 잘하면 큰

돈을 벌 수 있지만 경험해 보니 결코 쉽게 버는 것은 아니었다. 빠른 시간 내에 돈을 많이 벌고 싶다는 생각이 강했던 때라 귀가 한참 얇아져 있었다. 그래서 그다음 날 바로 지금은 없어진 종각역 인근 종로서적 자리에 있었던 박문각학원을 찾아갔다. 그리고 공인중개사 시험 준비반에 등록을 했다.

그때가 2003년 늦가을이었다. 1년 동안 학원과 독서실을 병행하며 열심히 공부했다. 그리고 그다음 해인 2004년 11월에 제15회 공인중개사자격시험에 합격하여 부동산중개업에 입문하게 되었다.

그렇게 나는 초보 공인중개사가 되었다

내가 처음 취업한 곳은 서대문구 홍제동 한양아파트 정문 앞에 있는 부동산중개사무소였다. 당시 사무실에 앉아 있는 어린 나를 보고는 사람들이 놀라기도 했고 얕잡아 보기도 했다. 그도 그럴 것이 아파트를 사고파는 사람들의 나이가 대부분 40~50대였고, 정말 젊어야 30대 중후반이었다. 그런데 당시 내 나이가 20대 중반을 갓 넘겼을 때였으니 손님들의 눈에는 애송이처럼 보였을 것이다. 그때까지 아파트에 단 한 번도 살아보지 않아 아파트에 대해 잘 모르기도 했다. 이런저런 이유로 손님들에게 무시 아닌 무시를 당하는 경우가 종종 있었다.

그래서 '어떻게 하면 손님들의 마음을 사로잡을 수 있을까?'에 대해 고민하게 되었고 '이론에 대한 완벽한 공부'밖에 답이 없다고 생각했다. 40~50대 손님들은 사회적 경험과 연륜이 초보 공인중개사인 나보다 훨씬 높을 수밖에 없었다. 그래서 그 연륜을 따라잡는다는 것은 현실적으로 불가능했다. 그러므로 연륜이 아닌 '지식과 정보'로 손님들을 응대해야겠다고 생각하게 되었다. 그래서 그때부터 부동산 관련 책을 닥치는 대로 읽기 시작했다. 당시 정말 많은 양의 독서를 했다. 일주일에 2~3권 정도는 꼭 읽었다. 틈틈이 뉴스도 챙겨 보았다. 그리고 매일 아침 일찍 출근해서 경제신문을 보면서 요즘 경제 상황과 새로 바뀌는 부동산 정책은 없는지 등도 꼼꼼하게 살폈다.

그렇게 하루도 거르지 않고 6개월 정도 했더니 나도 모르는 사이에 손님들과의 대화가 자연스러워졌다. 그리고 손님들이 궁금해하는 질문에 어느 정도 답을 해 줄 수 있는 수준이 되었다.

처음에는 '어린놈이 뭘 알겠어?'라는 눈빛으로 얕보는 자세로 마주 앉아 있던 손님들도 자연스러운 대화를 통해 점점 바른 자세로 상담에 임해 주었다.

지금 생각해 보면 부족한 실무 경험과 연륜을 독서와 뉴스(정보)로 보충했던 것 같다. 그 습관이 지금까지 이어져서 아침, 저녁으로 꼭 뉴스를 챙겨 보며, 특히 달라지는 부동산 정책이 있으면 관련된 기사를 거의 모두 찾아본다. 또한, 독서량은 예전에 비해 많이 줄었지만 그래도 1년에 평균 80~90권 정도의 책을 구입해서 60권 정도는 읽는다.

저자의 사무실 책들

그렇게 나는 20년 동안 한 우물에서만 살았다

경제적으로 희망 없이 암울하기만 했던 나의 20대와 30대는 그렇게 흘러갔다. 그리고 지금은 그럭저럭 먹고사는 데 지장이 없는 40대가 되었다. 지난 인생을 돌이켜 보면 나름 열심히 살았다. 조금 돌아서 오긴 했지만 그래도 어느 정도 자리를 잡은 것 같다.

40대 중반이 된 지금의 나는 부동산 관련 서적을 두 권 출간했으며 네이버에 인물 검색을 하면 검색이 되는 사람이 되었다. 무엇보다 예전에는 내가 고객을 찾아다녔지만 지금은 투자 컨설팅과 상담을 받기 위해 고객이 나를 찾아온다.

요즘 흔히 자신의 집안의 배경과 여력을 금수저, 흙수저 등으로 빗대어 말하는 경우가 있다. 그런데 나는 흙수저도 아니었다. 경제적 상황만 놓고 나의 20대를 돌이켜 보면 '무수저'에 가까웠다. 남들이 수저로 밥을 먹을 때, 나는 손가락만 빨아야 했던 무수저였다. 그러나 지금의 나는 서울과 경기도에 부동산을 여러 개 보유하고 있으며, 몇 해 전부터는 일을 아무리 열심히 하여 근로소득을 높여도 자본소득을 넘어설 수 없는 구조가 되었다. 그리고 나의 아이들이 하고 싶은 것이 있을 때 경제적 부분을 고려하지 않고도 해 줄 수 있는 부모가 되었다. 한없이 우울했던 20대 때의 모습과 비교해 보면 정말 장족의 발전이라 할 수 있다.

지금은 부모님께 깊이 감사드린다

부모님은 비록 경제적으로 넉넉하지 못할 때가 많았지만 성인이 될 때까지 소중하게 잘 키워 주었다. 부모님이 경제적인 '부'는 물려주지 못했지만 나를 다이아몬드 '원석'으로 만들어 주었다고 생각한다. 나는 지금 다이아몬드가 되기 위해 끊임없이 다듬어지고 있는 원석과 같은 존재다. 부모님이 나를 다이아몬드 원석으로 태어나게 해 주셨으니 반짝이는 다이아몬드가 되려는 노력은 스스로가 해야 하는 것이다. 내 인생은 내 것이다. 더 이상 가난한 부모님을 탓하지 않는다. 앞으로 더 나은 사람이 될 수 있도록 스스로 다듬고 다듬어서 더욱 반짝이는 다이아몬드가 되기 위해 나는 오늘도 노력하고 있다.

이런 말 하면 꼰대라고 하겠지만…

어쩌면 요즘 20~30대의 스펙에 비하면 나의 스펙은 평균 이하다. 하지만 나는 지금 평균 이상의 삶을 살아가고 있다. 더 이상 자신의 환경을 탓하며 시간을 허비할 것이 아니라 환경을 바꾸는 데 시간을 투자하길 바란다. 과거는 지나간 시간이기 때문에 바꿀 수 없지만, 미래는 다가올 시간이기 때문에 얼마든지 바꿀 수 있다.

002

부자의 첫걸음 - 빚지는 걸 두려워 말라!

부자가 되려면? 대출을 긍정적으로 생각하라!

많은 사람들은 부자가 되려면 어떻게 해야 하는지 궁금해한다. 부자의 공통점 중 하나는 대출을 긍정적으로 생각한다는 것이다. 하지만 대다수 사람들은 거부감이 크다. '빚'지는 것을 싫어하며, 혹시나 '빚'이 있다면 하루라도 빨리 갚고 싶어한다. 그런데 부자들은 다르다. 상황에 따라 대출을 적절하게 활용해서 남들보다 빠르게 자산을 불린다.

그렇다고 무조건 대출을 받으라는 것은 아니다. 대출은 좋은 대출과 나쁜 대출로 나뉜다. 대출을 받아 투자를 했을 때 이자를 내고도 남는 것이 있다면 '좋은 대출'이고 남는 것이 없다면 '나쁜 대출'이 된다. 대출을 무조건 겁내지 말고 어떻게 활용하여 자산을 늘릴지 고민해 보자.

나도 여기저기 투자를 하다 보니 여러 건의 대출이 있다. 그런데 대출을 최대한 천천히 갚으려고 노력하는 편이다. 그 이유는 크게 두 가지 때문이다.

대출을 천천히 갚는 이유 1

돈의 가치는 시간이 갈수록 하락하기 때문

화폐가치는 시간이 갈수록 물가상승으로 인한 인플레이션과 통화량 증가로 계속해서 하락할 수밖에 없다. 2010년도 서울 택시 기본요금은 기본거리 2km에 2,400원이었으나 2023년도에는 기본거리 1.6km에 4,800원이 되었다. 즉 2010년도에는 기본거리를 2,400원이면 갈 수 있었으나, 2023년도에는 기본거리를 4,800원을 지불해야 갈 수 있게 되었다.

우리가 제공받는 택시라는 이동 서비스는 크게 달라진 것이 없는데, 동일한 서비스를 이용하고 더 많은 돈을 지불해야 한다. 시간이 갈수록 물가상승으로 인해 돈의 가치가 떨어지기 때문이다.

그렇기 때문에 시간은 돈을 빌려 준 채권자보다 빚을 진 채무자의 편이라는 것이다. 그래서 나는 대출을 받을 때에는 감당할 수 있는 범위 내에서 최대한 많이 받고 거치 및 상환 기간은 최대한 길게 잡으려고 노력한다. 최하 10년은 기본이고 최대 30년까지 상환기간을 잡고 대출을 받은 적도 있다.

한정되어 있는 소득 때문에 매달 나가는 이자가 굉장히 부담스럽고 아까울 것이다. 하지만 반대로 돈의 가치는 더 많이 그리고 빠른 속도로 하락하고 있음을 알아야 한다.

1억 원을 연 4%의 금리로 20년간 대출을 받았을 때, 총 부담해야 하는 이자는 약 4,100만원이다(원금균등상환조건).*

반대로 현재의 1억원을 20년 후의 가치로 환산해 보자. 매년 물가상승률이 2.5%라고 가정했을 경우, 20년 후 1억원의 가치는 6,500만원 하락한다. 즉, 잔존 가치가 약 3,500만원이라는 말이다. 그러므로 6,500만원에서 4,100만원 뺀 '2,400만원'이 채무자에게 이익이 되는 것이다.

여기서 한 가지 의문이 생긴다. 금융과 관련해서는 일반 개인보다 훨씬 똑똑한 은행이 왜 오랜 기간 동안, 그것도 많은 돈을 빌려가는 사람을 좋아하는 것일까?

은행은 기본적으로 돈을 맡기는 사람보다 빌려가는 사람에게 더 호의적이다. 실질적으로 은행의 사업구조를 단순화시켜 살펴보자. 은행은 돈을 맡기는 사람에게 적은 예금이자를 주고, 빌려간 사람에게 많은 대출이자를 받아 그 차액(예대마진)으로 수익을 올리는 구조다. 따라서 연체 없이 돈을 많이 그리고 오랜 기간 동안 빌려가는 사람을 좋아할 수밖에 없다.

은행은 자신들이 가지고 있는 돈을 빌려주는 것이 아니다. 어차피 예금자들의 돈을 맡아 대출을 해 주는 것이기 때문에 은행 입장에서는 화폐가치가 떨어진다 해서 손해 볼 일이 전혀 없다. 즉 손해는 저축을 한 예금자들의 몫이다. 은행은 돈을 맡아주는 역할만 할 뿐, 결코 예금자들의 돈을 불려주거나 원금의 가치를 보장해 주는 곳이 아니라는 점을 알고 있어야 한다.

또한 고객들의 원금을 안전하게 지켜준다고 생색을 내고 있지만, 결국에는 자신들의 이익을 추구하는 영리집단임을 기억해야 한다.

● 원금균등상환조건일 때의 계산법이다. 대출원금을 매달 일정한 금액으로 나누어 상환한다. 이때, 이자는 원금 잔액에 따라 책정된다. 대출기간 동안 매달 균일한 원금을 상환해 나가기 때문에 시간이 지날수록 원금액이 줄어들고 이에 비례하여 이자 부담액도 감소한다. 다른 상환방식에 비해 이자의 총액이 적고, 만기일에 가까워질수록 매달 부담해야 하는 이자가 점점 줄어든다는 장점이 있다. 하지만 초기 상환금액이 다른 방식에 비해 많고, 매달 갚아야 할 금액이 달라지기 때문에 다소 불편할 수 있다는 단점이 있다(〈055 대출상환방식 3가지〉 참고).

대출을 천천히 갚는 이유 2

대출금 갚을 돈으로 투자하면 더 큰 수익을 내기에

'대출금 상환은 천천히, 투자는 우선적으로'가 '빚'을 대하는 부자들의 기본 마인드다. 주변에서는 내가 아파트를 여러 채 보유하고 있다 보니 엄청난 부자인 줄 안다. 적어도 살고 있는 아파트에는 대출이 없을 것이라고 생각한다. 하지만 나는 실거주 아파트를 살 때에도 대출을 받는다. 돈이 부족해서가 아니라 다른 곳에 투자하기 위해서다.

결혼 후 두 번째로 이사한 집도 대출을 받았다(총 7,000만원, 상환기간 10년, 연 2.99% 금리). 대출을 받지 않아도 되었지만 우리 부부는 주거비용을 줄여 더 투자하기로 결정했다.

당시 경기도 1호선 근처에 있는 P아파트 109㎡형(구. 33평형)을 4억원에 매수하였다. 어차피 투자 목적이었기 때문에 전세를 놓아야 했는데, 마침 전세 3억 4,000만원으로 임차인이 거주 중이었으므로 그냥 승계만 받으면 되는 상황이었다.

매매가에서 전세보증금을 뺀 6,000만원과 소유권이전비용(취득세 및 등기비), 부동산 중개수수료 등등으로 투자금이 6,800만원 정도 들어갔다.

현재 이 아파트의 시세가 얼마라고 말하지는 않겠다. 하지만 투자한 금액을 기준으로 2021년 기준 수익률은 400%를 넘겼다. 맞벌이를 하는 우리 부부가 근로소득만으로 수익률 400%에 해당하는 돈을 모으려면 아무리 빨리 모아도 최소 7년 이상의 시간이 걸릴 것이다.

조금만 관심을 갖고 공부하고 실천하면 '근로소득'보다는 훨씬 덜 고생하면서 '자본소득'을 더 많이 올릴 수 있다. 그래서 나는 통장에 약간의 목돈만 있어도 가슴이 뛰기 시작한다.

소비를 위한 대출이 아닌 이상 매달 지출되는 이자가 아깝다는 생각에 목돈이 생길 때마다 최대한 빨리 은행에 '돈을 갚아야지!'라는 생각은 더 이상 하지 않았으면 한다. 이제부터는 '어디에 투자를 하지?'라는 생각을 먼저 하기를 바란다.

정부의 부동산정책은 규제와 완화의 반복이다

시장의 분위기나 흐름에 따라 오늘의 규제정책이 내일의 완화정책이 될 수도 있다. 부동산시장이 너무 과열되면 규제정책을, 이와는 반대로 너무 침체되면 완화정책을 번갈아 펼칠 수밖에 없다. 영원한 온탕도, 영원한 냉탕도 없다. 우리는 온탕과 냉탕을 왔다 갔다 할 뿐이다.

그러므로 '규제가 심해서', '시장이 안 좋아서' 등의 핑계로 투자에 대한 관심을 멀리하기보다는 조만간 다시 올지도 모르는 기회의 시장에 동참할 수 있도록 열심히 종잣돈을 모으고 실천하기 위해 노력해야 한다.

003

대출로 집을 장만할 때 장점 3가지

돈 모아 집을 산다고?
거의 불가능!

집을 장만할 때 '대출을 받아서 사야 하는지?' 아니면 '대출을 받지 않고 사야 하는지?'에 대해서 묻는 사람들이 의외로 많다.

대출을 받아서 사는 것과 대출을 받지 않고서 사는 것은 방법은 달라도 '집을 샀다'라는 결과물은 같다. 사람들이 집을 바라보는 관점(거주 목적이냐, 투자 목적이냐)에 따라 차이가 있지만, 마음속에는 대부분 '내 집이 있으면 좋겠다'라는 소유욕이 자리 잡고 있다. 그럼, 어떤 방법이 좋을까?

위와 같은 질문을 내게 한다면 "대출을 받아서 사는 것이 훨씬 낫다."라고 대답할 것이다. 왜냐하면 돈을 다 모아서 집을 사겠다는 것은 현실적으로 '집을 살 수 없다'라는 결론에 도달하기 때문이다. 그럼 왜 돈을 모아서 대출 없이 집을 사는 것이 어려운지에 대한 설명을 해보겠다.

돈을 모아서 순수 자금으로 집을 사려면 다음과 같은 조건이 전제되어야 한다.

집을 사기 위해 필요한 자금을 다 모을 때까지 집값이 상승하거나 하락해서는 안 된다.

간단한 것처럼 보이지만 이 조건을 충족시키는 것은 결코 쉬운 일이 아니다. 집값이 떨어지면, 그만큼 모아야 되는 돈이 줄어들어서 계획했던 것보다 더 빨리 살 수 있다고 생각한다. 하지만 이와는 반대다. 막상 집값이 떨어지면 더 떨어질지도 모른다는 불안심리 때문에 사지 못하고 시장을 관망하며 미루게 된다.

반대로 집값이 올라가면, 모아야 되는 금액이 늘어나므로 계획했던 시간보다 더 오래 걸린다. 그리고 무엇보다 중요한 것은 처음 생각했던 집의 가격이다. 집값이 올라가 버리면 동일한 집을 더 비싼 가격에 사야 한다. 그럼 상대적으로 비싸졌다는 생각이 강해져 사는 것을 망설이게 된다.

그런데 부동산시장은 '가격의 탄력성'이라는 것이 존재한다. 한 번 상승장에 접어들면 상승세가 이어지는 경향이 있다. 그렇게 되면 집값은 한동안 계속해서 오르기 때문에 웬만한 사람은 이 시점부터 집 사는 것을 포기해 버린다. 그리고 하루빨리 하락장이 시작되기를 바라게 된다. 하지만 막상 하락장으로 접어들면, 앞서 말한 불안심리 때문에 또 못 산다. 이렇게 악순환이 반복되는 사이 집값은 계속 올라간다. 그래서 결론은 '못 산다'가 된다. 그러니 대출을 받지 않고 돈을 다 모아서 집을 사겠다는 계획이었다면 이를 수정해야 할 것이다.

사람마다 대출에 대한 생각이 어떠하든 간에 객관적으로 '내집마련'을 위해서는 대출이 필수다. 목돈을 어느 정도 모았다면 감당할 수 있는 범위 내에서 대출을 받고 먼저 집을 사야 한다. 약간의 무리를 하더라도 집을 사게 되면 다음과 같은 3가지의 장점을 누릴 수 있을 것이다.

장점 1 | 대출을 받으면 돈을 모으게 된다(feat. 강제저축)

대출을 받으면 매달 원리금(원금+이자)을 갚아야 한다. 이는 마치 저축을 하는 것과 같은 개념이다.

예를 들어 '곗돈'을 생각해 보자. 미리 정한 순서에 따라 곗돈을 먼저 타는 계원이 있고 나중에 타는 계원이 있다. 이는 '대출'과 '적금'에 비유할 수 있다. 먼저 타는 사람은 '대출'을 받는 것이고, 반대로 나중에 타는 사람은 '적금'을 하는 것이라고 생각하면 된다.

풀어서 설명해 보면, 목돈을 먼저 받고 나머지 기간 동안 다달이 약속된 곗돈(원금+이자)을 납입하면 되기 때문에 대출을 받은 개념이 된다. 반대로 다달이 곗돈을 납입하고 나중에 받을수록 먼저 받은 계원들에게 곗돈과 더불어 약속된 이자를 붙여 받게 되니 적금의 개념이 되는 것이다.

여기서 대출과 적금의 공통점은 이들 모두 목돈을 만들 수 있다는 것이다. 즉 대출은 매달 일정액(원리금)을 납입해야 하기 때문에 강제저축을 하는 것과 같은 효과를 얻을 수 있다. 자의든 타의든 대출금 연체가 되지 않기 위해 다달이 돈을 갚아 나가야 한다. 그러나 상환기간이 끝나면 미리 대출받은 목돈은 오롯이 '내 돈'이 된다.

장점 2 | 내집마련을 가장 빠르게 할 수 있다

대출을 받아 이미 집을 샀기 때문에 부동산가격의 상승과 하락을 신경 쓰지 않아도 된다. 가격이 올라가면 기분이 좋을 것이다. 반대로 떨어지면 속상할 것이다. 하지만 어찌됐든 투자 목적이 아니라 거주 목적으로 장만한 집이므로 괜찮다. 즉 집값의 상승과 하락 여부와는 상관없이 '내집마련'이라는 목표는 이룬 셈이기 때문이다. 그리고 집값이 떨어졌다 해도 전혀 속상해할 필요가 없다. 특별히 하자 있는 집을 산 것이 아니라면 시장의 분위기가 전체적으로 안 좋은 것이기 때문에 다른 집도 가격이 떨어졌을 가능성이 높다. 그리고 무엇보다 부동산이라는 실물자산은 특수한 성격을 갖고 있기 때문에 시간을 갖고 장기적으로 접근한다면 가격이 올라갈 확률이 굉장히 높은 자산이다. 주변에서 집을 사서 손해를 본 사람보다 이익을 본 사람이 훨씬 많은 것만 봐도 알 수 있다.

손해를 본 사람은 거의 두 분류에 속한다. 매수와 매도까지가 단시간 내에 이루어진 경우(상승장 끝물에 매수해서 하락장으로 진입한 시점에 매도한 경우)거나 누가 보더라도 하자 있는 집을 산 경우일 때다. 그러니 본인이 관심을 갖고 공부하고 노력해서 선택한 집이라면 단기적인 하락 때문에 마음 아파하지 않기를 바란다. 시간이 지나면 가격은 언제든 회복된다. 따라서 단기간의 가격 등락에 대해 일희일비할 필요가 없다. 그러니 걱정은 내려놓고, 내 집이 생겼다는 기쁨을 마음껏 누리길 바란다.

장점 3 | 재테크에 관심을 갖게 된다

비록 은행대출이 있기는 하지만 좁은 땅덩어리에 내 명의로 된 집이 있다는 것은 정말 든든한 일이다. 자신감이 솟아나고, 대출금을 갚아야 한다는 목표의식이 생긴다. 그리고 무엇보다 부동산 재테크에 눈을 뜨게 된다. 내 집이 생기므로 자연스럽게 부동산에 관심을 갖게 되는 것이다.

시세는 어떤지, 정부의 정책은 어떤지, 시장 분위기는 어떤지 등 평상시에는 대수롭지 않게 흘러보냈던 뉴스에도 관심을 갖고 듣게 된다. 그러면서 자신도 모르는 사이에 재테크에 대한 생각과 부동산을 바라보는 시각이 무한 긍정으로 바뀌게 된다. 그럼, 그때부터 돈을 벌고 싶다는 욕심도 커진다. 실행으로 옮길 방법에 대한 연구도 하게 된다. 즉 재테크에 눈을 뜨게 된다.

그러니 집 한 채 정도는 감당할 수 있는 범위 내에서 대출을 활용해서 꼭 사기를 바란다. 더욱이 투자용이 아닌 실거주 목적이라면 더더욱 그렇다. 대출 때문에 매달 나가는 이자가 부담스러울 수 있다. 하지만 이와는 반대로 '내집마련'으로 인해 누릴 수 있는 만족감과 경제적 이득이 훨씬 큼을 알아야 한다.

004

30대 초반, 예비 신혼부부의 집에 대한 고민

예비 신랑 B씨의 상담 신청

'결혼'을 준비할 때 제일 큰 고민거리는 아마도 신혼집일 것이다. 모아놓은 돈이 많으면 많은 대로 적으면 적은 대로 주택의 위치, 종류, 크기, 거주의 형태 등을 놓고 고민을 하게 된다. B씨 역시 결혼을 앞두고 신혼집에 대한 고민 때문에 예비 신부와 함께 상담을 신청했다(B씨의 사생활 보호를 위해 각색하였다).

 부동산아저씨 안녕하세요.

저희는 내년 봄에 결혼을 앞둔 예비 신혼부부입니다.
결혼 날짜를 정하고부터 신혼집을 마련하기 위해
주말마다 집을 알아보러 다니고 있는 중입니다.
저희 두 사람 월급을 합치면 실수령액이 700만원 정도 됩니다.

예비 신부의 직장은 5호선 화곡역 근처이고
저의 직장은 1호선 신도림역 근처입니다.

저희가 모은 돈은 2억원 정도 됩니다.
그래서 대출까지 고려해서
대략 3억 후반~4억 초반대의 예산범위 내에서
부천시청 역세권(7호선)과 소사역~부천역(1호선) 사이에 있는 집들을
중점적으로 알아보고 있습니다.

한 달 정도 발품을 팔았는데
저희 눈에 '이 집이다!'라고 확신이 생기는 집은 없었습니다.
한정되어 있는 자금으로 인해
어차피 100% 만족할 수 있는 집은 없다고 생각하고
눈높이를 낮추고 보니
그나마 2개 정도의 매물을 놓고 고민하게 되었습니다.

첫 번째 매물은
수리가 필요한 낡은 소형아파트입니다.
7호선 부천시청역 바로 앞에 있는 대단지 아파트이면서
주변의 상권, 교통은 너무 마음에 듭니다.
그런데 문제는 연식이 30년 가까이 되었다는 것과
17평형으로 집이 너무 작다는 것입니다.

저희 두 사람이 살기에는 그럭저럭 괜찮으나

향후 태어날 아기까지 고려한다면 아무래도 좁다는 생각입니다.

무엇보다 지하주차장이 없다 보니

평일 낮 시간인데도 주차가 쉽지 않았습니다.

두 번째 매물은

신축 나홀로아파트입니다.

1호선 소사역 근처 대로변에 있어 나름 교통이 좋고

주변 상권도 무난한 편입니다.

무엇보다 30평형으로 방 3개, 욕실 2개 구조로

저희가 살기에는 공간이 넉넉해 보였습니다.

또한, 깔끔한 인테리어가 너무 마음에 들었습니다.

그런데 문제는 나홀로아파트라는 점입니다.

욕심 없이 지금 당장 살기에는 좋은데

향후 집에 대한 가치가 있을지가 의문입니다.

부동산에 대한 경험이 거의 없는 저희가

어떤 집을 선택해야 최선의 결과를 얻을 수 있을까요?

부동산아저씨의 생각과 경험이 담긴

값진 조언을 듣고 싶어서 상담을 신청하게 되었습니다.

우리는 선택의 기로에 서 있다

집이란 재화는 우리에게 '재산(자산)'이라는 의미와 '거주'라는 의미가 있다. 이로 인해, '사고(buy) 싶은 집'과 '살고(live) 싶은 집'이 있다. 집의 가격은 이 두 가지 요소를 얼마만큼 충족시키느냐에 따라 정해지는 경우가 많으며 아마도 다음과 같은 순위로 결정이 될 것이다.

1위 '사고 싶은 집 + 살고 싶은 집'
2위 '사고 싶은 집'
3위 '살고 싶은 집'

그러므로 우리가 집이라는 재화를 선택할 때 buy와 live의 요건을 모두 갖춘 집을 선택하는 것이 가장 좋다. 하지만 그렇게 하려면 상대적으로 돈이 많이 필요하다.

한정되어 있는 돈 때문에 우리는 선택의 기로에 설 수밖에 없다. 이때 '재산'에 비중을 둔 다면 '사고 싶은 집'을 선택해야 하고, '거주'에 비중을 둔 다면 '살고 싶은 집'을 선택해야 한다.

이분법적인 사고이기는 하지만 어쩌면 B씨가 선택을 고민하고 있는 이유는 부천시청역 앞에 있는 소형아파트는 '사야 하는 집'이고 소사역 근처 대로변에 있는 나홀로아파트는 '살아야 하는 집'이기 때문일 것이다. 그런데 문제는 욕심이다. 즉 한정된 자금으로 buy와 live를 최대한 충족시키고 싶은 마음이 있기 때문에 선뜻 결정을 못하는 것이다.

경험상 사람은 욕심 앞에서는 늘 한결같다. 특히, 무주택자일수록 집을 사는 목적이 겉으로는 실거주 목적이라고 하면서 속으로는 늘 투자 목적을 잊지 않고 세트처럼 생각하는 경향이 강하다. 그래서 고민이 더 깊어질 수밖에 없고 결국 집을 사지 못하거나 아니면 시기를 놓쳐 엉뚱한 선택을 하는 경우가 의외로 많다. B씨 역시 마찬가지다. 신혼집으로 살기 편한 물리적인 공간을 원한다고 하면서 향후 가격 상승 여력이 크지 않아 보이는 나홀로아파트를 선뜻 선택하지 못하는 이유가 바로 여기에 있다. 즉 편하게 살면서 집값도 평균 이상으로 상승할 수 있는 집을 원하고 있는 것이다.

그럼, B씨는 어떤 집을 선택해야 하는 걸까?

어차피 한정된 자금으로 투자와 거주라는 두 마리 토끼를 모두 잡을 수는 없다. 그러므로 투자와 거주를 분리해서 생각해 보아야 한다. 그래서 나 역시 분리해서 설명해 보겠다.

❶ 투자에 대한 조언

만약에 내가 B씨라면 '재산'에 더 비중을 두고 17평형 소형아파트를 선택할 것이다. 그런데 문제는 해당 아파트가 너무 소형이라는 것이다. 30년이 다 되어 가는 연식의 아파트이기는 하지만 재건축 또는 리모델링 호재가 아직은 없는 단지다. 그러므로 호재로 인한 가격 상승은 없다고 가정해야 한다. 해당 아파트단지의 특징은 인근에 초등학교와 중학교가 있어 3~4인 가족이 선호하는 거주지라는 것이다. 이로 인해 10평형대 소형아파트의 가격은 다른 평형대에 비해 가격 상승에 한계가 있을 수밖에 없다. 그동안 해당 단지의 가격 상승 추이를 살펴보면 30평형대와 20평형대의 가격이 먼저 상승하고 나서 마지못해 키 맞추기를 위해 한정적인 범위 내에서 10평형대의 상승곡선이 낮은 각도를 그리며 상승해 온 것이 지금까지의 패턴이었다. 그러므로 B씨가 거주의 만족도를 포기하면서까지 해당 아파트를 선택한다 하더라도 투자 가치면에서 만족감을 키울 수 없을 가능성이 크다. 그러므로 B씨는 같은 단지 또는 주변 단지에 20평형대 이상의 아파트를 전세를 끼고 사놓는 것이 좋다. 향후 가격 상승 여지가 훨씬 클 것이기 때문이다. 그래야 거주의 만족을 포기한 의미가 있을 것이다.

참고로, 부천의 나홀로아파트는 사야 하는 집이 아니라 그냥 살아야 하는 집이다. 즉 전세 또는 월세로 빌려서 살기에 참 좋은 집이다. 그런데 향후 가격 상승을 고려하면서 소유권을 확보하기에는 부담스러운 집이다. 물론, 나홀로아파트라고 해서 가격이 무조건 오르지 않는 것은 아니다. 그런데 B씨가 고민했던 나홀로아파트는 엄밀하게 말하면 아파트가 아니었다. 해당 건물의 건축물대장을 살펴보면 근린생활시설 및 주거용 오피스텔 그리고 다세대주택으로 구성되어 있다. 건물 외관에는 분명 'OO 아파트'라고 이름 붙어 있지만 실상은 아파트가 아니다. 아파트의 경우 일반주택에 비해 규제사항이 많고 허가조건이 까다로워서 건축업자 입장에서는 아파트로 허가를 받기보다는 위와 같은 편법으로 마치 종합선물세트(?) 같은 구성의 건물로 허가를 받고 건물을 신축하게 된다. 그리고 나서 향후 외벽에 아파트라는 간판을 달고 분양하는 경우가 종종 있다. 그러므로 동네 나홀로아파트는 분양받기 전에 반드시 건축물대장을 발급받아서 용도가 무엇으로 되어 있는지 확인해야 한다. (참고로, 건축물대장은 '정부24'에서 무료로 열람할 수 있다.)

거듭 말하지만 나홀로아파트라고 해서 가격 상승이 아예 없는 것은 아니다. 다만, 다음의 4가지 조건에 부합되는 나홀로아파트를 선택해야 한다.

① 건축물대장상 주 용도가 '아파트'로 되어 있을 것

B씨가 매물로 보았던 무늬만 아파트가 아니라 실제 허가 자체가 아파트로 되어 있어야 한다.

② 중견급 종합건설회사가 시공했을 것

동네에서 다세대주택(빌라)을 짓는 영세 건설업체가 아니라 최소한 한번쯤 이름이라도 들어보았던 종합건설회사가 지은 건물이어야 한다.

③ 80세대 이상 규모의 건물일 것

동네 대로변에 소규모(50세대)로 지어진 나홀로아파트는 바로 그 옆에 대체할 수 있는 또 다른 소규모 나홀로아파트가 언제든지 지어질 수 있다. 그러므로 나홀로라 하더라도 건물의 규모가 어느 정도 있어 규모면에서 경쟁력이 있는 것이 좋다.

④ 자주식 주차장을 확보하고 있을 것

상당수의 나홀로아파트의 주차장은 건물의 규모가 작다 보니 주차 공간 확보가 여의치 않아서 거의 대부분 기계식(타워형) 주차장으로 되어 있는 경우가 많다. 그러나 규모가 어느 정도 있는 나홀로아파트라면 자주식 주차장으로 주차 공간이 확보되어 있다. 기계식 주차장에 비해 자주식 주차장의 편리함은 두 말할 필요가 없으며 건물의 가치 또한 자주식 건물이 높은 것이 일반적이기 때문이다.

이 4가지 조건을 충족한 나홀로아파트라면 그나마 향후 가격 상승을 기대해 볼 수 있다.

❷ 거주에 대한 조언

B씨 부부는 직장까지 출퇴근이 편리한 곳에 있는 오피스텔에 월세로 시작할 것을 권한다. 어차피 현재 고민 중인 소형아파트 또는 나홀로아파트 중 어떤 선택을 하든 2억원 정도는 대출을 받아야 하는 상황이다.

그럼, 금리를 4%만 잡더라도 매달 부담해야 하는 이자가 약 67만원이다. 이자낼 돈으로 월세가 50만~60만원 정도 되는 오피스텔을 구한다 해도 크게 부담이 늘어나지 않기 때문이다. B씨 부부는 자녀 계획을 3~4년 후쯤으로 생각하고 있다고 했다. 3~4년 정도 오피스텔에 살면서 돈을 모은 후, 아이가 태어날 때쯤 미리 사놓은 20평형대 아파트에 실입주하는 것을 계획해 보는 것이 좋다.

그래도 신혼인데 눈여겨보았던 나홀로아파트의 깔끔함을 잊지 못하겠다면 거주지의 범위를 1호선 부평역까지 넓혀서 생각해 보았으면 한다. 보증금 3,000만원에 월세 ±80만원이면 B씨 부부가 생각했던 소사역 근처에 나홀로아파트 정도 컨디션의 집을 구할 수 있을 것이다. 무엇보다 부평역은 직행열차가 정차하는 역이므로 물리적인 거리는 더 멀어져도 지하철로 출퇴근을 생각한다면 서울까지의 출퇴근 시간은 큰 차이가 없기 때문이다.

이렇게 주거를 해결해야 한다. B씨 부부의 실수령액은 매월 700만원이라고 했다. 3~4년 동안 매달 400만원 이상 저축한다는 생각을 갖고 있는 것이 좋다. 그래서 1억 5,000만~2억원 정도를 모아서 실입주 자금으로 사용해야 한다. 부족한 자금은 담보대출을 활용하길 바란다. 아니면 해당 아파트를 양도세 비과세 요건을 충족시킨 후에 보다 나은 집으로 이사를 계획했으면 한다.

덧붙이는 조언

　　신혼집에 대한 로망을 버려야 로망에 가까운 집을 가장 빨리 마련할 수 있다. 부족한 자금으로 투자와 거주를 동시에 만족시키겠다는 생각은 욕심이다. 그러므로 어느 한쪽을 포기하거나 아니면 적절한 타협점을 찾아서 균형을 맞추어야 한다.

　　그런데 경험상 아이가 태어나기 전까지 균형을 맞추는 것보다 투자에 비중을 두는 것이 좋다. 그리고 아이가 태어나면 그때부터 실거주에 대한 비중을 늘려 균형을 맞추어 나아가면 된다. 즉 지금 당장 몸은 불편할지라도 장기적으로는 마음이 편할 수 있는 선택을 해야 한다. 새집도 언젠가는 헌집이 되고 무엇보다 남의 새집은 내가 살고 있다 하더라도 여전히 남의 집이라는 사실은 변하지 않는다.

　　그러나 나의 헌집은 마음만 먹으면 새집처럼 고쳐쓸 수 있고 무엇보다 나중에 새집으로 갈 수 있는 디딤돌 역할을 할 수 있다는 점이 가장 큰 차이점이다. 남의 떡이 커 보여도 결국 내 입에 들어오는 것은 내 떡임을 기억하길 바란다.

005

우리에게 집은 어떤 의미일까?

당신에게 집이란?

민법에서 완전물권(완전한 권리)이 되려면 '사용권', '수익권', '처분권'을 모두 갖고 있어야 한다. 가장 대표적인 완전물권의 예가 '소유권'이다.

어떠한 물건을 샀을 때 소유자는 해당 물건을 사용할 수 있으며, 그것을 이용해서 돈을 벌 수도 있다. 또한 나중에 다시 중고로 팔 수도 있다. 집의 소유권도 마찬가지다. 그러므로 우리가 '집을 샀다'라는 말에는 '이 3가지 권리를 모두 취득했다!'라는 의미가 담겨 있다. 따라서 집이라는 재화는 우리에게 거주의 목적뿐 아니라 필연적으로 자산으로써의 목적도 함께 가져다주게 된다.

이와는 반대로 전세권은 불완전물권이 될 수밖에 없다. 왜냐하면 '사용권'과 '수익권'만 갖고 있기 때문이다. 그러므로 아무리 해당 주택에 오래 살았다 해도 처분권을 얻지 못한다.

이 3가지 권리가 동등한 것처럼 보이지만 실상은 사용권과 수익권은 임대인이 갖고 있는 처분권에 종속되어 한정적으로 행사될 수밖에 없는 반쪽짜리 권리다. 그런데 사람들 중에 처분권에 대한 의미를 제대로 이해하지 못하고 사용권과 수익권에만 쏠려서 관심을 갖는 경우가 종종 있다. 물론, 좋은 집이란 이 3가지 권리가 균형 있게 잡혀 있는 것이 가장 이상적이라 할 수 있지만 안타깝게도 자본주의에서는 시간이 갈수록 '처분권'에 대한 무게의 쏠림현상이 심화되어 가고 있다.

자본주의에서 살아남으려면 이러한 쏠림현상을 눈치껏 빨리 인식해야 한다. 오랫동안 전세를 살면서 직접 경험한 후에 처분권의 중요성을 인식하는 것보다 간접 경험으로 눈치껏 빨리 인식하는 사람이 그만큼 앞설 가능성이 높아지기 때문이다. 이런 눈에 보이지 않는 인식의 차이가 나중에는 자산의 차이로 선명하게 눈에 보일 것이기 때문이다.

집은 무조건 싸게 사는 것이 좋다?

공산품의 경우 물건을 중고로 되팔 때에는 몇몇 클래식한 물건을 제외하고는 일반적으로 샀던 가격보다 싼 가격에 팔 수밖에 없다. 왜냐하면 새 제품이 계속해서 공급되기 때문이다. 새 제품보다 판매 속도에서 우위를 차지하려면 가격적인 메리트가 있어야 한다. 공산품의 처분권(교환가치)의 가격은 시간이 갈수록 점점 내려간다. 물건을 살 때에는 향후 처분가치의 하락을 고려해서 조금이라도 싸게 사는 것이 중요하다. 마트에 갔을 때 지금 당장 필요한 물건이 아니어도 단지 '1+1'이라는 이유만으로 한 번 더 눈길이 가는 이유가 여기에 있다.

그런데 집은 이와는 다르다. 계속해서 공급할 수 없다. 물론, 물리적인 공급 자체를 늘릴 수 있지만 중요한 것은 사람들이 선호하는 지역의 적재적소에 공급을 늘릴 수는 없다는 점이다. 부동산의 '부동성'과 '부증성'이라는 특징 때문에 수요자가 '원하는 집'을 '원하는 곳'에 '원하는 만큼' 만들어 낼 수 없으므로 희소성이 부각될 수밖에 없다. 따라서 좋은 입지를 선점하고 있는 집은 중고라 해서 가격이 떨어지는 것이 아니라, 시간이 갈수록 점점 귀해져서 중고의 감가상각을 상쇄시켜 버리고 처분권의 가격을 더 올려 버린다. 그러므로 무조건 싸게 사는 것만이 능사가 아니라 희소성을 제대로 갖춘 집을 사는 것이 중요하다.

예를 들어 보자. 역세권 아파트는 한정적이라 비역세권 아파트보다 비싸다. 시간이 갈수록 가격을 치고 올라갈 가능성도 높다. 이런 집은 '오늘이 가장 싸다'고 말한다. 시세차익 측면에서도 집을 무조건 싸게 사려고 노력하는 것보다 가치 있는 집을 비싸지 않게 사려고 노력하는 것이 중요하다.

무주택자들의 모순

무주택자들일수록 집을 더욱 못 산다.

못 사는 이유를 물어보면 대부분 '남 탓'을 하는 경우가 많다. 특히, 다주택자 때문에 집값이 너무 올라서 집 사는 것이 점점 더 어려워진다고 하소연할 때가 많다. 이들은 집은 '사는 곳'이기 때문에 집으로 돈을 벌려고 생각하는 것 자체가 불순하며 나쁘다는 생각을 갖고 있는 경우가 많다.

지난 2021년 9월 이전처럼 상승장일 때보다는 2022~2023년처럼 하락 또는 보합장일 때 집을 사는 것이 가격적인 면에서는 메리트가 있을 것이다. 하락장은 어쩌면 무주택자들의 기준에 따르면 집을 살 수 있는 절호의 기회인데 집을 더 사지 않는다. 그리고 모순적이게도 집값이 상승할 때 집값이 비싸다며 또다시 하소연하면서 집을 사고 싶어 한다.

이러한 모습은 무주택자들이 아무리 아니라고 해도 마음속에서 '집'에 대한 자산으로의 가치를 완전히 배제하지 못하고 있다는 반증이다. 그래서 자신이 산 가격보다 떨어지면 안 되고 이왕이면 산 가격보다 올랐으면 하는 것이다.

가격이 더 떨어질지도 모르는 불안한 상황에서 '물 타기'를 하는 것보다는 상승장으로 전환되어서 가격이 부담스럽기는 하지만 더 상승할 가능성이 높은 상황에서 '피라미딩'을 하려는 심리가 잠재되어 있기 때문이다.

그래서 누구보다 타이밍을 더 재는 것이다. 그러면서 끝까지 자신이 집을 사려는 이유는 '투자 목적'이 아니라 '실거주 목적'이라고 한다. 이제는 솔직해질 필요가 있다. 솔직함보다는 '깨달음'이 있어야 한다. 앞서 말했듯 집값은 '사용권'과 '수익권'이라는 가격과 '재산권'이라는 가치가 합쳐져서 형성된다.

'집을 산다'라는 것은 처분권이라는 자산으로써의 가치가 포함되어 있음을 절대 부인해서는 안 된다. 그런데 처분권에 욕심을 부리면 투기꾼이라는 프레임을 씌우려 한다. 우리는 자본주의에 살고 있다. 자본주의와 공산주의의 가장 큰 차이점은 '소유권'의 인정 여부일 것이다. 다시 한 번 더 말하지만 소유권은 완전물권이다. 소유권을 인정하는 사회라면 그 소유자의 처분권도 인정해 주어야 한다.

지금 당신은 처분권의 가치를 '제대로 인식'하고 있는가? 그리고 '제대로 인정'하고 있는가?

요점정리

① 소유권은 완전물권이다. 전세권은 불완전물권이다. 완전물권의 의미를 빠르게 깨닫는 것이 중요하다. 그러므로 전세권보다 소유권을 먼저 확보하는 것이 더 많은 것을 얻을 수 있는 지름길이다.

② '사용권'과 '수익권'은 시간이 갈수록 감가상각으로 인해 가격이 하락한다. 그러나 '처분권'은 시간이 갈수록 물가상승을 반영하여 가격이 상승한다.

③ 자본주의에 살면서 '처분권'을 부인하지 말자!

006

부자란 어떤 사람일까?
(feat. 돈을 아낀다는 것에 대한 의미)

당신은 시간을 소중하게 생각하는가?

중개업이라는 직업의 특성상 일반 사람들이 생각하는 것 이상으로 자산을 보유하고 있는 큰 부자를 종종 만나게 된다. 그들에게는 배울 점이 여러 가지 있지만 그중에서도 '시간을 대하는 자세'를 가장 배우고 싶다는 생각이 자주 든다.

경제적으로 여유가 있는 사람일수록 시간을 소중하게 생각한다. 즉 자신의 시간은 당연하고 상대방의 시간도 소중하게 생각한다는 것이다. 그러므로 대부분 시간 약속을 잘 지킨다.

예를 들어, 오후 3시에 만나기로 약속했다면 그들은 오후 2시 56~57분 정도에 도착한다. 가급적 약속 시간에 늦지 않으려고 굉장히 노력한다. 그리고 여기서 중요한 것은 5분 이상 일찍 오지 않는다는 것이다. 왜냐하면 너무 일찍 도착하면 오히려 상대방에게 부담을 줄 수 있다는 생각을 갖고 있기 때문이다. 그래서 약속 시간보다 10~15분 일찍 도착해도 특별한 경우가 아니라면 주변에서 시간을 보내다가 3~4분 전에 들어온다. 자신이 약속 시간보다 일찍 도착한 것이므로 상대방의 시간을 배려하기 위함이다.

시간은 곧 돈이다!

경제적으로 여유가 있는 사람일수록 시간을 굉장히 소중하게 생각한다. 그러므로 자신의 시간을 아끼려고 한다. 돈으로 다른 사람의 시간을 사는 것이다. 예를 들어, 자신이 할 수 있는 일임에도 불구하고 비용을 지불하고 다른 사람에게 위임하는 경우가 많다. 그리고 자신은 더 비중 있는 다른 일을 하려 한다.

반면 경제적으로 여유가 없는 사람들은 돈을 아끼려고 시간을 투자한다. 흔히 몸으로 때운다고 말하지만 몸뿐 아니라 자신의 소중한 시간도 거기에 쏟고 있는 것이다.

'돈의 소중함' vs '시간의 소중함'

내가 운영하는 중개사무실이 대학가에 있다 보니 매년 1월, 2월이면 새 학기 시작 전에 자취방을 구하러 오는 학생들이 많다. 갓 고등학교를 졸업하고 지방에서 상경하여 방을 알아보러 오는 신입생들은 거의 대부분 부모님과 함께 다닌다.

그런데 간혹 다른 지역에 비해 방 가격이 15만원 정도 저렴해서인지 다른 동네에 있는 학교 학생들이 우리 동네까지 방을 구하러 원정(?)을 오는 경우가 있다. 이들이 원하는 가격대는 대부분 보증금 500만~1,000만원에 월세(관리비 포함) 50만원 정도의 원룸이다. 자신의 학교가 있는 곳에서 비슷한 수준의 원룸을 구하려면 월세로 65만원 정도를 부담해야 하는데, 이 금액이 부담스럽기 때문이다. 즉 매달 15만원 정도를 아끼기 위해 버스를 타고 20~30분을 통학해야 하는 수고로움을 감당하겠다는 것이다. 함께 동행한 부모 또한 내심 통학시간이 조금 늘어나더라도 저렴한 방을 구할 것을 암암리에 강요할 때가 있다.

이들은 나름 자신들의 계산이 경제적이라 생각할 것이다. 왜냐하면 한 달 교통비로 5만원 정도를 뺀다 하더라도 10만원을 아낄 수 있다는 계산이 나오기 때문이다.

그런데 그들은 안타깝게도 중요한 한 가지를 놓치고 있는 것이다. 바로 '시간'이다. 월세를 아끼기 위해 저렴한 동네에 방을 구했기 때문에 매일 통학시간으로 50분(왕복)이라는 시간을 소비해야 한다. 한 달에 16.6시간(매일 50분(왕복) × 20일 = 16.6시간)이라는 아까운 시간을 허비해야 한다. 그럼 16.6시간을 2023년도 최저시급 9,620원으로 환산해 보면 약 159,700원이 된다. 교통비 5만원은 비용으로 생각하는데 정작 자신의 소중한 16.6시간은 비용으로 생각하지 않는다.

이렇게 되면, 상대적으로 저렴한 50만원짜리 원룸을 구하기 위해 원정을 오는 것은 방값에서는 15만원을 아낄 수 있지만 교통비와 시간까지 감안해서 다시 계산해 보면 손해라는 것을 쉽게 알 수 있다. 차라리 자신의 학교 주변에 60만원짜리 방을 얻는 것이 편하게 통학하면서 오히려 5만원 이상을 더 아낄 수 있는 방법이 될 수 있다.

또한 자취를 하는 목적을 생각해 보아야 한다. 자취의 주된 목적은 집과 학교가 멀기 때문이다. 편하고 가까운 통학을 위해 방을 구하는 것이다. 자신이 왜 자취를 하는지에 대한 주된 목적을 우선순위에 놓고 위치를 생각해 보았으면 한다.

학생에게 가장 남는 장사는 열심히 공부해서 '장학금'을 받는 것이다. 그리고 공부를 떠나서 가장 중요한 것은 자신이 하고 싶은 일이 무엇인지를 고민하고 거기에 시간을 사용하는 것이다.

당신은 지금 무엇을 아끼려 노력하고 있는가?

돈을 아끼는 것도 중요하지만 시간을 아끼고 잘 활용할 줄 아는 것이 더 중요하다. 눈에 보이는 것이 전부가 아니다. 이처럼 돈을 아낀다는 것은 표면적인 액수뿐만 아니라 '효율성'과 '가치'까지 함께 따져볼 줄 알아야 한다.

부자는 '돈'을 아끼기보다는 '시간'을 아끼는 사람이다. 지금 당신은 어떠한 것을 아끼려 노력하고 있는가?

20대 독립! 전월세 완전정복!

007

왕초보 전월세 구하기 9단계

주거의 첫 독립! 마음 설레는 말이다. 진학, 취업, 결혼 등 각자의 상황과 필요에 의해 거주할 곳을 찾게 된다. 설레는 마음을 잠시 진정시키고, 집을 구하기 위한 전체적인 절차를 잠시 생각해 보자.

대부분 공인중개사와 거래하기 때문에 특별히 신경 쓸 일이 없을 것처럼 보이지만, 의외로 진행 단계별로 챙겨야 할 것들이 많다. 그럼, 전체적인 큰 흐름과 챙겨야 할 점이 무엇인지 알아보자!

1단계 자금계획 세우기

마련할 수 있는 돈의 액수를 계산하고, 자금에 맞는 주거형태(아파트, 빌라, 다가구, 원룸, 오피스텔 등)를 정한다. 그리고 전세를 구할지 월세를 구할지를 선택한다.

만약, 전세라면 어떤 전세자금대출(010장, 011장 참고)을 받아야 하는지 생각해 보고 미리 은행에 방문해서 상담받는다. 이때 '대출가능금액'과 '금리' 등을 확인해 둔다.

2단계 이사 지역 정하기

집을 구하는 목적에 맞춰 이사하고 싶은 지역을 정한다. 학생이라면 학교와의 거리, 직장인이라면 직장과의 거리를 고려하고, 대중교통 이용이 편리한 곳을 우선으로 정해야 한다.

3단계 물건 검색하기 – 손품 팔기

집을 구한다고 해서 예전처럼 무작정 부동산중개사무소에 방문하지는 않는다. 인터넷을 활용해 자신에게 맞는 매물을 검색해 본 후 중개사무소에 전화를 걸어 매물을 볼 수 있는지 확인하고 방문해야 헛걸음을 줄일 수 있다.

4단계 부동산중개사무소 방문하기 – 발품 팔기

손품으로 찾아낸 매물을 보유하고 있는 부동산중개사무소에 방문해서 실매물을 직접 본다. 이때 자신이 원하는 조건을 상세하게 제시하여 비슷한 매물을 함께 보는 것이 좋다.

5단계 서류 확인하기

발품을 팔며 직접 본 매물 중에서 마음에 드는 집을 발견했다면 계약서를 작성하기 전, 반드시 등기사항증명서(115쪽 참고)와 건축물대장(124쪽 참고) 등 부동산 관련 서류부터 확인한다.

6단계 은행 대출 등 자금계획 최종 점검하기

전세자금대출을 받아야 한다면 계약서를 작성하기 전, 해당 주소를 가지고 은행에 다시 방문해서 최종적으로 대출가능 여부와 금액, 금리 등을 확인한다. 자신의 자금계획에도 차질이 없는지 한 번 더 점검해 본다.

7단계 계약서 작성하기

계약하러 온 사람이 실제 등기상 명의인(집주인)인지 확인하고 계약서를 작성해야 한다(129쪽 참고). 부동산중개사무소를 통해서 계약을 진행했다면 계약서, 확인설명서, 공제증서(사본)를 반드시 챙겨놓는다(135쪽 참고).

이때부터는 본격적으로 이사 준비를 해야 한다. 계약서 작성 전까지가 집을 알아보는 단계였다면 계약서 작성 후부터는 실질적으로 이사를 준비해야 하는 단계다. 이삿짐센터도 알아봐야 한다.

8단계 잔금 치르고 이사하기

보증금(계약금, 잔금 등)은 현금거래보다 계좌이체를 하는 것이 좋다. 기록이 남기 때문이다. 이때 주의할 점은 등기상 집주인 계좌로만 송금해야 한다는 것이다.

9단계 전입신고하고 확정일자 받기

이사 당일 곧바로 주민센터에 방문해서 전입신고(126쪽 참고)를 하고 확정일자(177쪽 참고)를 받아놓아야 한다. 소중한 보증금을 지킬 수 있는 가장 기본적인 장치가 된다.

008

전세 vs 월세
가급적 대출받아 전세로!

전월세 선택의 기준은 예산,
가급적 전세로 구하자!

집을 구할 때에는 '그 정도 돈은 마련할 수 있겠지!'라고 막연하게 생각해서는 안 된다. 현재 자신의 재정 상태를 정확하게 확인해서 예산을 잡아야 한다.

임차인의 입장에서는 매달 지출되는 월세보다는 전세가 나을 것이다. 그러므로 예산만 확보된다면 전세를 우선적으로 고려해 본다.

전세로 얻고 싶은데 돈이 부족하다면 '전세자금대출'(010장, 011장 참고)을 이용할 수 있다. 요즘에는 정부에서 지원하는 주택도시기금*과 시중은행에서 운영하는 전세자금대출 상품이 다양하게 출시되어 있다. 마음만 먹으면 어렵지 않게 본인에게 맞는 상품을 찾을 수 있다. 그러므로 현재 모아놓은 돈이 부족하다고 해

● **주택도시기금** : 국민의 주거복지 증진 및 도시재생 활성화 지원을 목표로 조성된 기금이다. 재원(기금)은 주로 국민주택채권, 청약저축 등에서 마련하여, 국민주택 및 임대주택 건설을 위한 주택사업자와 주택을 구입 또는 임차하고자 하는 개인 수요자에게 저렴한 금리로 대출을 해 준다.

서 무조건 월세를 선택해서는 안 된다.

현 시점에서 본인이 '모아놓은 돈'과 '만들 수 있는 돈(대출)'까지 고려해서 주거의 종류를 선택하도록 한다.

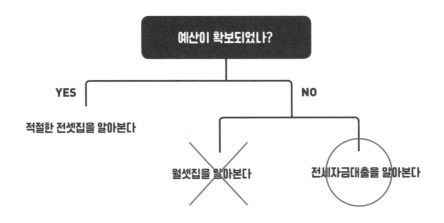

일단 예산이 정해지면 그 범위를 벗어나지 않는 집만 보아야 한다. 당연히 가격이 높아질수록 집 상태가 좋아진다. 이렇게 되면 눈높이가 높아지면서 예산을 초과하게 되어 경제적 부담이 커질 수밖에 없다. 자신의 예산 범위 안에서 최상의 집을 구한다 하더라도, 이미 눈높이가 올라가 버려 만족도가 떨어진다.

때로는 월세가 나을 수도!

집을 구하면 짧게는 1년에서 길게는 몇 년씩 살게 된다. 때로는 자신의 상황 때문에 짧은 기간 안에 이사를 가야 하는 경우가 생길 수도 있다. 학생이라면 군입대를 앞두고 있을 수도, 직장인이라면 이직 또는 다른 지역으로 발령대기 중일 수도 있다. 또한 결혼을 앞둔 예비신랑, 예비신부라면 조만간 신혼집을 구해야 한다.

이런 경우에는 전세보다 월세로 사는 것이 유리하다. 매달 월세 부담은 있겠지만 보증금으로 목돈이 묶이지 않기 때문에 다음 계획(새로 이사 갈 집을 구할 때)을 세울 때 유연하게 대처할 수 있다. 또한 본인의 조건에 맞는 집보다는 집을 내놓았을 때 얼마나 빠른 시간 내에 새로운 임차인을 구할 수 있느냐에 중점을 두어야 한다. 그래야 내가 원하는 시기에 이사를 가고 보증금도 회수할 수 있을 것이다.

 ## 금리가 전·월세 시장에 미치는 영향

임차인 입장에서는 월세를 내는 것보다 전세대출을 받아서 전세로 사는 것이 경제적으로 이득이 될 때가 많다. 즉 대출이자가 월세보다 저렴하기 때문이다.

그런데 2022~2023년 금리가 급격하게 올라가면서 상황이 달라졌다. 1% 후반~3%대였던 전세대출 금리가 4~7%까지 급상승했기 때문이다. 이렇게 되면 월세를 선택하는 것이 경제적으로 이득이 되기 때문에 전세에 대한 선호도가 낮아질 수밖에 없다.

지역마다 약간의 편차는 있지만 일반적으로 '보증금 1억당 = 월세 40만~45만원' 정도로 임대가가 맞춰진다. 그럼, 임차인 입장에서는 전세대출 금리가 5%가 넘어가면 전세보다는 월세를 선택하는 것이 경제적으로 이득이다.

그러므로 금리가 올라갈수록 월세를 선호하게 되고, 금리가 내려갈수록 전세를 선호하게 된다. 집을 구할 때에는 대출금리를 확인해 봐야 한다.

금리 5% ↑ → 월세 수요 증가
금리 4% ↓ → 전세 수요 증가

009

집 보러 다니기 전,
전세자금대출 상담은 필수!

전세자금대출 어떻게 받을 수 있나?

집을 구하기 위해서는 보증금이라는 목돈이 필요하다. 월세라고 하더라도 최소 몇백만원은 있어야 한다. 특히 사회생활을 시작한 지 얼마 안 된 사회초년생이나 결혼을 앞둔 예비신혼부부는 한번에 많은 목돈을 마련하기가 쉬운 일이 아닐 것이다. 부모님이 여유가 있어서 도와줄 수 있다면 감사한 일이지만, 그러지 못할 경우 서로에게 미안한 마음만 들게 만들 뿐이다. 그렇다고 집 구하는 것을 포기해야 할까?

아니다. 이럴 때일수록 전세자금대출을 알아봐야 한다. 그럼, 전세자금대출의 전체적인 진행과정을 알아보자.

❶ 대출 상담 미리 받기

대출 상담을 받으면 본인이 마련할 수 있는 돈의 한도를 알 수 있다. 이 범위 내에서 집을 알아보면 된다. 신용점수과 재직, 소득증빙 등의 개인정보를 은행에 제공하면 대출한도와 금리를 대략적으로 알아볼 수 있다.

❷ 은행 가심사 받기

마음에 드는 집을 찾았다고 덜컥 계약부터 하지 말자. 우선 은행 대출 담당직원이나 대출상담사*에게 주소를 알려주고 대출 여부를 물어보면 대략적인 승인 여부를 알려줄 것이다. 이렇게 승인 여부를 확인하고 나서 전세계약서를 작성해야 한다.

전세자금대출은 공인중개사가 작성한 계약서가 있어야 인정되는 편이다. 그러므로 직거래로 집을 알아보았다면, 공인중개사에게 대서**를 요청해서 계약서를 작성하도록 한다.

❸ 계약서 작성 시 전세자금대출 특약 넣기

전세자금대출을 받고 임대차계약서를 작성할 때에는 특약사항에 다음과 같은 내용을 꼭 넣도록 하자.

계약서에 넣을 전세자금대출 특약사항(예시)

◆ 임대인은 임차인이 전세자금대출을 받는 것에 동의하며, 최대한 협조하기로 한다.

◆ 해당 주택에 대하여 전세자금대출 승인이 나지 않을 경우 임대인은 아무런 조건 없이 계약금을 임차인에게 반환하기로 한다.

- **대출상담사** : 은행 소속이 아닌 대출모집 업무를 위탁받아 수행하는 별도의 법인 소속의 상담사다. 대출받고자 하는 사람을 금융회사(은행)와 연결시켜 주는 일을 한다. 대부분 부동산중개사무소에 거래하는 대출상담사가 있으므로 물어보면 된다.
- •• **대서** : 부동산중개가 아닌 계약서만 작성해 주는 경우를 말하는데, 부동산의 거래금액에 따라 10만~30만원 상당의 대서료가 발생한다. 액수는 법으로 정해진 금액이 없어 공인중개사와 협의하면 된다. 참고로, 공인중개사의 인장(도장)을 날인하지 않고 쌍방합의로 계약서를 작성할 경우에는 5만~10만원의 대서료가 발생한다.

❹ 은행에 서류 제출하기

이제 다시 은행에 가서 확정일자를 받은 전세계약서,* 보증금의 5% 이상의 금액이 기재된 계약금의 영수증, 재직증명서, 주민등록등·초본, 소득증빙서류, 인감증명서, 가족관계증명서, 신분증 등 은행에서 요구하는 서류를 제출하면 된다.

❺ 은행 대출심사 및 보증기관의 보증서 발급받기

은행에서는 제출된 서류와 해당 주택을 대상으로 최종적으로 대출승인 여부를 심사한다. 은행에서 승인이 떨어지면 보증기관(HUG주택도시보증공사, SGI서울보증, 한국주택금융공사)에서 해당 대출에 대한 보증서**를 발급받는다.

❻ 대출금 송금받기

전세자금대출의 채무자는 임차인(대출신청자)이지만 은행에서는 대출금을 잔금일에 임대인 통장으로 직접 송금한다. 그러므로 임차인은 잔금일에 대출금을 제외한 나머지 잔액(잔금)을 임대인 통장에 입금하면 된다. 잔금일이 주말 또

전세자금대출 받기 체크리스트

항목	YES
1 | 대출상담 미리 받기	✓
2 | 은행 가심사 받기	✓
3 | 계약서 작성 시 전세자금대출 특약 넣기	✓
4 | 은행에 서류 제출하기	✓
5 | 은행 대출심사 및 보증기관의 보증서 발급받기	✓
6 | 대출금 송금받기	✓
7 | 계약 만기 대출금 상환하기	✓

● 전세자금대출을 받을 때에는 계약서에 주민센터 등에서 미리 확정일자를 받아올 것을 요구한다.

●● 은행(금융기관)은 보증기관에서 발급받은 보증서를 담보로 전세자금을 대출해 준다. 그러므로 전세자금대출을 받기 위해서는 원칙상 보증서를 발급받아야 한다.

는 공휴일일 때에는 하루 전날에 임대인 계좌로 대출금이 입금된다.

❼ 계약 만기 대출금 상환하기

전세계약이 만기되면 임대인은 어떻게 보증금을 돌려줄까? 임대인은 모든 보증금을 임차인에게 돌려주지 않는다. 임차인이 보증금 중 전세자금대출로 받은 금액을 먼저 은행에 상환하고, 나머지 잔액을 임차인에게 돌려준다.

 이런 사람은 전세자금대출 불가!

전세자금대출은 무주택에 평범한 직장인이라면 거의 받을 수 있다. 하지만 아래의 2가지 중 1가지라도 해당된다면 대출이 안 된다.

1 | 신용점수가 안 좋은 사람

신용점수는 신용도에 따라 0~1,000점까지 부여된다. 시중은행(1금융권)에서 전세자금대출을 받기 위해서는 최소 650점(예전 '신용등급'제일 때 약 6등급에 해당) 이상이 되어야 한다. 만약 신용점수가 500~650점(예전 7~8등급)대라면 대출금리가 비싼 저축은행이나 보험사, 캐피탈 등 2금융권에서 대출을 받을 수밖에 없다.
보통 1금융권의 금리가 신용점수에 따라 3~4%대인 반면, 2금융권에서는 5~7%대의 높은 금리를 부담해야 한다. 신용점수가 500점 이하라면 금리를 막론하고 대출이 불가능해진다.

2 | 다주택자

신용도가 아무리 좋아도 2주택 이상 보유자는 1금융권에서 전세자금대출이 불가능하다.●
단, 1주택의 경우 KB시세가 9억원을 초과하는 주택을 보유하고 있더라도 전세자금대출을 받을 수 있다. 참고로 부부합산 연소득 1억원을 초과하는 경우에도 1주택자까지는 전세자금대출을 받을 수 있다.

● 일부 2금융권에서는 2주택자라 하더라도 전세자금대출이 가능한 경우가 있는데, 금리가 최소 1~2% 이상 더 높은 편이다.

010

34세 이하 청년 전세자금대출 상품은?

정부 운용 전세자금대출부터 알아볼 것! – 주택도시기금

전세자금대출은 크게 정부에서 운용(지원)하는 주택도시기금과 일반 시중은행에서 취급하는 대출상품이 있다. 그중 정부에서 운용하는 주택도시기금이 시중은행 상품보다 금리도 저렴하고 상품도 다양하다. 여기서는 정부가 운용하는 1순위 상품인 주택도시기금 대출상품만 우선적으로 알아보자.

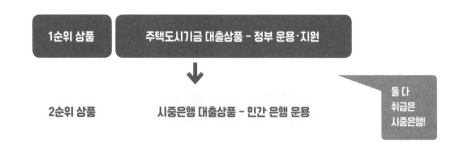

1 │ 중소기업취업청년 전월세보증금대출 – 만 34세 이하 청년 대상

중소기업에 취업한 청년(만 19세 이상~만 34세 이하)에게 1%대의 저렴한 이자로 최대 1억원의 전월세보증금을 대출해 주는 상품이다.

중소기업취업청년 전월세보증금대출

대출대상	- 부부합산 연소득 5,000만원 이하(외벌이 3,500만원 이하), 순자산가액 3억4,500만원 이하 무주택 세대주(예비세대주 포함) - 중소·중견기업 재직자 또는 중소기업진흥공단, 신용보증기금 및 기술보증기금의 청년 창업 지원을 받고 있는 자 - 만 19세 이상 ~ 만 34세 이하 청년(병역의무를 이행한 경우 복무기간에 비례하여 자격기간을 연장하되 최대 만 39세까지 연장)
대출금리	연 1.5%
대출기간	최초 2년(4회 연장, 최장 10년 이용 가능)
대출한도	최대 1억원 이내
대상주택	아래의 요건을 모두 충족하는 주택 1. 임차 전용면적 85㎡ 이하 주택(주거용 오피스텔 85㎡ 이하 포함) 2. 임차보증금 2억원 이하
신청시기	- 임대차계약서상 잔금지급일과 주민등록등본상 전입일 중 빠른 날로부터 3개월 이내까지 신청 - 계약갱신의 경우에는 계약갱신일(월세에서 전세로 전환계약한 경우에는 전환일)로부터 3개월 이내에 신청
유의사항	- 대출 취급 후 주택취득이 확인된 경우에는 본 대출금을 상환하여야 함 - 2024년 12월 31일까지 신청 가능하며, 생애 중 1회만 이용 가능 - 셰어하우스 입주자의 경우 본 대출상품 이용 불가 - 본 대출상품은 시중은행 전세자금대출, 2금융권 전세자금대출 대환* 불가, 임차중도금 대출 불가
취급은행	우리은행, KB국민은행, NHBank, 신한은행, KEB하나은행, 대구은행, 부산은행

출처 : 주택도시기금 홈페이지

....

● **대환대출** : 금융기관 등에서 신규로 대출을 받아 기존의 대출금이나 연체금을 갚는 것을 말한다. 대출의 최장 연장기한까지도 대출을 갚지 못할 경우 연체금을 같은 종류의 대출로 전환해 줘 기존 대출금을 갚는 것이 가장 대표적인 사례다.

2 | 청년전용 버팀목전세자금 - 만 34세 이하 청년 대상

전세자금이 부족한 청년(만 19세 이상~만 34세 이하)에게 전세보증금을 대출해 주는 상품이다. 연 2%대 이자, 대출한도는 최대 7,000만원이다.

청년전용 버팀목전세자금

대출대상	- 부부합산 연소득 5,000만원 이하, 순자산가액 3억4,500만원 이하 무주택 단독세대주 (예비세대주 포함) - 만 19세 이상~만 34세 이하 청년
대출금리	연 1.8~2.7%
대출기간	최초 2년(4회 연장, 최장 10년 이용 가능)
대출한도	최대 2억원 이내(임차보증금의 80% 이내)
대상주택	- 임차 전용면적 85㎡ 이하 주택(주거용 오피스텔 포함) 단, 셰어하우스(재권양도협약기관 소유주택에 한함)에 입주하는 경우 예외적으로 면적 제한 없음
신청시기	- 신규대출 : 잔금지급일과 주민등록등본상 전입일 중 빠른 날짜로부터 3개월 이내 - 추가대출 : 주민등록등본상 전입일로부터 1년 이상, 기존 대출실행일로부터 1년 이상 경과하고 계약갱신일로부터 3개월 이내
취급은행	우리은행, KB국민은행, NHBank, 신한은행, KEB하나은행, 대구은행, 부산은행

출처 : 주택도시기금 홈페이지

소득이 적은 청년과 서민을 위한 월세대출상품

1 | 청년전용 보증부월세대출 – 1%대 저렴한 금리 매력!

저소득 청년(만 19세 이상~만 34세 이하)에게 1%대 저렴한 금리로 보증금과 월세를 대출해 주는 상품이다.

대출대상	- 부부합산 연소득 5,000만원 이하, 순자산가액 3억4,500만원 이하 무주택 단독세대주(예비세대주 포함) - 만 19세 이상~만 34세 이하 청년
대출금리	- 보증금 : 연 1.3% - 월세금 : 연 0%(20만원 한도), 연 1%(20만원 초과)
대출기간	25개월(4회 연장, 최장 10년 5개월 이용 가능)
대출한도	- 보증금 : 최대 3,500만원 이내 - 월세금 : 최대 1,200만원(월 50만원 이내) - 대출금액(보증금대출 + 월세금대출)이 임대차계약서상 임차보증금의 80% 이내. 단, 보증금대출금은 전세금액의 70% 이내
대상주택	- 임차 전용면적 60㎡ 이하 주택(60㎡ 이하 주거용 오피스텔 포함) - 보증금 6,500만원, 월세금 70만원 이하
신청시기	- 신규대출 : 임대차계약서상 잔금지급일과 주민등록등본상 전입일 중 빠른 날짜로부터 3개월 이내 - 추가대출 : 주민등록등본상 전입일로부터 1년 이상, 기존 대출실행일로부터 1년 이상 경과하고 계약갱신일로부터 3개월 이내
취급은행	우리은행, KB국민은행, NHBank, 신한은행, KEB하나은행

출처 : 주택도시기금 홈페이지

2 | 주거안정월세대출 – 청년이 아니더라도 금리 2%로 대출 가능!

청년은 우대형으로, 청년이 아닌 서민은 일반형으로 지원하면 된다. 이자는 우대형이 1%로 저렴하고, 일반형은 2%로 우대형보다 높다. 월세가 부담인 사람들에게 주거의 안정을 위해 주택도시기금에서 월세자금을 운용(지원) 중인 상품이다.

대출대상	– 우대형 : 취업준비생, 희망키움통장 가입자, 근로장려금 수급자, 사회초년생, 자녀장려금 수급자, 주거급여수급자 – 일반형 : 부부합산 연소득 5,000만원 이하로, 우대형에 해당하지 않는 경우 – 공통 : 부부합산 순자산가액 3억4,500만원 이하
대출금리	– 우대형 : 연 1.3% – 일반형 : 연 1.8%
대출기간	2년(4회 연장, 최장 10년 이용 가능)
대출한도	최대 1,440만원(월 60만원 이내)
대상주택	아래의 요건을 모두 충족하는 주택 1. 임차보증금 1억원 이하 및 월세 60만원 이하 2. 임차전용면적 85㎡ 이하(도시지역이 아닌 읍 또는 면은 100㎡ 이하) 주택(주거용 오피스텔은 85㎡ 이하 포함)
유의사항	– 주거급여수급자(우대형)인 경우 농협 및 기업은행 대출신청 불가 – 본 대출상품은 생애 중 1회만 이용 가능
취급은행	우리은행, KB국민은행, NHBank, 신한은행, KEB하나은행

출처 : 주택도시기금 홈페이지

011

신혼부부, 서민을 위한 전세자금대출 상품은?

정부가 운용 중인 주택도시기금 중 만 34세 이하 청년지원 대출상품과 별도로 운영되는 상품은 '신혼부부전용 전세자금', '버팀목전세자금' 등이 있다. 자세한 내용은 다음과 같다.

1 | 신혼부부전용 전세자금 - 나이 대신 혼인기간으로 체크!

혼인기간 7년 이내 또는 3개월 이내 결혼예정자를 위한 상품이다. 전세자금이 부족한 신혼부부를 위한 대출상품이다.

신혼부부전용 전세자금

대출대상	- 부부합산 연소득 7,500만원 이하, 순자산가액 3억4,500만원 이하 무주택 세대주 - 신혼부부(혼인기간 7년 이내 또는 3개월 이내 결혼예정자)
대출금리	연 1.5~2.7%
대출기간	2년(4회 연장, 최장 10년 이용 가능)

대출한도	– 수도권 3억원 이내 – 수도권 외 2억원 이내(임차보증금의 80% 이내)
대상주택	아래 요건을 충족하는 주택 1. 임차 전용면적 　– 임차 전용면적 85㎡ 이하 　– 수도권을 제외한 도시지역이 아닌 읍 또는 면은 100㎡ 이하 　– 85㎡ 이하 주거용 오피스텔 포함 　단, 셰어하우스(채권양도협약기관 소유주택에 한함)에 입주하는 경우 예외적으로 면적 제한 　없음 2. 임차보증금 　– 일반가구·신혼가구 : 수도권 4억원, 수도권 외 3억원 이내
신청시기	– 임대차계약서상 잔금지급일과 주민등록등본상 전입일 중 빠른 날로부터 3개월 이내까 　지 신청 – 계약갱신의 경우에는 계약갱신일(월세에서 전세로 전환 계약한 경우에는 전환일)로부터 3개 　월 이내에 신청
유의사항	– 대출 취급 후 주택취득이 확인된 경우에는 본 대출금을 상환하여야 함 – 주택도시보증공사 보증서를 담보로 취급된 경우 추가대출 및 대출이용기간 중도 목적 　물 변경 불가
취급은행	우리은행, KB국민은행, NHBank, 신한은행, KEB하나은행, 대구은행, 부산은행

출처 : 주택도시기금 홈페이지

2 | 버팀목전세자금 – 만 25세 미만 단독세대주 제외

　　나이에 상관없이 근로자 및 서민의 주거안정을 위한 전세자금을 대출해 주는 상품이다. 만 25세 미만의 단독세대주*라면 금리면에서 '청년전용 버팀목전세자

● **단독세대주** : 세대 구성원이 1명인 가구의 세대주를 말한다. 만 30세 이상의 성인 또는 만 30세 미만이라 하더라도 4대 보험에 가입된 근로자이면서 안정적인 소득이 발생하는 경우에는 단독세대주로 인정받을 수 있다.

금'을 이용하는 것이 유리하다(80쪽 참고).

버팀목전세자금

대출대상	부부합산 연소득 5,000만원 이하, 순자산가액 3억4,500만원 이하 무주택세대주(만 25세 미만 단독세대주 제외)
대출금리	연 2.1~2.9%
대출기간	2년(4회 연장, 최장 10년 이용 가능)
대출한도	- 일반가구 : 수도권 1억 2,000만원, 수도권 외 8,000만원 이내 - 2자녀 이상 가구 : 수도권 3억원, 수도권 외 2억원 이내
대출비율	- 일반가구 : 전세금액의 70% 이내 - 신혼가구·2자녀 이상 가구 : 전세금액의 80% 이내

대상주택	아래의 요건을 모두 충족하는 주택
	
	1. 임차 전용면적
	  - 임차 전용면적 85㎡ 이하
	  - 수도권을 제외한 도시지역이 아닌 읍 또는 면은 100㎡ 이하
	  - 85㎡ 이하 주거용 오피스텔 포함
	  단, 셰어하우스(재건양도협약기관 소유주택에 한함)에 입주하는 경우 예외적으로 면적 제한 없음
	
	2. 임차보증금
	  - 일반가구·신혼가구 : 수도권 3억원, 수도권 외 2억원 이내
	  - 2자녀 이상 가구 : 수도권 4억원, 수도권 외 3억원 이내

신청시기	- 임대차계약서상 잔금지급일과 주민등록등본상 전입일 중 빠른 날로부터 3개월 이내까지 신청 - 계약갱신의 경우에는 계약갱신일(월세에서 전세로 전환계약한 경우에는 전환일)로부터 3개월 이내에 신청
유의사항	- 대출 취급 후 주택취득이 확인된 경우에는 본 대출금을 상환하여야 함 - 주택도시보증공사 보증서를 담보로 취급된 경우 추가대출 및 대출이용기간 중도 목적물 변경 불가
취급은행	우리은행, KB국민은행, NHBank, 신한은행, KEB하나은행, 대구은행, 부산은행

출처 : 주택도시기금 홈페이지

012

경제적 부담이 적은 집을 찾는다면 '임대주택'

청년·신혼부부를 위한 5가지 공공임대주택

경제적 부담이 적으면서 주거의 만족도가 높은 집을 찾는다면, 임대주택도 하나의 방법이 될 수 있다. 흔히 사람들이 '임대주택'이라고 말하는 것은 정부에서 운영하는 '공공임대주택'*을 의미하는 경우가 많다.

'청년·신혼부부계층 임대주택', '주거취약계층 임대주택', '무주택 서민 임대주택' 등이 있고, 그 외에도 여러 종류의 임대주택이 있다. 상황에 맞게 적절히 선택하면 된다.

1 | 행복주택 – 신혼부부 가능

청년(만 19~만 39세), 신혼부부, 대학생 등 젊은 계층의 주거불안을 해소하기 위

● **공공임대주택** : 국가, 지방자치단체, 한국토지주택공사(LH), 주택사업을 목적으로 설립된 지방공사 등이 국가(또는 지자체)의 '재정'이나 주택도시기금법에 따른 '주택도시기금'을 지원받아 건설, 매입, 임차하여 공급하는 임대 또는 임대 후 분양전환을 할 목적으로 공급하는 주택을 말한다. 물론, 민간이 운영하는 민간임대주택도 있다.

해 국가 재정과 주택도시기금을 지원받아 대중교통이 편리하고 직주근접한 부지에 주변시세보다 저렴하게 공급하는 공공임대주택이다.

행복주택		신혼부부 포함 직주근접 공공임대
입주대상	대상	무주택요건 및 소득·자산기준을 충족하는 대학생, 청년, 산단근로자,* 신혼부부(혼인기간 7년 이내 또는 만 6세 이하 자녀를 둔 가구, 예비신혼부부인 무주택 세대) 등
	소득기준	- 해당 세대의 전년도 도시근로자 가구원수별 월평균소득 100% 이하인 자 - 대학생(본인+부모 소득), 세대원 청년(본인) 소득 120% 적용 - 맞벌이부부 경우 120% 적용
	자산기준	보유 부동산(건물+토지), 자동차의 가액이 기준금액 이하인 자 - 총자산 3억6,100만원 이하(2023년도 기준) - 자동차 3,683만원 이하(2023년도 기준)
임대료		시세대비 60~80%
거주기간		대학생·청년(6년), 신혼부부(6~10년), 주거급여수급자·고령자(20년)

출처 : LH 홈페이지

2 | 청년매입임대(다가구) - 신혼부부 불가

청년(만 19~만 39세), 대학생, 취업준비생 등 젊은 계층의 주거안정을 위해 국가 재정과 주택도시기금을 지원받아 LH에서 매입한 주택을 개·보수 또는 리모델링(재건축) 후 주변시세보다 저렴하게 공급하는 공공임대주택이다.

● **산단근로자** : 행복주택 건설지역(특별시, 광역시, 시, 군)에 소재한 산업단지 입주기업에 재직 중인 근로자를 말한다.

청년매입임대

신혼부부 불가 리모델링 공공임대

입주대상	혼인 중이 아닌 무주택자요건 및 소득·자산기준*을 충족하는 청년
매입대상주택	건축법시행령에 의한 단독주택, 다중주택, 다가구주택, 공동주택(아파트, 다세대주택, 연립주택), 오피스텔 등 전용면적 85㎡ 이하이고 청년층의 수요가 많으며 교통이 편리한 지역의 주택(매입가격, 관리비부담수준, 입지와 주변환경 등을 고려하여 선별 매입함)
임대료	시세대비 40~50%
거주기간	2년(입주자격 유지 시 재계약 2회 가능, 최장 6년)

출처 : LH 홈페이지

3 | 청년전세임대 - 신혼부부 불가

청년층(대학생, 취업준비생, 만 19~만 39세)의 주거비부담 완화를 위해 기존주택을 전세계약으로 체결하여 저렴하게 재임대하는 공공임대주택이다. 즉 조건에 맞는 집을 입주대상자인 청년이 알아보고, 계약의 임차인은 LH가 되어 체결한 다음 입주대상자에게 거주하도록 하는 방식이다.

....

- **청년매입임대, 청년전세임대 소득·자산기준** : 조건별로 1~3순위로 나뉘며 이에 따라 혜택도 달라진다. 순위별 소득, 자산기준은 아래와 같다.
  - 1순위 : 생계·주거 의료급여 수급자 가구, 보호대상 한부모가족 가구, 차상위계층 가구의 청년
  - 2순위 : 본인과 부모의 월평균 소득이 전년도 도시근로자 가구원수별 가구당 월평균 소득의 100% 이하이고, 본인과 부모의 자산이 국민임대주택의 자산기준을 충족하는 청년
  - 3순위 : 본인의 월평균 소득이 전년도 도시근로자 가구원수별 가구당 월평균 소득의 100% 이하이고, 본인의 자산이 행복주택 청년의 자산기준을 충족하는 청년

청년전세임대

신혼부부 불가 기존 주택 공공임대

입주자격	무주택요건 및 소득·자산기준을 충족하는 대학생, 취업준비생, 만 19~만 39세
임대조건	- 임대보증금 : 1순위 100만원, 2·3순위 200만원 - 월임대료 : 전세지원금 중 임대보증금을 제외한 금액에 대한 연 1~2% 이자 해당액
전세금 지원 한도액	- 단독거주(1인 거주) : 수도권 1억 2,000만원, 광역시 9,500만원, 기타 8,500만원 - 공동거주(2인 거주) : 수도권 1억 5,000만원, 광역시 1억 2,000만원, 기타 1억원 - 공동거주(3인 거주) : 수도권 2억원, 광역시 1억 5,000만원, 기타 1억 2,000만원
거주기간	최초 임대기간은 2년으로 하되, 자격요건 충족 시 2회 재계약(2년 단위) 가능

출처 : LH 홈페이지

청년전세임대 신청절차

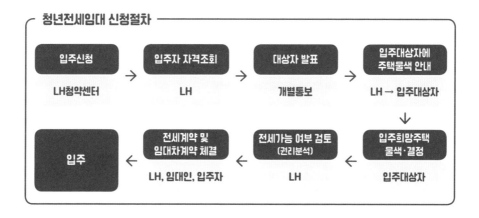

4 | 신혼부부 매입임대주택 Ⅰ, Ⅱ - 자산을 보유해도 기준 이하면 가능

신혼부부의 주거안정을 위해 국가 재정과 주택도시기금을 지원받아 LH에서
매입한 주택을 개·보수 후 주변시세보다 저렴하게 공급하는 공공임대주택이다.

신혼부부 매입임대주택

		신혼부부 포함 개·보수 공공임대
입주대상	대상	무주택요건 및 소득·자산기준을 충족하는 신혼부부, 예비신혼부부, 한부모가족, 유자녀 혼인가구 - 신혼부부 : 혼인기간 7년 이내 또는 예비신혼부부인 무주택 세대 - 한부모가족 : 만 6세 이하 자녀를 둔 모자 또는 부자가족 - 유자녀 혼인가구 : 만 6세 이하 자녀가 있는 혼인가구
	소득기준	- 신혼부부 매입임대주택 I형 : 해당 세대의 전년도 도시근로자 가구 원수별 월평균소득 70%(배우자 소득이 있는 경우 90%) 이하인 자 - 신혼부부 매입임대주택 II형 : 해당 세대의 전년도 도시근로자 가구 원수별 월평균소득 100%(배우자 소득이 있는 경우 120%) 이하인 자
	자산기준	보유 부동산(건물 + 토지), 자동차의 가액이 기준금액 이하인 자 - 총자산 3억 6,100만원 이하(2023년도 기준) - 자동차 3,683만원 이하(2023년도 기준)
매입대상주택		건축법시행령에 의한 단독주택, 다중주택, 다가구주택, 공동주택(아파트, 다세대주택, 연립주택), 오피스텔 등 전용면적 85㎡ 이하이고, 방이 2개 이상인 자녀를 양육하기 적합한 주택(매입가격, 관리비부담수준, 입지와 주변환경 등을 고려하여 선별 매입함)
임대료		시세대비 I형 30~40%, II형 70~80%
거주기간		- 신혼부부 매입임대주택 I형 : 최장 20년 - 신혼부부 매입임대주택 II형 : 최장 6년

출처 : LH 홈페이지

5 | 신혼부부전세임대 I, II - 지원한도 초과 시 자기자금 보태기 가능

(예비)신혼부부, 한부모가족, 유자녀 혼인가구가 원하는 생활권에서 안정적으로 거주할 수 있도록 기존주택을 전세계약으로 체결하여 저렴하게 재임대하는 공공임대주택이다. 소득수준에 따라 신혼부부전세임대 I형, II형으로 구분하여

공급한다.

　조건에 맞는 집을 입주대상자인 신혼부부가 알아보고, 계약의 임차인은 LH가 되어 체결한 다음 입주대상자에게 거주하도록 하는 방식이다.

신혼부부전세임대

신혼부부 포함 기존주택 공공임대

입주대상	무주택요건 및 소득·자산기준을 충족하는 신혼부부, 예비신혼부부, 한부모가족, 유자녀 혼인가구 - 신혼부부 : 혼인기간 7년 이내 사람(혼인은 혼인 또는 재혼 신고일 기준) - 예비신혼부부 : 혼인 예정인 사람으로서 입주일 전일까지 혼인신고를 하는 사람 - 한부모가족 : 한부모가족지원법 제4조 제1호의 규정에 따라 여성가족부장관이 정하는 기준에 해당하는 보호대상 한부모 또는 일반 한부모가족(만 6세 이하의 자녀를 둔 경우로 한정) - 유자녀 혼인가구 : 만 6세 이하 자녀가 있는 혼인가구(혼인기간 무관)
소득기준	- I형 : 무주택세대 구성원으로서 해당 세대의 전년도 도시근로자 가구원수별 월평균소득 70% 이하인 자(배우자가 소득이 있는 경우 90% 이하인 자) - II형 : 무주택세대 구성원으로서 해당 세대의 전년도 도시근로자 가구원수별 월평균소득 100% 이하인 자(배우자가 소득이 있는 경우 120% 이하인 자)
자산기준	보유 자산(건물＋토지＋금융자산), 자동차의 가액이 기준금액 이하인 자 - 총자산 3억6,100만원 이하(2023년도 기준) - 자동차 3,683만원 이하(2023년도 기준)
임대조건	- I형 : 임대보증금 한도액 범위 내에서 전세지원금의 5% - II형 : 임대보증금 한도액 범위 내에서 전세지원금의 20% - I형·II형 공동조건 : (월임대료) 전세지원금 중 임대보증금을 제외한 금액에 대한 연 1~2% 이자 해당액
전세금 지원 한도액	- I형 : 수도권 1억4,500만원, 광역시 1억1,000만원, 기타 9,500만원 - II형 : 수도권 2억 4,000만원, 광역시 1억 6,000만원, 기타 1억 3,000만원 지원한도액을 초과하는 전세주택은 초과하는 전세금액을 입주자가 부담할 경우 지원 가능 (단, 전세금은 호당 지원한도액의 250% 이내로 제한하되, 가구원의 수가 5인 이상 시 예외 인정 가능)
거주기간	- I형 : 최장 20년(2년 단위 9회 재계약 가능) - II형 : 최장 6년(2년 단위 3회 재계약 가능, 유자녀 4년 추가 시 최대 10년 가능)

출처 : LH 홈페이지

그 밖에 저소득층 주거안정을 위한 임대주택 세부내용은 LH홈페이지(www. lh.or.kr) → 주요사업 → 주거복지사업에서 확인해 보자.

013

사회초년생을 위한
인터넷 허위매물 감별법 3가지

발품 팔기 전, 똑똑하게 손품 파는 방법

불과 몇 년 전만 하더라도 집을 구하기 위해 부동산중개사무소를 방문하거나 직거래 사이트와 무가지 신문(벼룩시장, 가로수) 등을 보면서 몇날 며칠을 발품 팔고 다녔다. 요즘은 인터넷과 각종 부동산 앱에 정보가 넘쳐나면서 손품으로 매물을 파악하는 것이 일반화되었다. 손품의 비중이 커지자 일부 부동산중개사무소에서는 허위매물을 올려 손님을 유인하는 일이 많아졌고, 집을 구하는 이들의 피해가 늘고 있다.

다음 3가지만 조심해도 허위매물은 어느 정도 걸러낼 수 있으니 참고하기를 바란다.

1 | 유독 저렴한 가격의 매물은 의심할 것!

허위매물의 대표적인 예는 주변시세에 비해 유독 저렴하거나, 같은 물건을 다른 중개사무소보다 저렴한 금액으로 올리는 것이다. 광고를 올린 부동산중개사무소에 전화를 걸면, '있는 매물이니 빨리 와서 봐라! 이런 매물은 금방 계약이 된다.'라며 손님을 유인한다. 그러나 막상 방문하면, '방금 계약이 되었다. 어제 저녁에 보고 간 손님이 조금 전에 가계약금을 입금했다.'며 말을 돌린 뒤, 다른 매물로 유도한다.

그러므로 유독 저렴한 매물을 발견했다면 일단 전화로 매물의 거래 가능 여부를 확실하게 확인하는 것이 좋다. 만약 실제 있는 매물이라면 다른 사람이 먼저 계약할 수도 있으므로 최대한 빠른 시간 내에 방문 약속을 잡고 집을 보러 가야 한다. 하지만 허위매물일 가능성이 있으므로 큰 기대를 하지 않는 것이 좋다.

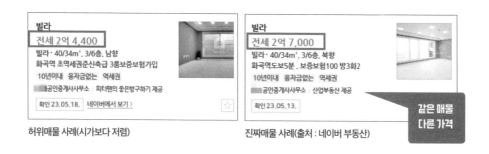

허위매물 사례(시가보다 저렴)   진짜매물 사례(출처 : 네이버 부동산)

위 두 매물은 같은 신축빌라의 전세매물을 각기 다른 부동산중개사무소에서 올린 광고다. 필자가 왼쪽 중개사무소에 전화를 걸자 "전세가는 2억 7,000만원이 맞는데, 집을 보고 꼭 하겠다고 의사표시를 해 주면 임대인에게 잘 이야기해서 2억 4,400만원에 가격을 맞춰 보겠다."고 했다. 다른 곳보다 저렴한 금액으로 광고를 올려 손님들의 눈길을 끌어 방문을 유도하고 있었던 것이다.

2 | 사진발에 속지 말자!

보통 많은 정보를 제공하는 매물에 눈길이 가게 마련이다. 특히 매물의 내부 사진은 손님을 끌어당기는 중요한 역할을 하기 때문에, 이것을 이용하는 중개사무소도 있다. 같은 집을 고화질 카메라 등을 사용해서 촬영한 것이라면 뭐라 할 말은 없지만, 다른 집의 사진을 마치 해당 매물의 사진인 것처럼 올리는 경우가 있는데 이는 대표적인 허위광고에 속한다. 그러므로 비슷한 가격대의 다른 매물보다 내부사진이 월등히 좋은 집이 있다면 허위매물일 가능성이 높다.

같은 지역에서 비슷한 가격대의 매물은 일반적으로 크기, 인테리어 상태, 연식 등에서 크게 차이 나지 않는다. 이러한 매물은 권리상 하자가 있는 집이거나 허위매물일 가능성이 높으므로 사진발에 현혹되지 말아야 한다.

3 | 매물의 등록일자를 확인하자!

주변시세를 비교해 보고, 비교적 괜찮은 가격에 매물을 찾았다 해도 아직 방심하기 이르다. 매물의 등록일자가 오래되었다면 그 역시 허위매물일 가능성이 높기 때문이다. 좋은 매물은 누가 봐도 좋기 때문에 빠른 시간 내에 계약될 수밖에 없다. 따라서 매물을 검색할 때에는 가급적 등록일자가 빠른 매물부터 관심을 갖는 것이 좋다.

등록일자가 15일 이내인 경우가 실제로 있는 매물일 확률이 높고, 등록일자가 1개월 이상 된 매물이라면 허위매물일 확률이 높다. 거래가 완료된 매물을 계속해서 있는 매물처럼 올려놓는 경우도 있으므로 유의해야 한다.

참고로 여러 부동산중개사무소에서 같은 매물을 최근에, 또 단기간 집중해서 올린 것이라면 실제 있는 매물이라고 생각해도 된다. 또한, 같은 매물을 한 군데 부동산중개사무소에서 약간의 설명만 바꿔서 여러 번 올렸다면 실제로 있는 매물일 가능성이 높다.

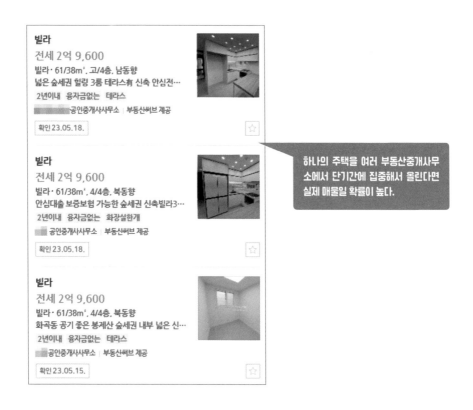

빌라
전세 2억 9,600
빌라 · 61/38㎡', 고/4층, 남동향
넓은 숲세권 힐링 3룸 테라스有 신축 안심전···
2년이내   융자금없는   테라스
⬜⬜공인중개사사무소 | 부동산써브 제공
확인 23.05.18.

하나의 주택을 여러 부동산중개사무소에서 단기간에 집중해서 올린다면 실제 매물일 확률이 높다.

빌라
전세 2억 9,600
빌라 · 61/38㎡', 4/4층, 북동향
안심대출 보증보험 가능한 숲세권 신축빌라3···
2년이내   융자금없는   화장실한개
⬜⬜공인중개사사무소 | 부동산써브 제공
확인 23.05.18.

빌라
전세 2억 9,600
빌라 · 61/38㎡', 4/4층, 북동향
화곡동 공기 좋은 봉제산 숲세권 내부 넓은 신···
2년이내   융자금없는   테라스
⬜⬜공인중개사사무소 | 부동산써브 제공
확인 23.05.15.

허위매물 올리는 중개사무소 처벌한다!

2020년 8월 21일부터 공인중개사가 존재하지 않는 허위매물을 올리거나, 부당한 표시 (예를 들어 아파트 '1층'을 '저층'이라고 표시한다거나, 전세가 '2억 4,000만원'을 '2억 초 반'으로 표시하는 경우) 등의 광고를 할 경우 해당 지자체에서 500만원 이하의 과태료를 부과할 수 있도록 공인중개사법이 개정되어 현재 시행 중에 있다.

존재하지 않는 허위매물을 올림으로써 매물이 많은 것처럼 부풀려지는 왜곡 현상을 막을 수 있으며, 현재 시장가격과 물량을 보다 정확하게 파악할 수 있다는 장점이 있다. 또한 매 도자는 시세보다 낮은 가격으로 광고되는 피해를 방지할 수 있으며, 매수자도 허위매물로 인한 피해를 줄일 수 있다.

반면 공인중개사는 자칫하면 과태료 처분을 받을 수 있기 때문에 광고등록에 소극적이 될 수도 있다. 많았던 허위매물 광고가 일시에 사라져 매물 자체가 부족하다는 착시현상을 불러일으킬 수도 있게 된다. 매물의 수가 급감한 것처럼 보여 매수자를 조급하게 만들고, 이것이 패닉바잉 현상을 더욱 부추길 수 있다는 것이다. 이로 인해 부동산가격을 더욱 상 승시킬 수도 있다는 우려가 지적되기도 한다.

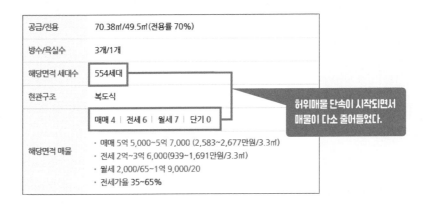

공급/전용	70.38㎡/49.5㎡ (전용률 70%)
방수/욕실수	3개/1개
해당면적 세대수	554세대
현관구조	복도식
	매매 4 | 전세 6 | 월세 7 | 단기 0
해당면적 매물	· 매매 5억 5,000~5억 7,000 (2,583~2,677만원/3.3㎡) · 전세 2억~3억 6,000(939~1,691만원/3.3㎡) · 월세 2,000/65~1억 9,000/20 · 전세가율 35~65%

허위매물 단속이 시작되면서 매물이 다소 줄어들었다.

014

신축빌라 저렴이 월세는
믿고 거를 것!

월세는 미끼일 뿐, 고액 전세 작업하는 비정상 부동산!

신축빌라인데 월세가 유독 저렴하다면, 굉장히 위험한 집이므로 피하는 것이 상책이다. 신축빌라의 원래 목적은 분양이다. 그런데 계획보다 분양이 잘되지 않으면 자금회수를 위해 높은 금액으로 전세를 놓는 경우가 많다.

예를 들어, 분양가가 3억원인 신축빌라에 전세를 2억 9,000만원에 놓는 것이다. 심한 경우 매매가보다 높은 금액인 3억 1,000만원에 전세를 놓기도 한다. 전세가 그렇게 비싸게 나오면 들어가는 사람이 있을지 의문일 것이다. 결론부터 말하면 '있다'.

왜 이런 일이 생기는 걸까?

건축주는 분양을 대행하는 컨설팅업체에게 분양 및 전세를 의뢰하고, 분양(전세)수수료로 한 세대당 1,000만~1,500만원씩 준다. 컨설팅업체는 직접 광고를 해서 손님을 유인하거나, 부동산중개사무소에 단체문자를 보내거나 전단지를 뿌리면서 홍보한다. 이런 신축빌라 전세를 컨설팅업체에서 부동산중개사무소에 의뢰할 때 중개수수료로 1세대당 적게는 200만원에서 많게는 1,000만원까지 준다.

사실 정상적인 부동산중개사무소는 이렇게 위험한 물건은 중개하지 않는다. 일부 비정상적인 부동산중개사무소가 높은 중개수수료 때문에 이런 매물만을 전문적으로 취급한다.

솔깃한 권유 – '전세자금대출 받아서 들어오세요'

보증금 2,500만원, 월세 40만원으로 광고를 올렸다고 가정해 보자. 이들의 작업 멘트는 거의 비슷하다. '한 달에 40만원이면, 정부에서 지원하는 전세자금대출로 신축빌라 전세를 얻을 수 있다. 이렇게 좋은 방법이 있는데, 왜 굳이 월세를 내면서 살려고 하느냐!'라면서 계속해서 전세를 권한다.

그리고 곧 귀가 솔깃한 제안을 한다. 신축빌라는 당연히 전세금이 높아서 그 금액을 대출받게 되면 처음 생각했던 월세보다 대출이자가 높아진다. 그때 '임대인이 부족한 이자 2년치를 일시불로 지원해 주기로 했다.'고 제안을 한다.

손님 입장에서는 전세금액이 높아진다 해도 어차피 초과되는 이자를 지원받기 때문에 손해가 아니라고 생각하게 된다. 또한, 자신이 부담하려 했던 보증금과 월세로는 이런 신축빌라를 구할 수 없다는 것을 잘 알고 있기 때문에 쉽게 넘어간다. 이렇게 사회경험이 적으면서 정부의 지원을 많이 받을 수 있는 사회초년생, 신혼부부 등이 주요 타깃이 된다.

사실 초과되는 2년치 이자지원은 임대인(건축주)이 아닌 컨설팅업체에서 부담하는 경우가 많다. 컨설팅업체에서는 세대당 분양(전세)수수료로 1,500만원을 받기로 했다면 2년치 이자를 지원해 준다고 해도 남는 금액이 크기 때문이다.

문제는 2년 후, 임차인을 못 구하면? 전세자금대출 연장 불가능!

여기까지는 큰 문제가 없어 보인다. 그리고 계약기간 동안에도 별다른 문제가 없다. 문제는 바로 만기가 되어 이사를 나가야 할 때 생긴다.

처음에 생각지도 않았던 전세자금대출을 받아서 주변시세보다 비싼 가격으로 전세를 들어왔기 때문이다. 매매가 또는 전세가가 큰 폭으로 오르지 않는 한, 본인이 처음 들어왔던 가격으로 들어올 사람은 없다. 단순히 계약만기가 되었으므로 임대인(건축주)에게 보증금을 반환해 달라고 하면 된다고 생각하면 오산이다. 왜냐하면 이미 임대인이 바뀌어 있을 경우가 많기 때문이다. 이런 집들은 일명 '바지사장'이라는 소유권 명의자를 맞춰 놓고 시작한다. 건축주는 이렇게 비싼 가격으로 전세가 모두 맞춰지면 바지사장에게 소유권을 이전해 버리고 보증금 반환에 대한 모든 책임을 떠넘긴다.

바지사장은 명의를 빌려주는 대신 1세대당 500만원 정도를 받는다. 이들 중에는 이렇게 자신의 명의로 300세대가 넘는 집을 넘겨받은 사람도 있다. 대부분의 바지사장은 신용불량자이거나 계약만기 시 전세보증금을 반환해 줄 경제적 능력이 없다. 때문에 만기 시, 보증금을 반환해 달라고 하면 '돈이 없다. 그러니 같은 가격 혹은 더 비싼 가격으로 임차인을 맞춰서 나가라!'라고 한다. 그리고 차일피일 미루다가 어느 순간 바지사장은 잠적해 버린다.

이렇게 해당 주택에 문제가 생기면 전세자금대출 기간이 연장되지 않는 경우가 발생한다. 임차인은 전세자금대출을 상환해야 하는데 당연히 그럴 돈이 없을 것이다. 그럼 연체이자 발생 및 신용상의 문제가 생기게 된다. 처음에 생각지도 않았던 신축빌라 전세로 들어가서 이런 피해를 입게 되는 것이다.

시세보다 저렴하게 나온 월세 신축빌라는 조심해야 하며, 이런 매물을 전세로 권유받는다면 계약하지 않는 것이 좋다.

015

집 보러 다닐 때
반드시 확인해야 할 5가지!

1 | 곰팡이 - 하자 체크!

눈에 가장 빨리 띄면서 실생활에 많은 불편함을 주는 것이 바로 곰팡이다. 곰팡이가 생기는 원인은 크게 2가지다.

첫 번째, 집 자체의 하자다. 누수, 방수 문제 등으로 건물 외부에서 내부로 혹은 배관상의 문제로 위층에서 아래층으로 물이 새서 곰팡이가 생기는 경우다.

두 번째, 바깥온도와 내부온도의 차이 때문에 이슬이 맺히는 결로현상이다. 겨울철 환기를 자주 시키지 않는 집일수록 이런 현상이 빈번하게 나타난다. 집 자체의 하자(누수, 방수 문제) 때문에 곰팡이가 생겼다면 피해야 하지만, 결로현상 때문이었다면 살고 있는 사람의 부주의가 크므로 굳이 피할 필요까지는 없다.

참고로 곰팡이가 천장 맨 윗부분에서부터 시작해서 아래쪽으로 내려오면서 퍼져 있다면 누수 등의 하자로 보아야 한다. 이와는 반대로 벽면 중간이나 아래쪽에서 시작해서 그 주변으로 곰팡이가 퍼져 나갔다면 누수보다는 결로현상으로 인한 곰팡이일 확률이 높다.

또, 부분 도배를 하거나 벽지를 덧댄 벽면이 있다면 유심히 살펴봐야 한다. 특히 곰팡이가 많이 피는 창가 쪽이나 현관 입구 쪽 벽면만 새로 도배가 되어 있다면 곰팡이를 감추기 위한 것일 수도 있으므로 주의 깊게 살펴보아야 한다.

누수가 있는 집, 걸러야 한다!
(위 → 아래로 내려오는 곰팡이)

누수가 아닌 집은 환기로 해결될 수도!
(아래, 중간 부분 곰팡이)

 ## 하자 발생 시, 수리 절차 4단계

민법 제623조(임대인의 의무)에서 임대인은 임차인이 목적물인 주택을 정상적으로 사용·수익할 수 있도록 할 의무가 있다고 되어 있다. 즉 임차인의 고의 또는 과실에 의한 파손일 경우를 제외하고는 임대인의 부담으로 하자에 대한 수리를 해 주어야 한다. 다만, 큰 비용이 들어가지 않는 간단한 수선, 소모품(형광등)의 교체 등은 임차인이 부담하는 것이 일반적이다.

이 장에서는 세를 얻어 살고 있는 집에 하자가 발생했을 때 임대인에게 어떻게 수리를 요청해야 하는지에 대해서 알아보겠다.

1단계 | 하자를 알린다!

하자가 발생했다고 해서 임차인 임의대로 먼저 수리를 한 후에 임대인에게 비용을 청구하면 오히려 추가 비용을 들여 원상회복까지 해야 할 수도 있다. 그러므로 반드시 임대인에게 먼저 알리는 것이 중요하다.

수리가 필요한 부분을 휴대전화로 사진 또는 동영상을 촬영해서 임대인에게 전송한다. 그리고 전화(또는 문자)를 해서 하자로 인한 불편함과 하자 부분에 대해 설명한다.

임대인이 수리업체를 불러주면 해당 업체와 일정을 조율해서 수리를 받으면 된다. 만약, 임대인이 임차인에게 업체를 선정해서 수리를 받으라고 하면 다음 2단계를 진행한다.

2단계 | 예상견적을 알려준다

업체를 섭외해서 수리내역 및 견적을 받아서 임대인에게 알려준다. "내가 아는 업체에 맡기면 더 저렴하게 할 수 있었는데…" 등의 군말을 듣지 않으려면 반드시 임대인의 동의하에 공사를 진행해야 한다. 수리의 범위와 견적을 미리 알리지 않을 경우 비용의 많고 적음으로 향후 분쟁의 소지가 생길 수 있기 때문이다. 세금계산서(현금영수증 등)를 발급받을지 여부도 물어보는 것이 좋다. 일반적으로 영수증을 끊지 않을 경우 비용 부담을 줄일 수 있다.

3단계 | 수리 과점('Before'와 'After')을 찍어두어라

가급적 공사 시작 전과 마무리 후의 사진을 찍어두는 것이 좋다. 그래야 어떤 공사를 어떻게 했는지 알 수 있으며, 임대인에게 비용을 청구하기에도 훨씬 수월하다.

4단계 | 비용을 청구한다

업체에게 받은 계좌번호 또는 영수증 등을 사진으로 찍어서 임대인에게 보내고 비용을 청구한다. 임대인이 해당 영수증이 비용 처리에 필요하다 할 경우 우편(등기)으로 보내 주면 된다. 임대인에게 업체의 연락처와 계좌번호를 알려주고 직접 이체를 하게 하는 것이 좋다. 참고로 수리비용 부담의 분쟁을 방지하기 위해 계약서 작성 시, 아래와 같이 특약사항을 기재해 놓는 것도 방법이 될 수 있다.

'10만원 미만의 비용은 임차인이 부담하며, 10만원 이상의 비용은 임대인이 부담하기로 한다.'

<참고 판례>
- 대법원 판례(대법원 2004. 6. 10. 선고 2004다2151, 2168 판결)

임대인은 주택의 파손·장해의 정도가 임차인이 별 비용을 들이지 않고 손쉽게 고칠 수 있을 정도의 사소한 것이어서 임차인의 사용·수익을 방해할 정도의 것이 아니라면 그 수선의무를 부담하지 않는다. 다만, 그것을 수선하지 않아 임차인이 정해진 목적에 따라 사용·수익할 수 없는 상태로 될 정도의 것이라면 임대인은 그 수선의무를 부담하여야 한다.

- 대법원 판례(대법원 1994. 12. 9. 선고 94다34692, 94다34708 판결)

임대인의 수선의무는 특약에 의하여 이를 면제하거나 임차인의 부담으로 돌릴 수 있다. 그러나 특별한 사정이 없는 한 건물의 주요 구성 부분에 대한 대수선, 기본적 설비 부분의 교체 등과 같은 대규모의 수선에 대해서는 여전히 임대인이 그 수선의무를 부담한다.

2 | 새시 - 난방비 폭탄 방지!

새시는 단열과 방음에 직접적으로 영향을 주기 때문에 반드시 확인해야 한다. 가끔 오래된 집 중에서 나무 창이 보이는데, 이런 집은 창문을 열었다 닫았다를 2~3회 정도 반복해 봐야 한다. 창틀과 창문이 잘 안 맞으면 틈새로 외부 바람이 들어올 수 있어 단열이 취약해지고 외풍이 생길 수도 있기 때문이다. 그렇게 되면 겨울철 난방비가 많이 들고, 보일러를 켜더라도 열손실이 많아 따뜻해지지 않는 문제가 발생한다. 주거비용을 아끼기 위해 저렴한 집으로 계약을 했는데, 오히려 난방비가 많이 나와 돈이 새나갈 수 있다. 이런 집은 몸도 마음도 추워질 수 있으므로 조심해야 한다.

또한 용도에 맞는(발코니용, 내부 창문용, 외부 창문용 등) 새시가 설치되어 있는지 확인해 봐야 한다. 가끔 원가 절감을 위해 용도에 맞지 않는 새시를 설치해 놓는 경우가 있다.

최근 인기를 얻고 있는 폴딩도어는 보기에는 좋지만 냉난방에는 취약하다. 그러므로 폴딩도어가 설치되어 있다면 외부단열 여부를 더욱 신경 써서 확인해야 한다.

틈새가 많으면 단열 취약, 난방비 UP!

외부단열에 취약한 폴딩도어

마지막으로 단창, 이중창, 방충망, 방범창 등의 이상 유무도 확인해 본다. 현재 살고 있는 거주자에게 겨울철 난방비가 얼마나 나오는지 살짝 물어보는 것도 좋은 방법이다.

3 | 층간소음 및 외부소음 - 이웃, 시간대별 소음도 확인!

집을 보러갈 때 채광, 위치, 주변 편의시설 등을 살펴보기 위해 낮에 가는 경우가 많다. 그러나 맞벌이부부 혹은 어린 자녀가 있는 경우 낮에는 조용하다가 저녁부터 본격적으로 시끄러워지는 집이 있다. 그러므로 마음에 드는 집이 있다면 시간대를 달리해서 방문 후 소음을 확인하고 계약하는 것이 좋다. 공인중개사나 그 집에 살고 있는 거주자에게 윗집, 아랫집 혹은 옆집에 누가 살고 있는지 물어보는 것도 도움이 된다.

층간소음뿐만 아니라 외부소음도 반드시 확인해 봐야 한다. 집이 대로변에 위치해 있다거나 주변에 공원이나 놀이터가 있을 때에는 밤에 외부소음이 클 수도 있기 때문에 더욱 꼼꼼하게 신경 써서 확인해 봐야 한다. 창문을 열었을 때와 닫았을 때의 소음 차이를 체크하는 것이 좋다.

4 | 수압 및 배수 - 주방수도 + 욕실수도 + 변기 동시 작동!

세탁기를 돌리거나 설거지 혹은 샤워를 할 때, 수압이 약하면 많이 불편하다. 이런 실생활의 불편함을 최소 1~2년 동안 겪어야 한다면 스트레스가 이만저만이 아닐 것이다.

수압을 확인할 때에는 주방 싱크대와 욕실 세면대의 물을 가장 높은 수압으로 동시에 틀어놓고 확인해 봐야 한다. 그 상태에서 변기 물까지 내려보는 것이 좋다. 그리고 중요한 것은 배수가 막힘없이 시원하게 잘 되는지 여부도 확인해 본다. 수압과 배수 문제는 생각보다 많은 불편함을 줄 수 있기 때문에 마음에 드는 집이라면 반드시 확인해 보도록 한다.

5 | 주차 대수 - 가구당 50%가 마지노선!

요즘 차가 있는 사람이 많다. 그래서 집을 구할 때 주차공간을 확보하는 것이 굉장히 중요한 요소다. 특히, 빌라와 같은 공동주택의 경우 주차공간을 확인할 때에는 전체 가구수 대비 주차 가능한 대수를 직접 확인해 보는 것이 좋다. 이때, 한 가구당 한 대의 주차공간이 확보되어 있다면 가장 좋겠지만 최소한 가구당 50% 이상의 주차공간이 확보되어 있는 집을 선택해야 한다. 그래야 주차 스트레스에서 어느 정도 벗어날 수 있기 때문이다.

본인이 차가 없더라도 나중에 이사 나갈 때, 아무래도 주차공간이 확보된 집이 더 빨리 나갈 확률이 높다. 그러므로 조건이 비슷하다면 주차가 편리한 집으로 선택하는 것이 좋다.

좋은 집 찾는 노하우 - 집 구경 체크리스트

집을 보러 다니기 위해 별도로 시간을 낸다는 것이 말처럼 쉬운 일은 아니다. 그래서 하루, 이틀 정도 날을 잡아서 한꺼번에 몰아서 보는 경우가 많다. 하루에 3~4개의 집을 보게 되면 머릿속은 뒤죽박죽이 되고 헷갈리게 마련이다. 나만의 체크리스트를 만들어서 확인할 부분을 꼼꼼하게 체크해 보자.

나만의 전월세 체크리스트

종 류	다가구( ) 상가주택( ) 빌라( ) 원룸/오피스텔( ) 아파트( )		
임 대 가 격			
대 출 (근저당* 설정금액)			
위 치			
외 부 요 소		집 앞 골목은 사람과 차가 다니기에 불편함이 없는가?	☑
		주차공간은 넉넉한가?	☑
		주출입구에 보안시설이 있는가?	☑
		내외부에 CCTV가 설치되어 있는가?	☑
		현관문에 번호키가 설치되어 있는가?	☑
내 부 요 소	주방	싱크대(후드, 수납장, 상판 등)의 상태는 양호한가?	☑
		가스레인지나 전기인덕션 등이 설치되어 있는가?	☑
		수압, 배수에 문제는 없는가?	☑

● **근저당** : 은행 등 채권자가 채무자에게 돈을 빌려줄 때 담보를 요구한다. 이때 담보로 주택을 제공하면 주택에 근저당권을 설정하게 된다. 채무자가 채무를 이행하지 않을 경우, 다른 채권자보다 우선해서 변제받을 것을 목적으로 하는 권리다.

내부 요소	주방	냉장고(김치냉장고) 놓을 자리가 있는가?	☑
		식탁 놓을 자리가 있는가?	☑
		주방에 환기창이 있는가?	☑
	거실 (현관)	TV 놓을 자리가 있는가?	☑
		소파 및 에어컨 놓을 자리가 있는가?	☑
		거실 창문 앞으로 가리는 건물(집)이 있는가? (밤에 커튼을 쳐야 하는가?)	☑
		신발장은 옵션으로 설치되어 있는가?	☑
	방	옷장 놓을 자리는 충분한가?	☑
		원하는 가구를 놓을 자리가 있는가?	☑
	욕실	바닥·벽면 타일이 파손된 부분이 없는가?	☑
		변기, 세면대, 샤워기, 수납장 등이 파손된 부분은 없는가?	☑
		수압, 배수에 문제는 없는가?	☑
	발코니 (다용도실)	세탁기(건조기) 놓을 자리가 있는가?	☑
		빨래를 건조할 자리가 있는가?	☑
		수납장(선반)이 있는가?	☑
	공통 사항	보일러는 정상적으로 작동되는가?(난방은 도시가스인가?)	☑
		곰팡이나 누수된 부분은 없는가?	☑
		도배, 바닥 상태는 전체적으로 좋은가?	☑
		방범창, 방충망은 설치되어 있는가?	☑
		모든 전등은 이상 없이 잘 켜지는가? (콘센트는 사용하기 편한 곳에 위치해 있는가?)	☑
		전체적으로 채광은 좋은가?	☑

내부 요소	공통 사항	섀시(창문) 상태는 양호한가?	☑
		창문 잠금장치는 양호한가?	☑
		층간소음, 외부소음은 없는가?	☑
환경 요소		어린이집, 초등학교, 학원 등이 가까운 곳에 위치하고 있는가?	☑
		집 주변 300m 이내에 혐오시설은 없는가?	☑
		슈퍼, 편의점이 도보 5분 이내에 있는가?	☑
		대형마트, 재래시장, 병원(약국) 등이 도보 15분 이내에 있는가?	☑
		버스정류장과 지하철역은 도보 10분 이내에 있는가?	☑
기타 요소		수도·전기·가스 계량기는 개별로 설치되어 있는가?	☑
		관리비는 있는가?(있다면 포함내역은 무엇인가?)	☑
		수리할 부분 또는 임대인에게 요구할 사항이 있는가?	☑
		나중에 집을 내놓았을 때 금방 나갈 수 있는가?	☑
최종 결론			

016

다가구주택 전세,
집주인 대출 0원이면 안전할까?

대출 0원 다가구주택 vs 대출 2억원 아파트
어디가 더 안전할까?

'대출이 있는 집은 위험한 집이고, 대출이 없는 집은 안전한 집이다.'

이 말은 반은 맞고 반은 틀리다. 집합건물(아파트, 다세대주택, 연립주택, 오피스텔 등)이라면 대출 없는 집이 무조건 좋다. 그런데 집합건물이 아닌 일반주택(단독주택, 다가구주택, 다중주택)은 대출이 없어도 위험할 수 있다.

예를 들어 일반주택이 경매로 넘어간다고 해보자. 집주인은 한 명인데 선순위 임차인*들이 많으면 본인의 순위가 밀리므로 보증금 회수가 위험해질 수도 있다. 그러므로 이런 주택을 계약한다면 더 주의하자. 등기사항증명서상 대출 여부도 중요하지만 선순위 임차인 수와 그들의 보증금 합계액도 살펴봐야 한다.

● **선순위 임차인** : 자신보다 먼저 임차인으로 입주를 해서 살면서, 주택임대차보호법에서 요구하는 대항요건(전입신고 + 주택의 인도)을 먼저 갖춘 사람을 가리킨다.

시세 10억원짜리 다가구주택과 아파트의 경우를 살펴보자. 다가구주택에는 대출이 0원이지만 선순위 임차인들 보증금의 합계액이 5억원이고, 아파트에는 대출금이 2억원 있고 선순위 임차인이 없다고 가정하자.

두 주택의 전세보증금은 4억원이고, 여러분이 둘 중에 하나를 골라야 한다면 어떤 게 나을까? 결론부터 말하면 다가구주택은 집주인 대출이 0원이지만 '선순위 임차인의 보증금 5억원+내 보증금 4억원'이 되므로 굉장히 위험하다. 집값이 갑자기 폭등한다는 전제가 없는 한 이런 집은 들어가면 절대 안 된다.

반대로 아파트는 '대출금 2억원+내 보증금 4억원'이므로 상대적으로 안전하다.

따라서 집을 임대차(전월세)로 계약을 할 때에는 '집주인 대출금+선순위 임차인 보증금+내 보증금'의 합계가 해당 주택 시세의 몇 %에 해당하는지를 따져봐야 한다. 대략 일반주택은 60% 미만, 빌라는 70% 미만, 아파트는 75% 미만까지는 안전하다.

'집주인 대출금 + 선순위 임차인 보증금 + 내 보증금' 몇 %까지 안전할까?

구분	안전범위
주택(다가구주택, 다중주택 등)	60% 미만
빌라(다세대주택, 도시형생활주택* 등)	70% 미만
아파트	75% 미만

꼭 확인!!

단, 집값이 하락장일 때에는 보수적으로 5~10% 정도 더 낮게 잡아야 한다.

● **도시형생활주택** : 1~2인 가구가 증가함에 따라 수요가 있는 곳에 신속하고 저렴한 가격으로 공동주택을 공급할 수 있도록 주택건설 기준과 부대시설 등의 설치 기준을 적용하지 않거나 완화한 주택의 유형이다. 300세대 미만의 국민주택으로 단지형 연립주택, 단지형 다세대주택, 원룸형으로 구분한다.

다가구주택 계약 시 필수 확인 서류 2가지

'전입세대 확인서', '확정일자 부여현황'

다가구주택의 경우 아파트, 다세대(빌라) 등과는 달리 하나의 건물에 여러 명의 임차인이 존재하기 때문에 '등기사항증명서(등기부등본)'를 확인한다 해도 다른 임차인들의 숫자와 선순위보증금의 액수를 파악할 수 없다. 만약, 해당 주택이 경매가 진행될 경우 선순위 임차인에게 순위가 밀려 자칫 보증금을 전부 돌려받지 못하는 경우가 생길 수 있다. 그러므로 계약 시에는 '전입세대 확인서'으로 해당 주택에 전입하여 거주하고 있는 임차인의 숫자를 파악하고, '확정일자 부여현황'으로 선순위 임차인들의 전체 보증금을 파악하는 것이 중요하다.

전입세대 확인서

확정일자 부여현황

'주택임대차보호법 제3조의7(임대인의 정보 제시 의무)'에서는 임차인이 선순위보증금 확인을 요청하면 임대인이 동의할 것을 의무화하였다. 만약 임대인이 동의하지 않거나, 내용이 정확하게 확인되지 않을 경우에는 계약을 하지 않는 것이 좋다.

'전입세대 확인서'과 '확정일자 부여현황'은 임대인, 임차인 등 기본적으로 해당 부동산의 이해관계인에 한해 정보제공을 요청할 수 있다. 따라서 임대차계약서 작성 전에는 임대인에게 확인을 요청해야 하고, 작성 이후에는 해당 계약서를 지참하여 주민센터에 방문하면 '전입세대 확인서'과 '확정일자 부여현황'을 발급받아 볼 수 있다.

주의할 점은 계약하기 전까지는 선순위보증금 내역을 임대인에게 확인할 수밖에 없기 때문에, 계약서를 작성할 때에는 "임대인에게 확인한 선순위보증금 내역과 실제 내역이 다를 경우 임차인은 계약을 해제할 수 있으며, 임대인은 아무런 조건 없이 계약금을 반환하기로 한다."라는 특약사항을 넣는 것이 좋다.

'전입세대 확인서', '확정일자 부여현황' 정리

		전입세대 확인서	확정일자 부여현황
주요 확인내용		전입된 임차인의 수	임차인의 보증금 액수
열람 가능한 사람		해당 부동산 관련 이해관계인	
열람(발급) 방법	인터넷*	X	O
	주민센터**	O	O
비용		300~500원***	500~600원****

- 대한민국 법원 인터넷등기소 홈페이지(http://www.iros.go.kr) 메인화면 상단에 '확정일자' → '정보제공' → '열람하기'를 클릭하면 된다.
- ●● '확정일자 부여현황'은 주택소재지 주민센터에서만 발급이 가능하며, '전입세대열람내역'은 주택소재지와 상관없이 모든 주민센터에서 발급이 가능하다.
- ●●● 직접이해관계자(소유자/임차인)의 경우 열람은 300원, 교부는 400원이며, 제3자(경매입찰자 등)는 500원이다.
- ●●●● 인터넷 500원, 주민센터 600원이다.

017

계약 전 꼭 확인!! ① 등기사항증명서
(feat. 등기부등본)

1 | 부동산이 건네준 등기사항증명서 주소, 열람일시, 페이지 확인!!

계약서를 작성하기 전에 반드시 확인해야 할 서류 중 가장 으뜸은 '등기사항증명서'일 것이다. 흔히 '등기부등본'이라고 말하는 등기사항증명서는 '소재지', '면적', '소유자', '대출현황' 등 해당 부동산에 대한 사실관계 및 권리관계가 모두 기재되어 있는 공적인 장부라고 생각하면 된다.

계약서 작성 전, 부동산중개사무소에서 계약할 주택의 등기사항증명서를 열람 또는 발급 받아줄 것이다. 이때 건네받은 등기사항증명서의 내용을 확인하기 전에 반드시 체크해야 할 3가지가 있다.

❶ 주소
등기사항증명서를 볼 때 가장 먼저 봐야 하는 부분이다. 계약을 진행하려는 부동산의 주소와 등기사항증명서의 주소가 일치하는지 체크하는 것은 필수다.•

● 단독주택일 때(다가구주택, 다중주택 등)에는 토지, 건물 등기사항증명서가 모두 있는지도 확인해야 한다.

❷ 열람일시

등기사항증명서 왼쪽 하단에 기재된 '열람일시'는 등기사항증명서를 열람(발급)한 날짜와 시간이다. 이 날짜가 계약서 작성일 당일에 열람(발급)한 것인지를 체크해야 한다. 하루 사이에도 권리변동이 생길 수 있기 때문에 당일에 열람(발급)한 것이 아니면 공인중개사에게 오늘 날짜로 다시 떼어줄 것을 요청해야 한다.

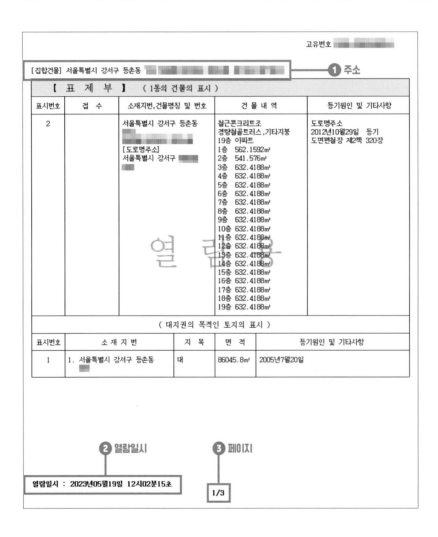

❸ 페이지

등기사항증명서 하단 가운데에 '1/3'이라고 페이지 표시가 되어 있다. 총 3페이지짜리인데, 그중 1페이지라는 뜻이다. 불리한 내용(근저당권이 설정되어 있는 을구 등)이 기재되어 있는 페이지를 빼고 보여 주는 경우가 있을 수도 있기 때문에 1~3페이지가 모두 있는지 체크해야 한다. 이는 건축물대장도 마찬가지다.

이 3가지를 모두 체크한 후 이상이 없으면, 등기사항증명서의 내용을 확인하는 절차로 넘어간다.

2 | 등기사항증명서 핵심 내용 체크! - 표제부, 갑구, 을구 순서대로!

등기사항증명서 종류는 크게 3가지로 '토지등기', '건물등기', '집합건물등기'가 있다. 우리나라는 토지와 건물을 별개의 소유권으로 본다. 그래서 단독주택, 다가구주택 등은 '토지등기사항증명서'와 '건물등기사항증명서'를 각각 떼어서 확인해야 한다. '집합건물등기사항증명서'는 토지와 건물을 하나로 묶어놓은 등기를 말한다. 아파트, 빌라, 다세대주택, 오피스텔 등이 이에 속한다.

모든 등기사항증명서는 '표제부', '갑구', '을구'로 구성되어 있다. 여기서는 '집합건물 등기사항증명서'를 기준으로 설명해 보겠다.

❶ 표제부 – 사실적 관계

표제부에는 부동산의 '사실적 관계'가 나온다. '사실적 관계'란 물리적 사실이라고도 말하며 '소재지(주소)', '면적', 토지의 '지목'*, 건물의 '용도', 해당 건물이 차지하고 있는 '대지권의 표시' 등이 기재된다.

아파트 단지의 전체 토지면적은 146,538.1㎡(약 44,328평)이고, 그중에서 62.97㎡(약 19평)를 소유하고 있다는 의미다.

집합건물 표제부는 '건물 전체'와 '전유부분'으로 구성된다. ❶ '1동의 건물의 표시' 표제부는 말 그대로 건물 전체에 관한 내용이다. 예를 들어, 건물의 전체 면적, 전체 층수와 층별 면적, 건물 전체의 대지권(땅 면적) 등의 정보다.

....

● **지목** : 사용 목적에 따라 토지의 종류를 구분하고 표시하는 명칭을 말한다. 참고로 우리나라의 지목은 전, 답, 과수원, 목장용지, 임야, 대, 학교용지 등 28가지가 있다.

❷ '전유부분의 건물의 표시' 표제부는 특정 호실에 관한 내용이다. 전용면적, 특정 호실에 해당하는 대지권 등이 기재된다.

❷ 갑구 – 소유권

갑구는 부동산의 '권리적 관계'에서 소유권에 관한 사항을 기재해 놓는 곳이다.

등기목적의 '소유권이전'이란, 말 그대로 누군가에게 소유권을 이전받았다는 의미다. 아래 사진에서 ❶ 등기원인을 보면 '2015년 6월 3일 매매'로 되어 있다. 이날 매매계약서를 작성했다는 것이다. ❷ 접수일자는 '2015년 8월 27일'이므로, 이날 잔금을 치르고 실제로 소유권이전등기가 이루어졌다는 의미가 된다.

❸ '지분'이 표시된 것은 소유자가 여러 명이라는 뜻이다. 아래 등기상에는 현재 소유자가 2명이며 각자 지분이 1/2씩 되어 있다. 주소가 같고, 연령도 같은 것으로 보아 부부공동명의로 소유하고 있으리라 추정된다.

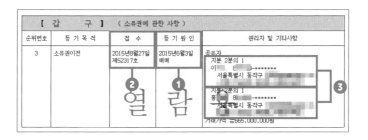

❸ 을구 – 소유권 이외 권리관계

을구에는 해당 부동산에 '권리적 관계'에서 소유권 이외의 사항을 기재해 놓는다. 대표적인 것이 '근저당권', '전세권', '지상권' 등이다.

다음의 등기는 ❶ 근저당권이 설정되어 있는데 채권최고액*이 5억 2,800만원이다. ❷ 근저당권자(돈 빌려준 채권자)가 '국민은행'인 것으로 보아 원금의 120%를 설정해 놓은 것으로 보인다. 즉 실제 소유자가 해당 아파트를 담보로 빌린 돈은 4억 4,000만원 정도라는 것을 알 수 있다.

따라서 보증금을 지키려면 '을구' 권리관계를 꼼꼼하게 파악해야 한다.

등기사항증명서 총정리

	핵심 내용	항목
표제부	사실적 관계	소재지(주소), 면적, 지목, 용도
갑구	소유권	소유자 현황, 가압류·가처분,** 경매개시결정등기***
을구	소유권 이외 권리관계	근저당권, 전세권, 지상권****

- **근저당권 채권최고액** : 근저당권자(채권자)가 이자를 받지 못할 경우를 대비해, 실제 빌려준 돈의 120~130%를 채권최고액으로 정한다. 1금융권(우리은행, 국민은행, SC제일은행, 외환은행 등)에서는 빌려준 원금의 120%를 설정하며, 2금융권(수협, 신협, 캐피탈, 마을금고 등)에서는 빌려준 원금의 130%를 설정한다.
- •• 소유권에 대한 가압류·가처분일 때에는 갑구에 기재되고, 소유권 이외의 권리에 대한 가압류·가처분일 때에는 을구에 기재된다. 예) 전세권에 대한 가압류·가처분일 때에는 을구에 기재된다.
- ••• 소유권에 대한 경매개시결정등기일 때에는 갑구에 기재되지만, 소유권 이외의 권리에 대한 경매개시결정등기일 때에는 을구에 기재된다. 예) 전세권을 목적대상물로 하는 경매도 가능하다. 이때에는 경매개시결정등기가 을구에 기재된다.
- •••• **지상권** : 타인의 토지나, 공작물 등을 소유하기 위하여 그 토지를 사용할 수 있는 권리를 말한다.

등기사항증명서를 인터넷으로 열람하는 방법

막상 등기사항증명서를 떼어보려 하면 그 방법을 몰라 막연해진다. 인터넷으로 간단하게 열람 또는 발급받을 수 있는 방법을 알아보자.

① 검색창에 '대법원 인터넷등기소'를 검색해서 해당 사이트에 들어간다.

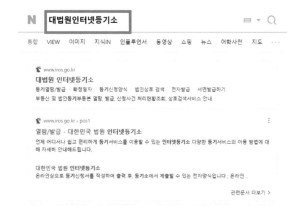

② 〈열람 / 서면발급〉을 클릭한다. 비용은 700원이다.

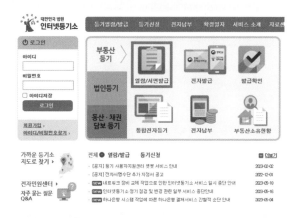

③ 부동산구분 오른쪽 칸을 클릭하면 '집합건물', '토지', '건물'이 나온다. 해당하는 부동산의 등기 종류를 선택하면 된다.

→ 아파트, 빌라(다세대), 오피스텔 등은 '집합건물'을 선택해야 하며, 단독주택, 다가구주택, 다중주택 등은 '토지', '건물'을 선택해야 한다.

④ 조회하려는 부동산의 '지번주소' 또는 '도로명주소'를 기재하고 〈검색〉 버튼을 누르면, 아래와 같이 해당 부동산이 나온다. 〈선택〉을 클릭하면 다음 단계로 넘어간다.

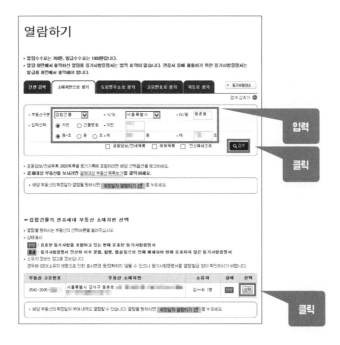

⑤ '현재유효사항'과 '말소사항'을 선택할 수 있는데, 말소사항을 선택하면 말소된 예전 권리들도 모두 등기사항증명서에 나온다. 원하는 항목을 선택하고 〈다음〉을 누른다.

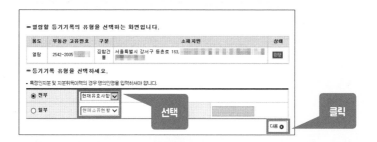

⑥ '특정인공개'와 '미공개'를 선택할 수 있는 화면이 나타난다. '특정인공개'는 등기에 기재된 모든 사람들의 주민등록번호가 뒷자리까지 모두 오픈되어 나온다. 이해관계인(소유자, 전세권자, 근저당권 등)이 자신의 주민등록번호를 기재해야 한다. '미공개'는 등기에 기재되어 있는 사람들의 주민등록번호가 앞자리만 오픈되고 뒷자리는 오픈되지 않는 상태에서 열람 또는 발급된다.

⑦ 열람을 신청했기 때문에 비용은 700원이다. 〈결제〉 버튼을 클릭해 비용을 지불한다.

⑧ 결제를 마치면 〈열람〉 버튼을 클릭해 등기사항증명서를 확인한다. PC모니터로 열람(발급)이 가능하며, 프린트를 할 수도 있다.

018

계약 전 꼭 확인!! ② 건축물대장

계약 전 왜 건축물대장을 확인해야 하나?

주택(건물)이 새로 지어지면 신축허가를 내준 관공서(시, 군, 구청)에서 허가된 도면대로 제대로 지어졌는지 확인하고 사용승인을 해 준다. 그리고 해당 주택에 대한 사실적인 내용(층별용도, 구조, 면적, 구조 등)을 기재하여 건축물대장을 만들게 된다.

건축물대장이 만들어지면 건축주는 관할등기소에 소유권보존등기 신청을 한다. 등기소에서는 건축물대장을 참고해서 사실관계를 기재하고 추가로 소유권에 관한 사항 등 권리관계를 정리한 후 등기사항증명서를 만들게 된다.

즉 건축물대장은 주택의 사실관계를 중점적으로 기재하는 장부이고, 등기사항증명서는 주택의 권리관계(소유자, 대출현황 등)를 중점적으로 기재하는 장부다.

가끔 신청자의 착오나 지연신청, 전산의 오류 등으로 대장과 등기에 기재되어 있는 내용이 서로 일치하지 않는 경우가 생긴다. 이럴 때에는 사실적인 관계는 건축물대장을 기준으로, 권리관계는 등기사항증명서를 기준으로 정리한다.•

● **건축물대장** : '일반건축물대장'과 '집합건축물대장' 2가지 종류가 있다. 일반적인 단독주택, 다가구주택(다중주택), 상가주택 등은 '일반건축물대장'을, 아파트, 빌라, 오피스텔 등은 '집합건축물대장'을 열람(발급)받아서 확인해보면 된다.

1 | 위반건축물, 용도에 맞지 않는 건물이면 전세자금대출 불가!

아래 건축물대장을 보면 '❶ 위반건축물'이라고 표시가 되어 있고, 용도는 '❷ 제2종근린생활시설'로 되어 있다. 즉 계약을 하고자 하는 해당 층에 불법이 있거나 용도가 '주거용'이 아니란 얘기다. 이럴 경우 전세자금대출 승인이 나지 않기에 계약 전 꼭 건축물대장을 확인해야 한다.

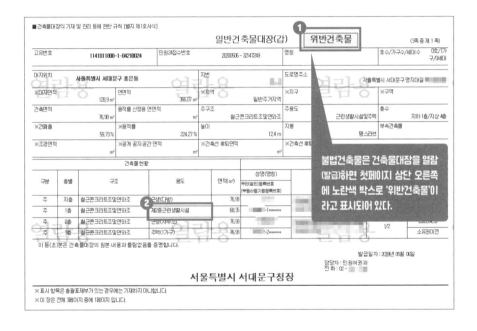

2 | 주거용이 아니면 전세보증금보험 가입 불가!

계약기간 만기 시, 제때 임대인이 보증금을 반환해 주지 않는 등 문제가 생길 것을 대비해 전세보증반환보험을 가입하려는 사람들이 늘어나고 있다. 그런데 옆의 사진처럼 대장상 용도가 주거용이 아닐 경우 보험가입 자체가 안 된다.

'제2종근린생활시설'은 '주거용'이 아니므로 전세보증보험 가입 불가!

3 | 전입신고 시 주소가 정확하지 않으면 보증금 떼일 가능성 UP!

주택이 경매가 진행될 경우 임차인은 대항력(168쪽 참고)을 갖추고 있어야 자신의 보증금을 보호받을 수 있다. 그런데 대항력을 제대로 갖추지 못하였다면 임차인으로 법적 보호를 받을 수 없기 때문에, 집이 경매에 넘어가게 되면 보증금을 모두 떼이는 불상사가 발생할 수도 있다. 대항력을 갖추려면 '주택의 인도+주민등록'이라는 요건을 충족해야 한다. 여기서 주민등록은 '주소의 이전'을 말한다. 주택을 인도하고, 주소 이전까지 완료해야 마무리되는 것이다.

여기서도 주택의 종류에 따라 주소의 이전 요건이 달라진다. 일반주택일 경우 '지번'까지만 기재하면 되지만, 공동주택일 경우에는 '정확한 동, 호수표시'까지 기재해서 전입신고를 해야 한다.

예를 들어 우리가 흔히 빌라라고 말하는 다세대주택의 호실 표시가 현관문에는 101호로 되어 있고, 대장상에는 B01호로 되어 있다고 한다면 B01호로 전입신고를 해야 정확하게 주소가 이전된다. (그래야 대항력이 생긴다.) 앞서 설명했듯 사실관계(주소, 용도, 구조, 면적 등)는 건축물대장이 우선이다. 그러므로 건축물대장에서 계약서의 호수표시와 대장상의 호수가 일치하는지를 확인한 후, 정확한 주소와 호수로 '전입신고'를 해야만 보증금을 안전하게 지킬 수 있다.

주택 종류별 전입신고 유의사항

	전입신고 시	관련 판례
일반주택	지번만 기재 예) 홍은동 421번지	일반주택일 때에는 전입신고 시 '지번'을 정확하게 기재해야 주택임대차보호법의 보호를 받을 수 있다(대법원 2000. 6. 9. 선고 2000다8069 판결).
공동주택 (집합건물)	지번 + 동 + 호수 기재 예) 홍은동 421번지 101동 201호	공동주택일 때에는 전입신고 시 '지번'뿐만 아니라 해당 '호수'도 정확하게 기재해야 주택임대차보호법의 보호를 받을 수 있다(대법원 1995. 4. 28. 선고 94다27427 판결).

잘못 적으면 대항력 ×, 보증금 떼일 수 있다.

건축물대장 인터넷으로 열람하는 방법

인터넷 '정부24(www.gov.kr)'에서 열람 및 발급이 가능하며, 비용은 무료다. 건축물대장도 '열람용'과 '발급용'이 있는데 내용은 동일하다.

건축물대장 열람용과 발급용 차이점

	열람용	발급용
관공서 직인*	없음	있음
열람방법	모니터 열람 가능, 프린트 가능	모니터 열람 불가능, 프린트만 가능

- 건축물대장 발급권자는 시·군·구청장이다. 예를 들어 경기도 부천시라면 '부천시장', 서울 서대문구라면 '서대문구청장'의 직인이 날인되는 것을 말한다.

위반건축물은 전세자금대출이 안 될 수도 있다?

부동산중개사무소에 불법건축물도 전세자금대출이 되느냐고 물어보면 '된다', '안 된다'로 의견이 분분하다. 답부터 말하자면, 불법건축물의 종류에 따라 대출승인 여부가 달라진다. 따라서 건축물대장을 통해서 정확한 종류를 알아야 한다. 주택의 종류는 크게 일반주택일 때와 공동주택(집합건물)일 때로 나누어서 살펴봐야 한다.

일반주택은 불법 층만 제외하고 대출 가능!

단독주택, 다가구주택, 다중주택, 상가주택 등 일반주택이 불법인 경우 불법에 해당하는 층이 아닌 경우에는 전세자금대출이 가능하다.
예를 들어 3층짜리 다가구주택에서 1층과 3층만 위반건축물로 대장에 등재되어 있다면, 2층에 대한 전세자금대출은 가능하다. 1층과 3층은 당연히 대출이 안 된다.

공동주택은 불법 호실만 제외하고 대출 가능!

아파트, 다세대주택, 도시형생활주택, 주거용오피스텔 등 공동주택(집합건물)은 호실마다 소유권이 각각 별개다. 다른 세대의 불법 여부와는 전혀 상관이 없고 오로지 해당 호실에 대한 불법 여부만으로 대출 가능성을 판단한다. 만약 공동주택에서 해당 호실에 불법이 있어 위반건축물로 등재가 되어 있다면 전세자금대출은 안 된다.
일반건축물대장의 마지막 페이지 하단에 '변동내용 및 원인'에 어느 층이 어떻게 위반되었는지 기재되어 있다.

변동사항			
변동일	변동내용 및 원인	변동일	변동내용 및 원인
2008.09.16	지상1층 근생(소매점)68.35m²를 제2종근린생활시설로 표시변경:건축과-1439(2008.09.16)호에 의거 정리	2015.08.26	지상3층 무단 대수선(주택 1가구→3가구로 사용)" 주택과-2025(2015.8.26)호에 의거 위반건축물 표기&quo t;옥상 5m(판넬/판넬:주거(창고))"
2015.08.21	건축과-1876(2015.8.21)호에 의거 위반건축물 표기&quo t;지상2층 무단 용도변경(사무실→주택 2가구로 사용).		

※표시 항목은 총괄표제부가 있는 경우에는 기재하지 아니합니다.
※이 장은 전체 3페이지 중에 2페이지 입니다.

128

019

전월세 계약서 꼼꼼하게 잘 쓰는 방법!

마음에 드는 집이 있어 집주인과 계약서를 작성하려 할 때 막막해진다. 물론 부동산중개사무소를 통했다면 공인중개사가 알아서 작성해 준다. 하지만 계약서가 일단 작성되면 법적 효력의 주체가 되는 사람은 본인이다. 그러므로 최소한 어떠한 내용과 형식으로 작성이 되는지 기본적인 사항들은 알고 있어야 한다. 계약서는 크게 3부분으로 나누어진다.

1 | 계약서 기본사항 살펴보기

계약서에는 계약하고자 하는 부동산의 기본적인 사항이 기재된다. 소재지(주소), 지목, 면적, 금액, 계약기간 등이 적혀 있다. 사실적인 관계를 기재하는 부분이 많기 때문에 해당 부동산의 건축물대장을 참고해서 적어야 한다.

그리고 중간 부분 '제2조'에는 계약기간이 명시되어 있고, '제3~7조'는 기본적인 부동산 관련 법규와 적용에 대한 내용이어서 특별히 신경 쓸 필요는 없다. '제8조'와 '제9조'는 중개수수료와 확인설명서 교부 등에 관한 사항이다. 이 역시 크게 중요한 내용은 아니므로 '제3~9조'까지는 시간 날 때 한번 읽어보는 것으로 족하다.

출처 : 한국공인중개사협회

2 | 특약사항

경험이 많고, 중개를 잘하는 공인중개사일수록 특약사항에 신경을 많이 쓴다. 전월세 계약은 개인 간의 사적 계약이므로 어떠한 문제가 발생했을 때, 미리 정해 놓은 약속(특약)이 먼저 적용되기 때문이다.

특약사항은 계약 당사자 간의 합의된 내용들을 정리해서 기재해 놓은 것이다. 향후에 어떠한 문제가 발생했을 때를 대비해서 그 해결 방법을 특약사항으로 최대한 명확하게 기재해 놓는 것이 중요하다. 그러므로 특약사항만큼은 꼼꼼하게 하나하나 확인하면서 작성하는 것이 좋다.

특히, 수리비용과 만기 전에 이사를 나갈 경우 중개수수료를 누가 부담할지에 대해서 특약사항으로 미리 기재해 놓는다면 분쟁의 소지를 줄일 수 있다.

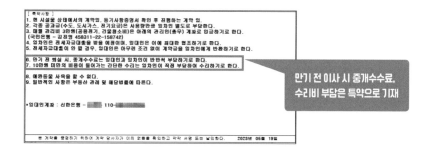

수리비용은 항목을 나열해서 비용을 누가 부담할 것인가를 기재하는 것도 좋지만, 모든 항목을 나열하기가 어려우므로 위 샘플계약서 '특약사항 7번'처럼 액수와 비용 부담의 주체를 미리 정해 놓는 것도 좋은 방법이다.

임차인에게 일방적으로 유리한 특약사항을 넣어 달라면 싫어하는 임대인들이 있다. 그러므로 계약 약속시간이 잡히면, 약속시간보다 10분 정도 일찍 부동산중개사무소에 도착해서 공인중개사에게 본인이 원하는 특약사항(혹은 문구 등)을 미리 이야기해 놓는 것이 좋다. 공인중개사가 임대인에게 합리적으로 잘 설명하면 의외로 쉽게 받아주는 경우가 많기 때문이다.

3 | 계약 당사자의 인적사항

임대인과 임차인, 공인중개사의 인적사항을 모두 적고 날인(도장) 또는 사인을 하면 된다. 공인중개사의 경우 등록관청(시·군·구청)에 등록된 인장을 사용하게 되어 있으므로 반드시 도장으로 날인을 해야 한다. 그러나 임대인과 임차인의 경우는 도장, 사인 혹은 지장을 찍는 것도 모두 가능하다.

참고로 130쪽 사진과 같이 계약서 상단에 '부동산의 소재지'는 '지번주소*'를, 하단에 거래당사자(임대인, 임차인, 공인중개사)는 아래처럼 '도로명주소'를 적는다.

본 계약을 증명하기 위하여 계약 당사자가 이의 없음을 확인하고 각각 서명 또는 날인한다.		2023년 05월 19일	
임대인	주 소	서울특별시 성북구 서경로 ▓▓▓▓▓▓▓▓▓▓▓▓▓▓	(인)
	주민 등록 번호 781120-▓▓▓▓	전화 010-▓▓▓ 성명 ▓	
임차인	주 소	서울특별시 은평구 통일로 ▓▓▓	(인)
	주민 등록 번호 780929-▓▓▓	전화 010-▓▓▓ 성명 ▓▓▓	
개중업공사인	사무소 소재지	서울 서대문구 명지대길 ▓▓▓	
	사무소 명칭	광장부동산 공인중개사사무소	(인)
	전화 번호 02-▓▓▓	등록 번호 ▓▓▓▓▓▓	(인)

계약서 하단의 주소는 '도로명주소'를 쓴다.

대리인 계약 시 집주인 도장을 안 찍어도 된다?

임대인과 임차인 중에 대리인이 나와서 대리계약을 하는 경우 계약 당사자의 도장을 날인하는 것이 아니라 대리인의 도장을 날인한다.

예를 들어 계약 당사자인 임대인이 못 나오고 대리인이 대신 계약서를 작성하는 경우 인적사항란에 임대인과 대리인의 인적사항을 함께 기재하고 대리인의 도장을 날인하면 된다. 이때 임대인의 대리계약이므로 임대인의 인감증명서와 위임장이 첨부되어야 한다. 위임장에는 대리인의 인적사항과 대리권의 범위 등이 기재되어 있어야 하며, 임대인의 인감도장이 날인되어 있어야 한다.

물론 임대인 도장과 대리인 도장을 모두 날인해도 된다. 하지만 임대인 도장만 날인하고 대리인 도장을 날인하지 않으면 성립이 안 된다.

계약서

◯

대리인 도장

＋

첨부문서

① 임대인 인감증명서
② 위임장(대리인 인적사항,
　 대리권 범위, 임대인 인감
　 도장 날인)

● 도로명주소가 없는 부동산(농지, 임야 등)도 있기 때문에 계약서에 '부동산의 소재지'를 적을 때에는 예외적으로 '지번주소'를 적도록 하고 있다.

020

24시간 안에 해약해도
계약금 돌려받을 수 없다!

돌려받지 못하므로 신중하게 계약할 것!

'24시간 안에 계약을 해약하면, 하루가 지나지 않았기 때문에 계약금을 돌려받을 수 있다.'라고 알고 있는 사람들이 의외로 많다. 그러나 전혀 법적 근거가 없는 말이다.

부동산 계약이라는 것은 임대인(매도인)과 임차인(매수인)의 쌍방 의사에 의해 자유롭게 체결되는 것이다. 일단 계약이 유효하게 체결되었다면 계약한 내용에 따라 양 당사자는 법적인 책임을 저야 한다.

계약 해제를 원한다면?
집주인은 배액 상환, 세입자는 계약금 포기!

민법 제565조(해약금)에 따르면 계약을 체결하고 계약금만 지불된 상태이고 이행의 착수(중도금 지급) 전이라면 계약의 해제를 할 수 있다고 규정되어 있다. 계약 해제로 인한 손해배상의 약정이 있었다면 그에 따르면 되고, 별도의 약정이 없었다면 임대인(매도인)은 받은 계약금의 배액을 상환하고, 임차인(매수인)은 건네받은 계약금을 포기해야 계약을 해제할 수 있다.

따라서 계약 해제를 원한다면 계약금을 반환해 달라고 막무가내로 상대방에게 떼를 쓰기보다는, 자신이 왜 계약을 해제해야 하는지를 잘 설명하고 인간적으로 양해를 구하는 것이 나을 것이다.

대법원 공보관은 공식적인 입장에서도 '부동산을 팔기로 한 사람이 계약금을 받았더라도 24시간 안에 돌려주면 합법적으로 계약을 취소할 수 있다는 말은 아무런 법적 근거가 없는 낭설이다.'라고 밝혔다. 그러므로 정상적으로 체결되고 성립된 계약이라면 24시간 안에 계약을 해약한다 해도 계약금은 돌려받지 못하는 것으로 알고 있어야 한다.

분쟁방지 차원에서 특약사항에 계약 해제 시 계약금의 처리방법을 기재해 놓았다.

021

계약 후, 반드시 받아야 할 서류 3가지!
(feat. 계약서, 확인설명서, 공제증서)

    임대인과 임차인이 직거래로 계약을 진행한다면 동일한 내용의 계약서만 2부 작성해서 각각 서명·날인하고 1부씩 나누어 가지면 된다. 그러나 부동산중개사무소에서 진행한 계약이라면, '계약서'뿐만 아니라 '확인설명서'와 '공제증서(사본)'까지 받아야 한다.

1 | 계약서 – 분실 시 공인중개사에게 문의

    계약서(129쪽 참고)는 동일한 내용으로 3부가 작성된다. 임대인, 임차인, 공인중개사가 각각 1부씩 나누어 보관하게 되어 있다. 특히, 공인중개사는 5년간 의무적으로 계약서를 보관하게 되어 있다. 그러므로 계약서를 분실하거나 이사를 나온 후에 계약서의 사본이 필요할 때에는 부동산에 문의하면 된다.

2 | 확인설명서 – 입주 후 하자 발생 시 중요

    확인설명서란 부동산을 중개한 공인중개사가 사실적관계(상태) 및 권리적관계를 공적장부(등기사항증명서, 건축물대장, 토지이용계획확인원 등)에서 확인하고 이를 바탕으로 객관적인 시각에서 체크하여 작성하는 서류다. 전반적인 설명서의 역할을 하고, 입주 후에 하자 등의 문제가 발생했을 때 해결의 기준이 되는 중요한 서류이므로 꼼꼼하게 챙겨보아야 한다.

계약서를 작성할 때 공인중개사가 함께 작성해서 임대인과 임차인에게 바로 교부해야 하며 교부 전에 그 내용을 설명해 주어야 하지만, 간혹 알아서 읽어보라고 하는 곳도 있다. 계약서와 마찬가지로 3부가 작성되어 각각 1부씩 나누어 보관하게 되어 있다.

확인설명서는 총 3장으로 구성되어 있다. 분량이 3장이나 되다 보니, 이를 설명하는 공인중개사도 힘들고 설명을 듣는 임대인이나 임차인도 무슨 말인지 정확하게 모르고 대충 넘어가는 경우가 많다. 그래서 반드시 체크해야 하는 중요 사항들만 정리해 보았다.

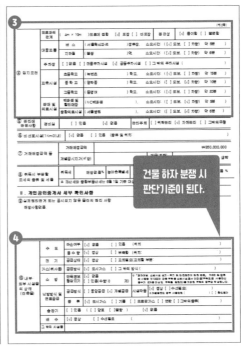

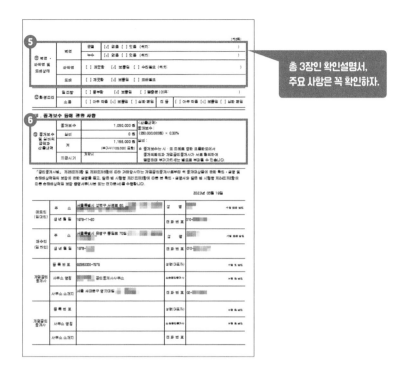

총 3장인 확인설명서,
주요 사항은 꼭 확인하자.

❶ 대상물건의 표시

사실적관계(소재지, 면적, 준공연도, 용도, 방향, 건축물대장상 위반건축물 여부, 위반내용 등)가 기재되어 있다. 앞서 살펴보았듯 사실관계는 건축물대장과 일치하는지 확인해야 한다(124쪽 참고).

❷ 권리관계

소유자가 누구인지와 소유권 이외의 권리(근저당권, 지상권, 전세권, 가압류 등)가 있는지 기재된다. 이러한 권리관계는 등기사항증명서를 참고해서 작성된다(115쪽 참고). 그러므로 계약서 작성 전, 확인했던 등기사항증명서에 나와 있는 등기명의인(소유자)과 인적사항이 일치하는지 반드시 확인해 봐야 한다.

❸ 입지조건

주변 환경이 어떤지를 확인하여 기재하는 난이다. 대중교통(버스,지하철), 주차 공간 여부, 교육시설(초·중·고등학교)과의 거리, 백화점·마트·병원 등과의 거리 등을 작성한다. 가볍게 참고만 하면 된다.

❹ 내부·외부 시설물의 상태(건축물)

말 그대로 해당 주택(건물)의 내외부 상태를 기재한다. 수도, 전기, 가스, 난방, 승강기, 배수 등이 정상적으로 작동되고 있는지 확인하여 기재하게 되어 있다.

시설물 등의 하자로 임대인과 임차인 사이에 분쟁이 생길 경우, 중요한 판단기준이 되므로 꼼꼼하게 확인해 보는 것이 좋다. 입주 후 시설물의 상태가 확인설명서와 다르다면 곧바로 공인중개사 혹은 임대인에게 알려야 한다.

❺ 벽면, 바닥면 및 도배상태

갈라짐, 금 등의 균열이 있는지 그리고 누수가 있는지 체크한다.

❻ 중개보수 및 실비의 금액과 산출내역

중개수수료가 얼마인지, 지급시기는 언제인지 기재되어 있다(158쪽 참고).

3 | 공제증서(사본) - 1년간 보장되는 것 아님!

공인중개사가 부동산중개사무소를 개설하려면 의무적으로 한국공인중개사협회 또는 보증보험회사에 공제를 가입해야 한다. 이는 공인중개사의 과실로 중개사고가 발생해 계약 당사자가 피해를 입었을 경우 신속하게 배상을 받게 하기 위한 제도다.

유의할 점은 공제금액이 '건당 한도 금액'이 아니라 '1년 동안의 해당 공인중개사의 총 한도'이기 때문에 피해액을 모두 보장받을 수 있는 건 아니라는 것이다. 공인중개사사무소의 종류에는 '개인'과 '법인'이 있는데, 개인일 경우 '2억원 이상', 법인일 경우 '4억원 이상'의 한도로 공제를 가입해야 한다.*

공인중개사는 계약서 작성이 완료되면, 공제증서 사본을 계약 당사자에게 교부해야 한다.

모든 공인중개사는 공제증서를 1년에 한 번씩 갱신하기 때문에 공제기간이 1년으로 나온다. 공제기간으로 정해져 있는 기간에만 보장을 해 준다는 것이 아니라, 계약일 기준으로 공제기간 안에 체결된 계약서는 모두 보장해 준다.
그러므로 계약 후, 몇 년이 지나 중개사고가 발생해도 보장받을 수 있다.

 중개수수료 부가세 10% 내기 전에 확인할 것

중개수수료에 대한 부가세 10%를 청구한다면 중개사무소 사업자가 '일반과세자'인지 확인해 보자.

사업자는 '간이과세자'와 '일반과세자'로 나뉘는데, 중개사무소가 일반과세자라면 부가세 10%를 지급하는 것이 맞다. '간이과세자'는 부가세를 받지 않지만, 연매출이 4,800만원을 초과하는 경우에는 3%를 부가세로 청구할 수 있으므로 이 점에 유의하자. 공인중개사에게 부가세를 조율해 달라고 이야기하면 조절해 주는 경우가 많으므로 밑져야 본전이라는 생각으로 한번 이야기해 보는 것도 방법이다.

참고로 간이과세자의 경우 세금계산서를 발행할 수 없었지만, 2021년 7월 1일부터 연매출 4,800만원 이상~8,000만원 미만의 간이과세자의 경우에는 세금계산서를 발행할 수 있게 되었다.

● 공제금액은 개인일 경우 1억원 이상, 법인일 경우 2억원 이상에서 2023년 1월 1일부로 개인일 경우 2억원 이상, 법인일 경우 4억원 이상으로 상향되었다.

022

진짜 집주인이 맞는지 확인하는 방법!

신분증 진위 여부 확인하기!

임차인에게 보증금이란 자신의 전재산과 같은 돈이다. 큰돈이 오고가는 계약을 하기 전에 정말 집주인이 맞는지 확인해 보는 과정이 반드시 필요하다.

집주인이라고 하는 사람이 보여 준 신분증의 진위 여부를 확인하는 것은 정말 중요하다. 우리나라에는 여러 가지 신분증이 있지만 그중 가장 대표적인 것이 주민등록증과 자동차운전면허증이다. 이 두 신분증의 진위 여부를 확인하는 방법에 대해서 살펴보겠다.

1 | ARS 전화 1382로 주민등록증 확인

국번없이 '1382'로 전화 후 안내 멘트에 따라 주민등록번호와 발급일자를 입력하면 된다. 발급일자는 8자리로, 2020년 5월 2일이라면 '20200502'를 입력한다. 잠시 후 안내 멘트에서 '입력하신 ○○○님의 주민등록번호와 발급일자는 등록된 내용과 일치합니다.'라고 나오면 신분증이 진짜인 것이다.

2 | 정부24 홈페이지에서 주민등록증 확인

인터넷으로 확인할 수도 있다. '정부24' 홈페이지(www.gov.kr)에서 주민등록증 진위 여부를 확인하는 방법은 다음과 같다.

01 정부24 홈페이지 메인화면 상단에 〈서비스〉를 클릭한 후 → 〈사실/진위확인〉을 클릭한다.

02 〈주민등록증발급상황조회〉를 클릭하고, 조회하고자 하는 사람의 이름과 주민등록번호를 입력한다.

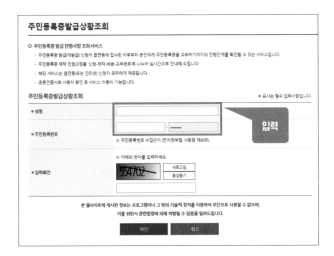

03 공인인증을 마치면 아래와 같이 교부완료 화면이 뜬다. 교부완료일자가 신분증에 나와
 있는 발급일자와 동일하다면 이상이 없는 신분증이다.

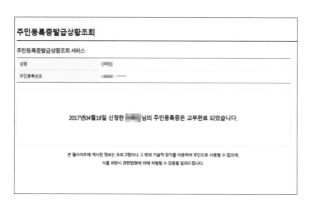

3 | 도로교통공단에서 운전면허증으로 확인

인터넷에서 '도로교통공단'을 검색해 홈페이지(www.koroad.or.kr)에 들어간다.

01 '자주 찾는 서비스'에서 〈운전면허 발급 안내〉를 클릭한다.

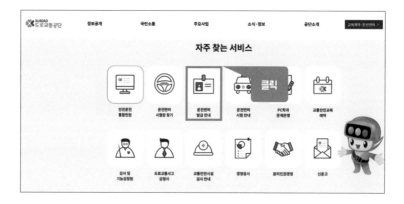

142

02 〈운전면허증 발급 안내〉의 맨 아래 〈운전면허 정보조회〉를 클릭한다.

03 빈 칸을 순서대로 입력하고 〈다음〉 버튼을 누르면 조회 결과가 바로 나온다.

 센스 만점! 주민등록증 진위 여부 바로 확인하기

계약하기 전 집주인 확인 및 신분증의 진위 여부 확인은 굉장히 중요한 일이지만 막상 집주인 앞에서 '당신의 신분증이 진짜인지 가짜인지 확인 좀 해보겠습니다.'라고 하면 좋아할 사람이 거의 없을 것이다. 그러므로 주민등록증을 확인할 때, 하단에 있는 발급일자를 외워 두었다가 센스 있게 잠깐 밖에 나가서 ARS, 모바일 등으로 확인하고 자리로 돌아가는 것도 방법이다.

023

보증금 못 돌려받을까 걱정된다면!
– '전세보증보험'

보증금 제때 돌려받게끔 지켜주는 '전세보증보험'

전세계약이 만료되었을 때, 보증금을 돌려받지 못하거나 기간이 늦어질 때를 대비해서 보증기관이 임차인에게 보증금을 대신 지급해 주는 상품을 '전세보증보험'이라고 한다. 임대인의 동의 없이 가입할 수 있다.

대표적인 전세보증보험

	주택도시보증공사(HUG) 전세보증금 반환보증보험	서울보증(SGI) 전세금보장 신용보험
신청기한	전세계약기간 1년 이상이어야 하며, 잔금지급일과 전입신고일 중 늦은 날부터 계약기간이 절반이 지나기 전에 신청	전세계약기간 1년 이상이면서 임대차계약 기간의 절반이 지나지 않은 임대차계약(법인의 경우 전세권 설정 필요)
보증기간	보증서 발급일~전세계약기간 만료일 후 30일까지	임대차기간
보증대상 주택	아파트, 다세대, 다가구, 단독주택, 오피스텔(주거용), 노인복지주택, 다중주택	아파트, 다세대, 다가구, 단독주택, 오피스텔(주거용), 도시형생활주택

가입 가능 금액	- 수도권 7억원 이하 - 그 외 지역 5억원 이하	금액제한 없음(아파트 이외 주택은 임차보증금 10억원 이내)
보증 금액	- 보증신청인 신청한 금액 (보증한도 이내)	- 아파트 : 100% - 그 외 주택 : 10억원
보증료	- 아파트 : 연 ~0.128% - 그 외 주택 : 연 ~0.154%	- 아파트 : 연 0.183% - 그 외 주택 : 연 0.208%

저렴한 보증료를 원한다면 – 주택도시보증공사(HUG)

주택도시보증공사의 '전세보증금 반환보증보험'은 계약기간이 절반이 지나기 전에 집주인 동의 없이 가입할 수 있다. 또한, 임차인이 원하는 보증금만큼 비교적 저렴한 보증요율로 신청할 수 있다. 다만 수도권 7억원 이하, 그 외 지역은 5억원 이하로 가입금액이 제한된다.

주택도시보증공사 전세보증금 반환보증보험 보증요율

	개인 임차인	법인 임차인[*]
아 파 트	연 ~0.128%	연 0.205%
그 외 주택	연 ~0.154%	연 0.222%

전세금 7억원이 넘는다면 – 서울보증(SGI)

　전세금 한도 때문에 주택도시보증공사의 '전세보증금 반환보증보험'에 가입하지 못했다면 보증금액과 상관없이 가입할 수 있는 서울보증의 '전세금보장신용보험'을 알아보자. 아파트는 보증금 전액, 그 외 주택은 10억원까지 보증된다. 다만, 보증요율이 주택도시보증공사보다 높은 편이다.

서울보증보험 전세금보장신용보험 보증요율

	개인 임차인	법인 임차인●
아파트	연 ~0.183%	연 0.240%
그 외 주택	연 ~0.208%	연 0.273%

　또한, 서울보증은 거주기간이 아니라 계약서에 기입된 기간을 기준으로 납입해야 하므로 보증료에서도 차이가 난다. 예를 들어 2023년 1월에 전세계약기간 1년으로 계약하고, 4개월 후인 5월에 전세보증보험에 가입했다고 가정하자. 주택도시보증공사는 5~12월까지 보증기간만큼의 보험료를 계산하여 납부하면 되지만, 서울보증은 1~12월까지 1년치 전부를 납부해야 한다.

● 법인의 경우 전세권설정특별약관 적용 시 할인율 42%를 받을 수 있다.

이런 전세자금대출은 전세보증보험 가입이 안 된다?

전세자금대출과 전세보증보험이 일반화되면서 2가지를 동시에 신청, 가입하는 사람이 늘고 있다. 대표적인 예는 주택도시보증공사의 '안심전세대출'이다. 임차인에게는 전세금 반환 책임(전세보증금 반환보증)을, 은행에는 전세대출 원리금 상환(전세자금대출보증)을 함께 책임지는 전세금융상품이다. 하지만 시중 전세자금대출상품은 전세자금대출과 전세보증보험을 별도로 가입해야 하는 경우가 많다. 보통 '전세대출'을 먼저 받고 '보증보험'을 나중에 가입한다.

이때 주의할 것은 보증금 반환채권*에 대한 '채권보전조치'(질권설정, 채권양도, 전세권부 근저당 등)가 없는 순수 신용보증 전세자금대출일 때에만 전세보증보험을 가입할 수 있다는 점이다.

왜냐하면 전세보증보험도 전세금 반환채권을 담보로 보증하기 때문에 전세자금대출을 받을 때 이미 전세금 반환채권이 담보로 잡혔다면 이후에는 담보로서의 가치가 없기 때문이다.

그러므로 본인이 받은 전세자금대출의 종류에 따라 전세보증보험 가입이 반려될 수도 있음을 알고 있어야 한다. 전세자금대출을 받을 때, 은행직원에게 이 내용을 미리 확인해 보는 것이 좋다.

● **보증금 반환채권** : 임차인에게는 계약기간이 끝나면 해당 주택을 반환해야 하는 채무(의무)와 동시에 보증금을 반환받을 채권(권리)이 있다. 임차인이 임대인에게 맡겨놓은 보증금을 돌려받을 수 있는 권리를 말한다.

024

전세사기 유형

　전세사기는 매매가와 전세가의 차이가 작은 빌라에서 많이 발생한다. 즉 소유자(건축주) 입장에서는 잘 팔리지 않는 빌라를 높은 가격에 전세를 놓아 자금을 어느 정도 회수하고 명의대여자(일명 바지)를 내세워 전세보증금 반환이라는 의무를 회피하는 방식을 택하는 것이다.

　이러한 전세사기는 주로 부동산시장이 하락장일 때 발생한다. 상승장일 때에는 매매도 활발하고 가격도 상승하기 때문에 굳이 전세사기를 칠 필요가 없기 때문이다. 그런데 하락장일 때에는 매매가도 떨어지고 전세가도 떨어지기 때문에 이러한 사기가 더욱 기승을 부린다. 애초부터 보증금을 반환해 줄 여력이 없는 사람을 명의대여자로 세워 놓았기 때문에 상승장일 때에는 돌려막기를 하면 되지만 지금처럼 전세가가 떨어지는 상황이라면 돌려막기를 못하고 바지들은 바로 '배 째라!' 하거나 '잠적'하면서 전세사기가 수면 위로 떠오르게 되는 것이다. 그러므로 이러한 전세사기는 상승장일 때에는 잠잠하다가 꼭 하락장일 때 반복해서 터진다.

전세사기범의 2가지 유형

전세사기범들의 유형은 크게 두 가지로 나누어 볼 수 있다.

첫 번째, 처음부터 의도한 전세사기
하락장일 때 분양이 잘 안 될 때 건축주는 비싼 가격으로 일단 전세를 맞춰 놓고 바지를 내세워 전세보증금반환 의무를 회피하는 경우.

두 번째, 의도치 않은 전세사기
상승장일 때 소액으로 공격적으로 레버리지 투자를 했다가 하락장으로 전환되면서 매매가와 전세가가 동시에 하락해서 보증금 반환이 어려워진 경우.

의도했는지 의도치 않았는지의 차이는 있지만 중요한 것은 남의 돈을 빌려 썼으면 만기 때는 착실하게 갚아야 한다는 것이다. 죄질에 대한 경중의 차이는 있지만 어찌됐든 남에게 피해를 주었기 때문에 나쁜 것은 매한가지다.

1 | 왕들의 귀환

연일 메인 뉴스로 빌라왕, 건축왕의 전세사기에 대한 기사로 전국이 떠들썩하다.
이러한 '왕'들은 주로 하락장일 때 불청객으로 자주 등장을 한다. 이들이 등장할 수밖에 없는 이유는 하락장이기 때문이다. 즉 매매가뿐만 아니라 전세가 역시 큰 폭으로 하락했기 때문이다. 이로 인해, 경제적 여력이 없는 임대인은 임차인의 보증금 반환에 문제가 생길 가능성이 그만큼 커진다.

2 | 왕들의 유형

최근 전세사기와 관련해서 임차인들에게 피해를 주고 있는 문제의 임대인들에게 '○○왕'이라는 수식어를 붙여 주고 있다. 개인적으로 '사기꾼'들에게 이처럼 무슨무슨 '왕'이라는 수식어를 붙여 주는 것은 바른 표현이 아니라고 생각된다. 차라리 빌라왕, 건축왕이라는 용어 대신에 '빌라사기꾼', '건축사기꾼'이라는 용어가 더 적절하다고 생각된다.

이러한 왕들의 유형을 대표적으로 '건축왕', '빌라왕', '갭왕'의 3가지로 나누어 볼 수 있다.

첫 번째, '건축왕'

동네에서 빌라 또는 나홀로아파트 등을 지어 분양하는 흔히 '집장사'라고 불리는 건축업자들이 건물을 신축할 때 대출 없이 100% 자기자본으로 사업을 진행하는 경우는 거의 없다. 즉 토지매입자금 정도만 있으면 일단 토지를 매수하여 이를 은행에 담보로 제공하고 돈을 빌리면서 근저당권을 설정하게 된다. 그리고 그 돈으로 건물을 짓는다. 참고로 건물이 지어지면 은행에서는 건물에도 새롭게 근저당권을 설정하게 된다. 이렇게 해서 토지와 건물이 공동담보로 설정된다. 건축업자 중에는 심한 경우 토지도 대출을 받아서 매수하고, 고금리의 건축 PF 자금도 받아서 건물을 신축하는 업자가 있다. 여기서 더 심한 경우 공사비도 외상으로 한다. 공사비 중 계약금과 중도금으로 50~60% 정도 대출금으로 지급하고 나머지 40~50%의 공사비 잔금은 건물이 완공되면 분양해서 지급하는 방식으로 공사도급계약을 하는 경우도 제법 많다.

일반적으로 건축업자들은 전체 시공비(토지구입비+건축비)의 ±50% 정도만 자기자본으로 사업을 진행한다.

그런데 상승장일 때 공격적으로 사업을 진행하는 건축업자는 20~30%의 자기자본만으로 사업을 진행하기도 한다. 상승장일 때 공격적으로 레버리지를 활용해서 사업을 진행하면 분양이 순조롭게 될 경우 막대한(?) 수익률을 거둘 수 있기 때문이다. 그래서 경기가 좋을 때에는 건축업자 중에서 1년에 수억 원~수십억 원까지 버는 경우도 어렵지 않게 볼 수 있다.

건축은 리스크도 크지만 '한방'이라는 것이 존재하기 때문에 많은 건축업자들이 공격적인 레버리지를 활용해서 사업을 무리하게 진행하려는 성향이 있다. 그러므로 상승장일 때에는 승승장구하다가 꼭 하락장일 때 문제가 터진다.

많은 대출을 활용해서 사업을 진행했기 때문에 예상했던 것처럼 분양이 순조롭게 되지 않으면 자금압박을 굉장히 크게 받을 수밖에 없다. 그럼, 분양이 되기만을 마냥 기다릴 수 없기 때문에 일단 급한 불을 끄는 심정으로 전세를 놓게 된다. 그런데 건축업자는 임대가 목적이 아니라 분양이 목적이기 때문에 정상적인 전세시세대로 세를 놓기 위해 이미 건물에 설정되어 있는 근저당권(대출)을 말소하기보다는 나중에 분양이 될 때 근저당권을 한번에 말소할 생각으로 근저당권이 있는 상태에서 이를 감안해서 시세보다 약간(?) 저렴한 가격으로 전세를 놓게된다. 물론 이렇게 하면 이자는 나가지만 건축업자의 입장에서는 유동성을 어느정도 확보할 수 있게 된다.

그런데 문제는 상당수의 업자들이 이렇게 확보한 유동성을 다른 현장의 공사비로 활용한다는 것이다. 건축업자는 일단 급한 자금압박에서 벗어날 수 있고 무엇보다 다시 분위기가 좋아지면 제대로 된 가격으로 분양을 하겠다는 생각을 갖고 있다.

그런데 문제는 지금처럼 금리는 계속 올라가고 하락장으로 전환되면 끝을 모르게 추락하게 된다는 것이다. 즉, 처음에는 배를 쨀 의도는 없었지만 시간이 갈수록 '배 째라!' 외에는 다른 해결책을 마련하지 못하고 더욱 대범해진다는 것이다. 참으로 모순적인 것이 큰 빚을 진 채무자일수록 채권자들에게 더욱 큰소리를 친다는 것이다.

이러한 건축왕들의 대표적 활동 지역이 '인천 미추홀구'다.

두 번째, '빌라왕'

빌라왕은 아주 작정하고 의도적으로 악인이 된 케이스라 할 수 있다. 어쩌면 왕들 중에서 가장 죄질이 나쁜 악인이라 할 수 있다.

하락장일 때 일부 건축업자 중에서 분양이 어렵다고 판단해 일단 주변시세보다 전세를 높게 놓는다. 이때의 전세가격은 해당 빌라의 매매가와 비슷하거나 심지어 더 높게 놓는 경우도 있다. 이렇게 높은 전세에 맞춰서 건축주는 자신의 투자금 및 이익금을 모두 회수하고 일명 바지라는 명의대여자에게 해당 빌라의 소유권을 이전해 버린다. 그럼, 건축주는 소유자(임대인)가 아니기 때문에 임차인들의 보증금반환의무에서 자유로워진다. 즉 바지가 향후 모든 의무와 책임을 져야하는데 바지는 그럴 경제력 능력이 애초부터 없다. 왜냐하면 바지들은 거의 대부분 신용불량자이기 때문이다.

바지들의 목적은 정상적인 임대업이 아니라 소유권을 이전받으면서 받을 커미션(수수료)이 목적이기 때문이다. 바지들은 이렇게 명의를 이전받는 대가로 1채당 200만~300만원 정도의 돈을 받는다. 그런데 바지들이 명의를 받을 때 1채만 받는 것이 아니라 '몇 채~몇 백 채'까지 받게 된다는 것이다. 즉 오늘만 있고 내일은 없는 사람들이기 때문에 한 번에 '몇 백~몇 억'까지 뒷돈을 챙길 수 있다는 유혹에 건축주를 대신해서 모든 의무(채무)를 짊어지게 된다. 이러한 빌라왕들의 대표적 활동 지역이 '강서구 화곡동'이다.

참고로 신종으로 '기획 빌라왕'이 등장했다.

이는 처음부터 빌라를 분양 목적으로 신축한 것이 아니라 사기를 목적으로 한 것이다. 즉 높은 가격에 전세를 놓고 바지에게 명의를 넘길 생각으로 건축을 했기 때문에 최저가 공사비로 건물을 날림으로 지어서 나중에 하자의 온상이 되며 이러한 빌라를 낙찰받으면 하자보수 때문에 고생하게 될 수도 있다.

세 번째, '갭왕'

'갭왕'은 처음에는 왕이 되려는 욕심보다는 부자가 되고 싶은 욕심이 컸던 사람들이다. 즉 소액으로 공격적인 갭투자를 통해 짧은 시간에 자산을 키우고 싶었던 사람들이다. 이들에게 임대차 3법 등으로 전세가 한참 고점이었던 2021년도는 군침 도는 시기였을 것이다. 특히나 소액으로 접근해야 했기 때문에 일반주택에 비해 상대적으로 매매가 자체도 저렴하면서 전세가의 비율이 높아서 투자금액을 최소화할 수 있었던 오피스텔은 굉장히 메리트가 있는 투자대상이었을 것이다. 이러한 오피스텔 중에서도 '원룸형 오피스텔'은 최고의 먹잇감이었다. 왜냐하면 원룸형 오피스텔은 전형적인 수익형 부동산이기 때문에 생각보다 전세 매물이 많지가 않기 때문이다. 특히나 일자리가 풍부하면서 젊은 층의 수요가 많은 지역에서는 더욱 그럴 수밖에 없다. 젊은 직장인 또는 사회 초년생에게는 비싼 월세보다 정부에서 지원해 주는 전세자금대출 상품을 활용하게 되면 경제적인 부담을 줄일 수 있기 때문에 신축급 오피스텔 전세에 대한 선호도는 당연히 올라가게 된다. 이로 인해 원룸형 오피스텔의 시세 또한 점점 상승할 수밖에 없었다. 심한 경우 전세가격이 매매가격보다 더 비싸다는 것을 알면서도 전세로 계약을 체결하고 들어간 임차인들도 있다. 부동산시장이 상승장일수록 계속해서 상승할 것이라는 생각이 지배적이었기 때문에 이는 큰 문제가 아니라고 생각했을 것이다.

이러한 원룸형 오피스텔은 주로 공격적인 성향을 갖고 있는 투자자(?)들이 매수에 나선다. 그런데 이들의 특징은 자신의 투자여력보다 크게 무리해서 소액 또는 무피로 몇십 채씩 한 번에 사들인 사람들이 많았다는 것이다. 이들은 머릿속으로 행복의 나래를 펼쳤을 것이다. 소액의 투자금으로 시간이 갈수록 시세차익은 극대화될 것이며, 2년 후에는 보증금의 증액이라는 보너스를 받을 수 있다는 생각에 배가 불렀을 것이다.

그런데 이들의 생각과는 달리 매매가는 하락했으며 전세가는 더 큰 폭으로 하락했다. 처음부터 자신의 몸에 맞지 않는 옷을 입었기 때문에 '배 째라'라는 것 외에 스스로 해결책을 내놓지 못하고 '갭왕'으로 등극하게 되었다. 이러한 갭왕들의 대표적 활동 지역이 '경기도 동탄'이다.

3 | 피해 유형별로 지원방식도 달리해야 한다

전세사기 피해자들이 정부에 요구한 사항 중에서 가장 대표적인 것이 경매진행을 일단 멈추어 달라는 것이었다. 그런데 다음과 같은 2가지 이유 때문에 경매를 멈추어서는 안 된다고 생각한다.

첫 번째, 우리나라는 '법치국가'이며 '자본주의국가'이기 때문이다

경매제도는 민사집행법으로 규정하고 있는 제도다. 즉 개인 간의 돈거래에 문제가 생겼을 때 경매를 통해 물건을 환가해서 빚 정리를 해 주는 제도다. 그러므로 이러한 빚 정리를 못하게 멈추라고 하면 돈을 빌려준 채권자의 손해가 커질 수밖에 없으며, 무엇보다 이러한 선례를 남긴다면 앞으로 돈거래가 어려워질 수밖에 없다.

채무자에게 돈을 빌려줄 때 다른 사람에게 피해를 주기를 바라는 마음으로 빌려주는 채권자는 아무도 없다. 그런데 원성의 화살을 같이 맞아야 하는 모양새가 되었다. 분위기가 워낙 일방적이어서 차마 말은 못하고 속앓이를 하고 있는 채권자들이 많을 거라 생각된다.

두 번째, 경매를 원하는 피해자도 있기 때문이다

즉 전세 피해자 중에는 신속한 경매진행을 원하는 경우도 있다. 이는 피해자의 유형에 따라 입장이 갈리기 때문이다.

'건축왕의 피해자'의 경우 경매진행이 멈추어지기를 간절히 바라고 있다. 왜냐하면, 이 경우에는 선순위로 근저당권이 설정되어 있기 때문에 자신들은 후순위 임차인이 되기 때문이다. 현 상태에서 경매가 진행되어 누군가에게 낙찰되었을 때에 소액임차인에 해당하면 최우선변제금액 범위 내에서만 보증금을 회수할 수 있고 나머지 보증금은 떼일 가능성이 높다. 만약 보증금이 소액임차인의 범위를 넘을 경우 이마저도 회수할 수 없어 최악의 경우 모든 보증금을 떼이고 집을 비워 주어야 하는 상황까지 갈 수 있다. 그러므로 일단 경매진행을 멈추어 놓고 해결에 대한 실마리를 찾는 것이 유리하다.

그러나 '빌라왕의 피해자'와 '갭왕의 피해자'들은 이와 반대로 경매가 신속하게 진행되기를 바라는 경우도 있다. 왜냐하면, 이들은 대부분 선순위 임차인이기 때문이다. 시세보다 높은 가격에 전세를 들어갔기 때문에 경매가 진행되면 보증금 중에서 일부가 회수되지 않을 수도 있지만 그래도 빨리 경매가 진행되는 것이 피해를 최소화할 수 있는 방법이 될 수 있기 때문이다.

선순위 임차인 입장에서 경매진행이 멈추게 되어 그사이에 다른 권리들이 추가로 설정되게 되면 경매 입찰자들에게는 더욱 난해한 물건으로 인식되어 낙찰가와 경쟁률만 떨어지는 결과를 초래할 수 있기 때문이다. 무엇보다 가장 우려스러운 것은 '당해세'다. 당해세는 선순위 임차인보다 앞서서 배당을 받아가기 때문에 이렇게 되면 아무리 선순위 임차인이라 하더라도 손실액이 커질 수밖에 없다. 또한, 선순위 임차인의 지위를 활용해서 본인이 직접 낙찰을 받을 생각을 갖고 있을 수도 있기 때문에 이들의 입장에서는 섣불리 경매진행을 정지시켜서는 안 된다.

그러므로 정부에서는 획일적으로 경매를 멈추는 것만이 능사가 아니라 피해자들의 유형과 입장을 분류해서 이에 맞는 맞춤형 대안을 모색해야 한다. 과연 피해자들의 경제적 피해를 최소화할 수 있는 방법이 무엇인지를 고민해 보았으면 한다. 무엇보다 가해자들을 엄벌하여 다시는 이러한 범죄를 저지르지 못하도록 '일벌백계'해야 한다. 어쩌면 경제사범에 대한 처벌이 너무 관대한 것이 이번 전세사기가 발생하는 데 한몫을 했을 거라 생각된다.

4 | 본질적인 대책이란…

이 장은 비교적 평이하게 쓰려고 노력했다. 물론 저자의 필력이 부족해서 쉽게 이해가 되지 않는 부분도 있을 거라 생각된다. 하지만 이 글이 전체적으로 이해가 되지 않는다면 또 다른 전세 피해자가 될 수도 있다는 경각심을 가졌으면 한다. 그리고 '주택임대차보호법'과 부동산경매에서 기본적인 '권리분석'만큼은 공부해 놓았으면 한다. 생각보다 어렵지 않고 시간도 오래 걸리지 않는다. 이 정도 공부도 해놓지 않고 사기에서 자유로워지기를 희망해서는 안 된다.

정부는 국민들에게 도움을 줄 수는 있어도 결코 본질을 해결해 줄 수는 없다. 그러므로 가장 근본적인 대책은 스스로 자신을 지키는 힘일 것이다. '가난은 나라님도 구제할 수 없다!'는 말이 있지만 이번 사태를 지켜보면서 안타까움과 한숨만 깊어졌다.

전세사기는 어쩌면 정치 영역보다는 경제 영역에 더욱 가깝다. 정치인들이 표를 의식해서 앞다투어 임시방편식의 대책을 발표하는 것보다 다소 시간이 걸리더라도 경제 실무자들이 대책을 만들어 보았으면 한다.

025

전월세 중개수수료 똑소리 나게 계산하는 방법

중개수수료 계산식은 '거래금액 × 상한요율(%)'이다. 그러나 전세와 월세는 거래금액 산정 방법에 있어서 약간의 차이가 있다.

중개수수료 요율표(전월세)

거래금액	상한요율	한도액	중개보수 요율	거래금액
5천만원 미만	1천분의 5	20만원		
5천만원 이상~ 1억원 미만	1천분의 4	30만원		
1억원 이상~ 6억원 미만	1천분의 3	없음	중개보수는 거래금액 × 상한요율 이내에서 결정 (단, 이때 계산된 금액은 한도액을 초과할 수 없음)	- 전세 : 전세금 - 월세 : 보증금 + (월차임액 × 100) 단, 이때 계산된 금액이 5천만원 미만일 경우 : 보증금 + (월차임액 × 70)
6억원 이상~ 12억원 미만	1천분의 4	없음		
12억원 이상~ 15억원 미만	1천분의 5	없음		
15억원 이상	1천분의 6	없음		

출처 : 서울특별시 주택중개보수 등에 관한 조례 제2조, 별표 1

전세일 때 중개수수료 계산법

전세일 때는 중개수수료 계산이 간단한다. 앞서 설명했던 것처럼 '거래금액 ×
상한요율(%)'을 하면 된다.

예를 들어 전세 4,500만원이라면 거래금액이 5,000만원 미만이므로 상한요율
이 1,000분의 5(0.5%)가 된다. 그러므로 4,500만원 × 0.5% = 22만 5,000원이다.

단, 주택은 한도액이 정해져 있으므로 산출된 22만 5,000원이 한도액을 초과
하는지를 살펴봐야 한다. 왼쪽 요율표를 살펴보면 거래금액이 5,000만원 미만일
때 한도액은 20만원이라고 되어 있다.

그러므로 산출된 금액이 22만 5,000원이라 하더라도 한도액인 20만원만 부담
하면 된다.

4,500만원(전세 보증금) × **0.5%**(중개수수료 상한요율)

= **22만 5,000원**(×) → **20만원**(○)

5,000만원 미만일 때
중개수수료 한도액 20만원

월세일 때 중개수수료 계산법(전세환산보증금 계산법)

월세는 보증금＋월세금으로 구성되는데, 여기서 보증금을 제외한 월세는 전
세가격으로 환산해야 한다. 보증금에 '월세 × 100'을 더해 계산한 값을 '전세환산
보증금'이라 한다. 예를 들어 보증금 1,000만원, 월세 45만원이면 전세환산보증
금은 5,500만원이다.

월세 보증금 + (월세 × 100) = 전세환산보증금

1,000만원 + (45만원 × 100) = 5,500만원

그런데 이때 계산된 금액이 5,000만원 미만일 경우 '보증금 + (월세 × 70)'으로 계산한다. 보증금 1,000만원에 월세 35만원일 때를 예로 들어보자. 여기서 체크할 것은 2가지다.

① 전세환산보증금이 4,500만원이 나왔으므로 '(월세 × 70)'을 적용하여 다시 계산하면 3,450만원이다.

1,000만원 + (35만원 × 100) = 4,500만원 (×)

1,000만원 + (35만원 × 70) = 3,450만원 (○)

> 5,000만원 미만일 경우
> '보증금 + (월세 × 70)'

② 전세환산보증금 3,450만원에 중개수수료 상한요율 0.5%를 적용하면 17만 2,500원이다. 여기서 더 체크해야 할 것은 거래금액이 5,000만원 미만일 때 중개수수료 한도액이 20만원 미만이란 점이다. 최종 계산한 중개수수료는 17만 2,500원이므로 이 금액을 그대로 적용하면 된다.

중개수수료는 3,450만원 × 0.5% = 17만 2,500원

> 5,000만원 미만
> 중개수수료 한도액
> 20만원이므로 OK!

오피스텔 중개수수료는 한도액이 없다?

85㎡ 이하 매매는 상한선 0.5%, 85㎡ 이상 매매는 상한선 0.9%!

오피스텔의 중개수수료 계산방법은 주택과 다르다. 전용면적이 85㎡ 이하이면서 일정설비 (상·하수도 시설이 갖추어진 전용 입식주방, 화장실, 목욕시설)를 갖춘 주거용 오피스텔일 경우에 매매(교환 포함)일 때는 0.5%, 임대(전세·월세)일 때는 0.4%의 요율이 적용된다. 그 외 오피스텔, 즉 업무용 오피스텔이거나 주거용으로 사용하는 오피스텔이라 하더라도 전용면적이 85㎡를 초과하거나 일정설비를 갖추지 못한 경우에는 중개 형태가 매매인지 임대인지 구분 없이 공인중개사와 0.9% 범위 내에서 협의하도록 되어 있다.

여기서 주의할 점은 오피스텔은 주택과는 달리 중개보수에 대한 한도액이 없다는 것이다.

적용대상	거래내용	상한요율
전용면적 85㎡ 이하 일정설비를 모두 갖춘 경우	매매·교환	0.5%
	임대차 등	0.4%
이 외의 경우	매매·교환·임대차 등	0.9% 내에서 협의

중개수수료 비교, 주택 vs 오피스텔

9,000만원의 빌라를 전세 계약하면 중개수수료는 9,000만원 × 0.4% = 36만원이 나온다. 그러나 1억원 미만의 주택은 30만원이 한도액이므로 30만원만 지급하면 된다.

일반주택과는 달리 오피스텔 중개보수에는 한도액이 정해져 있지 않으므로 계산된 금액 모두를 중개수수료로 지급해야 한다. 즉, 9,000만원 전세 계약이면 9,000만원 × 0.4% = 36만원 모두를 지급하면 된다.

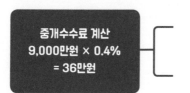

중개수수료 계산
9,000만원 × 0.4%
= 36만원

빌라 : 1억원 미만 한도액 30만원만 지급

오피스텔 : 한도 없이 36만원 전부 지급

026

이럴 때, 부동산 중개수수료
누가 내야 할까?

계약기간 만기 전에 이사 가는 경우

중개수수료는 계약의 직접 당사자가 부담하는 것이 원칙이다. 임대차계약이라면 임대인과 새로 이사 들어올 임차인이 각각 부담하는 것이 맞다.

그런데 임차인이 계약기간을 다 못 채우고 중간에 이사를 가는 경우에는 문제가 생긴다. 이와 관련된 법률 규정이 없으니 판례를 살펴볼 수밖에 없다.

> **서울지방법원 민사9부 1998. 7. 1. 선고 97다55316 판결**
>
> 임차인과 임대차계약이 정상적으로 종료된 경우에는 임대인은 어차피 새로운 임차인과 임대차계약을 체결하기 위해서 중개수수료를 지불해야 한다. 그러므로 현재 임차인이 중간에 이사를 간다 해서 중개수수료를 부담시킬 수는 없다.

위 판례는 계약기간이 1년이었는데, 임차인이 3개월 먼저 이사를 가는 상황이었다. 법원은 계약기간이 3개월 정도 남은 상태에서 임차인이 이사를 가겠다고 하면, 이 정도는 정상적으로 계약기간을 모두 채웠다고 봐주는 것으로 판단했다. 하지만 계약기간이 절반 이상 남아 있다면 본 판례를 적용하기 어렵다.

위 사례는 임대인 부담이라는 판결을 냈지만, 실무에서는 임차인이 부담하고 이사 가는 경우가 많다. 그럴 수밖에 없는 것이 임대인 입장에서는 아직 계약기간이 남아 있기 때문에 전혀 급할 것이 없다. 반면 임차인은 중개수수료를 한 번 더 부담하고서라도 빨리 이사를 나가고 싶어 하기 때문이다.

분쟁 없이 해결할 수 있는 방법은 계약서 작성 시에 '만기 전 이사를 나갈 경우 누가 중개수수료를 부담할지'에 대해서 특약에 미리 기재해 놓는 것이다.

묵시적 갱신('계약갱신청구권' 포함) 이후에 이사 가는 경우

묵시적 갱신(196쪽 참고)이 되면 전과 동일한 조건으로 계약이 연장된 것으로 보며, 임대인은 계약기간 2년을 임차인에게 보장해 주어야 한다. 그러나 임차인은 묵시적 갱신기간이 남아 있다 하더라도 언제든지 임대인에게 계약해지를 통지하고 이사할 수 있다. 만약, 임차인의 일방적인 사정 때문에 묵시적 갱신기간 중간에 이사를 나간다고 한다면 이때는 누가 중개수수료를 부담해야 할까?

이에 대한 법률의 규정이 없고, 법원의 판례도 없다. 그러므로 주무관청인 국토교통부의 공식 입장으로 대신 설명할 수밖에 없다.

(구)국토해양부 전자민원 6866, 2005. 2. 12.

주택임대차 계약 만료 후 자동 연장되어 2년이 경과되지 않고 임차인이 이사를 할 경우에 중개수수료 부담은 임대인이 하는 것이 원칙이다.

이에 반대되는 법원 판례가 나오기 전까지는 임대인 부담이라고 알고 있으면 된다. 개인적으로도 임대인이 부담하는 것이 맞다고 본다. 왜냐하면 묵시적 갱신 은 임차인이 계약기간을 모두 채우고 기간이 다시 연장된 것이기 때문이다. 만약 묵시적 갱신이 되지 않았다면 어차피 새로운 임차인을 구하고 중개수수료를 부 담했어야 했다. 임대인 입장에서는 연장된 2년을 채우면 좋겠지만, 중간에 이사 를 나가 새로운 임차인을 구한다 해도 손해를 보는 게 아니기 때문이다.

임차인이 임대차 3법의 '계약갱신청구권'을 사용하여 계약기간을 연장했을 경 우, 묵시적 갱신의 법리가 그대로 준용되므로 계약기간의 잔존여부와는 상관없 이 이때에도 중개수수료는 임대인이 부담해야 한다.

계약서 작성 후 해약되는 경우

부동산 계약을 하고 잔금을 치르기 전에 해약되는 경우, 중개수수료를 주지 않 아도 된다고 생각하는 사람들이 많다. 그러나 해당 계약이 공인중개사의 고의 또 는 과실로 해약된 것이 아니라면 당연히 중개수수료를 주어야 한다.

공인중개사법 제32조(중개보수 등)
① 개업공인중개사는 중개업무에 관하여 중개의뢰인으로부터 소정의 보수를 받는다. 다 만, 개업공인중개사의 고의 또는 과실로 인하여 중개의뢰인 간의 거래행위가 무효·취소 또는 해제된 경우에는 그러하지 아니하다.

정상적으로 계약서 작성이 완료되면 공인중개사의 중개보수청구권이 발생한 다. 그러므로 공인중개사의 과실이나 고의 없이 계약이 해약되었다면 계약의 당 사자들은 각각 중개수수료를 지급해야 한다.

027

'주택임대차보호법'을 알면 보증금 지킨다!

주택임대차보호법 덕분에 여러분의 보증금은 어느 정도 보장받게 되었다. 하지만 여전히 사각지대는 존재한다. 보증금을 더 안전하게 지키고 싶다면 주택임대차보호법을 더 깊이 알아두자. 먼저 주택임대차보호법이 만들어진 이유를 알기 위해 '채권'의 기본 개념부터 살펴보자.

채권 – 특정인에게만 주장할 수 있는 권리

특정인이 특정인에게만 주장할 수 있는 권리를 채권이라고 한다. 예를 들어 A가 B에게 돈을 빌려주었다고 가정해 보자. A는 채권자(돈을 빌려준 사람), B는 채무자(돈을 빌린 사람)가 된다. 이렇게 돈을 빌려주고 빌리는 행위는 '채권'적 성격을 갖게 된다.

즉 A는 B에게만 돈을 갚으라고 해야 한다. 엉뚱하게 C에게 돈을 갚으라고 할

● **물권** : 채권과 달리 '물권'은 어느 누구에게나 자신의 권리를 주장할 수 있다. 누군가가 나의 자동차를 훔쳐가려 한다면 그 사람이 누구든 간에 훔쳐가지 못하게 막을 수 있는 것처럼 어느 누구에게나 주장할 수 있는 권리다.

수는 없다. 반대로 B는 A에게만 돈을 갚아야지, C에게 돈을 갚고 그 변제의 효력을 A에게 주장할 수는 없다. 이렇게 '채권'이란 특정인이 특정인에게만 주장할 수 있는 권리를 말한다.[*]

전세, 월세는 대표적인 채권!
임차인 보증금 지켜주는 '주택임대차보호법' 등장

'임대차(전월세)'는 대표적인 '채권'이다. 그러므로 임대차계약은 특정인이 특정인에게만 권리와 의무를 주장할 수 있다. 계약 당사자인 임대인(집주인)과 임차인(세입자) 사이에서만 효력을 주장할 수 있다는 것이다.

바로 여기에 큰 문제가 있다. 예전에는 임대차 계약기간 중에 임대인이 바뀌면 임차인은 새로운 임대인에게 자신의 임대차 효력을 주장할 수 없었다.

'매매는 임대차를 깨트린다.'라는 말이 있다. 새로운 임대인이 나가라고 하면 임차인은 나갈 수밖에 없었다. 물론 보증금은 전 임대인에게 받아야 하는데, 집 팔고 떠나간 전 임대인을 찾기란 쉽지 않다. 그래서 주택임대차보호법이 만들어지기 이전에는 임차인이 보증금을 떼이는 일이 자주 발생했다. 임차인은 경제적 약자임과 동시에 권리상으로도 상당한 약자였다.

이러한 폐단에서 임차인을 보호해 줄 법이 필요해졌다. 그래서 만들어진 법이 바로 '주택임대차보호법'이다.

1981년 처음 제정되어 그 후 여러 차례 개정을 거쳐 현재 제1~31조까지의 조문으로 구성되어 시행되고 있다. 주로 임차인을 보호하는 내용들이 담겨 있다.

국가법령정보센터(www.law.go.kr)에서 '주택
임대차보호법'을 검색하면 전문을 볼 수 있다.

028

집주인이 바뀌어도 전혀 걱정 없다!
'대항력'

주택임대차보호법은 여러 가지 장치를 통해 임차인을 보호한다. 그중 가장 핵심이 되는 내용이 '대항력'에 대한 부분이다.

주택임대차보호법의 핵심 - 대항력!

임대차계약은 채권이어서 '특정인에게만' 자신의 권리를 주장할 수 있다. 그런데 주택임대차보호법에서는 일정한 요건을 갖춘 임차인에게 대항력이라는 힘을 부여해 줌으로써 어느 누구에게나 자신의 권리를 주장할 수 있게 만들어 주었다. 대항력이란 말 그대로 누군가에게 '대항할 수 있는 힘'이다. 그래서 대항력을 갖춘 임차인은 임대인이 다른 사람에게 집을 팔더라도 새로운 임대인에게 종전 임대인과 맺은 임차계약의 효력을 주장(대항)할 수 있게 되었다.

임차인이 대항력을 갖추고 있다면 계약기간 중간에 매매, 상속, 증여로 임대인이 바뀌더라도 남은 계약기간 동안 마음 편하게 계속 살 수 있고, 계약기간이 종료된 후에는 새로운 임대인에게 임차보증금을 반환해 달라고 할 수도 있다.

대항력이 성립하는 요건 – 주택의 인도 + 전입신고

주택임대차보호법에서 말하는 일정한 요건이란 '주택의 인도 + 전입신고'를 의미한다.

'주택의 인도'는 쉽게 말해서 이사 들어가는 것을 말한다. 실제로 이삿짐이 모두 옮겨졌는지는 상관없다. 비밀번호 또는 열쇠를 넘겨받았다면 주택의 인도를 받았다고 볼 수 있다.

'전입신고'는 새로운 주소지의 관할 관청에 주민등록을 하는 것이다. 관할 주민센터에 직접 방문해서 하는 방법과 인터넷 '민원24'로 신청하는 방법이 있다. 신청절차가 복잡하지 않아서 누구나 쉽게 할 수 있으며, 별도의 비용도 들지 않는다. 방문신청 시 신분증을 지참해야 하며, 인터넷 신청에는 본인의 공인인증서가 필요하다. *

대항력의 효력발생 시점

주택의 인도와 전입신고를 마쳤다면 대항요건이 구비된 것이며, 대항력의 효력은 '다음 날(익일) 0시'부터 발생한다. 예를 들어 주택의 인도와 전입신고를 2020년 4월 13일에 마쳤다면 대항력은 2020년 4월 14일 '0시'부터 효력이 발생한다. 만약 2020년 4월 15일에 새로운 임대인으로 바뀌었다면 해당 임차인은 대항력이 있으므로 새로운 임대인에게 대항할 수 있다. 한편 4월 13일에 임대인이 바뀌

● 새로운 주소지로 전입신고를 하면 예전의 주소지에서 자동으로 퇴거(전 주소지에서 주소가 빠지는 것)되므로 별도로 예전의 주소지 관할 주민센터에 퇴거신청을 할 필요가 없다.

었다면 해당 임차인은 대항력이 없기 때문에 최악의 경우 보증금을 돌려받지 못하고 쫓겨나는 상황이 발생할 수도 있다.

그러므로 임대차계약을 체결하고 잔금을 치르거나 이사한 임차인이라면, 전입신고를 서둘러서 대항력을 최대한 빠른 시간 내에 갖추는 것이 중요하다.

029

계약기간 중 주인이 바뀌면 계약서를 다시 써야 하나?

새 임대인과 계약서를 다시 쓸 필요는 없다!

단, 대항력이 없다면 예외!

살고 있는 집의 주인이 중간에 바뀌는 경우가 종종 있다. 이때 '새로운 주인과 계약서를 다시 작성해야 하는지?' 의문이 생긴다.

169쪽에서 살펴봤듯이 주택은 임차인이 대항요건(주택의 인도+전입신고)을 갖추어놓았다면, 주택임대차보호법에 의거하여 기존의 계약이 새로운 주인(임대인)에게 자동으로 승계된다. 그러므로 특별히 계약서를 다시 쓰지 않아도 기존의 임대

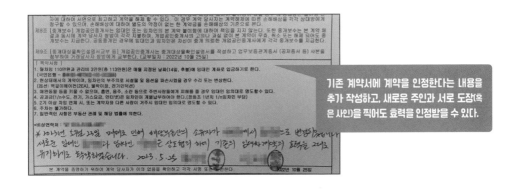

기존 계약서에 계약을 인정한다는 내용을 추가 작성하고, 새로운 주인과 서로 도장(혹은 사인)을 찍어도 효력을 인정받을 수 있다.

차계약의 효력, 기간 등에는 아무런 영향이 없다.

다만 임차인이 대항력을 갖추고 있지 않았을 경우에는 문제가 된다. 대항력을 못 갖춘 임대차계약은 일반채권계약이 되므로, 임차인은 새로운 임대인에게 기존 임대차계약의 효력을 주장할 수 없게 된다. 그러므로 새로운 임대인이 기존 임대차계약의 승계를 거부한다면 임차인은 쫓겨날 수밖에 없는 상황이 된다. 대항요건을 갖추지 못한 임차인이라면 반드시 새로운 임대인과 계약서를 다시 작성해야 한다.

새 임대인과 다시 계약서를 작성했을 때 누가 유리할까? 보장 가능한 임대기간은?

계약기간 2년으로 전세로 살고 있던 도중 1년 만에 집주인이 바뀌었다고 가정해 보자. 이때 임차인은 새 집주인과 남은 계약기간 1년에 대하여 새 계약서를 작성하였다.

그런데 그동안 주변 전세보증금이 너무 많이 올랐다. 임차인은 해당 주택에 더 살고 싶은 마음이 생겼다. 그래서 '주택임대차보호법에는 2년을 보장해 주는 것으로 규정되어 있으니, 만기가 되면 추가로 1년을 더 살겠다.'라고 통지했다.

이 말을 들은 임대인은 '무슨 말이냐! 당신은 이미 주택임대차보호법에서 말하는 2년을 모두 보장받았다. 내가 이 집을 매수하기 전에 1년을 살았다. 그리고 이후 1년을 더 살았으니 2년은 모두 보장받은 셈이다. 그러니 추가로 1년을 더 보장해 달라는 것은 말이 안 된다. 보증금을 현시세에 맞춰 올려주든지 아니면 이사를 나가라!'라고 맞섰다. 과연 누구의 말이 맞을까?

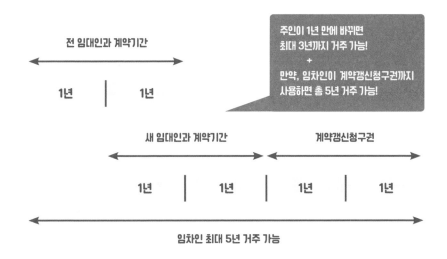

답부터 말하자면 임차인의 주장이 맞다. 주택의 최소 임대차기간은 2년이기 때문에 임차인은 계약서대로 1년 만기만을 채우고 이사를 나가도 되고, 1년을 더 주장해서 살아도 된다. 새 임대인과 작성한 계약서를 기준으로 기간을 따져야 하기 때문이다.

즉, 계약서를 다시 작성했다면 임차인은 남은 1년＋추가로 1년을 더 거주할 수 있다. 반대로 계약서를 다시 작성하지 않고 기존의 임대차계약을 승계한다는 문구만 넣어 기존의 계약서의 효력을 유지했다면 남은 1년만 거주할 수 있게 된다.

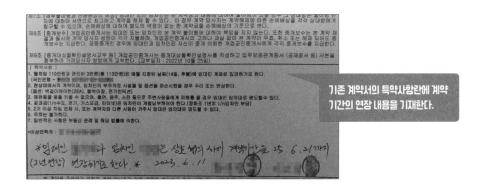

기존 계약서의 특약사항란에 계약기간의 연장 내용을 기재한다.

그러므로 계약기간 도중에 임대인이 바뀐 경우 임차인 입장에서는 계약서를 다시 작성하는 것이 유리하고, 임대인 입장에서는 기존의 임대차계약서에 '기존 계약의 효력을 그대로 인정하기로 한다.'라는 문구만 추가로 기재하고 계약서를 다시 작성하지 않는 것이 유리하다.

이와는 별개로 2020년 7월부터 시행되고 있는 계약갱신청구권에 의해 임차인이 원할 경우 계약기간 만료 시 2년을 더 연장해서 거주할 수 있게 되었다.

상가는 입점한 날로부터 10년간 기간 보장

참고로 상가는 주택과 다르다. 상가임대차보호법에 따르면 특별한 사유가 없는 한 10년간 기간을 보장해 주는데, 법원의 판례에 따르면 '처음 입점한 날로부터'라고 정의된 바 있다(대법원 판례 2005다74320).

즉 계약기간 중간에 임대인이 바뀌어 임대차계약서를 다시 작성했다 하더라도 그 시점부터 10년을 보장받을 수 있는 것이 아니라 최초 입점한 날로부터 10년을 보장받을 수 있는 것이다. 예를 들어 최초 입점 후 6년이 지난 시점에서 임대인이 바뀌어 계약서를 다시 작성할 경우 보장받을 수 있는 기간은 남은 4년이 된다.

주택과 상가는 기간의 기산시점이 다르므로 주의해야 한다.

임차인은 새 임대인에게 계약해지를 청구할 수 있을까?

임대인이 바뀌면 임차인은 언제든지 이사 가능!
'주인이 바뀌었으니 이사 갈래요!'

계약기간 도중에 주인이 바뀌면 임차인 마음대로 이사를 나갈 수 있다는 판례가 있다. 임차인은 임대인이 바뀌었을 때, 원하지 않을 경우(임대인이 바뀌는 것을 원하지 않거나, 바뀌는 임대인이 싫을 때) 계약기간과는 상관없이 임대차계약을 해지할 수 있다.

> **대법원 1998. 9. 2. 자98마100결정**
> 임차인이 원하지 아니하면 임대차의 승계를 임차인에게 강요할 수 없는 것이어서 스스로 임대차를 종료시킬 수 있어야 한다는 공평의 원칙 및 신의성실성의 원칙에 따라 임차인이 곧 이의를 제기함으로써 승계되는 임대차관계의 구속을 면할 수 있고, 임대인과의 임대차관계도 해지할 수 있다고 보아야 한다.

선임대 조건으로 상가, 오피스텔, 빌라 분양 시
가짜 임차인이 계약해지하면 속수무책!

많은 사람들이 임대인(소유자)이 바뀌면 '임대차계약이 승계된다.'라는 것은 잘 알고 있으면서, '임차인이 계약을 해지할 수 있다.'라는 것은 모른다. 이런 틈을 타서 일부 분양대행사 또는 매도인이 사기를 치기도 한다.

대표적인 예는 선임대 조건*으로 수익률을 부풀려 분양하는 상가다. 높은 월세를 내는 임차인이 있다는 말에 덜컥 계약을 했다가 당하는 것이다. 분양대행사와 짠(혹은 고용된) 가짜 임차인은 임대인이 바뀌었다는 이유로 바로 계약해지를 통보하고, 해당 임대차계약을 종료시킨다.

이렇게 되면 상가를 분양받은 수분양자(임대인)는 손해가 이만저만이 아니다. 기대했던 높은 금액으로 다시 임차인을 맞출 수 없을뿐더러, 새로운 임차인을 구할 때까지 공실을

● **선임대 조건** : 분양(매매) 전에 이미 해당 부동산에 임차인이 맞춰져 있는 경우를 말한다. 매수자 입장에서는 임대를 맞춰야 한다는 부담이 없고, 잔금과 동시에 바로 월세를 받을 수 있기 때문에 선호한다.

감수해야 하는 손실이 발생하게 된다.

빌라나 오피스텔 분양에서도 이런 사기가 자주 발생한다. 높은 월세의 임차인이 있는 것처럼 가장해서 분양하고, 분양이 되면 바로 임차인이 월세계약을 해지하는 수법을 쓰는 것이다.

그러므로 임대가 맞춰진 부동산에 관심 있는 사람이라면 임차인을 꼼꼼하게 살펴보아야 한다. 그리고 잔금 때 안전장치로 매도인에게 '임대인 변경에 대한 임차인 동의서' 또는 기존의 임차인과 '재계약서'를 바로 작성하는 것이 좋다.

030

임차인은 왜 '확정일자'를 받아야 하나?
(feat. 경매와 우선변제권)

임대차계약의 효력을 주장할 수 있는 '대항력'을 갖추려면 '주택의 인도+전입신고'의 요건을 갖춰야 한다. 일반적으로 주민센터에 방문해서 전입신고를 하면서 확정일자도 함께 받는데 이번에는 왜 '확정일자'를 받아야 하는지 살펴보자.

확정일자를 알고 싶다면 '우선변제권'부터 이해하자!

먼저 우선변제권부터 알아야 확정일자를 이해할 수 있다. 우선변제권°이란 세를 얻어 살고 있던 주택이 경매(공매)로 팔렸을 때, 경락대금°°에서 다른 후순위 채권자들보다 자신의 보증금을 먼저 배당받을 수 있는 권리를 말한다.

우선변제권을 받기 위해서는 임차인이 대항요건(주택의 인도+전입신고)을 갖추고, 임대차계약서에 '확정일자'를 받아야 한다.

● **우선변제권 적용** : 우선변제권은 해당 주택이 경매, 공매로 소유권이 변경될 때만 적용되는 것이다. 일반적인 매매, 상속, 증여 등으로 소유권이 변경될 경우에는 적용되지 않는다.

●● **경락대금** : 경락은 경매로 소유권을 취득하는 것을 말하며, 이때 지불한 대금이 좁은 의미의 경락대금이다.

이처럼 배당순위는 임차인의 '확정일자'와 주택에 딸려 있는 다른 권리들의 설정일자의 전후를 따져서 결정되므로 확정일자는 보증금을 지키는 데 중요한 역할을 한다.

경매라는 최악의 경우를 방어하는 '확정일자'

'확정일자'란 주택의 소재지를 관할하는 읍·면·동사무소(주민센터) 또는 법원, 등기소, 공증사무소 등 정부가 믿을 만한 기관에서 임대차계약서 여백에 날짜도장을 찍어 주는 것을 말한다.

임대차계약은 개인 간의 사적 계약이므로 나중에 문제가 생겼을 때, 임대인과 임차인이 서로 모의하면 계약 조건, 계약 날짜, 보증금액 등의 조작이 가능해진다. 이를 방지하기 위해 믿을 만한 기관에서 해당일에 실제 현재의 계약서(또는 문서)가 존재하고 있었다는 사실을 증명하는 것이다. 즉 확정일자란 임대차계약서가 특정 날짜에 존재했다는 사실을 증명하기 위해서 만들어진 서류상의 날짜를 말한다.

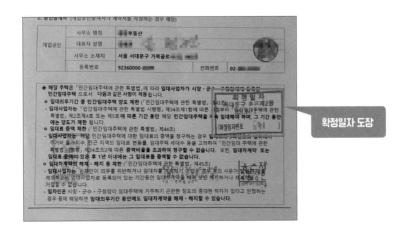

확정일자 도장

확정일자 받는 방법 ①

확정일자는 변호사 사무실과 같은 공증기관에서 받는 방법과 법원, 등기소 또는 해당 주택의 소재지를 관할하는 주민센터(동사무소)에서 받는 방법이 있다. 대부분 주민센터에서 확정일자를 받는데, 임차인이 주민등록 전입신고를 하면서 동시에 받을 수 있기 때문이다. 확정일자는 임대인의 동의가 없더라도 임차인 본인 또는 임대차계약서 소지인이라면 누구나 신청해서 받을 수 있다. 주민센터 이용 시 비용은 600원이다.

'대한민국 법원 인터넷등기소(www.iros.go.kr)'를 이용하면 인터넷으로 신청이 가능하다. 임차인 본인의 공인인증서와 스캔이 가능한 프린터가 있어야 한다.

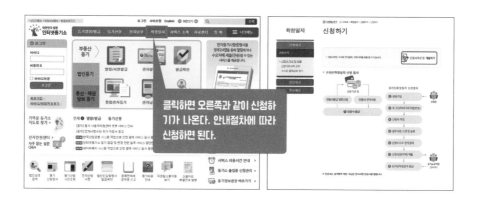

확정일자 받는 방법 ②

임대차 3법에 의해 2021년 6월부터 '전월세신고제'가 시행되었다. 이로 인해, 일정금액(보증금 6,000만원 또는 월세 30만원)을 초과하는 임대차(전·월세) 계약을 체결

할 경우에는 해당 주택의 소재지 관할 주민센터에 계약일로부터 30일 이내에 거래내용을 신고하여야 한다(〈040 임대차 3법 주요 내용 총정리〉 '3 | 전월세신고제' 참고).

이처럼 전월세신고를 하게 되면 아래 사진처럼 '신고필증'을 부여받게 되는데 신고필증 상단에 '확정일자번호'가 자동으로 부여된다. 즉 전월세신고를 할 경우 별도의 '확정일자'를 받지 않아도 되며, 이때 비용은 무료다.

경매(공매) 진행 시 확정일자의 효력

'대항요건'과 '확정일자'를 갖춘 임차인은 살고 있는 집이 경매(공매)가 진행되면 경락대금 중에서 자신의 순위에 따라 보증금을 배당받을 수 있다. 만약 확정일자를 받지 않았다면 배당신청을 해도 배당에서 배제된다. 즉 확정일자는 경매·공매에서 배당을 받기 위한 필수조건이다. 자신의 소중한 보증금을 지키고 싶다면 반드시 확정일자를 받아놓아야 한다.

여기서 오해하지 말아야 할 것은 확정일자를 받아놓았다고 자신이 우선순위로 배당받을 수 있는 게 아니라는 것이다. 자신의 확정일자보다 빠른 선순위 권리자들이 있다면, 그들이 먼저 배당을 받은 후에 순서에 따라 배당을 받게 된다.

우선변제권의 효력발생 시점은?

우선변제권의 효력은 대항요건과 확정일자를 모두 갖추어야 발생한다. 대항요건은 '다음 날 0시'에, 확정일자는 '받은 날 당일'에 효력이 발생한다. 따라서 이 두 개의 요건 중 어느 요건이 먼저 갖추어졌는지에 따라 효력 발생시점이 달라진다.

대항요건을 확정일자보다 하루라도 먼저 받아놓았다면 효력은 확정일자를 받은 당일에 발생한다. 반대로 확정일자를 먼저 받고 대항요건을 늦게 갖추었다면, 대항요건을 갖춘 다음 날 0시에 우선변제권의 효력이 발생한다.

우선변제권 효력발생 시점

대항요건		확정일자		우선변제권
완료일	효력발생	완료일	효력발생	효력발생
2023년 4월 13일	다음 날 0시	2023년 4월 14일	당일	2023년 4월 14일 당일
2023년 4월 14일	다음 날 0시	2023년 4월 13일	당일	2023년 4월 15일 0시부터 발생

우선변제권은 대항요건 + 확정일자를 갖추어야 발생

031

'전입신고 + 확정일자' vs '전세권등기' 더 나은 것은?

전세권등기 비용은 임차인 부담, 비용이 비싸도 하겠다는 사람이 늘어나는 이유는?

세를 얻어 사는 임차인의 입장에서는 자신의 보증금을 안전하게 지키는 것이 무엇보다 중요한 일이다. 소중한 보증금을 지키기 위한 방법으로 주민센터 등에서 '전입신고+확정일자'를 받는 방법과 등기소에서 '전세권등기'를 하는 방법이 있다.

'전입신고+확정일자'가 보다 일반적이지만 최근 들어 '전세권등기'를 하는 경우도 점점 늘어나는 추세다. 둘 다 전세보증금을 지키기 위한 장치이지만 요건, 효력발생 시점, 범위, 비용 등에서 약간의 차이가 있으므로 어느 것이 자신에게 더 효율적인지 판단해 보자.

가장 강력하게 임차인 권리를 보호하는 전세권등기

'전입신고+확정일자'의 경우 임대인의 동의 없이 저렴한 금액(600원)으로 자신의 보증금을 보호할 수 있는 안전장치 역할을 한다. 효력 면에서도 전세권등기와 큰 차이가 없어 일반적으로 널리 이용되고 있다. 하지만 최대 단점은 계약만기 시 임대인이 제때 보증금을 반환해 주지 않을 경우 별도의 '보증금반환소송'을 통해서 판결문을 받아 경매를 신청해야 한다는 번거로움이 있다.

'전세권등기'는 임대인의 동의가 필요하고 보증금의 0.24%에 해당하는 등록세(0.2%)와 지방교육세(0.04%)를 납부해야 하는 것이 단점이다.

하지만 일단 등기사항증명서에 전세권등기가 설정되면 별도의 전입신고, 확정일자, 주택의 인도 등의 요건을 갖추지 않는다 해도 등기 순위에 따라 보증금을 보호받을 수 있다. 또한 임대인이 제때 보증금을 반환해 주지 않을 경우 별도의 소송 없이 바로 경매를 신청할 수 있어 보증금 회수까지 시간이 단축되는 효과가 있다.

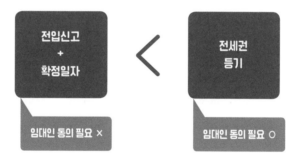

- 예를 들어 전세보증금 2억원짜리 전세권등기 시 (2억원 × 0.24%) + 20만~30만원 + 증지 15,000원 = 약 70만~80만원 정도 비용이 발생한다. 전세권등기는 임차인 본인의 보증금을 안전하게 지키기 위한 조치이므로 비용을 임차인이 부담하는 것이 일반적이다.
- ●● 단, 확정일자의 효력은 대항요건까지 모두 갖추어야 발생한다. 전입신고(주소의 이전)의 효력은 다음 날 0시에 발생한다. 그러므로 전입신고를 확정일자와 같은 날 했다면 본 확정일자의 효력은 당일 바로 발생하는 것이 아니라 다음 날 0시부터 발생하게 됨을 주의해야 한다(169쪽 참고).
- ●●● 단, 경매 대상 부동산이 집합건물(아파트, 다세대, 연립, 오피스텔 등)이라면 토지의 가액을 포함해서 배당을 받을 수 있다.

'전입신고+확정일자' vs '전세권등기' 비교

	전입신고 + 확정일자	vs	전세권등기	
관련법	주택임대차보호법 (제3조, 제3조의2, 제3조6)		민법(제303~319조)	
임대인 동의 여부	불필요	>	필요	
비용	600원	>	(보증금 × 0.24%) + 법무사 대행 수수료 (20만~30만원) + 증지세 15,000원*	
효력발생 시점	당일 바로 발생**		당일 바로 발생	
효력발생 요건	(전입신고 + 주택의 인도) + 확정일자	<	전세권설정 서류 접수 시	
경매 시 배당요구	필요	<	불필요	
배당범위 (효력의 범위)	건물 + 토지의 낙찰가를 합한 금액에서 배당받을 수 있음	>	건물의 낙찰가 부분에서만 배당을 받을 수 있음***	
유지수선의 의무	임대인이 해 주어야 함	>	전세권자(임차인)가 알아서 해야 함	
임대인이 보증금 반환을 지체할 경우	보증금반환청구 소송을 제기 해서 판결을 받아 강제집행 (경매)해야 함	<	소송 제기 없이 곧바로 강제집행(경매) 가능	
시장의 현실	일반적으로 이용됨	>	임대인의 동의가 어려움	
주택의 인도	필요	<	전입신고와 주택의 인도 불필요	
필요서류	임대차계약서	>	임대인	등기권리증(등기필정보), 주민등록초본, 인감증명서, 인감도장, 신분증
			임차인	임대차계약서, 주민등록등본, 도장, 신분증

이런 경우에는 '전세권등기'를 하는 게 낫다!

자의적으로 전입신고를 못하는 경우

회사 같은 법인에서 집을 얻어 직원들에게 사택이나 기숙사로 제공하는 경우가 있다. 이런 경우는 예외조항이 있기는 하지만 자칫 주택임대차보호법의 보호를 받지 못해 보증금 보호에 문제가 생길 수 있다. 그러므로 회사(임차인)는 별도의 전입신고와 확정일자가 필요 없는 전세권설정등기를 하는 것이 낫다!

업무용 오피스텔이어서 전입신고를 못하는 경우

건축물대장에 업무용 시설로 분류된 오피스텔은 주택으로 보지 않는다. 다만 누군가 사업자등록이 아닌 전입신고를 하면 주택으로 간주되어 버린다. 그렇게 되면 임대인에게 양도소득세 문제가 생길 수 있다.

예를 들어 서울 지역의 1세대 1주택의 경우, 2년 이상 보유 및 거주를 했다면 12억원까지는 양도소득세가 비과세된다.(2024년 기준). 그러나 1주택 외에 업무용 오피스텔도 보유하고 있는 상태에서 임차인이 오피스텔에 전입신고를 하게 되면, 임대인은 1가구 2주택자로 간주되어 양도소득세 비과세 혜택을 받지 못하게 된다. 그래서 임대인이 임차인에게 전입신고를 못하게 하는 경우가 많다. 이럴 때 전세권등기 혹은 자신의 보증금만큼 저당권을 설정하는 경우가 종종 있다.

전세권등기 있다고 무조건 배당 1순위는 아니다

전세권등기란 해당 주택 등기사항증명서에 '전세권'이라고 기재해 놓는 것이다. 등기사항증명서에 전세권등기를 신청한 날짜와 보증금액 등이 상세하게 기재되므로 전세권자(전세임차인)는 별도의 확정일자를 받지 않아도 된다. 또한 '전세권등기'는 물권이므로 별도의 대항요건을 갖추지 않아도 된다.

그런데 전세권등기를 하면 자신의 순위가 가장 앞서게 된다고 오해하는 사람들이 많다. 은행의 대출이 있는 상태에서 전세권등기를 했다면, 기존에 먼저 설정되어 있던 은행이 1번이 되고 나중에 설정한 전세권등기는 2번이 되는 것이다. 그러므로 경·공매로 배당이 실시되면 1순위인 은행에서 먼저 배당을 받아가고, 나머지를 2순위인 전세권자가 배당받는다. 원칙상 한번 정해진 순위는 전세권등기를 했다고 해서 바뀌지 않는다.

032

경매에 넘어가도 소액임차인 보증금은
안전하게! - '최우선변제'

소액임차인을 위한 최우선변제!

후순위 임차인도 배당 가능?

최우선변제란 말 그대로 '최우선'으로 '변제'를 받을 수 있는 '권리'라는 뜻이다. 경매가 진행되었을 때 비록 후순위 임차인이라고 하더라도 해당 주택의 경락대금에서 일정한 금액까지는 선순위 담보물권자(= 선순위 채권자)보다 우선 배당해주는 것을 말한다. 최우선변제는 경매 시, 소액임차인들의 보증금을 먼저 배당해줌으로써 그들의 주거안정을 돕기 위해 만들어진 제도다. 결국 보증금이 소액인 임차인들을 보호하기 위해 선순위 채권자들의 권리를 제한하면서까지 시행하는 제도다. 그러므로 무한대로 소액임차인만을 보호할 수는 없다.

최우선변제를 받기 위해서는 국가에서 정해 놓은 소액보증금 범위 안에 포함되어야 한다. 또한 소액이라 하더라도 보증금 전액을 먼저 배당받는 것이 아니라, 보증금 중에서 일정한 금액까지만 우선해서 배당한다.

여기서 말하는 '소액'이란 주택임대차보호법이 개정되었던 연도와 지역에 따라 금액이 달라지기에 다음의 표를 참고하길 바란다.

최우선변제에 해당하는 소액보증금 범위(2023년 2월 21일 이후 계약한 경우 해당)

저당권설정일	대상지역	소액보증금 적용범위	최우선변제금
2014. 1. 1.~ 2016. 3. 30.	서울특별시	9,500만원 이하	3,200만원 이하
	수도권 중 과밀억제권역	8,000만원 이하	2,700만원 이하
	광역시(군 제외), 안산, 용인, 김포, 광주 포함	6,000만원 이하	2,000만원 이하
	그 외 지역	4,500만원 이하	1,500만원 이하
2016. 3. 31.~ 2018. 9. 17.	서울특별시	1억원 이하	3,400만원 이하
	수도권 중 과밀억제권역	8,000만원 이하	2,700만원 이하
	광역시(군 제외), 안산, 용인, 김포, 광주 포함	6,000만원 이하	2,000만원 이하
	세종시	6,000만원 이하	2,000만원 이하
	그 외 지역	5,000만원 이하	1,700만원 이하
2018. 9. 18.~	서울특별시	1억 1,000만원 이하	3,700만원 이하
	수도권정비계획법에 따른 과밀억제권역(서울특별시 제외), 용인, 세종, 화성	1억원 이하	3,400만원 이하
	광역시(수도권정비계획법에 따른 과밀억제권역에 포함된 지역과 군 제외), 안산, 김포, 광주, 파주	6,000만원 이하	2,000만원 이하
	그 외 지역	5,000만원 이하	1,700만원 이하
2021. 5. 11.~	서울특별시	1억 5,000만원 이하	5,000만원
	수도권정비계획법에 따른 과밀억제권역(서울특별시 제외), 세종, 용인, 화성, 김포	1억 3,000만원 이하	4,300만원
	광역시(수도권정비계획법에 따른 과밀억제권역에 포함된 지역과 군 제외), 안산, 광주, 파주, 이천, 평택	7,000만원 이하	2,300만원
	그 외 지역	6,000만원 이하	2,000만원
2023. 2. 21.~	서울특별시	1억 6,500만원 이하	5,500만원
	수도권정비계획법에 따른 과밀억제권역(서울특별시 제외), 세종, 용인, 화성, 김포	1억 4,500만원 이하	4,800만원
	광역시(수도권정비계획법에 따른 과밀억제권역에 포함된 지역과 군 제외), 안산, 광주, 파주, 이천, 평택	8,500만원 이하	2,800만원
	그 외 지역	7,500만원 이하	2,500만원

변동되는 경우가 많으므로 인터넷등기소 확인 필수!

소액임차인 범위는 담보물권의 설정일과 지역에 따라 금액이 달라지므로 정확하게 외우고 있기가 힘들다. 그러므로 '대한민국 법원 인터넷등기소'(www.iros.go.kr)에서 필요할 때마다 찾아보는 것이 좋다.

최우선변제를 받기 위한 4가지 요건

최우선변제를 받으려면 경매개시결정등기 전까지 대항요건(169쪽 참고)을 갖추고, 보증금 액수가 소액보증금 범위 안에 들어가야 하는 것은 기본이다. 이를 포함한 최우선변제의 조건으로는 다음의 4가지를 모두 갖추어야 한다.

1. 경매개시기입등기 전에 대항요건(주택의 인도 및 전입신고)을 갖추고 낙찰기일까지 이를 유지하고 있어야 한다.
2. 임차인의 보증금이 말소기준권리가 되는 선순위 담보물권(근저당, 가압류, 압류, 담보가등기, 전세권 등)의 설정일 기준으로 소액보증금 범위 및 최우선변제금에 해당되어야 한다.
3. 배당요구 종기일 전까지 배당신청을 하여야 한다.
4. 실제 거주하고 있어야 한다.

> 소액임차인이라 하더라도 법원에서 정해준 배당요구일 전까지 배당신청을 해야 최우선변제금을 받을 수 있다. 아무도 알아서 돈을 주지 않는다.

최우선변제를 받는 기준점은 '선순위 담보물권의 설정일'

최우선변제를 받을 수 있는 소액임차인 기준시점은 임차인이 전입(또는 이사)한 시기가 아니라, 선순위 담보물권의 설정일이다.

예를 들어 대학생 A가 서울에 위치한 보증금 9,000만원짜리 원룸을 2020년

2월 10일에 전세계약하고, 2020년 3월 2일에 잔금을 치르고 전입신고 및 주택의 인도(이사)까지 마쳤다. 계약 당시 등기사항증명서(등기부등본)를 떼어 보니 2012년 도에 선순위 근저당권이 설정되어 있었다.

만약 해당 주택에 경매가 진행되면, A가 최우선변제로 받을 수 있는 금액은 3,700만원이라 생각할 테지만 실제로는 0원이 된다. 소액보증금 한도 및 최우선 변제금의 범위는 앞서 말했듯 최초 담보물권설정일을 기준으로 하기 때문이다.

이 사례의 선순위 담보물권설정일인 2012년의 소액보증금 한도부터 다시 찾 아나서야 한다. 당시 서울 기준 소액보증금 한도는 7,500만원이었으며, 최우선

최우선변제금 대상과 금액

> A는 2012년 선순위 근저당권이 설정된 곳에 9,000만원 전세 거주한다면 최우선변제금은 0원!

저당권설정일	대상지역	소액보증금 적용범위	최우선변제금
2010. 7. 26.~ 2013. 12. 31.	서울특별시	7,500만원 이하	2,500만원 이하
	수도권 중 과밀억제권역	6,500만원 이하	2,200만원 이하
	광역시(군 제외), 안산, 용인, 김포, 광주 포함	5,500만원 이하	1,900만원 이하
	그 외 지역	4,000만원 이하	1,400만원 이하
2018. 9. 18.~	서울특별시	1억 1,000만원 이하	3,700만원 이하
	수도권 중 과밀억제권역, 용인, 화성, 세종 포함	1억원 이하	3,400만원 이하
	광역시(군 제외), 안산, 김포, 광주, 파주 포함	6,000만원 이하	2,000만원 이하
	그 외 지역	5,000만원 이하	1,700만원 이하

> 이 기간 선순위 담보물건설정일이 있다면?

> 2018년 9월 18일 이후 선순위 담보물건설정일이 있다면 서울지역에서 보증금 1억 1,000만원 이하면, 최우선변제금은 3,700만원 이하!

변제금은 2,500만원이었다. A의 보증금은 9,000만원으로 소액보증금 한도인 7,500만원을 넘었기 때문에 소액임차인이 아니다. 그러므로 최우선변제를 전혀 받을 수 없다. 그래서 임대차를 계약할 때 반드시 등기사항증명서를 떼어봐야 한다. 등기사항증명서상의 최초 담보물권설정일(말소기준권리)을 알아야 최우선변제를 받을 수 있는 대상인지, 최우선적으로 받을 수 있는 보증금은 얼마인지 알 수 있기 때문이다.

최우선변제 대상자도 보증금 전액 못 받는 경우는?

최우선변제는 선순위 다른 채권자들보다 일정금액을 소액임차인에게 먼저 배당해 주는 것이다. 하지만 최우선변제를 받을 소액임차인이 많다고 하여 무한대로 무조건 먼저 배당해 준다면, 최악의 경우 선순위 채권자임에도 불구하고 전혀 배당을 받지 못하는 상황이 벌어질 수도 있다. 이를 방지하고자 주택의 낙찰가 1/2 범위 내에서만 최우선변제가 가능하도록 법으로 정해 놓았다.

예를 들어 설명해 보겠다. 2017년 저당권이 채권액 2,400만원으로 설정된 서울 주택이 있었다. 이후 A라는 사람이 전세보증금 3,000만원으로 임대차계약을 맺고 이사를 왔다. 얼마 후 경매가 진행되어 5,000만원에 낙찰되었다.

2017년 당시 서울의 소액임차인의 범위는 1억원 이하이고, 최우선변제금은 3,400만원이므로 임차인 A는 보증금 3,000만원을 모두 최우선변제로 받을 수 있다고 생각하기 쉽다. 하지만 주택임대차보호법 제8조 3항에서 '주택가액(대지의 가액을 포함한다)의 1/2을 넘지 못한다.'는 규정이 있기 때문에 낙찰가 5,000만원의 1/2인 2,500만원까지만 소액임차인의 최우선변제금으로 배당할 수 있다.

즉 낙찰대금 5,000만원 중 최우선변제금으로 2,500만원을 임차인 A가 배당받고, 나머지 2,500만원에서 선순위 저당권이 2,400만원(채권액)을 배당받게 된다. 그리고 나머지 100만원은 임차인 A가 후순위로 배당받게 된다. 결국 임차인 A가 최종적으로 배당받을 수 있는 금액은 2,600만원이므로 400만원을 손해 보게 된다.

선순위 저당권과 최우선변제권 배당받는 순서

경매 낙찰	2017년 1월 은행 채권 선순위 저당권	2017년 2월 A의 전세보증금 후순위 전세권
5,000만원	2,400만원	3,000만원
└ 1번째 배당	-	2,500만원
└ 2번째 배당	2,400만원	100만원
총 지급액	2,400만원	2,600만원

2017년 기준 1억원 이하는 최우선변제 3,400만원이지만,
낙찰가의 1/2(2,500만원) 초과 금지!

● 실제 상황이라면, 경매비용과 당해세(세금) 등을 낙찰대금에서 우선 공제해야 하므로 임차인 A가 받을 돈은 더욱 줄어들 것이다.

최우선변제의 기준시점을
선순위 담보물권설정일로 하는 이유

은행도 예측 가능한 손실 대비가 필요하다!

기준시점을 임차인이 전입한 시기로 한다면 어떻게 될까. 아마도 선순위 담보물권자(은행)가 예측할 수 없는 손해를 입을 수 있을 것이다.

은행이 부동산을 담보로 대출해 줄 때는 주택의 가치를 평가해서 돈을 빌려준다. 예를 들어, 담보 평가가치가 5억원이라면 그 평가액에서 대출한도를 정하는데, 예전에 2금융권에서는 최대 80%까지 해 주었다. 즉 5억원짜리 주택을 담보로 최대 4억원까지 대출을 받을 수 있었다. 그래서 은행에서는 주택임대차보호법에 최우선변제라는 제도가 있어 대출해 준 4억원을 모두 회수할 수 없을 것을 대비해 일명 '방공제(방빼기)'라는 것을 한다. 만약 담보주택에 방이 3칸이라면 최우선변제를 받을 수 있는 임차인을 3명으로 간주하는 것이다. 때문에 대출일 기준으로 '최우선변제금 × 방 개수'의 금액만큼을 총 대출금에서 제하고 빌려주는 것이다.

대출일이 2012년도라면 서울 기준으로 최우선변제금은 2,500만원으로, 방이 3칸이라면 총 7,500만원이 공제된다. 즉 은행에서 실제로 최대한도로 대출해 줄 수 있는 금액은 '대출가능액 4억원 − 방공제 7,500만원'인 3억 2,500만원이 되는 것이다.

그런데 시간이 흘러 2020년도 2월에 해당 주택에 경매가 진행된다고 가정해 보겠다. 그럴 일은 드물겠지만 부동산가격이 하락하여 4억원에 낙찰되었다고 해보자. 이때, 최우선변제금의 범위와 기준을 임차인의 전입일자를 기준으로 한다면(3명 모두 2019년도에 주택의 인도 및 전입신고를 했다고 가정) 임차인이 각각 3,400만원씩 최우선변제로 받아 갈 수 있게 된다. 그렇게 되면 은행에서 받아갈 수 있는 돈은 낙찰대금 4억원 중에서 1억 200만원을 공제하고 남은 2억 9,800만원이 된다. 즉 선순위 담보물권자임에도 불구하고 2,700만원을 손해 보게 된다.

그런데 문제는 시간이 지날수록 주택임대차보호법은 물가상승에 따라 증액 개정되어 소액보증금범위와 최우선변제금의 액수가 올라간다는 것이다. 그러면 은행은 장기대출일수록 손해가 커질 수밖에 없는 구조가 된다. 그렇기 때문에 기준시점을 임차인이 전입한 시기(또는 이사 들어온 시기)로 잡지 않고 선순위 담보물권의 설정일로 잡는 것이다. 그래야만 선순위 채권자인 은행의 손해를 방지할 수 있기 때문이다.

033

계약기간 연장할 때 계약서 쓰는 법
(feat. 보증금 증액)

계약기간을 연장한다거나 보증금을 올리면 계약서를 다시 써야 한다. 부동산 중개사무소에 가서 대서료 5만~10만원을 내고 쓸 수도 있고 임대인과 임차인 쌍방합의로 계약서를 작성해도 된다. 연장계약서를 작성할 때 가장 신경 써야 하는 부분은 바로 주택의 종류다. '단독주택'이냐 아니면 '공동주택(집합건물)'이냐에 따라서 본인의 권리순위가 달라질 수 있기 때문이다.

단독주택일 때 - 다가구, 원룸(다중주택) 등
기존 계약서에 특약 추가 필수!

다가구주택, 원룸(다중주택) 등은 보통 한 집에 여러 개의 호실이 있으면서 호실마다 다른 임차인들이 생활한다. 만약 신규로 계약서를 쓰고 확정일자를 다시 받는다면 본인보다 늦게 이사 들어온 후순위 임차인보다 순위가 뒤로 밀린다.

그러므로 기존의 계약서 특약사항란에 '임대인과 임차인 상호협의하에 동일한 조건으로 ○○년 ○○월 ○○일까지 계약기간을 연장하기로 한다.'라는 문구를 추가로 기재하고 상호간 서명 날인하는 것이 좋다.

보증금의 증액이 있었다면 증액된 금액만큼만 계약서를 새로 작성하여 확정일자를 받는 것이 좋다. 예를 들어, 계약연장을 하면서 보증금을 3,000만원을 증액하기로 했다면 3,000만원에 대한 계약서만 신규로 작성하고, 신규계약서에 확정일자를 다시 받아놓으면 된다.

이때에는 기존의 계약서와 새로 작성한 계약서를 모두 가지고 있어야 한다. 그래야 최초 보증금은 기존의 순위대로 보호받을 수 있고, 신규로 증액된 부분에 대해서는 후순위로 보호받을 수 있다.

공동주택(집합건물)일 때 –

아파트, 빌라(다세대), 오피스텔, 도시형생활주택 등

집합건물은 각 호실마다 개별등기가 되어 있어 각각의 소유권이 존재한다. 그러므로 본인 외에 다른 임차인이 존재하기가 어렵다. 그렇기 때문에 등기사항증명서와 전입세대열람*을 떼어보고 최초 계약했을 당시와 권리사항에 변동이 없으면 계약서를 새로 작성하고 확정일자를 받아도 별다른 문제가 없다. 물론 기존의 계약서를 유지하면서 증액된 금액에 대해서만 계약서를 새로 작성하고 확정일자를 다시 받아도 상관없다.

그러나 집합건물 중에서 일부를 임차하는 경우에는 본인 외의 다른 임차인이 있을 수 있다. 이럴 때에는 당연히 증액된 금액에 대해서만 계약서를 새로 작성하고 확정일자를 다시 받아야 한다.

....

● **전입세대열람** : 전국 어느 주민센터에서나 열람을 신청할 수 있다. 원칙상 주택의 소유자와 임차인만이 열람할 수 있다. 예외로 주택이 경매가 진행되고 있을 경우 입찰에 참여할 사람도 열람할 수 있다.

부동산(다세대주택) 전세 계약서

임대인과 임차인 쌍방은 아래 표시 부동산에 관하여 다음 계약 내용과 같이 임대차계약을 체결한다.

1. 부동산의 표시

소 재 지	서울특별시 서대문구 연희동					
토 지	지 목	대	면 적	298 ㎡	지분종류	소유권	대지권비율	298분의29
건 물	구 조	철근콘크리트조	용 도	다세대주택	면 적	73.21 ㎡
임대할부분	202호 전체				면 적	73.21 ㎡

2. 계약내용

제1조 [목적]위 부동산의 임대차에 한하여 임대인과 임차인은 합의에 의하여 임차보증금 및 차임을 아래와 같이 지급하기로 한다.

보 증 금	금 삼천만원정	(₩30,000,000)
잔 금	금 삼천만원정	은 2023년 ▨▨▨ 에 지급한다

제2조 [존속기간] 임대인은 위 부동산을 임대차 목적대로 사용할 수 있는 상태로 2023년 ▨▨▨ 까지 임차인에게 인도하며, 임대차 기간은 인도일로부터 **2025년 ▨▨▨** 까지로 한다.

제3조 [용도변경 및 전대 등] 임차인은 임대인의 동의없이 위 부동산의 용도나 구조를 변경하거나 전대, 임차권 양도 또는 담보제공을 하지 못하며 임대차 목적 이외의 용도로 사용할 수 없다.

제4조 [계약의 해지] 임차인이 제3조를 위반하였을때 임대인은 즉시 본 계약을 해지 할 수 있다.

제5조 [계약의 종료] 임대차 계약이 종료된 경우 임차인은 위 부동산을 원상으로 회복하여 임대인에게 반환한다. 이러한 경우 임대인은 보증금을 임차인에게 반환하고, 연체 임대료 또는 손해배상금이 있을 때는 이들을 제하고 그 잔액을 반환한다.

제6조 [계약의 해제] 임차인이 임대인에게 중도금(중도금이 없을때는 잔금)을 지불하기 전까지 임대인은 계약금의 배액을 상환 하고, 임차인은 계약금을 포기하고 이 계약을 해제할 수 있다.

제7조 [채무불이행과 손해배상의 예정] 임대인 또는 임차인은 본 계약상의 내용에 대하여 불이행이 있을 경우 그 상대방은 불이행 한 자에 대하여 서면으로 최고하고 계약을 해제 할 수 있다. 이 경우 계약 당사자는 계약해제에 따른 손해배상을 각각 상대방에게 청구할 수 있으며, 손해배상에 대하여 별도의 약정이 없는 한 계약금을 손해배상의 기준으로 본다.

제8조 [중개보수] 개업공인중개사는 임대인 또는 임차인의 본 계약 불이행에 대하여 책임을 지지 않는다. 또한 중개보수는 본 계약 체결에 따라 계약 당사자 쌍방이 각각 지불하며, 개업공인중개사의 고의나 과실 없이 본 계약이 무효, 취소 또는 해제 되어도 중개보수는 지급한다. 공동중개인 경우에 임대인과 임차인은 자신이 중개 의뢰한 개업공인중개사에게 각각 중개보수를 지급한다.

제9조 [중개대상물확인설명서교부등] 개업공인중개사는 중개대상물확인설명서를 작성하고 업무보증관계증서 (공제증서 등) 사본을 첨부하여 거래당사자 쌍방에게 교부한다. (교부일자 : 년 월 일)

[특약사항]

1. 최초계약기간의 만기(2023. ▨▨▨)로 인해 임대인과 임차인 상호 협의하에 계약기간을 2025년 ▨▨▨까지 연장하기로 한다.

2. **본 계약서는 계약기간을 연장하면서 보증금을 3,000만원을 증액하기로 하고 재작성한 것이다.**
  (전세보증금액의 총액은 기존 3억원 + 증액 3,000만원 = 총 3억3,000만원이 된다.)

3. 임차인은 2023년 ▨▨▨ 일까지 아래의 임대인 계좌로 증액된 보증금 3,000만원을 입금하기로 한다.
  우리은행 – 김▨ ▨▨▨▨▨▨▨▨▨

> 보증금 3,000만원을 증액하기로
> 하고 작성한 계약서

034

임차인에게 '자동 연장' vs '재계약' 어느 쪽이 유리할까?

잘 살고 있던 집의 계약만기가 다가오면, 어떤 식으로 계약을 유지해야 하는지 궁금해진다. 먼저 '묵시적 갱신'과 '재계약'이 무엇인지 살펴보고 둘 중에 어느 것이 유리한지 설명해 보겠다.

아무 말 없이 계약만기일이 지났을 때, 자동 연장(묵시적 갱신)

임대차보호법에서는 임대인은 '계약만기 6개월 전부터 2개월 전까지', 임차인은 '계약만기 2개월 전까지' 상대방에게 갱신거절 통지를 하지 않거나 계약조건을 변경하지 않으면 전 계약과 동일한 조건으로 다시 연장된 것으로 본다. 이것을 묵시적 갱신이라고 한다.

주택이 묵시적 갱신이 되면 임대인은 다시 임대차기간 2년을 보장해 주어야 한다. 반대로 임차인은 계약기간에 상관없이 언제든지 계약을 해지통지하고 이사를 갈 수 있다. 단, 임차인의 해지통지 효력은 임대인이 통지받은 날로부터 3개월 후부터 효력이 발생한다.

주택임대차보호법 제6조(계약의 갱신)

① 임대인이 임대차기간이 끝나기 6개월 전부터 2개월 전까지의 기간에 임차인에게 갱신거절의 통지를 하지 아니하거나 계약조건을 변경하지 아니하면 갱신하지 아니한다는 뜻의 통지를 하지 아니한 경우에는 그 기간이 끝난 때에 전 임대차와 동일한 조건으로 다시 임대차한 것으로 본다. 임차인이 임대차기간이 끝나기 2개월 전까지 통지하지 아니한 경우에도 또한 같다.

② 제1항의 경우 임대차의 존속기간은 2년으로 본다.

참고로 2020년 7월부터 '계약갱신청구권'이 시행됨에 따라 계약만기 6개월 전부터 2개월 전까지 임차인의 요구가 있을 경우 임대인은 계약기간을 2년 더 연장해 주어야 한다. 단, 임대인이 실입주를 할 경우에는 연장을 거절할 수 있다.

이렇게 갱신청구권을 행사해 계약기간이 2년 더 연장되었을 경우에도 임차인은 언제든지 임대인에게 계약을 해지통지할 수 있으며, 임대인은 통지를 받은 날로부터 3개월 안에 보증금을 반환해 주어야 한다. 이와는 반대로 임대인은 연장된 기간 내에는 특별한 사유가 없는 한 계약의 해지를 통지할 수 없다.

기간만기 전에 계약서를 다시 썼을 때,

재계약(명시적 갱신)

계약만기 전에 임차인과 임대인이 상호 협의하에 계약서를 다시 작성하는 것을 '재계약'이라 하며, 법률용어로는 '명시적 갱신'이라고 한다.

재계약은 계약서를 다시 작성한 새로운 계약의 일종으로 보아야 하기 때문에 계약만기 전에는 임대인과 임차인 쌍방 모두에게 해지권이 없다. 반면 묵시적 갱신에서는 임차인에게만 해지권이 있다.

예외적으로 임대인과 임차인이 구두로만 재계약을 합의하고 문서상으로 계약 사항을 남기지 않았을 경우, 명시적임을 입증하지 못하면 이는 묵시적 갱신으로 볼 여지가 생기므로 이때에는 임차인에게 해지권이 부여될 수도 있다.

자동 연장 vs 재계약, 어느 쪽이 더 유리할까?

임차인은 자동 연장이 유리! 임대인은 재계약이 유리!

임차인의 입장에서는 자동 연장이 유리하다. 임대인은 전과 동일한 조건으로 2년을 보장해 주어야 하지만, 임차인은 언제든지 이사를 나간다고 통지할 수 있다. 물론 유예기간 3개월이 지나야 효력이 발생하지만 계약기간으로 2년을 주장할 수도 있고, 반대로 언제든지 이사를 나간다고 할 수도 있기 때문이다.

반대로 재계약을 하게 되면 계약서상에 '기간'이 다시 정해지는데, 그 기간 동안에는 이사를 가고 싶어도 갈 수가 없다. (물론 만기 전이라도 새로운 임차인이 이사를 들어오면 임대인과 합의하에 계약을 종료시킬 수 있다.)

그러므로 임차인 입장에서는 '재계약'보다는 '자동 연장'이 더 유리하다고 볼 수 있다. 이와는 반대로 임대인 입장에서는 재계약이 유리할 것이다.

035

보증금을 '내리고', 월세를 '올릴 때'
(feat. 월차임전환율)

계약기간 도중 보증금을 낮추고 월세로 전환할 때가 있다. 이때 임대인과 임차인이 합의를 해서 낮춘 보증금에 해당하는 만큼의 월세를 정할 수 있다. 그런데 만약 합의가 되지 않거나 금액에 차이가 날 때가 있다. 이럴 경우 어떤 방법으로 조율(계산)을 해서 금액을 정해야 하는지에 대해서 주택의 경우와 상가의 경우로 나누어 알아보도록 하겠다.

1 | 주택

'주택임대차보호법 제7조의2(월차임 전환 시 산정률의 제한)'에서는 보증금의 전부 또는 일부를 월세로 전환할 때 사적 합의가 되지 않을 경우 다음과 같이 두 가지 비율 중에서 '낮은 비율을 곱하여 월세를 정하도록' 월차임전환율을 규정해 놓고 있다.

- ◆ 은행에서 적용하는 대출금리와 해당 지역의 경제여건 등을 고려하여 대통령이 정하는 비율인 '연 10%'와
- ◆ '한국은행 공시 기준금리 + 2%' 중에서 낮은 비율(%)을 적용한다.

전환하고 싶은 보증금에 앞의 둘 중 낮은 비율(%)을 곱하고 12로 나누면 된다.

2023년 5월 기준 한국은행의 기준금리는 3.5%다. 그렇다면 '3.5%+2%'와 '10%'를 비교해서 낮은 것을 적용해야 하기 때문에 낮은 비율인 5.5%(3.5+2)를 적용해서 계산하면 된다.

예를 들어, 현재 보증금이 5억원인데 이중 1억원을 반환하고 월세로 전환할 경우 다음과 같이 계산한다.

1억원 × 5.5% = 550만원

550만원 ÷ 12개월 = 458,300원

즉 임대인이 보증금 1억원을 반환해 주는 대신 임차인은 월 458,300원을 월세로 부담해야 한다.

2 | 상가

상가의 경우에도 '상가건물 임대차보호법 제12조(월차임 전환 시 산정률의 제한)'에서는 보증금의 전부 또는 일부를 월세로 전환할 때 사적 합의가 되지 않을 경우 다음과 같이 두 가지 비율 중에서 '낮은 비율을 곱하여 월세를 정하도록' 월차임 전환율을 규정해 놓고 있다.

- ◆ 은행에서 적용하는 대출금리와 해당 지역의 경제여건 등을 고려하여 대통령이 정하는 비율인 '연 12%'와
- ◆ '한국은행 공시 기준금리 × 4.5%' 중에서 낮은 비율(%)을 적용한다.

전환하고 싶은 보증금에 앞의 둘 중 낮은 비율(%)을 곱하고 12로 나누면 된다.

2023년 5월 기준 한국은행의 기준금리는 3.5%이므로 '3.5%×4.5%'와 '12%'를 비교해서 낮은 것을 적용해야 하기 때문에 15.75%(3.5×4.5)가 아닌 12%를 적용해서 계산하면 된다.

예를 들어, 현재 보증금이 2억원인데 이중 1억원을 반환하고 월세로 전환할 경우 다음과 같이 계산한다.

1억원 × 12% = 1,200만원
1,200만원 ÷ 12개월 = 100만원

즉 임대인이 보증금 1억원을 반환해 주는 대신 임차인은 월 100만원을 월세로 부담해야 한다.

월차임전환율 요약정리(2023년 5월 기준금리 3.5%)

◆ 주택(주택임대차보호법 제7조의2)
　'대통령령 10%'와 '기준금리 + 2%' 중에서 낮은 비율 선택

◆ 상가(상가건물 임대차보호법 제12조)
　'대통령령 12%'와 '기준금리 × 4.5%' 중에서 낮은 비율 선택

036

집주인이 보증금을 돌려주지 않으면?
(feat. 임차권등기명령)

이사를 가도 효력발생!
'임차권등기명령'이란?

계약기간이 만료되어 다른 곳으로 이사를 가야 하는 상황임에도 불구하고 임대인이 보증금을 반환해 주지 않을 때 임차인은 난감해질 수밖에 없다. 그렇다고 보증금을 반환받지 않은 상태에서 임차인이 주민등록(주소이전)을 다른 곳으로 옮기게 되면, 해당 주택에 대한 대항력을 상실하게 된다. 이럴 경우 별도의 안전장치가 필요하다. 그래서 만들어진 제도가 '임차권등기명령'이다.

임차인이 다른 곳으로 주소를 이전해도 기존의 대항력을 그대로 유지시켜 주는 제도다. 그러므로 임차인은 보증금을 반환받을 때까지 임차권등기를 말소할 필요가 없다.

'임차권등기명령' 신청조건 및 방법

'임차권등기명령'은 계약기간이 만기가 되었을 때 임차인이 신청할 수 있으며,

신청방법은 법무사에게 위임하거나 본인이 직접 할 수 있다. 그리 어렵지 않아 해당 주택을 관할하는 법원*을 방문하여 직원의 안내에 따라 하면 된다. 그러나 임차권등기명령과 관련하여 발생하는 모든 비용은 임대인이 부담하는 것이 원칙이기 때문에 가급적 전문가인 법무사에게 의뢰하여 진행하는 것이 편하고 정확하다. 임차인은 '임차권등기'를 말소하기 전, 임대인에게 비용을 청구하면 된다.

주택임대차보호법 제3조의3(임차권등기명령)

① 임대차가 끝난 후 보증금이 반환되지 아니한 경우 임차인은 임차주택의 소재지를 관할하는 지방법원·지방법원지원 또는 시·군 법원에 임차권등기명령을 신청할 수 있다.

개정 2013. 8. 13.

이사 갈 집에 임차권등기가 있다면 절대 계약 금지

앞서 설명했듯 '임차권등기명령'을 해놓으면 '주민등록'을 다른 곳으로 옮긴다거나, 해당 주택에 살고 있지 않더라도 '대항력'의 효력이 그대로 유지된다. 또한 계약기간 동안 미처 '주민등록'을 하지 않아서 '대항력'을 갖추지 못하였다 하더라도 '임차권등기명령'을 하는 순간 대항력과 우선변제권의 효력이 생겨 그때부터 임대차보호법의 보호를 받을 수도 있게 된다. 따라서 '임차권등기명령'이 된 주택에 이사 가면 안 된다!

● **관할 지방법원** : 마포구를 관할하는 법원은 '서부지방법원'이다. 그러므로 마포구에 위치한 주택의 임차권등기명령을 신청할 때에는 서부지방법원에 해야 한다. 지역마다 속한 법원은 법원 홈페이지(www.scourt.go.kr)에서 확인할 수 있다.

주택임대차보호법 제3조의3(임차권등기명령)

⑤ 임차인은 임차권등기명령의 집행에 따른 임차권등기를 마치면 제3조 제1항·제2항 또는 제3항에 따른 대항력과 제3조의2 제2항에 따른 우선변제권을 취득한다. 다만, 임차인이 임차권등기 이전에 이미 대항력이나 우선변제권을 취득한 경우에는 그 대항력이나 우선변제권은 그대로 유지되며, 임차권등기 이후에는 제3조 제1항·제2항 또는 제3항의 대항요건을 상실하더라도 이미 취득한 대항력이나 우선변제권을 상실하지 아니한다.

⑥ 임차권등기명령의 집행에 따른 임차권등기가 끝난 주택(임대차의 목적이 주택의 일부분인 경우에는 해당 부분으로 한정한다)을 그 이후에 임차한 임차인은 제8조에 따른 우선변제를 받을 권리가 없다.

임차권등기명령이 되어 있는 주택에 해당 등기가 말소되지 않은 상태에서, 새로운 임차인이 정상적으로 임대차계약을 체결하고 '대항요건'(주민등록과 주택의 이전)과 '확정일자'까지 갖추었다 하더라도 주택이 경매(공매)가 진행될 경우, 주택임대차보호법 제8조(보증금 중 일정액의 보호)에 의한 '최우선변제'와 제3조의2에 의한 '우선변제'를 받을 수 없다는 것이다.

즉 해당 주택에 임차권등기가 되어 있다면 기존 임차인의 권리를 우선해서 보호해 주어야 하기 때문에 후임 임차인은 법으로 보호되지 않는다는 것이다.

그러므로 임대차계약체결 전에 등기사항증명서를 떼어봤는데 혹시라도 '임차권등기'가 되어 있는 집이라면 향후 자신의 보증금을 보호받지 못할 수도 있기에 계약을 하지 말아야 한다. 또한, 임대인이 계약만기가 되었음에도 불구하고 임차인에게 보증금을 반환해 주지 않았다는 말이기도 하다. 다시 말해 임대인이 돈 거래에 대해서 깔끔하지 못한 사람일 가능성이 높다.

037

연말정산 대비
월세로 냈던 돈 세액공제 받기!

월세로 임대차계약을 체결하고 매달 임대인에게 월세를 지급해 왔던 임차인들의 경제적 부담을 덜어주기 위해 정부에서는 일정액을 세액공제해 주고 있다. 세금의 15~17%를 돌려받을 수 있으므로, 월세를 내고 있는 임차인이라면 다소 번거롭더라도 꼭 챙겨서 연말정산 때 세액공제의 혜택을 받아보기를 바란다.

세액공제 받을 수 있는 주택의 조건

전용면적 85㎡(약 25평) 이하인 주택에서 월세로 거주하고 있어야 한다. 면적이 이보다 넓더라도 주택의 기준시가*가 4억원 이하이면 신청자격을 갖는다. 여기서 말하는 주택은 단독, 다가구, 다세대(빌라), 아파트 등 일반적인 주택은 물론이고 주거용 오피스텔과 고시원까지도 포함된다.

....

● **부동산 기준시가** : 부동산 매매, 상속 또는 증여 시 세금 부과의 기준이 되는 가격으로, 국토교통부 부동산공시가격알리미(www.realtyprice.kr)에서 확인할 수 있다.

세액공제의 대상

과세기간 종료일 현재 무주택 세대주(세대원 포함)여야 한다. 또한, 총급여액과 종합소득금액이 조세특례제한법 제95조의2(월세액에 대한 세액공제)로 정해 놓은 범위를 넘어서는 안 된다. 총급여액(연봉)이 7,000만원 이하여야 하고 종합소득금액*이 6,000만원을 초과하지 않아야 한다.** 참고로 총급여액이 5,500만원 이하이면 종합소득금액이 4,500만원을 초과하지 않아야 한다.

세액공제 한도

세액공제액은 총급여액이 7,000만원 이하라면 납부했던 월세의 15%이며, 최대 75만원까지, 총급여액이 5,500만원 이하라면 납부했던 월세의 17%, 최대 90만원까지 공제받을 수 있다.

월세공제는 한도가 연간 최대 750만원으로 정해져 있다. 즉 '과세기간 동안에 지급한 월세의 총액'과 '750만원' 중에서 작은 것에 15% 또는 17%를 적용해서 공제액을 계산해야 한다.

예를 들어 총급여액이 5,000만원인 사람이 오피스텔을 임차하여 월세 70만원을 지급하면서 살았다고 가정했을 때, 공제받을 수 있는 금액은 얼마가 될까?

70만원 × 12개월은 840만원이므로 한도액 750만원을 넘어섰다. 그러므로 '750만원 × 17% = 127만 5,000원'을 공제받을 수 있다.

- 총수입금액(연봉)에서 필요경비 등을 공제한 후의 금액을 말한다.
- ●● 총급여(연봉)가 4,500만원 초과 1억원 이하일 때, 근로소득공제금액은 1,200만원 + '4,500만원 초과 금액의 100분의 5'이다. 그러므로 연봉이 7,000만원인 사람은, 연봉 외에 다른 소득이 없다고 가정할 경우 종합소득금액이 6,000만원이 초과되지 않는다.

월세공제의 조건들

총급여액	종합소득금액	소득공제
7,000만원 이하	6,000만원 이하	월세 납부액과 750만원 중 적은 금액의 15%
5,500만원 이하	4,500만원 이하	월세 납부액과 750만원 중 적은 금액의 17%

세액공제 신청서류 3가지

월세임대차계약서 사본, 주민등록등본, 월세납입 증빙서류가 필요하다.

임대차계약서상의 주소지와 주민등록등본에 나와 있는 주소지가 동일해야 공제를 받을 수 있다. 그러므로 전입신고는 필수다. (확정일자 여부는 따지지 않는다.)

월세납입 증빙서류는 임대인 계좌로 이체한 영수증, 무통장입금증, 현금영수증 등으로 준비하면 된다.

세액공제 신청방법

직장인이라면 신청서류를 준비해서 회사의 담당자에게 제출하고, 개인이라면 개별적으로 신청하면 된다.

개별적 신청방법에는 신청서류를 현주소지 관할세무서에 우편으로 발송하는 방법과 현주소지 관할 세무서에 직접 방문해서 신청하는 방법이 있다. 인터넷으로 국세청 홈택스 홈페이지(www.hometax.go.kr)에서 신청하는 방법도 있다('상담/제보' → '현금영수증 민원신고' → '주택임차료').

038

아파트 임차인은 이사 갈 때
'장기수선충당금' 꼭 돌려받자!

시설물 수리, 교체에 쓰이는 장기수선충당금은 소유자가 부담

건물은 시간이 흐름에 따라 노후화되면서 하자가 발생한다. 이때 시설물의 교체 및 수리를 위해서 비용이 들어가게 된다. 이를 대비하여 공동주택의 소유자로부터 미리 일정금액을 걷어 적립해 두는 금액을 '장기수선충당금'이라고 한다. 장기수선충당금은 주택의 시설물에 투입되는 비용이므로, 소유자가 살지 않고 임대를 준 경우에도 실제 거주하고 있는 임차인이 아니라 소유자가 부담한다.

즉 장기수선충당금의 납부의무자는 임대인이며, 이를 대신해서 임차인이 납부했다면 그 금액을 반환받아야 한다.

● **장기수선충당금 공사 종류** : 외벽 페인트칠, 승강기 교체, 주차장 바닥공사, 옥상 방수공사 등 건물의 수명연장 및 가치보존을 위한 공사가 있다.

공동주택관리법 시행령 제31조(장기수선충당금의 적립 등)

⑦ 공동주택의 소유자는 장기수선충당금을 사용자가 대신하여 납부한 경우에는 그 금액을 반환하여야 한다.

장기수선충당금은 세대의 소유자가 관리사무소에 매달 정해진 금액을 납부해야 하지만, 관리사무소에서 징수의 편의성 때문에 관리비와 함께 청구하는 경우가 대부분이다. 그래서 임차인이 관리비를 낼 때 자동으로 장기수선충당금을 납부하게 된다.

그러므로 임차인은 이사 나가는 날 관리사무소에 들러 거주하면서 납부한 장기수선충당 금액을 확인하고, 임대인에게 해당 금액을 돌려받아야 한다.

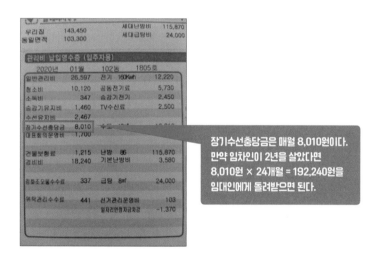

장기수선충당금은 매월 8,010원이다. 만약 임차인이 2년을 살았다면 8,010원 × 24개월 = 192,240원을 임대인에게 돌려받으면 된다.

집 팔고 나갈 때 '선수관리비' 돌려받자!

공동주택(아파트, 오피스텔, 다세대주택 등)이 완공되어 입주가 시작되면 공동주택의 관리에 필요한 비용을 마련하기 위해서 수분양자* 또는 처음 입주하는 사람들에게 일정 금액을 걷는데 이를 선수관리비라 한다. 다른 말로는 관리비예치금 또는 관리비선수금이라고도 한다.

공동주택이 준공되면 시행사는 주택법에 따라 사업주체 관리기간 동안 당해 공동주택을 관리해야 할 의무가 있다. 이때 관리에 필요한 사무실 집기, 비품, 공구, 각종 공과금 납부 등을 위해 돈이 필요하다. 이러한 재원을 마련하기 위해서 초기 입주자에게 미리 걷는 돈이 선수관리비다.

각 공동주택마다 금액의 차이가 있겠지만 일반적으로 평당 1만원 안팎의 선수관리비를 징수한다. 선수관리비는 해당 공동주택이 재건축되거나 없어지지 않는 한 관리사무소에서 되돌려주지 않는다. 선수관리비는 소유자가 부담하는 비용이다. 그러므로 관리사무소는 소유자가 바뀔 때마다 매도인에게 해당 세대의 선수관리비를 되돌려주고, 매수인에게 다시 받아 보관해야 한다. 하지만 업무상 번거롭고 복잡하기 때문에 이삿날(잔금 시) 매도인이 직접 매수인에게 선수관리비를 챙겨받는다.

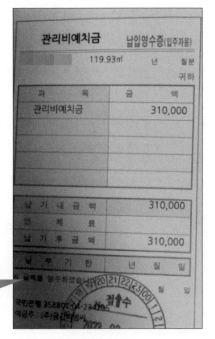

> 새로운 매수자가 부담하는 선수관리비.
> 하단 서명은 매도인에게 되돌려주었다는
> 의미다.

● **수분양자(=피분양자)** : 부동산 분양을 받는 사람을 뜻한다.

039

전월세 구할 때 공인중개사를
내 편으로 만드는 비법 3가지

일은 일! 하지만 인지상정은 어쩔 수 없다!

공인중개사라 함은 '임대인 vs 임차인' 혹은 '매도인 vs 매수인'의 중간 입장에 서서 한쪽에 치우침 없이 해당 부동산을 중개해야 하는 직업이다. 그러나 공인중개사도 사람인지라 괜히 싫은 손님이 있고, 뭐라도 하나 더 챙겨주고 싶은 손님이 있다.

공인중개사의 마음을 얻는 방법은 생각보다 간단하다. 대부분의 공인중개사들은 다음의 3가지를 잘 지키는 손님을 좋아한다.

1 | 약속시간을 잘 지키는 손님을 좋아한다!

요즘은 대부분 부동산중개사무소에 방문하기 전에 인터넷으로 손품을 팔고 나온다. 그래서 무작정 방문하기보다는 미리 약속을 잡고 오는 경우가 많다.

공인중개사는 그 시간에 맞춰 해당 집을 볼 수 있도록 약속을 잡아놓는다. 공인중개사가 하나의 집을 보여 주기 위해서는 최소 1명에서 많게는 3~4명과 통화를 할 때도 있다. 그렇기 때문에 공인중개사 입장에서는 약속시간을 잘 지키는 손님에게 일단 호감을 갖게 된다. 그리고 시간을 지키지 못할 것 같으면 먼저 연락을 해서 약속을 취소하는 센스가 필요하다.

2 | 구체적인 손님을 좋아한다!

찾고자 하는 집의 조건을 자세하게 말해 주어야 한다. 그래야 공인중개사가 보유하고 있는 매물 중에서 손님이 원하는 집을 선별해서 보여 줄 수가 있다.

공인중개사가 '전세를 찾으세요, 아니면 월세를 찾으세요?'라고 물으면, '전세, 월세 다 괜찮아요.'라고 하는 손님, '방은 몇 칸이 필요하세요?'라고 물으면, '2칸도 좋고 3칸도 좋아요.'라고 하는 손님, '금액은 얼마까지 생각하세요?'라고 물으면, '금액은 크게 상관없어요!'라고 말하는 손님, '이사는 언제까지 하셔야 해요?'라고 물으면 '아무때나 해도 괜찮아요.'라고 대답하는 손님일수록 공인중개사의 마음 속에서는 점점 멀어지게 된다.

공인중개사에게 집 구하는 것을 의뢰하였다면 손님의 정보를 최대한 오픈해야 그에 맞는 집을 찾게 될 것이다.

3 | 기본 매너가 좋은 손님을 좋아한다!

집을 보러 가는 도중에 '골목이 마음에 안 든다.', '건물외관이 마음에 안 든다.' 등의 이유로 정작 집 내부는 보지도 않고 약속해 놓은 집을 보지 않겠다는 손님들이 있다. 이럴 때 공인중개사는 정말 난감해진다.

약속 잡기 쉬운 집이 있는 반면, 집주인이나 살고 있는 임차인이 깐깐한 사람이어서 약속 잡기가 어려운 집이 있다. 약속 잡기 어려운 집일수록 약속을 안 지키면 다음에 집 보기가 더욱 어려워진다.

또한 그 집이 마음에 들지 않더라도 집주인 혹은 임차인이 있는 앞에서 직접적으로 속마음을 표현하지 않아야 한다. 자신의 집에 대해 단점만 말하는 사람이 좋을 사람은 없다. 속마음은 밖에 나와서 공인중개사에게 솔직하게 말하면 된다.

내집마련! 공인중개사와 친해지면 좋은 4가지 이유

부동산 투자로 돈을 벌어본 사람일수록 공인중개사와 친해지려 많은 노력을 한다. 실력 있는 공인중개사와 친해지면 여러모로 좋다는 것을 알고 있기 때문이다.

1 | 좋은 물건을 먼저 알려준다!

공인중개사들은 우스갯소리로 좋은 물건을 소개하는 데 순서가 정해져 있다고 한다. 첫째 '나(공인중개사 본인)', 둘째 '가족' 그리고 셋째 '친구, 지인'이다. 공인중개사도 사람인지라 인지상정이라는 것이 있다. 좋은 매물이 나올 때 가장 먼저 떠오르는 사람이 된다면, 경제적 이득을 볼 가능성이 높다.

2 | 가격조절을 내 편에 서서 해 준다!

간혹 중개수수료를 깎아주지 않으면 다른 중개사무소로 가겠다고 하는 사람이 있다. 반대로 부동산 경험이 많은 사람은 중개수수료를 넉넉하게 줄 테니 집값을 잘 조절해 달라고 한다. 아무래도 더 좋은 조건을 제시하는 손님에게 마음이 가기 때문에 자신의 모든 노하우를 동원해서 집값 깎기에 돌입할 것이다. 경험상 7억원짜리 집이라면 300만~500만원 정도는 어렵지 않게 깎을 수 있다. 중개수수료 몇십만원을 깎으려고 노력할 것인지, 아니면 공인중개사를 내 편으로 만들기 위해 노력할 것인지 선택은 본인의 몫이다.

3 | 없는 물건을 만들어 준다!

정말 실력 있는 공인중개사는 없는 물건을 만들어 준다. 집주인을 설득해서 전세 매물을 매매로 돌린다든지, 집주인이 내놓지 않은 부동산을 팔아보라고 귀띔하기도 한다. 손님이 명확하게 사겠다는 의지만 보여 주면 공인중개사가 숨어 있는 매물을 찾아주거나, 없는 매물을 만들어 줄 수도 있다.

4 | 정보를 제공해 준다!

공인중개사는 영업 지역의 개발호재, 정보, 시장 분위기 등을 현장에서 체험하다 보니 일반인들보다 먼저 보고 듣는다. 또한, 최근에 거래된 금액과 시세는 누구보다 빠르고 정확하게 알고 있다. 그러므로 자신이 선호하는 지역의 공인중개사 1~2명 정도와 친하게 지낸다면 일반인들보다 한발 앞서 정보를 얻을 수 있다.

040

임대차 3법 주요 내용 총정리

'계약갱신청구권제', '전월세상한제', '전월세신고제'를 일컬어 '임대차 3법'이라고 한다.

국회는 서민의 주거안정과 경제적 약자인 임차인들을 보호하기 위해 2020년 7월 30일 '주택임대차보호법'과 '부동산거래신고 등에 관한 법률'을 개정하여 '임대차 3법'을 신설하였다.

'계약갱신청구권제(2+2)'와 '전월세상한제(5% 이상 상한금지)'는 바로 시행되었으며, '전월세 신고제'는 2021년 6월 1일부터 시행되었다.

여기에서는 '임대차 3법'에 대한 주요 내용에 대해 알아보겠다.

1 | 계약갱신청구권제

계약갱신청구권제는 임대차계약이 끝나기 전에 임차인이 임대인에게 계약갱신을 통보하면 계약기간을 2년 더 연장할 수 있도록 한 권리를 말한다. 즉 기존 2년이었던 임대차기간이 최대 4년(2+2년)으로 연장된 것이다. 이때 임대인은 임차인에게 계약기간을 다시 2년 더 보장해 주어야 한다. 그러나 이와는 반대로 임차인은 2년에 구애받지 않고 언제든지 해당 임대차계약의 종료(해지)를 통지할 수 있다. 다만, 그 효력은 임대인에게 통지할 날로부터 3개월 후에 발생한다. 즉 임대인은 임차인으로부터 계약의 해지통지를 받은 날로부터 3개월 안에 잔존계약기간과 상관없이 보증금을 반환해 주어야 한다.

계약갱신청구권 통지는 임대차 계약기간이 만료되기 2개월 전까지 임차인이 임대인에게 하여야 한다. 이때 임대인은 다음과 같은 특별한 사유가 없는 한 계약갱신청구권을 거절할 수 없다.

계약갱신거절 사유

- 임대인 본인 또는 직계존비속(가족)이 거주할 목적일 경우
- 임차인이 2기 이상의 차임연체 또는 무단전대 등 임차인의 귀책사유로 인해 계약종료할 경우
- 최초 임대차계약 시 재건축 계획을 고지하고 그에 따라 실제 재건축을 하는 경우
- 임차인이 고의로 주택을 파손한 경우
- 거짓 등 부정한 방법으로 임차한 경우

임차인의 계약갱신청구에 의해 계약기간이 연장되었을 때에는 계약서를 다시 작성하는 것이 좋으며, 특약사항에 반드시 '본 계약은 임차인의 요청에 의해 계약갱신청구권을 사용한 계약입니다.'라는 문구를 넣어야 한다. 해당 문구를 넣지 않을 경우 나중에 임차인의 계약갱신청구권 사용 여부가 문제가 될 수 있기 때문이다.

2 | 전월세상한제

전월세상한제는 임차인이 계약갱신청구권을 사용할 경우 임대료의 상승폭을 직전계약 임대료(보증금, 월세)의 5%로 제한한 것을 말한다. 만약 5%를 초과하여 계약을 하였다면 초과분에 대해서는 무효가 되며, 임차인은 임대인에게 초과 지급한 임대료 상당의 반환을 청구할 수 있다.

새로운 임차인과 계약을 할 경우에는 전월세상한제 적용을 받지 않는다. 또한 계약을 1회 갱신하여 4년 계약이 끝났을 경우에는 5% 상한제 적용을 받지 않는다.

임차인 입장에서 보증금의 큰 증액 없이 4년간 안정적으로 거주할 수 있다는 장점이 있다. 그러나 임대인의 입장에서는 '전월세상한제'로 인하여 한 번 전세를 놓으면 4년간 제대로 보증금을 올리지 못할 수도 있다는 생각에 처음부터 높은 금액으로 전세를 놓으려 하는 문제점이 생기기도 한다.

3 | 전월세신고제

전월세신고제는 대통령령으로 지정한 지역 내에서 일정금액 이상의 임대차(전세·월세)계약을 할 경우, 계약 체결일로부터 30일 이내에 해당 주택소재지 주민센터에 거래신고(계약 당사자, 보증금, 월세, 계약기간, 계약금, 중도금, 잔금 납부일 등의 계약사항)를 하여야 하는 것을 말한다.

전월세신고를 하게 되면 자동으로 확정일자가 부여되는 효과가 있어 보증금을 보호할 수 있으며, 그 과정에서 가격이 공개되기 때문에 집을 구하는 임차인들의 입장에서 보면 주변에서 거래되었던 매물의 시세 파악과 비교대상의 다양화를 통해 가격분석을 해볼 수 있다는 장점이 있다.

그러나 이와는 반대로 일부 임대인 중에는 '전월세신고'로 인해 소득(월세)이 노출되어 향후 세금 등에 영향을 미칠 것을 우려하여 보증금이나 월세를 낮추고 신고대상에 포함이 되지 않는 관리비를 인상하는 꼼수를 사용하기도 한다. 그런데 이를 제지할 방법이 없어 피해는 결국 임차인들에게 돌아갈 수밖에 없는 상황이다.

전월세신고제는 2021년 6월 1일~2024년 5월 31일까지 계도기간을 거쳐 2024년 6월 1일부터 본격적으로 시행될 예정이다. 계도기간 때에는 위반 시 제재가 없었으나, 2024년 6월 1일부터는 미신고 또는 거짓신고 시 100만원 이하의 과태료 처분을 받게 된다.

전월세신고제 요약정리

신고의무인		임대차계약의 당사자(임대인/임차인) 공동신고가 원칙*
신고기한		계약 체결일로부터 30일 이내
신고대상	금액	'보증금 6,000만원 초과' 또는 '월세 30만원 초과' 하는 임대차계약**
	지역	수도권(서울, 경기도, 인천) 전역, 광역시, 세종시, 도의 시 지역(도 지역의 군은 제외)
신고방법		주택소재지 주민센터 방문신고 또는 부동산거래관리시스템에서 온라인으로 신고할 수 있다.
위반 시 제재		미신고 또는 거짓신고 시 100만원 이하의 과태료

● 계약 당사자인 임대인과 임차인이 임대차계약신고서에 공동으로 서명 또는 날인하여 신고하는 것이 원칙이다. 그러나 신고의 편의를 위해 임대인 또는 임차인 중 한 명이 모두 서명 또는 날인한 계약서를 제출하는 경우 공동으로 신고한 것으로 간주한다. 전월세신고를 접수한 경우 접수완료를 문자 메시지로 당사자에게 통보해 준다.

●● 신규, 갱신 계약 모두 신고해야 한다. 다만 금액(보증금, 월세)의 변동이 없는 갱신계약은 신고대상에서 제외된다.

임대인 입장에서 '계약갱신청구권'과 '재계약' 중

어느 것이 유리할까?

재계약은 계약기간 만료가 도래함에 따라 임대인과 임차인 상호 합의하에 다시 계약서를 작성하는 것을 말한다. 이때 금액(보증금과 월세)과 계약기간을 다시 정하고 계약서를 새로 작성하는 것이 일반적이다.

'재계약'의 경우 '계약갱신청구권'과는 달리 임차인도 계약기간을 지킬 의무가 생긴다. 즉 계약기간 내에는 계약의 해지를 임대인에게 통지한다 하더라도 임대인은 계약기간 만료 시까지는 보증금을 미리 반환해 줄 의무가 발생하지 않는다. 그러므로 임차인은 새로운 임차인이 구해지거나 또는 계약기간 만기 때까지 계약은 유효하게 존재하게 된다.

그럼, 임대인 입장에서는 계약기간 만기로 인해 계약서를 다시 작성하여야 할 때 '계약갱신청구권'과 '재계약' 중 어느 것이 유리할까? 이는 시장이 상승장이냐 아니면 하락장이냐에 따라 다르다.

'상승장'일 때에는 '계약갱신청구권'이 유리하다. 왜냐하면, 임차인의 갱신청구권을 빨리 사용해야 하기 때문이다. 재계약을 작성하게 되면 임차인의 갱신청구권이 그대로 살아 있기 때문에 다음 번 계약 때 임차인이 갱신청구권을 사용할 수 있어 보증금을 크게 올리지 못하고 또다시 2년을 보장해 주어야 하기 때문이다.

이와는 반대로 '하락장'일 때에는 '재계약'이 유리하다. 왜냐하면, 재계약하게 되면 임차인이 계약기간 도중에 해지통지를 한다 하더라도 임대인은 계약기간 만기 때까지 보증금을 반환해 주어야 할 의무가 없기 때문이다. 특히, 전세보증금이 큰 폭으로 하락하는 하락장에서 계약갱신청구권을 사용한 임차인이 주변 전세시세가 크게 하락한 것을 이유로 본 계약을 도중에 해지하고 더 저렴한 곳으로 이사를 하려는 이탈을 막을 수 있기 때문이다.

그러므로 임대인은 시장의 분위기에 따라 어느 것이 더 유리한지 한번쯤 생각해 봐야 한다. 임대인의 마음은 '하락장'일 때에는 임차인이 제발 더 살아주었으면 한다. 그러나 이와는 반대로 '상승장'일 때에는 제발 이사를 나가 주었으면 한다. 그것도 만기 전에 이사를 나가겠다고 하면 그렇게 반가울 수가 없다.

둘째
마당

30대

30대 내집마련! ➊ 준비
(feat. 신용관리, 청약, 대출)

041

정신 바짝!
내집마련 11단계

'내집마련'은 누구나 마음속에 품고 있는 소망이다. 하지만 집을 마련하는 것에는 경제적, 정신적 부담(진행과정, 절차, 방법 등)이 뒤따를 수밖에 없다.

전체적인 절차와 방법을 잘 이해하고 있다면 이러한 부담을 덜 느끼면서 어렵지 않게 내집마련이라는 기쁨을 느낄 수가 있다. 내집마련 절차를 살펴보자!

1단계 자금계획 세우기

자신이 마련할 수 있는 돈의 액수를 생각해 본다. 금액에 따라 지역과 선택할 수 있는 주택의 종류가 달라질 수 있기 때문이다. 마련할 수 있는 돈은 '모아놓은 돈'뿐만 아니라 '만들 수 있는 돈(대출)'까지 합쳐서 생각한다.

대출(74쪽 참고)을 받는다면 어느 금융기관에서 받을지, 대출가능한 금액과 금리 등은 어떻게 되는지를 미리 알아두도록 한다.

2단계 집 사는 목적 정하기(실거주 vs 임대)

실거주 목적의 집은 '거주의 편안함 ≥ 투자'이고, 임대 목적의 집은 '거주의 편안함 < 투자'다. 목적에 따라서 우선순위와 접근방법 등이 달라질 수밖에 없다

(230쪽 참고). 그러므로 집을 마련하는 목적을 분명하게 정하고 거기에 맞춰 집을 보러 다니는 것이 효율적이다.

3단계 주택의 종류 선택하기

어떤 주택을 선택할지는 '자금여력', '개인취향·선호도', '가족구성원의 수나 연령대', '상황' 등을 전체적으로 고려한다. 아파트(063장, 064장 참고), 단독주택·다가구(361쪽 참고), 빌라(다세대, 378쪽 참고) 등의 종류가 있다.

4단계 이사 희망지역 정하기

집을 마련하고자 하는 목적에 맞춰 이사하고 싶은 지역을 정한다. 맞벌이부부라면 직장과의 거리나 대중교통 이용의 편리성, 어린 자녀를 키우는 집이라면 학교·학원 등과의 거리를, 연령대가 있다면 주변 자연환경과 편의시설(백화점, 병원) 등을 우선적으로 살펴본다.

5단계 희망지역 답사하기 – 발품 팔기 1

'숲을 보고 나무를 보아라!'라는 말이 있다. 집을 볼 때도 마찬가지다. 희망지역의 교통, 교육, 환경, 인프라 등 기본적인 사항을 파악한 후에 지엽적으로 매물을 검색하는 것이 좋다.

집이란 집 자체만 좋아서는 안 되고 주변 환경, 여건 등과 조화를 이룰 때 만족도가 커진다.

6단계 물건 검색하기 – 손품 팔기

희망지역에 대한 기본적인 분석을 마쳤다면, 본격적으로 인터넷과 모바일 앱 등을 활용해서 자신에게 맞는 매물을 검색한다.

7단계 부동산중개사무소 방문하기 – 발품 팔기 2

마음에 드는 매물을 보유하고 있는 중개사무소와 약속을 잡고 방문 후 검색한 물건 위주로 매물을 본다. 그리고 비슷한 조건의 매물 혹은 급매물*이 있는지 확인해 보는 것이 좋다.

요즘 대부분의 중개사무소들은 매물을 공유하지만 'A급매물' 혹은 '단독매물'**은 공유하지 않는 경우도 있다. 그러므로 3~4곳 정도의 중개사무소에 방문해서 집을 보도록 한다.

8단계 자금계획 최종 점검하기

주택담보대출을 받아야 한다면 주소를 가지고 은행에 다시 방문해서 최종적으로 대출가능 여부와 금액 및 금리 등을 확인한다.

또, 임대 목적의 집이라면 임대금액(보증금과 월세 등)과 실제로 자신이 준비해야 하는 금액을 계산해 본다. 그리고 자신의 자금계획에도 차질이 없는지 한 번 더 점검해 본다.

9단계 서류 확인하기

계약서를 작성하기 전, 반드시 등기사항증명서(115쪽 참고)와 건축물대장(124쪽 참고) 등 관련 서류부터 확인한다.

● **급매물** : 시세보다 5~10% 정도 저렴한 가격으로 나온 매물을 말한다.
●●**단독매물** : 매도자(임대인)가 특정 중개사무소 또는 한 곳의 중개사무소에만 내놓은 매물을 말한다.

10단계 계약서 작성하기

계약하러 나온 사람이 실제 등기상 명의인이 맞는지 확인(140쪽 참고)하고 계약서를 작성해야 한다.

임대 목적의 집이라면 이때부터 세를 맞추기 시작해야 한다. 매도자에게는 세를 맞추기 위해 집을 보여 주는 것에 대해 미리 협조를 구해 놓는다.

11단계 잔금 치르고 소유권이전등기하기

잔금, 소유권이전등기비용(119쪽 참고), 중개수수료, 각종 비용 등 많은 돈이 한번에 나간다. 자금집행 업무를 은행에 직접 방문해서 할지 아니면 인터넷뱅킹(혹은 텔레뱅킹)으로 할지를 미리 정해 놓는다.

혹시, 인터넷뱅킹으로 할 생각이라면 본인의 '일일이체한도'와 '일회이체한도'를 확인해서 금액에 맞게 미리 증액신청을 해놓아야 한다.

042

대출이자 좌우하는
'신용점수'는 돈이다!

2021년부터 '신용등급제' 폐지! '신용점수제' 도입! '신용점수제'란?

기존의 등급제가 신용 여건을 총 10개 등급으로 분류하는 포괄적인 평가방식이었다면, 새로 도입된 점수제는 1,000점을 만점으로 하여 모든 신용을 1점 단위로 환산해 보다 정밀하게 신용 여건을 평가하는 방식이다.

신용점수제는 2019년 1월부터 5개 시중은행(KB국민, 신한, 우리, KEB하나, NH농협)에서 먼저 시범운영을 시작하였으며, 2020년부터는 보험, 카드사 등 전 금융권으로 점수제가 확대 운영되었고, 2021년 1월부터는 모든 금융권에서 신용점수제가 시행되고 있다.

달라지는 점 4가지!

❶ 보다 정밀한 신용 진단 가능!

신용등급을 폐지하고, 모든 신용을 1점 단위로 환산하는 방식을 적용해 보다 정밀하게 신용여건을 평가받을 수 있게 되었다. 예를 들어 예전 등급제에서는 몇 점 차이로 6등급에서 떨어져 7등급을 받은 경우 1금융권이 아닌 2금융권을 이용해야 했다. 하지만 점수제에서는 등급이 아닌 오직 개별적인 신용점수만 보기 때문에 이러한 '몇 점 차이'로 인한 손해를 어느 정도 구제(방지)할 수 있게 되었다.

❷ 연체자 기준 완화!

연체 금액과 기간의 기준이 다소 완화되었다.

단기 연체금액이 10만원에서 30만원으로 상향되었으며, 기간도 5일 이상 연체에서 30일 이상 연체로 완화되었다.

장기연체도 연체금액이 기존 50만원에서 100만원으로 상향되었으며, 3년간 남아 있던 연체이력이 1년으로 단축되었다.

❸ 금융기관과 상관없이 대출금리 기준으로 신용평가!

이전에는 낮은 등급 때문에 2금융권에서 대출을 받을 경우 1금융권과 동일한 금리의 대출이라 하더라도 상환 능력이 불안하고 연체 가능성이 높다고 평가되어 신용등급의 하락 여지가 있었다. 그러나 점수제에서는 이러한 금융권의 종류와는 상관없이 대출받은 금리를 기준으로 신용평가를 받을 수 있게 되었다. 그러므로 이제는 2금융권에서 대출을 받았다는 이유만으로 신용평가에서 불리하지 않게 되었다.

❹ 평가방식의 다각화

기존 등급제에서 사회초년생, 전업주부, 고령자 등은 금융거래 활동이 부족하다는 이유로 일괄적으로 4~6등급을 받았다. 하지만 점수제에서는 공공요금 및 보험료, 통신비 납부, 아파트 관리비 등의 다양한 이력으로 연체 없이 활발히 활동을 했을 경우 높은 가점을 받을 수 있게 되었다.

신용점수를 잘 관리하는 방법 5가지

❶ 매월 납부해야 하는 결제대금은 자동이체!

카드대금, 자동차 할부금, 통신요금, 공과금(수도·전기·가스) 등 매월 일정하게 납부해야 하는 소액 단기연체도 횟수가 많아지면 신용등급이 떨어질 수 있다. 부주의로 생기는 사소한 연체가 실생활에서 꽤 빈번하게 일어나기 때문에 자동이체를 활용하는 것이 좋다. 자동이체를 싫어한다면 휴대전화에 알림을 설정해 납부일자를 놓치지 않는 것도 방법이다.

이미 연체된 대출이 여러 건 있다면 오래된 대출부터 상환하는 것이 유리하다. 연체기간에 따라 신용평가에 반영되는 비중이 다르기 때문에 만약 연체가 발생했다면 최대한 빠른 시일 내에 상환하는 것이 좋다.

연체정보 중 10만원 미만, 연체 경과기간 5일 이하의 정보는 신용평가에 반영되지는 않으나, 90일 이상의 장기연체의 경우 신용등급 하락에 매우 큰 영향을 미치게 되므로 장기연체가 되지 않도록 주의해야 한다.

❷ 주거래은행 정하기!

주거래은행을 정해서 이용할 경우 해당 금융기관의 내부 신용등급에 영향을 미치게 된다. 즉 우대금리, 이체수수료 등의 면제 혜택을 받을 수 있게 된다. 그러므로 여러 곳의 은행을 거래하는 것보다 주거래은행을 지정해 급여 이체, 공과금 이체, 카드대금 결제 등의 실적을 꾸준하게 쌓아가는 것이 좋다.

❸ 현금서비스 가급적 이용하지 않기!

현금서비스나 카드론은 신용등급에 악영향을 미친다. 현금서비스를 받는다는 것 자체가 현금 회전력이 부족하다고 평가되기 때문이다. 또한, 평균적으로 현금 서비스 이용이 잦은 사람일수록 연체율도 높기 때문에 신용등급 평가에 마이너스 요인이 된다.

❹ 신용정보회사에 공공요금 납부실적 제출하기!

이동통신요금, 공과금(수도·전기·가스), 건강보험료 등을 6개월 이상 납부한 실적이 있다면 신용정보회사에 자료를 제출하여 가점을 받을 수 있다. 이는 특히 금융거래가 많지 않은 사회초년생들에게 유리하다. 지속적으로 신용등급을 높이기 위해 6개월에 한 번씩 꾸준히 제출하는 것도 방법이다.

❺ 대출금 성실하게 갚기!

현재 신용등급이 안 좋은 사람이라 하더라도 서민금융대출(미소금융, 햇살론, 새희망홀씨, 바꿔드림론 등)이나 한국장학재단의 학자금대출을 성실하게 갚으면 신용등급이 올라간다. 서민금융대출은 1년 이상 성실 상환 또는 원금의 50% 이상 상환하게 되면 가점이 주어진다. 학자금대출도 1년 이상 연체 없이 성실하게 갚으면 가점을 받을 수 있다.

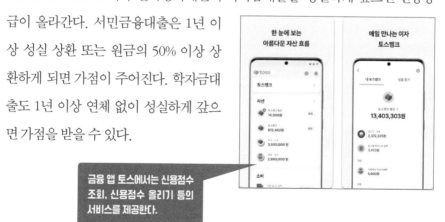

> 금융 앱 토스에서는 신용점수 조회, 신용점수 올리기 등의 서비스를 제공한다.

043

집 사는 목적부터 분명하게!
(실거주 vs 임대)

집은 마음에 들지 않는다고 곧바로 되팔 수 있는 물건이 아니다. 구입 목적에 따라 위치, 주택의 종류, 크기 등 조건이 다르기 때문에, 직접 실거주할 목적인지 아니면 임대를 놓아서 수익을 얻을 목적인지를 분명하게 정해야 한다.

실거주 목적일 때

❶ 집은 몇 평이 적당할까?

국토교통부가 정한 1인 가구의 최소 주거면적은 14㎡(약 4.2평)다. 하지만 소득이 높아지고 삶의 질이 높아짐에 따라 사람들은 더 넓은 집을 선호한다. 개인의 능력과 만족도는 모두 다르기 때문에 집이 '넓다', '좁다'는 상대적인 개념이다. 그러므로 가족의 성향과 만족도에 따라 집 크기를 정하는 것이 좋다.

참고로 4인 가정이라면 60~85㎡(전용면적 18~25평)가 적당하고, 4인 이상 가정이라면 85㎡(전용면적 25평) 이상이 좋다.

❷ 어떤 종류의 주택이 좋을까?

가족 구성원의 연령, 라이프스타일 등에 따라 선호하는 주택의 종류가 달라진다.

젊은 맞벌이부부라면 교통이 편리한 역세권 빌라나 소형아파트를, 어르신과 함께 생활하는 가정이라면 단독주택이나 계단이 적은 1~2층 저층 빌라를, 어린 아이가 있는 집이라면 1층 아파트를 선호할 것이다.

또, 이사 횟수에 따라 선택할 수 있는 주택이 달라진다. 학업, 직장 등의 문제로 이사를 자주 다녀야 하는 가정이라면 일반적인 주택이 좋다. 여기에서 일반적인 주택이란 많은 사람들이 선호하는, 또는 팔려고 내놓았을 때 쉽게 팔릴 수 있는 집을 말한다. 아파트나 역세권 빌라가 그 예다.

이와 반대로 20~30년씩 한 곳에 정착하는 가정이 있다. 이런 가정이라면 가족의 라이프스타일에 맞는 개성 있는 집을 선택해도 좋을 것이다. 취향에 맞게 직접 집을 지어도 되고, 단독주택, 다가구주택, 타운하우스 등 대중성과는 다소 멀어지더라도 자신의 만족도가 높은 집을 선택할 수 있다.

임대 목적일 때

❶ 집은 몇 평이 적당할까?

집의 크기는 주고객층(임차인)과 집의 위치에 따라 달라진다.

주고객층이 '학생'이나 '젊은 직장인'이라면 21~50㎡(약 6~15평) 이하의 크기가 적당하다. 부담스럽지 않으면서 독립된 공간을 필요로 하기 때문이며, 집이 너무 크면 오히려 부담스러워한다. 반면에 '가족'이 주고객층이라면 이보다 넓은 60~85㎡(약 18~25평) 정도가 적당하다.

또한 위치에 따라서도 선호하는 평형대가 다르기 때문에 집의 크기를 정할 때에는 지역적 특성도 고려해야 한다. 일반적으로 가장 선호하는 아파트 평수는 109㎡(약 33평)로 전용면적 25평 정도지만, 지역마다 다르다. 서울과 가까운 수도권 지역의 경우 20평형대의 선호도가 가장 높은 반면, 서울 강북 지역에서는 30평형대의 선호도가 가장 높다. 그리고 강남은 40평형대 이상 대형평수의 선호도가 비교적 높은 편이다.

❷ 어떤 종류의 주택이 좋을까?

임대의 목적은 크게 '수익형'과 '시세차익형'이 있다. 자신의 임대 목적이 수익형이라면 주변에 생활편의시설(병원, 편의점, 빨래방, 마트 등)이 잘 갖춰져 있고 대중교통 이용이 편리한 소형아파트, 오피스텔, 빌라 등이 좋을 것이다. 자금여력이 된다면 원룸 건물도 좋다.

만약 임대 목적이 '시세차익형'이라면, 앞으로 개발호재가 있거나 단독으로 개발이 가능해 향후 미래가치를 높일 수 있는 다가구주택, 단독주택 등이 좋다.

수익형 상품에 비해 초기투자금이 많이 들어가고 장기간 돈이 한곳에 묶일 수 있다는 단점은 있지만 수익률 면에서는 대부분 '시세차익형'이 '수익형'을 크게 앞선다.

❸ 보유기간은 몇 년이 좋을까?

투자는 시간과의 싸움이기도 하다. 그래서 횟수가 아니라 기간이 중요하다. 부동산은 대표적인 실물자산이므로 인플레이션으로 인한 화폐가치의 하락, 통화량 증가 등의 이유 때문에 특별한 하자가 없는 집이라면 대부분 시간이 지날수록 우상향 곡선을 그리며 가격이 상승하게 된다.

이처럼 시간이 지날수록 가격상승폭이 크기 때문에 장기보유를 권한다. 또한,

투자자의 입장에서 세금 중에 가장 부담스러운 세목이 바로 '양도소득세'인데, 오래 가지고 있으면 있을수록 세금할인 혜택이 크다. 그러므로 샀다 팔았다를 자주 반복하기보다는 충분한 수익이 날 때까지 장기보유를 하는 것이 좋다. 필자는 3년 이상 보유를 추천한다.

044

내집마련의 첫걸음, '주택청약종합저축'

주택은 여러 종류가 있지만 우리나라에서 가장 인기 있는 주택은 아파트일 것이다. 이미 지어진 아파트는 일반적인 '매매'를 통해서 살 수 있다. 그러나 앞으로 지어질 새 아파트는 대부분 '청약'이라는 제도를 통해서 분양받아야 한다.

청약을 신청하기 위해서는 '청약통장'이 필요하다. 예전에는 '청약저축', '청약예금', '청약부금', '주택청약종합저축' 4가지 종류의 청약통장이 있었다. 이 모든 것이 2015년 9월 1일부터 '주택청약종합저축'으로 통합되었다. 그러므로 신규가입은 '주택청약종합저축'만 가능하다.

'주택청약종합저축'이란?
- 기존 청약통장의 모든 기능을 한데 묶어놓은 만능통장!

주택청약종합저축은 2009년 5월 처음 출시된 청약상품으로 면적, 분양주체(공

● 청약에 당첨된 사람의 '분양권'을 살 수도 있다. 일명 분양권전매라고 한다. 분양권이 단기투자 수단으로 활용되면서 주택시장이 과열되자, 투기과열지구, 조정대상지역, 분양가상한제 적용주택 등에 전매를 제한하는 규제제도가 생겼다.

공·민간주택) 등에 따라 청약저축, 청약예금, 청약부금으로 구별하였던 기능을 모두 통합한 통장이다. 모든 신규 분양주택에 사용할 수 있어 '만능청약통장'이라고도 불리게 되었다.

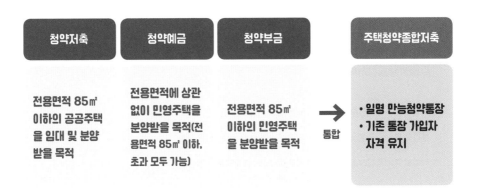

2015년 9월부터 모든 청약통장이 주택청약종합저축으로 통합되었지만, 기존의 통장가입자들은 그대로 유지된다.*

주택청약종합저축의 기본스펙 정리!

주택청약종합저축은 국민주택과 민영주택에 모두 청약을 할 수 있는 저축 상품의 일종이다. 연령, 성별, 지역 등을 불문하고 자격제한 없이 누구나 가입할 수 있다. 아파트(주택) 분양을 위한 가장 기본적인 준비일 뿐만 아니라 '금리우대'와

● 청약저축, 청약예금, 청약부금은 2015년 9월부터 신규가입이 중단되었지만 기존의 가입자들은 현재에도 사용할 수 있다. 다만, '주택청약종합저축'과 달리 통장의 종류에 따라 사용할 수 있는 범위가 다르다. 때문에 기존의 가입자들은 '통장 갈아타기'가 필요할 수도 있다. 예를 들어 청약저축가입자가 85㎡를 초과하는 평수의 아파트 청약을 계획하고 있다면 청약예금으로 갈아타야 한다. 통장마다 각기 다른 장점과 혜택이 있으므로 전환 시 신중하게 생각해야 한다.

'소득공제 혜택'까지 있어 절세 용도로도 많이 활용되는 금융상품이다.

매월 2만원 이상~50만원 이하 금액을 자유롭게 납입할 수 있다. 잔액이 1,500만원 미만인 경우 월 50만원을 초과하여 잔액 1,500만원까지 일시예치가 가능하며 잔액이 1,500만원 이상인 경우 월 50만원 이내에서 자유롭게 적립할 수 있다.

주택청약종합저축 총정리

특징	국민주택, 민영주택 모두 청약 가능		
납입방법	매월 2만원 이상 50만원 이내에서 자유롭게 납입 가능		
적립금액	납부총액 1,500만원까지는 50만원 초과하여 자유적립 가능		
가입대상	• 국민인 개인(미성년자, 국내거주 재외동포 포함) 또는 외국인 거주자 • 전 금융기관에 걸쳐 주택청약종합저축, 청약예금, 청약부금, 청약저축 중 1인 1계좌만 가입 가능		
가입기간	가입한 날로부터 국민주택과 민영주택의 입주자로 선정되기 전까지		
이자(연)	• 1개월 이내 : 0% • 1개월 초과~1년 미만 : 1.3% • 1년 이상~2년 미만 : 1.8% • 2년 이상 : 2.1%		
연말정산 소득공제	대상자	무주택세대의 세대주로서 총급여액 7,000만원 이하의 근로소득자	
	조건	가입은행에 무주택확인서 제출(소득공제를 적용받으려는 과세기간의 다음 연도 2월말까지 제출)	
	한도	과세연도 납입금액(연 240만원 한도)의 40% 공제(최대 96만원)	
취급은행	KB국민은행, 신한은행, 우리은행, IBK기업은행, NH농협, KEB하나은행, 대구은행, 경남은행, 부산은행 등		

출처 : 주택도시기금

● 1인 1계좌만 가능하므로 기존에 청약저축 등에 가입되어 있는 사람은 기존 청약저축을 해지하지 않는 이상 주택청약종합저축을 가입할 수 없다.

국민주택 1순위 요건

주택청약 자격은 1순위와 2순위로 구분된다. 청약통장을 1순위로 만들어 놓는다면 청약 당첨확률이 그만큼 높아지게 된다.

주택 종류에 따라 청약자격, 재당첨 제한, 입주 당첨자 선정방식 등이 다르게 적용되므로 청약하고자 하는 주택의 조건에 맞게 청약통장을 관리하는 것이 바람직하다.

국민주택은 국가, 지방자치단체, LH 및 지방공사가 건설하는 주거전용면적 85㎡ 이하의 주택을 말한다. 일정금액을 2년간 적립하면 청약저축 1순위 자격을 얻을 수 있다. 지역별 구분과 요건은 다음과 같다.

> 무주택기간 + 저축총액 + 납입횟수가 매우 중요!

국민주택 청약 시 지역별 구분과 요건

구분	요건
청약과열지역 * 투기과열지구 ** 위축지역 ***	• 가입 후 2년 경과 및 납입인정회차 24회차 이상 • 위축지역 - 가입 1개월 경과 및 납입인정회차 1회 이상
그 외 수도권	가입 후 1년 경과 및 납입인정회차 12회차 이상 (단, 시·도지사가 2년·24회차 범위 내에서 변경 가능)
수도권 외(지방)	가입 후 6개월 경과 및 납입인정회차 6회차 이상 (단, 시·도지사가 1년·12회차 범위 내에서 변경 가능)

● **청약과열지역** : 직전 2개월 동안 해당 지역에서 분양한 주택들의 매달 평균 청약경쟁률이 5 대 1 이상이거나 전용 85㎡ 이하의 국민주택 규모의 월평균 청약경쟁률이 10 대 1을 넘은 경우, 직전 3개월 동안 분양권을 전매한 양이 전년의 같은 달 대비 30% 이상 높아진 지역, 시·도의 주택보급률 혹은 자가주택비율이 전국 평균 이하인 지역이다.

민간주택 1순위 요건

민간주택은 국민주택을 제외한 주택을 말한다. 적립금액이 지역별 예치금으로 인정될 경우에는 민영주택의 청약 1순위 자격을 얻게 된다. 지역별 구분과 요건은 다음과 같다.

민간주택 청약 시 지역별 구분과 요건

> 민영주택은 '납입금액'이 중요!

구분	요건
청약과열지역 투기과열지구 위축지역	• 가입 후 2년 경과 및 청약예치기준금액 충족 • 위축지역 – 가입 후 1개월 경과
그 외 수도권	가입 후 1년 경과 및 청약예치기준금액 충족 (단, 시·도지사가 2년 범위 내에서 변경 가능)
수도권 외(지방)	가입 후 6개월 경과 및 청약예치기준금액 충족 (단, 시·도지사가 1년 범위 내에서 변경 가능)

민영주택은 국민주택과 달리 입주자모집공고일 현재, 신청하려는 지역의 면적별 예치기준금액 이상이 되어야 하고 가입기간 역시 충족해야 한다.

●● **투기과열지구** : 주택가격상승률이 물가상승률보다 현저히 높은 지역 중에 청약경쟁률이 5 대 1을 초과하는 곳 또는 전용 85㎡ 이하의 국민주택 규모의 청약경쟁률이 10 대 1을 초과하는 경우, 주택보급률 또는 자가주택비율이 전국 평균 이하이거나, 주택공급물량이 청약 1순위자에 비해 현저히 적은 지역 중에서 지역주택시장 여건 등을 고려하였을 때 주택에 대한 투기가 성행하고 있거나 우려되는 지역이다.

●●● **위축지역** : 주택가격, 주택거래량, 미분양주택의 수 및 주택보급률 등을 종합적으로 고려하여 주택 분양·매매 등의 거래가 위축되어 있거나 위축될 우려가 있는 지역이다.

지역별·면적별 민영주택 예치기준금액

전용면적	서울, 부산	기타 광역시	기타 시·군
85㎡ 이하	300만원	250만원	200만원
102㎡ 이하	600만원	400만원	300만원
135㎡ 이하	1,000만원	700만원	400만원
모든 면적	1,500만원	1,000만원	500만원

서울, 부산은 예치기준금액이 가장 높다.

청약홈에서 주택청약 신청하는 방법

청약신청은 '한국부동산원 청약홈(www.applyhome.co.kr)'에서 인터넷으로 신청하는 것이 일반적이다. 예외로 정보취약계층(고령자 및 장애인 등)에 한하여 은행 방문 신청이 가능하다. 은행 방문 신청 시에는 청약통장 가입 당시의 은행으로 가야 한다. 예를 들어 우리은행에서 만든 청약통장을 보유하고 있다면 가까운 우리은행 지점에 방문해서 신청을 해야 한다. 단, 방문 신청 시에는 '특별공급'은 청약 신청이 불가능하기 때문에 반드시 청약홈을 이용해서 인터넷으로만 신청해야 한다.

인터넷 신청은 한국부동산원 '청약홈' 홈페이지를 이용하면 된다. 이용시간은 8시부터 17시 30분까지이고, 공인인증서를 준비해야 한다.

인터넷에서 청약신청 하는 법

이용대상	공인인증서(은행보험용 또는 범용)를 보유한 청약통장 가입자
이용시간	8시~17시 30분
이용방법	한국부동산원 청약홈 → 청약신청 → APT → 청약신청

은행에 방문해서 신청할 때에는 통장, 도장, 신분증 등을 지참하여 창구에 비치된 주택공급신청서를 작성하여 제출한다. 본인이 아닌 3자가 대리로 신청하는 것도 가능하다.

은행에서 청약신청 시 준비물

본인(청약신청자)	주택공급신청서, 청약통장, 신분증, 도장
대리인	청약자(본인)의 인감증명서 1통, 청약자의 인감도장이 날인된 위임장 1통, 청약자의 인감도장, 대리인의 신분증

045

청년 주택드림 청약통장

청년이라면 반드시 가입해야 할 청약 상품

청년(만 19세 이상 ~ 만 34세 이하)의 주거안정과 목돈마련의 기회를 만들어주고자 출시된 상품이다. 일반 주택청약종합저축과 동일하게 '국민주택', '민영주택'의 청약이 가능하다. 즉 기존 주택청약종합저축과 납입방식, 1순위 조건, 청약기능, 소득공제 혜택 등은 모두 동일하게 유지되면서 10년 동안 최대 '연 4.5%의 금리'와 '이자소득 비과세 혜택' 등을 받을 수 있다는 것이 가장 큰 장점이다.

가입대상 - 근로소득자가 아니어도 가입 가능!

가입 가능한 연령은 만 19세 이상 ~ 만 34세 이하 청년(병역 기간은 최대 6년까지 별도로 인정)이면서 주택을 소유하지 않은 무주택자여야 한다.

당초 가입 대상자를 직전년도 신고소득이 있는 자로 연소득 5,000만원 이하인 근로, 사업, 기타소득자로 소득세 신고 · 납부 이행 등이 증빙된 자로 한정했으나, 이를 확대하여 근로기간 1년 미만으로 직전년도 신고소득이 없는 근로소득자라 하더라도 당해 급여명세표 등으로 연소득 환산 후 가입이 가능하다. 또한, 비과세 소득만 있는 군인(현역병, 사회복무요원 등)도 가입이 가능하다.

구 분	조 건
나 이	• 만 19세 이상 만 34세 이하인 자 • 병역 이행 기간 최대 6년 인정 (만 34세 초과 시 병역복무기간(최대 6년)만큼 차감 가능. 단, 병역증명서에 의한 병영 이행기간이 증명되는 경우에 한함.)
대 상	• 본인이 무주택인 자 • 연소득 5,000만원 이하
일 부 인 출	• '청년 주택드림 청약통장' 가입자가 주택청약에 당첨된 경우 1회에 한하여 청약당첨 주택의 계약금 납부 목적으로 일부 금액을 인출할 수 있다. (단, '청년 주택드림 청약통장'으로 전환되기 전 주택청약에 당첨된 '청년우대형 주택청약종합저축' 가입자는 일부 금액을 인출할 수 없다.)
명 의 변 경	• 가입자가 사망한 경우, 상속인이 청년 주택드림 청약통장 가입조건을 갖추지 못하였더라도 상속인 명의로 변경할 수 있다. 다만, 상속의 경우 비과세 혜택은 신청 및 적용이 불가하며, 저축 해지 시 우대이율 적용 조건은 상속인 기준으로 함.
기 타 사 항	• 청약 자격, 입금방법, 소득공제 등의 사항은 기존 '주택청약종합저축' 상품안내 내용과 동일.

혜택 1 | 5,000만원 한도 최대 이자 4.5%

월 2만원 이상 ~ 최대 100만원까지 납입이 가능하며, 납입원금 5,000만원 한도 내에서 신규가입일로부터 2년 이상인 경우 가입일로부터 10년 이내에서 무주택인 기간에 한하여 기존 「주택청약종합저축」 이율에 우대이율(1.7%p)을 더한 이율을 적용받는다.

금리는 가입기간에 따라 차등 적용된다.

구 분	주택청약종합저축	청년 주택드림 청약통장
1개월 미만	무이자	무이자
1개월 초과 1년 미만	연 2%	연 2%
1년 이상 2년 미만	연 2.5%	연 2.5%
2년 이상 10년 미만	연 2.8%	연 4.5%
10년 초과	연 2.8%	연 2.8%

혜택 2 | '이자소득 비과세', '소득공제' 혜택

조세특례제한법 제87조에 따라 근로소득 3,600만원 이하 또는 사업소득이 2,600만원 이하이면서 가입기간이 2년 이상 시 해당 저축에서 발생하는 이자소득 합계액 500만원, 연간 납입액 600만원 한도 내에서 세율 15.4%의 이자소득을 비과세 받을 수 있다.

또한, 매년 12월 31일 기준으로 본인이 무주택 세대의 세대주이고 근로소득이 7,000만 원 이하인 경우, 연말 정산 시 주택청약통장 연 납입액의 40%(연 300만 원 한도)까지 소득공제를 받을 수 있다.

취급은행

청년 주택드림 청약통장 가입은 주택도시기금 수탁은행을 통해서 가능하다. 취급은행으로는 우리은행, KB국민은행, IBK기업은행, NH농협, 신한은행, KEB

하나은행, 대구은행, 부산은행, 경남은행이다.

청년 주택드림 청약통장 혜택 총정리!

	우대금리	비과세	소득공제
혜택	1.7%p	이자소득 비과세 (세율 15.4%)	연 납입액의 40% 공제
대상	본인이 무주택	본인이 세대주이면서 세대원 전체가 무주택일 것	매년 12.31 기준 무주택세대의 세대주
한도	납입금 5,000만원 한도 (최대 10년)	이자소득 500만원 (연 납입금 600만원까지)	연간 납입금 300만원
소득	근로·사업·기타소득 5,000만원 이하	근로소득 3,600만원 이하 또는 사업소득 2,600만원 이하	근로소득 7,000만원 이하
신청 여부	별도 신청 없음[*]	가입일로부터 2년 내 신청	매년 신청 또는 해지
기타	무주택기간만 우대금리 적용	가입 후 주택을 소유 하더라 도 비과세 적용	해당 과세 전체기간 동안 무주택 세대에 적용

● 이미 '청년 우대형 주택 청약통장'에 가입된 경우라면 별도의 신청이 필요 없으나, 일반 청약통장 가입자의 경우에는 은행 방문 후 전환 신청이 필요하다.

046

청약가점제 vs 청약추첨제 차이는?

청약가점제 = 무주택기간 + 부양가족수 + 청약통장가입기간

청약가점제는 '무주택기간', '부양가족수', '청약통장가입기간'을 점수로 측정하여 가점이 높은 순서대로 당첨자를 선정하는 방식이다. 주택을 소유하지 않고, 많은 가족을 부양하며 오랜 기간을 살아온 세대주에게 신축아파트에 당첨될 수 있는 확률을 높여주는 제도다.

청약가점제는 무주택기간이 15년 이상이면 최고점 32점, 부양가족수가 6명 이상이면 최고점 35점, 청약통장가입기간이 15년 이상이면 최고점 17점을 받을 수 있고 총 84점이 만점이다.

참고로 2020년 5월 한국부동산원 청약홈의 통계에 따르면, 2020년 1월부터 5월 18일까지(당첨자 발표일 기준) 서울지역에 공급된 단지 중 전용면적 84㎡를 공급한 4개 민영 아파트단지*의 최저 당첨가점 평균은 64점이다.

● 2020년 1월 분양한 강남구 '개포프레지던스자이' 전용 84㎡의 최저 당첨가점이 68점으로 가장 높았고, 4월 분양한 서초구 '르엘 신반포'는 67점, 양천구 '호반써밋목동'은 61첨, 서대문구 'e편한세상 홍제 가든플라츠'는 60점을 각각 기록했다. 주변시세에 비해 저렴한 분양가와 새 아파트에 대한 높은 선호도로 인해 청약 당첨가점은 점점 높아지고 있는 추세다.

가점점수 산정기준표

가점 항목	가점	가점 구분	점수	가점 구분	점수
무주택 기간	32	1년 미만(무주택자에 한함)	2	8년 이상~9년 미만	18
		1년 이상~2년 미만	4	9년 이상~10년 미만	20
		2년 이상~3년 미만	6	10년 이상~11년 미만	22
		3년 이상~4년 미만	8	11년 이상~12년 미만	24
		4년 이상~5년 미만	10	12년 이상~13년 미만	26
		5년 이상~6년 미만	12	13년 이상~14년 미만	28
		6년 이상~7년 미만	14	14년 이상~15년 미만	30
		7년 이상~8년 미만	16	15년 이상	32
부양 가족수	35	0명(가입자 본인)	5	4명	25
		1명	10	5명	30
		2명	15	6명 이상	35
		3명	20		
청약통장 가입기간	17	6월 미만	1	8년 이상~9년 미만	10
		6월 이상~1년 미만	2	9년 이상~10년 미만	11
		1년 이상~2년 미만	3	10년 이상~11년 미만	12
		2년 이상~3년 미만	4	11년 이상~12년 미만	13
		3년 이상~4년 미만	5	12년 이상~13년 미만	14
		4년 이상~5년 미만	6	13년 이상~14년 미만	15
		5년 이상~6년 미만	7	14년 이상~15년 미만	16
		6년 이상~7년 미만	8	15년 이상	17
		7년 이상~8년 미만	9		

출처 : 국토교통부

청약 만점은 총 84점

64점은 상당한 고득점으로, 과거에는 지역이나 단지에 관계없이 청약만 하면 당첨이 어렵지 않은 점수였다. 그러나 최근 서울과 수도권의 청약 인기가 계속 치솟으면서, 인기 단지에서는 64점으로도 안정권이라 볼 수 없는 수준이 되었다.

청약추첨제 = 행운

청약가점제로 먼저 일정 비율을 뽑고 나머지는 추첨을 통해 당첨자를 선정하는데 이 방식이 청약추첨제다. 예를 들어 1순위, 2순위 두 그룹이 있다고 하자. 여기서 먼저 1순위 자격에 충족된 사람들에 한해서 무작위 추첨을 통해 당첨자를 선정한다. 그러므로 동순위 그룹 내에서는 청약가점이 중요한 것이 아니라 운에 따라 당락이 결정된다.

참고로 청약가점제에서 탈락한 사람은 별도로 청약추첨제를 신청하지 않아도 자동으로 청약추첨제의 신청자가 된다.

청약가점제 vs 청약추첨제

민영주택 및 민간건설 중형국민주택(국가, 지자체, LH 및 지방공사에서 건설하는 60㎡ 초과 85㎡ 이하의 주택)의 입주자를 선정하는 방식에는 가점제와 추첨제가 있다. 이 둘은 각각 비율이 정해져 있는데, 새 아파트가 지어지는 택지와 지역에 따라 그 비율이 다르다.

가점제와 추첨제가 동시에 이뤄질 경우엔 정해진 비율에 따라 가점제로 우선 당첨자를 선정한 후, 남은 비율은 추첨제로 당첨자를 선정한다.

투기과열지구, 청약과열지구, 수도권, 광역시의 경우 추첨제 방식일 때에는 추첨제 물량의 75% 이상은 무주택자에게 우선 공급하고, 나머지 25%에서 무주택자와 1주택자를 대상으로 추첨하게 된다. 단, 1주택자는 기존주택을 6개월 이내 처분을 하는 조건으로 한다. 만약, 기존주택을 처분하지 않을 시에는 분양계약이 취소되거나 벌금이 부과된다.

전용면적 85㎡를 초과하는 주택은 청약추첨제를 실시하는 비율이 높지만 최근 서울에는 대형 평수 공급물량이 드물어서 청약추첨제가 진행되는 곳은 거의 없다고 봐야 할 것이다.

지역별·평형별 청약 선정 비율

지역 구분	85㎡ 이하		85㎡ 초과	
	가점제	추첨제	가점제	추첨제
공공택지	100%	-	지자체장이 가점제의 비율을 정함 (50% 이하)	
투기과열지구	100%	-	50%	50%
청약과열지구· 수도권	75%	25%	30%	70%
기타 지역	지자체장이 가점제의 비율을 정함(40% 이하)		-	100%

85㎡ 초과 평형에 추첨제 물량이 많지만, 서울은 공급물량이 적다.

청약가점 높이는 꿀팁 3가지!

신축아파트는 청약추첨제 물량보다 청약가점제 물량이 많다. 여기서는 청약가점제 물량을 공략하기 위해 가점을 높이는 방법을 살펴보도록 하자.

먼저 청약가점제에 적용되는 항목은 총 3가지로 ① 무주택기간(0~15년 이상), ② 부양가족수(0~6명 이상), ③ 청약저축 가입기간(0~15년 이상)이다.

가점 높이기 1 - 20대 예비부부라면 우선 혼인신고부터 하기!

무주택기간을 산정할 때에는 만 30세를 기점으로 계산한다. 만점(32점)을 받기 위해서는 15년이 필요하기 때문에 45살이 되어야 한다. 따라서 내집마련을 원하는 30대 젊은 층에게는 다소 불리한 항목이다. 하지만 예외적으로 만 30세 이전이라 하더라도 혼인한 경우에는 혼인신고일로부터 무주택 기간을 산정해 주기 때문에 20대 예비부부라면 혼인신고를 먼저 하는 것이 좋다.

가점 높이기 2 - 부양가족을 최대한 합치기!

부양가족수는 만점이 35점으로 차지하는 비중이 가장 크다. 부양가족수는 본인을 제외한 세대원인 배우자, 직계존속(부모, 조부모), 직계비속(자녀, 손자·손녀)이며 6명 이상일 경우 만점을 받을 수 있다. 따라서 같은 주택에 부부 모두가 청약이 가능할 때에는 각자 청약을 시도하는 것보다는 무주택기간 및 통장 가입기간 가점 점수가 높은 사람에게 집중해서 높은 가점을 확보하는 것이 좋다.

또한, 직계존속(부모, 조부모)의 경우 3년 이상 동일 주민등록등본에 등재되어야 부양가족으로 인정되기 때문에 새 아파트에 청약하고 싶다면 이 점을 반드시 염두에 두어야 한다.

가점 높이기 3 - 미리미리 청약통장 만들어두기!

청약통장은 누구나 1인 1계좌 개설이 가능하다. 청약통장 가입기간이 15년 이상이면 만점(17점)을 받을 수 있기 때문에 최대한 미리미리 만들어 두는 것이 좋다. 특히, 만 34세 미만의 청년이라면 '청년우대형 주택청약종합저축'에 가입을 해서 청약가점도 쌓고 1.5%의 우대금리 혜택도 받을 수 있다(243쪽 참고).

047

3040 청무피사를 위한 내집마련 조언

3040 세대를 위한 새 아파트 분양 방법은?

'청무피사'란 '청'약은 '무'슨 'P'(프리미엄) 주고 '사'의 줄인 말로, 30~40대 젊은 가장층에서 유행어처럼 번지고 있는 부동산 신조어다.

투기과열지구●로 지정된 서울과 수도권 일부 지역의 경우 100% 청약가점제로 당첨자를 뽑고 있기 때문에 현실적으로 3~4인 가족의 젊은 30~40대 가장들이 청약을 통해서 새 아파트를 분양받을 수 있는 가능성은 0%에 가깝게 되어 버렸다.

청약의 기회를 얻지 못한다면 새 아파트를 분양받을 수 있는 방법은 없을까?

1 | 재개발·재건축 조합원이 되어 입주권 받기

첫 번째 방법은 재개발·재건축에 투자를 해서 조합원 자격으로 아파트 입주

● **투기과열지구** : 서울 전체(25개구), 경기(일부 제외), 인천(연수, 남동, 서), 세종(행정중심복합도시건설 예정 지역), 대전(동, 중, 서, 유성), 대구(수성) 등이 투기과열지구로 지정되었다가 2023년 1월 5일 강남3구(강남, 서초, 송파)와 용산을 제외한 서울 및 전 지역이 규제지역에서 해제되었다.

권을 받는 것이다. 재개발·재건축 투자에서 우스갯소리로 '젊은 놈 회갑 돌아온다!'라는 말을 한다. 투자시점에서 아파트 입주까지 시간이 오래 걸린다는 단점을 빗댄 것이다. 하지만 청약으로 분양권을 받는 것보다 저렴하게 아파트를 마련할 수 있고, 돈을 주고 조합원지위를 양도받거나 입주권을 사면 되므로 경쟁률이라는 개념이 없다.

또한, 조합원 분양가는 일반분양가보다 기본 10~20% 정도 저렴하며, 로열동과 호수를 우선 배정받는 것이 일반적이다. 공부할 내용도 많고, 시간이 오래 걸린다는 단점은 있지만 젊은 세대주라면 장기적으로 계획을 세우고 재개발·재건축으로 새 아파트 장만의 목표를 재설정해 보는 것도 하나의 방법일 것이다.

2 | 아파트 분양권을 P 주고 사기

두 번째 방법은 '청무피사'가 되어 청약당첨자의 아파트 분양권을 적당한 P를 주고 사는 것이다. 시간이 갈수록 과거에 비해 새 아파트의 인기는 점점 커져만 간다. 그래서 청약에 당첨만 되면, 서울의 웬만한 분양권에는 입주 시까지 5억~6억원 이상의 P가 붙고 있다.*

일반적으로 분양권의 P는 초기가 가장 저렴하고 입주시점이 가까워질수록 점점 비싸진다. 그러므로 새 아파트에 관심이 있다면 적당한 P를 주고 분양권을 전

● **P(프리미엄)** : 분양권 또는 입주권을 얻기 위해 지불하는 웃돈을 가리키며, '피' 또는 '프리미엄'이라고 말한다. 서울 등 투기과열지구에서 분양가 9억원 초과 아파트는 원칙적으로 중도금대출이 금지돼 청약 당첨자가 분양대금 전액을 스스로 부담해야 한다. 그러므로 특히, 강북 지역에서 새 아파트를 분양할 때 웬만하면 분양가를 9억원 미만으로 책정하려 한다. 분양가를 높이면 그만큼 이익이 커져 조합과 시공사의 입장에서는 좋겠지만, 자칫 분양대금 마련에 부담을 느낀 청약자들에게 외면을 당할 수도 있기 때문이다. 이로 인해, 주변 신축급 아파트의 시세보다 저렴하게 분양되는 효과가 있어 서울, 수도권의 웬만한 새 아파트의 분양권에는 P가 붙게 된다.

매하는 것이 방법이 될 수 있다. 청약이 안 된다고 새 아파트를 포기하기보다는 가급적 빠른 타이밍에 적당한 P를 주고 분양권을 매수하는 것이 때론 경제적으로 이득이 된다.

대학동기 K의 사례
청약가점 40점대 청무피사의 '힐스테이트녹번역' 내집마련기

2019년 8월, 은평구 토박이 대학동기 K가 매번 청약을 신청해도 떨어진다고 하소연을 했다. 그중 K는 자신이 살고 있는 은평구 녹번동 '힐스테이트녹번역'에서 탈락한 것을 가장 아깝게 생각하고 있었다. 초·중·고 시절을 모두 그 동네에서 보낸 K는 녹번동을 떠나기 싫어했다. 특히, 2019년 당시 6살이었던 아들을 자신의 모교인 은평초등학교에 보내고 싶어 했는데 학교 바로 앞에 위치하고 있어 '힐스테이트녹번역'에 대한 바람이 더욱 컸던 것 같다.

하지만 K의 청약가점은 40점대 중반이었다. 당연히 100% 청약가점제로 당첨자를 지정하는 서울에서는 당첨의 가능성은 0%였지만 K는 당시 청약에 대한 희망을 쉽게 버리지 못하고 있었다. K는 자녀가 1명뿐이었고 양가부모님 모두 자가주택을 보유하고 있는 상황이어서 부양가족 점수를 높일 수 있는 방법이 없었다. 게다가 서울에서 청약당첨 가능 점수인 64점이 되기 위해서는 앞으로 최소 5년은 더 기다려야 했다. 그래서 K에게 청

약에 대한 희망을 버리고 대신 '힐스테이트녹번역'을 P를 주고 살 것을 조언해 주었다. K는 한참을 망설였다.

망설임이 클 수밖에 없었던 게, 2018년 12월 매매가는 '분양가 + 발코니 확장비용' 값으로 7억 1,000만~7억 3,000만원이었는데, 2019년 가을에는 여기에 P가 1억 5,000만원 정도 붙어 있었다(전용면적 84㎡, 5층 이상 기준층 기준).

K는 고민 끝에 전용면적 84㎡의 로열층을 '분양가 + P'를 포함해서 8억 7,050만원에 구입했다. 그리고 2021년 봄에 입주를 했다. 현재 시세는 13억원이다.

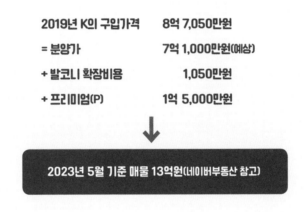

참고로 정부는 2020년 8월 이후부터 주택의 전매행위 제한 지역과 기간을 확대하였다. 실수요자 중심의 주택 공급을 위해서다. 이로 인해 서울 전역과 수도권의 인기지역 분양권 전매가 소유권이전등기일까지 불가능해졌다. 하지만 여기서 실망하거나 낙담할 필요는 없다. 정부의 정책은 시장의 분위기, 상황 등에 따라 시시각각 바뀐다. 어제의 규제가 오늘의 완화정책으로 언제든지 바뀔 수 있기 때문에 준비하고 있다가 기회가 왔을 때 잡으면 된다.

048

재개발·재건축 투자 전 필독 ①
입주권 vs 분양권 차이

'입주권'은 주택이고, '분양권'은 주택이 아니다?

재개발·재건축 또는 청약에서 많이 사용되는 용어의 정확한 뜻을 몰라 혼용해서 사용하는 일이 자주 있다. 대표적인 것이 '입주권'과 '분양권'이다. 이 두 용어는 '새로 지어질 주택의 소유권을 취득할 수 있는 권리'라는 점에서는 같지만 여러 면에서 차이가 난다.

특히 취득세, 재산세, 양도소득세에서 커다란 차이가 있기 때문에 입주권과 분양권의 정확한 의미를 알고 구분해서 사용할 줄 알아야 한다.

입주권 – 조합원이 신규주택을 취득할 수 있는 권리

어느 지역이 재개발·재건축 또는 택지˙ 개발사업의 구역으로 지정됐다고 가

● **택지** : 현재 건물이 서 있는 토지 또는 건물이 서 있지 않으나 앞으로 건물을 세울 수 있도록 여건이 갖춰진 토지를 이르는 말로, 일반적으로 주거용 또는 부수건물의 건축용지로 이용할 수 있는 토지를 뜻한다.

정해 보자. 이곳에 부동산을 보유하고 있는 소유자들은 조합을 설립해서 해당 구역 내 토지 위에 건축물 등을 모두 철거하고 새로 지어지는 새 건물을 분양받을 수 있는 권리를 취득하게 된다. 이것을 입주권이라고 한다. 즉 재개발·재건축 사업 중 관리처분계획인가[*] 단계 이후에 조합원 자격을 가지고 있다면 기존에 소유한 주택 대신에 향후 새로 지어질 주택을 취득할 수 있는 권리를 갖는다.

입주권을 가진 조합원은 일반분양자보다 더욱 저렴한 가격으로 아파트를 공급받을 수 있을 뿐만 아니라, 로열동·로열층을 배정받을 확률이 높다.[**] 그러나 해당 지역 내에 부동산을 보유하고 있어야 하기 때문에 초기 투자금이 많이 들어간다. 또한, 일반분양분이 미분양으로 남으면 추가 비용이 발생할 수도 있다.

분양권 – 조합원이 아닌 일반인이 신규주택을 취득할 수 있는 권리

분양권은 재개발·재건축, 택지 개발사업과 관계 없이, 일반인이 건설회사 등과 분양계약을 하면 받게 되는 권리를 말한다.

분양권은 입주권에 비해 초기 비용부담이 적다는 장점이 있다. 일반적으로 청약에 당첨된 사람은 '분양가 10%에 해당하는 계약금'만 지불하면 되기 때문이다. 그리고 대부분 총 분양가를 중도금, 잔금으로 분할해서 지급하기 때문에 상대적으로 목돈마련에 대한 부담감이 적은 편이다.

그러나 아파트의 위치, 시공사의 브랜드, 주변 환경, 미래전망, 개발호재, 인프라 등이 좋을수록 청약 경쟁률이 상승하기 때문에 인기지역에서 분양되는 아파

● 관리처분계획인가에 대한 자세한 내용은 629쪽 참고.
●● 일반분양에 앞서 조합원들을 대상으로 새로 지어질 아파트의 동·호수를 추첨을 통해 먼저 배정한다. 조합원이 배정받고 남은 나머지 세대를 일반분양하게 되므로 조합원이 로열동·로열층에 배정될 확률이 높다.

트가 청약으로 당첨될 확률은 굉장히 낮은 편이다.

만약 청약에서 떨어졌다면 분양권을 매수할 수도 있다. 신규주택의 분양권을 가지고 있는 사람이, 그 지위를 다른 사람에게 넘겨주는 것이다. 분양권전매로 구입한 사람이라면 '계약금 10%+P'만 지불하면 권리를 취득할 수 있다. P는 신규주택의 인기에 비례하기 때문에 선호도가 높은 아파트는 더 많은 돈을 지불해야 한다.*

입주권과 분양권은 엄밀히 말하면 새로운 주택을 취득할 수 있는 권리다. 즉, 현 상태에서는 권리일 뿐, 눈으로 직접 보이는 주택은 아니다.

그런데 세금 부분에서 입주권과 분양권은 차이점을 보인다. 세금과 관련해서 자세한 내용은 다음 장을 통해 살펴보자.

- **분양권전매제한** : 분양권이 단기투자 수단으로 활용되면서 주택시장이 과열되자, 투기과열지구, 조정대상지역, 분양가상한제 적용주택 등에 전매를 제한하는 규제제도가 생겼다(수도권 분양가상한제 적용주택의 전매제한기간은 293쪽 참고).

049

재개발·재건축 투자 전 필독②
입주권과 분양권 세금은 달라요!

부동산은 세금과 밀접한 관련이 있기 때문에 취득 시부터 양도 시까지 여러 종류의 세금을 부담해야 한다. 입주권과 분양권은 새로 지어질 아파트를 받을 수 있는 권리라는 점에서는 같지만, 세금에서는 상당 부분 다른 점을 보이게 된다. 어떠한 점이 다른지 각 세금별로 살펴보자.

1 | 취득세

입주권 有 vs 분양권 등기 전까지 無

조합원이 입주권을 부여받는 시점은 '관리처분계획인가 이후'다. 관리처분계획인가까지가 개발사업에서의 행정절차라면, 다음 단계부터는 실제 공사가 진행된다. 관리처분계획인가 이후부터 실제 이주 및 철거가 시작되기 때문에 입주권 취득세는 토지에 대한 취득세율인 4.6%가 적용된다.*

....

● **조합원지위 양도** : '관리처분계획인가 전'일 경우 조합의 입주권이라는 말은 성립이 되지 않는다. 그러므로 이때 '입주권을 샀다'라는 말은 틀린 말이고, '조합원지위를 샀다(양도받았다)'라고 하는 것이 맞는 표현이다. 관리처분계획인가 전이라면 입주권이 아닌 일반주택으로 간주되기 때문에 주택의 취득세율인 1.1~3.5%가 적용된다.

입주권은 아파트 준공 시에는 토지 부분에 대한 취득세는 이미 납부한 것으로 인정되어 건물 부분에 대한 취득세만 납부하면 된다. 이때, 시공사의 해당 평형 건축비에 비례하여 건물 부분 취득세율이 면제~3.16%까지 적용된다.[•]

분양권은 아파트가 준공될 때까지 등기사항증명서에 등재되지 않기 때문에 별도의 토지 취득세가 부과되지 않는다. 단, 입주 시에는 분양가의 1.1~3.5%의 취득세를 납부해야 한다.

입주권 vs 분양권 취득세 비교

입주권(원시취득)	분양권(승계취득)

• 매수 시 : 토지 취득세 4.6%
• 준공 시 : 해당 평형
  건축비의 면제~3.16%
	• 매수 시 : 토지 취득세 X
	• 입주 시 :
	  주택가액의 1.1~3.5%

2 │ 재산세

입주권 有 vs 분양권 無

입주권은 등기가 되기 때문에 토지 부분에 대한 재산세를 납부해야 한다. 물론 관리처분계획인가 전이어서 멸실이 안 된 건물이 있다면 건물 부분에 대한 재산세도 납부해야 한다.

이와는 반대로 분양권은 등기가 되는 권리가 아니므로 재산세 부과대상에서

● **입주권 건물 취득세 면제** : 재개발사업에서 전용면적 85㎡ 이하의 주택을 취득한 원조합원일 경우 취득세가 면제된다.

제외된다.

3 | 양도세

입주권·분양권 비과세 여부 적용

입주권은 주택으로 간주되기 때문에 요건을 갖추었다면 양도소득세 비과세 혜택*을 받을 수 있다. 분양권도 2021년 1월 1일 이후에 취득한 경우 주택으로 간주되기 때문에 요건을 갖추게 되면 양도소득세 비과세 혜택을 받을 수 있다.

다만, 2021년 1월 1일 이전(즉 2020년 12월 31일까지)에 취득한 분양권은 주택으로 보지 않기 때문에 과세대상이 된다. 이때의 양도소득세는 다소 복잡하고 설명해야 되는 부분이 많아서 사례별로 설명해 보겠다. (참고로 다음의 사례 1~3은 분양권의 취득시점을 2021년 1월 1일 이전으로 가정해서 설명했다.)

사례 1 | 입주권 vs 분양권
다른 주택이 없는 상태에서 '입주권' 또는 '분양권'을 팔았을 때

입주권은 주택으로 간주되기 때문에 관리처분계획인가일 이전에 1세대 1주택 비과세 요건을 갖추었다면, 입주권인 상태에서 팔더라도 양도소득세 비과세 혜택을 받을 수 있다.

분양권은 처음부터 주택인 적이 없었던 권리이기 때문에 비과세 대상에 해당

● **양도소득세 비과세 요건** : '1가구 1주택' 및 '매도가 12억원 이하'를 충족해야 한다. 만약 규제지역이라면 2년 이상 보유 및 2년 이상 거주해야 한다. 비규제지역은 2년 이상만 보유하면 된다.

되지 않는다(단, 분양권 취득일이 2021년 1월 1일 이후라면 주택으로 간주됨). 그러므로 비규제지역에 속한 분양권은 보유기간이 1년 미만인 경우 70%, 1년 이상 2년 미만은 60%, 2년 이상은 기본세율 6~45%가 적용된다.

사례 2 | 입주권 + 1주택 vs 분양권 + 1주택
'입주권' 또는 '분양권'과 다른 1주택을 보유한 자가 주택을 팔았을 때

입주권도 주택수에 포함되므로, 입주권과 1주택을 보유했다면 2주택자다. 따라서 1세대 1주택 양도소득세 비과세 혜택을 받을 수 없다.

분양권의 경우 2021년 1월 1일 이전에 취득한 것이라면 주택으로 보지 않는다. 즉 1주택과 분양권을 보유하다가 주택을 팔았다면 1세대 1주택 비과세 요건을 충족했을 경우 비과세 혜택을 받을 수 있다. (분양권을 2021년 1월 1일 이후에 취득했다면 주택으로 보기 때문에 비과세 혜택을 받을 수 없다.)

사례 3 | 입주권 + 2주택 이상 보유 vs 분양권 + 2주택 이상 보유
'입주권' 또는 '분양권'과 다른 2주택 이상을 보유한 자가 주택을 팔았을 때

2주택과 입주권을 보유했다면 1가구 3주택자가 되어 양도소득세를 비과세 받을 수 없다.

2021년 1월 1일 이전에 취득한 분양권이라면 주택을 팔 때도 주택수에 포함되지 않는다. 그러므로 이때 분양권을 제외한 나머지 주택이 '일시적 2주택' 조건에 부합할 때에는 비과세 혜택을 받을 수 있다.

단, 2021년 1월 1일 이후에 취득한 분양권의 경우에는 주택수에 산입되기 때문에 위와 같은 경우라 하더라도 비과세 혜택을 받을 수 없다.

입주권 vs 분양권 양도소득세 비교 ①

현행

	입주권	분양권
비과세	요건 충족 시 비과세 가능	요건 충족 시 비과세 가능
세율	• 1년 미만 : 70% • 2년 미만 : 60% • 2년 이상 : 6~45%	• 1년 미만 : 70% • 1년 이상 : 60%

입주권 vs 분양권 양도소득세 비교 ②

개정안

	입주권	분양권
비과세	요건 충족 시 비과세 가능	요건 충족 시 비과세 가능
세율	• 1년 미만 : 45% • 1년 이상 : 6~45%	• 1년 미만 : 45% • 1년 이상 : 6~45%

다음은 입주권과 분양권의 주택수 포함 여부를 총정리한 것이다.

입주권 vs 분양권 주택수 포함 여부

	입주권	분양권
세법상	O	O
청약 시	O	O
담보대출 시	O	O
전세대출 시	×	×

050

내집마련, 정확한 자금계획은 필수!

내집마련은 집값 + 부수비용!

집을 장만한다는 것은 한 번에 많은 목돈이 필요한 일이다. 그러므로 정확하게 자금계획을 세우지 않고 집 계약부터 덜컥 하면 잔금 바로 직전까지 누군가에게 아쉬운 소리를 하며 돈을 빌리러 다녀야 할 수도 있다.

의외로 많은 사람들이 자금계획을 세울 때 단순히 '집값'만 생각한다. 그러나 집을 살 때, 적게는 몇만원부터 많게는 몇천만원까지 부수적으로 들어가는 돈이 많다. 그러므로 자금계획을 세울 때에는 단순히 '집값'만 생각하지 말고, '부수비용'까지 정확하게 고려해야 한다.

부수비용의 종류

부수비용은 '이사 들어갈 집'과 '이사 나올 집'으로 나누어 생각해 봐야 한다. 대략적인 부수비용은 주택의 가격이 6억원 이하면 3%, 6억~9억원이면 4%, 9억원 초과면 5% 정도 예상하면 된다. 단, 인테리어 등의 수리비는 별도다.

이사 들어갈 집 부수비용

	내역	비고
소유권이전 등기비용	취득세	매매가의 1~3%
	교육세	취득세의 10%
	농어촌특별세	매매가의 0.2%
	법무사비용	법무사수수료(456쪽 참고)
	각종 공과금	인지세, 국민주택채권
중개수수료		매매가의 0.4~0.7%
이사비용		
이전설치비		에어컨, 정수기, 도시가스, 각종 통신(인터넷·전화) 등
수리비		도배, 바닥, 인테리어 등
선수관리비		평당 5,000~10,000원

이사 나올 집 부수비용

내역	비고
세금	양도소득세
중개수수료	
이사비용	
관리비	수도, 전기, 가스(철거비 포함), 기타 관리비 등
폐기물처리비용	가전·가구 등

| |

총 부수비용은?

주택 가격의 3~5%

051

집을 살 때, 나에게 꼭 맞는 대출상품 찾기!

주택담보대출의 종류 - 주택도시기금 상품 + 시중은행 상품

가급적 주택도시기금 알아보기

주택을 담보로 받을 수 있는 대출은 크게 정부에서 운용하는 '주택도시기금의 상품'과 '일반 시중은행의 상품'이다.

이 중 정부에서 운용하는 주택도시기금이 시중은행 대출상품보다 금리가 비교적 저렴한 편이다. 그러므로 주택도시기금에서 요구하는 신용등급과 소득수준에 해당된다면 일단 주택도시기금으로 운용되는 대출상품을 알아보는 것이 유리하다. 조건을 맞출 수 없을 때 시중은행 대출상품을 알아보면 된다.

주택도시기금에는 '신혼부부전용 주택구입자금', '신혼희망타운전용 주택담보 장기대출', '내집마련디딤돌대출', '수익공유형모기지', '손익공유형모기지', '오피스텔구입자금' 6가지 상품이 있다.

상품마다 대상, 금리, 한도 등 대출조건이 모두 다르므로 꼼꼼하게 살펴보고 자신에게 가장 적합한 것을 선택하는 것이 좋다.

주택도시기금 1 | 신혼부부전용 주택구입자금

신혼집 구입비용이 고민인 신혼부부에게 주택구입자금을 대출해 주는 상품이다. 대출금리는 연 2~3%대이며 최고 대출한도는 4억원이다.

주택도시기금 신혼부부전용 주택구입자금

대출대상	부부합산 연소득 8,500만원 이하, 순자산가액 4억6,900만원 이하 무주택 세대주인 신혼부부(혼인기간 7년 이내 또는 3개월 이내 결혼예정자) 또는 생애 최초 주택구입자
대출금리	연 2.15~3.25%
대출기간	10년, 15년, 20년, 30년 (거치* 1년 또는 비거치)
대출한도	• 최고 4억원 이내 • LTV : 80% 이내, DTI : 60% 이내 적용**
대상주택	주거 전용면적이 85㎡(수도권을 제외한 도시지역이 아닌 읍 또는 면 지역은 100㎡) 이하 주택으로 대출 접수일 현재 담보주택의 평가액이 6억원 이하인 주택
신청시기	소유권이전등기를 하기 전에 신청. 단, 소유권이전등기를 한 경우에는 이전등기 접수일로부터 3개월 이내까지 신청
취급은행	우리은행, KB국민은행, NHBank, 신한은행, KEB하나은행, 대구은행, 부산은행

출처 : 주택도시기금

● **거치기간** : 대출을 받은 후 원금을 갚지 않고 '이자'만 지불하는 기간을 말한다. 참고로 대출기간은 '거치기간 + 상환기간'을 말한다.

●● LTV, DTI, DSR에 대한 설명은 277쪽 참고.

주택도시기금 2 | 신혼희망타운전용 주택담보장기대출

신혼희망타운* 분양계약을 체결한 만 19세 이상 무주택 신혼부부를 위한 신혼희망타운전용 주택담보장기대출 상품이다. 대출금리는 연 고정 1.6%이며, 대출한도는 최고 4억원 이내다.

주택도시기금 신혼희망타운전용 주택담보장기대출

대출대상	LH가 공급하는 주거전용면적 60㎡ 이하의 신혼희망타운 주택 입주자
대출금리	연 1.6%(고정금리)
대출기간	20년 또는 30년 중 선택
대출한도	최고 4억원 이내(주택가액의 최대 70%)
대상주택	LH가 공급하는 주거전용면적 60㎡ 이하의 신혼희망타운 주택
신청시기	잔금지급일 약 2달 전부터 대출 신청
취급은행	우리은행, KB국민은행, 신한은행

출처 : 주택도시기금

주택도시기금 3 | 내집마련디딤돌대출

서민들의 주택 구입을 위한 정부의 대표적인 저금리 구입자금 대출상품이다.

● **신혼희망타운** : LH에서 공급하는 신혼희망타운은 육아와 보육에 특화하여 건설하고, 전량을 신혼부부 등에게 공급하는 신혼부부 특화형 공공주택이다. 신혼희망타운에는 분양형과 임대형(행복주택)이 있으며, 본문에서 말하는 것은 분양형이다.

대출금리는 연 2~3%이며 대출한도는 최고 4억원이다.

주택도시기금 내집마련디딤돌대출

대출대상	**부부합산** 연소득 6,000만원 이하(생애최초 주택구입자, 2자녀 이상 가구는 연소득 7,000만원, 신혼가구는 연소득 8,500만원 이하), 순자산가액 4.억6,900원 이하 **무주택 세대주**
대출금리	연 2.45~3.55%
대출기간	10년, 15년, 20년, 30년(거치 1년 또는 비거치)
대출한도	• 최고 4억원 이내 • 신혼가구 및 2자녀 이상 가구일 경우 4억원 이내 • LTV : 70% 이내, DTI : 60% 이내 적용(생애 최초 주택구입자 LTV 80% 이내)
대상주택	주거 전용면적이 85㎡(수도권을 제외한 도시지역이 아닌 읍 또는 면 지역은 100㎡) 이하 주택으로 대출 접수일 현재 담보주택의 평가액이 5억원 이하인 주택(신혼가구 및 2자녀 이상 가구 6억원 이하)
신청시기	소유권이전등기를 하기 전에 신청. 단, 소유권이전등기를 한 경우에는 이전등기 접수일로부터 3개월 이내까지 신청
취급은행	우리은행, KB국민은행, NHBank, 신한은행, KEB하나은행, 대구은행, 부산은행

출처 : 주택도시기금

주택도시기금 4 | 수익공유형모기지

생애 최초로 주택을 구입하거나, 5년 이상 무주택인 사람이 주택 구입 시에 수익을 주택도시기금과 공유하는 대출상품이다. 대출금리는 연 고정 1.8%이며, 대출한도는 최대 2억원 이내다. 대출금리가 저렴한 대신 시세차익을 주택도시기금과 나누어야 한다.

주택도시기금 수익공유형모기지

대출대상	**부부합산** 총소득 6,000만원 이하(생애 최초 주택구입자는 7,000만원 이하), 순자산가액 4억6,900만원 이하로 생애 최초 주택구입자 또는 5년 이상 무주택 세대주
대출금리	연1.8%(고정금리)
대출기간	20년 원리금균등분할상환(거치기간은 1년 또는 3년)
대출한도	• 주택가격(한국부동산원 조사가격)의 최대 70%(호당 2억원 이내 유효담보가액 범위 내) • 구입자(부부합산) 연소득 4.5배 이내(단, 무소득자 및 1,800만원 이하 소득자는 8,000만원 한도)
대상주택	• 주거 전용면적 85㎡ 이하이고 주택가격 6억원 이하인 아파트(기존아파트, 미분양아파트, 신규 입주 아파트 등) 단, 수도권(서울, 경기, 인천) 및 지방 5대 광역시(부산, 대구, 광주, 대전, 울산), 인구 50만 이상 도시(김해, 전주, 창원, 천안, 청주, 포항) 및 세종특별자치시에 한정 • 소유권이전등기 접수일 이전에 신청 별도 항목으로 구분
신청시기	소유권이전등기 전
처분이익공유	• 주택 매각(3년 이후) 또는 대출만기 또는 중도상환 시 매각 이익의 일부를 기금에 귀속 • 매각 이익이 발생할 경우, 당초 매입가격에서 기금 대출 평잔이 차지하는 비율만큼 주택기금에 귀속(기금의 최대 수익률 연 5% 이내) • 3년 이내 조기상환 시 처분 이익 상환은 없음
취급은행	우리은행, KB국민은행, 신한은행

출처 : 주택도시기금

주택도시기금 5 | 손익공유형모기지

생애 최초로 주택을 구입하거나, 5년 이상 무주택인 사람이 주택 구입 시 수익

● 예를 들어, 주택가격(한국부동산원 조사가격)이 2억 5,000만원이라면, 호당 2억원 이내 유효담보가액 범위 내에서 대출이 가능하므로 이때 최대 대출가능액은 1억 7,500만원(2억 5,000만원 × 70%)이 된다.

과 위험을 주택도시기금과 공유하는 대출상품이다. 대출금리는 최초 5년간 연 1.3%이며 대출한도는 주택가격의 최대 40%이다. 앞서 살펴본 '수익공유형모기지'의 경우 수익만 주택도시기금과 공유하지만 '손익공유형모기지'의 경우에는 수익뿐만 아니라 집값 하락 등의 손실도 공유하는 상품이다. 부동산시장이 침체기이고 시중은행 금리가 부담스러운 사람들에게 적합한 상품이다.

주택도시기금 손익공유형모기지

수익과 위험을 주택도시기금과 공유하는 상품

대출대상	부부합산 총소득 6,000만원 이하(생애 최초 주택구입자는 7,000만원 이하), 순자산가액 4억6,900만원 이하로 생애 최초 주택구입자 또는 5년 이상 무주택 세대주
대출금리	최초 5년간 연 1.3% 이후 연 2.3%(고정금리)
대출기간	20년 만기일시상환
대출한도	• 주택가격(한국부동산원 조사가격)의 최대 40%(호당 2억원 이내 유효담보가액 범위 내) 금융기관 모기지 포함 LTV(담보인정비율) 70% 이내 • 구입자(부부합산) 연소득 4.5배 이내(단, 무소득자 및 1,800만원 이하 소득자는 8,000만원 한도)
대상주택	• 주거 전용면적 85㎡ 이하이고 주택가격 6억원 이하인 아파트(기존아파트, 미분양아파트, 신규 입주 아파트 등) 단, 수도권(서울, 경기, 인천) 및 지방 5대 광역시(부산, 대구, 광주, 대전, 울산), 인구 50만 이상 도시(김해, 전주, 창원, 천안, 청주, 포항) 및 세종특별자치시에 한정
신청시기	소유권이전등기 전
처분이익공유	• 주택 매각(3년 이후) 또는 대출만기 또는 중도상환 시 매각 손익 공유 • 매각가격(실거래가) 또는 감정가격과 당초 매입가격의 차이만큼 대출비율에 따라 주택기금에 차익(차손) 귀속 • 3년 이내 조기상환 시 처분 이익 상환은 없음
취급은행	우리은행, KB국민은행, 신한은행

출처 : 주택도시기금

주택도시기금 6 | 오피스텔구입자금

근로자 및 서민에게 주거용 오피스텔구입자금을 대출해 주는 상품이다. 대출
금리는 연 3%대이며, 대출한도는 최고 7,500만원 이내다.

주택도시기금 주거용 오피스텔구입자금

대출대상	부부합산 연소득 6,000만원 이하, 순자산가액 4억6,900만원 이하 무주택 세대주
대출금리	연 3.1%(변동금리)
대출기간	2년(9회 연장, 최장 20년) 만기일시상환 (기한 연장 시마다 최초 대출금 또는 직전 연장금액의 10% 이상 상환 또는 상환불가 시 연 0.1% 금리 가산)
대출한도	최고 7,000만원 이내(단, 다자녀가구는 7,500만원 이내)
대상주택	• 전용면적이 60㎡ 이하 준공된 주거용 오피스텔 • 오피스텔 가격이 1억 5,000만원 이하
신청시기	소유권이전등기 전(다만, 소유권이전등기를 한 경우 이전등기 접수일로부터 3개월 이내)
취급은행	우리은행, KB국민은행, KEB하나은행, NHBank, 신한은행

출처 : 주택도시기금

 은행 방문 전 대출금리 비교하는 법

대출을 받을 때 주변 사람들에게 조언을 구하면, 대부분 주거래은행에 가서 상담을 받아
보라고 한다. 그런데 문제는 자신은 주거래은행이라고 생각하는데, 정작 해당 은행에서는
주고객으로 생각하지 않을 수도 있다는 것이다.

그럴 때는 '금리'를 최우선순위에 두고 대출상품을 고르면 된다. 상담을 받기 전에 온라인에서 금리를 먼저 비교하고 선별한다면 시간, 비용, 조건 등을 자신에게 보다 유리한 쪽으로 이끌 수 있다. 은행별 대출금리는 전국은행연합회 홈페이지(www.kfb.or.kr)에서 쉽게 알아볼 수 있다.

① 전국은행연합회 홈페이지 → 소비자포털 → 금리·수수료 비교공시 → 대출금리비교 → 은행별 비교공시를 눌러 은행별 비교공시(2023년 이후)를 확인한다. 원하는 은행과 대출의 종류에 체크하고 검색 버튼을 클릭한다.
② 체크했던 은행들의 금리가 신용등급별로 나온다.
③ 자신의 신용등급을 대입하여 어느 은행의 금리가 유리한지 대략적으로 확인한다.

은행별 금리는 시기와 조건에 따라 매 상황 달라지기 때문에 대출받을 시점에 다시 확인해 보는 것이 좋다.

은행	구분	CB사 신용등급별 금리(%)								
		1000~951점	950~901점	900~851점	850~801점	800~751점	750~701점	700~651점	650~601점	600점 이하	평균 금리
우리은행	대출금리	5.21	5.27	5.25	5.29	5.39	5.39	5.43	5.68	5.69	5.27
SC 제일은행	대출금리	4.73	4.74	4.73	4.75	4.72	4.77	4.73	4.77	4.72	4.73
하나은행	대출금리	4.62	4.63	4.67	4.65	4.70	4.69	4.67	4.64	4.60	4.64
IBK 기업은행	대출금리	5.13	5.17	5.14	5.00	5.24	5.18	-	5.18	-	5.14
KB 국민은행	대출금리	4.90	4.89	4.90	4.85	4.87	4.87	4.93	4.87	4.93	4.89

(2023년 2월 기준)

052

신생아 특례대출
(feat. DSR 적용 X)

'저출산 극복을 위한 주거안정 방안'에 따른 신생아 특례대출은 대출 신청일 기준 2년 내 '출산' 또는 '입양'한 무주택 가구나 1주택 가구(대환대출)에 대하여 저렴한 금리로 대출을 해주는 정책적 상품이다.

신생아 특례대출은 주택구입을 위한 '디딤돌대출'과 전세자금을 위한 '버팀목 대출'이 있다.

디딤돌대출(주택구입자금)

부부합산 연 소득이 1억3,000만원 이하이면서 순자산이 4억6,900만원 이하여야 한다.

연 1.6~3.3%의 금리로 최대 5억원까지 자금을 대출을 받을 수 있다.

대상 주택은 주택가액은 9억원 이하이면서 전용면적이 85㎡ 이하여야 한다.

신생아 특례 디딤돌대출 정리

대출대상	· 대출접수일 기준 2년 내 출산('23.1.1. 이후 출생아부터 적용)한 무주택 세대주 및 1주택 세대주(대환대출) · 부부합산 연소득 1억3,000만원 이하, 순자산가액 4억6,900만원 이하
대출금리	· 1.6 ~ 3.3%
대출기간	· 10년, 15년, 20년, 30년(거치 1년 또는 비거치)
대출한도	· 최대 5억원 이내(LTV 70%, 생애최초 주택구입자는 LTV 80%, DTI 60% 이내)
대상주택	· 주거전용면적이 85㎡(수도권을 제외한 도시지역이 아닌 읍 또는 면 지역은 100㎡)이하 주택으로 대출접수일 현재 담보주택의 평가액이 6억원 이하인 주택 · 임대차 없는 주택일 것. 다만, 당해대출 실행일까지 임차인 퇴거조건으로 보증신청 가능
취급은행	우리은행, 신한은행, KB국민은행, NH농협, KEB하나은행
신청	한국주택금융공사 홈페이지, 스마트 주택금융 앱

출처 : 주택도시기금

버팀목대출(전세자금)

부부합산 연 소득 1억3,000만원 이하이면서 순자산가액이 3억4,500만원 이하여야 한다.

연 1.1~3.0%의 금리로 최대 3억원(보증금 80% 이내)까지 지원이 가능하다.

대상주택은 임차보증금이 수도권 5억원, 수도권외 4억원 이하인 전용면적 85㎡ 이하 주택이여야 한다.

신생아 특례 버팀목대출 정리

대출대상	· 대출접수일 기준 2년 내 출산('23.1.1. 이후 출생아부터 적용)한 무주택 세대주 · 부부합산 연소득 1억3,000만원 이하, 순자산가액 3억4,500만원 이하
대출금리	· 연 1.1%~3.0%
대출기간	· 2년(5회 연장, 최장 12년 이용 가능)
대출한도	· 최대 3억원 이내
대상주택	· 아래의 요건을 모두 충족하는 주택 **1. 임차 전용면적** 임차 전용면적 85㎡(수도권을 제외한 도시지역이 아닌 읍 또는 면 지역은 100㎡) 이하 주택(주거용 오피스텔은 85㎡이하 포함) 및 채권양도협약기관 소유의 기숙사(호수가 구분되어 있고 전입신고가 가능한 경우에 한함) 단, 쉐어하우스(채권양도협약기관 소유주택에 한함)에 입주하는 경우 예외적으로 면적 제한 없음 **2. 임차보증금** 수도권 5억원, 수도권 외 4억원
취급은행	우리은행, 신한은행, KB국민은행, NH농협, KEB하나은행

출처 : 주택도시기금

 신생아 특례대출 계약서 작성할 때 유의사항

대상자인지 여부와 대출한도, 금리 등을 미리 알아보는 것이 중요하다. 또한, 계약서를 작성하기 전에 혹시라도 대출 승인이 되지 않을 것을 대비해서 아래와 같은 특약사항을 넣어두는 것이 좋다.

'신생아 특례대출이 승인 되지 않을 경우 본 계약은 무효로 하며, 매도자(임대인)는 아무런 조건 없이 받은 계약금 전액을 매수자(임차인)에게 반환하기로 한다.'

053

대출용어 3형제 완전정복!
- LTV, DTI, DSR

주변의 도움 없이 집을 마련할 때, 대출 없이 구입한다는 것은 현실적으로 불가능에 가깝다. 그래서 내집마련을 계획할 때 담보대출을 알아보는 경우가 많다. 이때 LTV, DTI, DSR 등 대출과 관련된 용어를 많이 듣게 된다. 자주 들었고 익숙한 용어 같지만 정확하게 어떤 뜻을 갖고 있는지 헷갈릴 때가 많다.

1 | 주택담보인정비율 - LTV(Loan to value ratio)

금융기관에서 주택과 같은 부동산을 담보로 대출을 해 줄 때, 해당 주택의 실제가치 대비 최대 대출 가능한 한도를 퍼센트로 표시한 것이다. 즉 주택의 가치를 담보로 받을 수 있는 대출의 최대 한도를 의미한다.

$$LTV = \frac{\text{은행의 대출금액}}{\text{담보물건의 실제 가치}} \times 100$$

예를 들어 LTV가 50%라면 시가 6억원짜리 아파트를 담보로 받을 수 있는 대출금이 최대 3억원이라는 말이다.

여기서 유의할 점은, 실제로 대출받을 수 있는 액수는 이보다 더 적다는 것이다. 왜냐하면, 금융기관에서는 이자 등이 연체될 경우 담보로 설정한 주택을 경매 처분하게 되는데 주택임대차보호법에서 적용하는 최우선변제금,* 즉 방 1개당 소액임차보증금을 빼고 대출해 주기 때문이다.

예제 1 | 시가 6억원짜리 방 3개짜리 아파트의 LTV가 50%라면 대출 가능 금액은?

3억원 − (3개 × 5,500만원) = 1억 3,500만원

현재(2023. 2. 21. 이후) 서울 기준 최우선변제금은 방 1개당 5,500만원이다. 위와 같이 방이 3개라면 약 1억 6,500만원이 공제된다. 즉 대출 가능 한도였던 3억원에서 1억 6,500만원이 차감돼 1억 3,500만원이 실제 대출 가능 한도가 된다.

또한, 해당 주택에 전세가 들어 있다면 대출 가능 한도에서 전세보증금액만큼이 공제되기 때문에 실질적으로 대출 가능한 한도는 더욱 줄어들 수밖에 없다.

2 | 총부채상환비율 – DTI(Debt to income ratio)

연간 총소득에서 해당 대출에 대한 '연간 원리금(원금＋이자)상환액'이 차지하는 비율을 퍼센트로 표시한 것이다. 이 수치가 낮을수록 빚 상환 능력이 높다고 인

● **최우선변제금** : 선순위인 다른 채권자가 있어도 소액 임차인이 우선적으로 배당받는 것을 우선변제라고 한다. 우선변제 받는 금액은 지역에 따라 다르다(자세한 내용은 283쪽 참고).

정된다.

$$DTI = \frac{\text{해당 대출 연간 원리금상환액}}{\text{연간소득}} \times 100$$

총부채상환비율은 빚의 상환액이 소득의 일정 비율을 넘지 못하게 제한하기 위해 만들어진 수치다. 은행에서 대출금액을 산정할 때, 채무자의 소득으로 얼마나 잘 상환할 수 있는지 판단하여 대출한도를 정하는 척도이기도 하다.

2018년도부터는 신(新)DTI가 도입되었다. 이전까지는 해당 건 주택담보대출 원리금만으로 DTI를 계산했다면, 신DTI에서는 기존의 주택담보대출 원리금까지 합산하도록 했다. 이로 인해 대출 가능액은 더욱 줄어들 수밖에 없게 되었다.

예제 2 | 연간소득이 7,000만원, 연간 주택담보대출 원리금상환액이 2,500만원인 경우 DTI는 얼마일까?

$$\frac{2,500\text{만원}}{7,000\text{만원}} \times 100 = 35.71\%$$

예제 3 | 연간소득이 7,000만원, 연간 주택담보대출 원리금상환액이 2,500만원, 기존의 대출이자상환액이 1,000만원인 경우 신DTI는 얼마일까?

$$\frac{2,500\text{만원}+1,000\text{만원}}{7,000\text{만원}} \times 100 = 50\%$$

여기서 잠깐! 채무자 개인소득이 높아서 DTI의 한도가 높게 나온다 해도 LTV의 한도를 초과해서 대출을 받을 수는 없다. 즉 DTI의 한도는 LTV의 한도를 넘지 못한다.

3 | 총부채원리금상환비율 - DSR(Debt service ratio)

DSR은 신DTI보다 더 엄격한 기준이다. 신규 대출 원리금과 기존의 대출 원리금은 물론이고 신용대출, 마이너스통장, 자동차 할부, 학자금대출, 카드론 등 모든 금융권의 대출 원금과 이자를 더한 원리금상환액으로 대출상환 능력을 심사하기 때문이다. DSR을 도입하면 연소득은 그대로인 상태에서 금융부채가 커지기 때문에 상대적으로 대출한도가 대폭 축소된다. 신DTI보다 훨씬 강화된 정책이라고 볼 수 있다.

$$DSR = \frac{(신DTI + 모든 금융권 대출에 대한 연간 원리금상환액)}{연간소득} \times 100$$

예제 4 | 연간소득이 7,000만원이고, 연간 주택담보대출 원리금상환액이 1,500만원이고, 연간 모든 금융권 대출에 대한 원리금상환액이 2,000만원이라면 DSR은 어떻게 될까?

$$\frac{1,500만원 + 2,000만원}{7,000만원} \times 100 = 50\%$$

만약, 이 사례에서 신규 대출 건에 대한 금융기관의 DSR 한도가 60%였다면, 남은 DSR의 한도 10%(60 – 50%)인 700만원(연간소득 7,000만원×10%) 범위 내에서 대출을 받을 수 있게 되는 것이다. 여기서 10%(700만원)는 대출 가능한 금액이 아니라, 대출 가능한 원리금, 즉 1년간 상환해야 하는 원금+1년간 내야 하는 이자를 말한다.

대출한도가 달라진다! '규제지역'과 '비규제지역'

LTV와 DTI는 정부가 부동산 경기 과열과 투기를 방지하기 위해 사용하는 정책이다. LTV와 DTI는 '규제지역'이냐, '비규제지역'이냐에 따라 적용비율이 달라져 대출한도가 달라지기 때문에 자신이 대출받고자 하는 주택이 어느 지역에 해당하는지를 파악해야 한다.

시가	구분		투기지역		투기과열지구		조정대상지역		그 외 수도권		그 외	
			LTV	DTI	LTV	DTI	LTV	DTI	LTV	DTI	LTV	DTI
9억 원 이하	서민실수요자		50	50	50	50	60	60	70	60	70	×
	무주택세대		40	40	40	40	50	50	70	60	70	×
	1주택	원칙	0	–	0	–	0	–	60	50	60	×
		예외	40	40	40	40	50	50				
	다주택자		0	–	0	–	0	–	60	50	60	×
9억~ 15억 원	원칙		0	–	0	–	0	–				
	예외 무주택자	9억 이하 분	40	40	40	40	50	50	주택구입 기준과 동일			
		9억 초과분	20	40	20	40	30	50				
15억 원 초과	원칙		0	–	0	–	30	50	주택구입 기준과 동일			

규제지역은 '투기지역', '투기과열지구', '조정대상지역'으로 나뉘는데, 정부가 부동산시장 상황에 따라 지역의 범위를 탄력적으로 적용하고 있다.

참고로 2023년 1월 5일 강남, 서초, 송파, 용산을 제외한 전 지역이 투기과열지구, 조정대상지역, 투기지역에서 전면 해제되었다.

054

방공제 없이 더 많은 대출금을 원할 땐
- MCI, MCG

지역마다 차이가 나는 최우선변제금

앞에서도 살펴봤지만 금융기관에서는 대출한도 전액을 대출해 주지 않는다. 주택이 경매에 넘어가는 일을 대비해 대출한도에서 최우선변제(186쪽 참고) 금액 만큼 공제를 하고(일명 '방공제', '방빼기') 대출을 해 준다.

> 서울은 방 1개당 5,500만원이지만 지방은 2,500만원이다.

지역별 최우선변제금

저당권 설정일	대상지역	소액보증금 적용방위	최우선변제금
2023. 2. 21.~	서울특별시	1억 6,500만원 이하	5,500만원
	수도권정비계획법에 따른 과밀억제권역(서울특별시 제외), 세종특별자치시, 용인시, 화성시 및 김포시	1억 4,500만원 이하	4,800만원
	광역시(수도권정비계획법에 따른 과밀억제권역에 포함된 지역과 군지역 제외), 안산시, 광주시, 파주시, 이천 및 평택시	8,500만원 이하	2,800만원
	그 외 지역	7,500만원 이하	2,500만원

최우선변제 없이 최대한 대출 가능! - MCI, MCG

은행 대출이 생각보다 많이 나오지 않을 경우 이를 보완해 줄 상품이 바로 MCI, MCG다. 이 상품을 이용하면 최우선변제 LTV의 범위 내에서 최대한 대출을 받을 수 있어, 일명 방공제 대출로 불린다.

MCI와 MCG는 일종의 보험, 보증상품이다. 즉 금융기관에서는 소액임차인의 최우선변제로 인한 채권손실에 대한 위험을 MCI, MCG라는 보증보험에 가입함으로써 소액보증금을 차감하지 않고 대출하는 것이다.

단, MCI와 MCG는 정부의 정책 변화와 각 은행의 내부사정에 따라 취급하지 않을 수도 있다. 하지만 더 많은 대출금을 원할 때에는 큰 기대를 하지 않고 물어보는 것이 좋을 것이다.

대출금 올려주는 보증보험

> 보증보험에 가입하면 소액보증금 차감이 없어서 대출가능액이 커진다.

	MCI	MCG
명칭	모기지신용보험 (Morgage credit insurance)	모기지신용보증 (Morgage credit guarantee)
공통점	주택담보대출 시 방공제하지 않음	
보증기관	서울보증보험	한국주택금융공사
이용한도	'1인당 2건' 사용가능 (부부라면 각 2건씩 총 4건 가능)	'세대당 2건' 사용가능 (한도는 1억원 이하로 이용 가능)
비용부담	금융기관(은행)	채무자(돈 빌리는 사람)
참고사항	• MCG를 먼저 가입하면 MCI를 가입할 수 없기 때문에 가입 순서는 MCI → MCG가 효율적이다. • MCI는 금융기관에서 가입하기 때문에 비용도 금융기관에서 부담하게 된다. 때문에 대출금리가 조금 더 인상되는 경우가 있다.	

055

대출상환방식 3가지
— 만기일시상환, 원리금균등상환, 원금균등상환

대출상환방식에는 크게 '만기일시상환', '원리금균등상환', '원금균등상환'이 있다. 상환방식에 따라 갚아 나가야 할 원금과 이자가 매달 달라진다.

1 │ 만기일시상환

대출기간 동안 매달 이자만 납부하다가 만기일에 원금 전체를 한 번에 상환하는 방식이다. 만기일까지 원금을 갚지 않아도 되기 때문에 초기 부담이 굉장히 적다. 또한 대출기간 동안 원금상환에 대한 부담이 적기 때문에 대출금을 자유롭게 운용할 수 있다는 장점이 있어, 매달 수익이 발생하는 수익성 부동산에 투자할 때 많이 사용한다. 하지만 다른 상환방식에 비해 금리가 상대적으로 높으며, 만기 시 한 번에 목돈을 상환해야 한다는 부담이 있다.

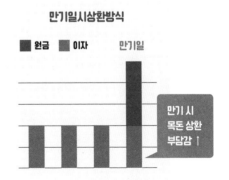

2 | 원리금균등상환

원금과 이자를 더한 금액을 만기일까지 매달 균등하게 상환하는 방식이다. 이 방식은 매달 상환해야 하는 금액이 고정적이기 때문에 자금계획을 세우는 데 유리하다. 일정하게 급여를 받는 직장인들이 많이 사용한다.

대출을 받은 날부터 만기일까지 상환액이 일정하지만, 초기에는 원금보다 이자 비중이 더 크다가, 점차 원금을 상환하는 비율이 높아진다. 대출기간 동안 총부담해야 하는 이자의 액수가 원금균등상환일 때보다 많다는 단점이 있다.

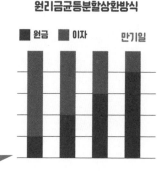

그나마 초기에는 부담이 덜하기 때문에 장기대출보다는 단기간 목돈이 필요할 경우 적합하다.

3 | 원금균등상환

일정한 금액의 원금과 원금잔액에 따른 이자를 함께 상환하는 방식이다. 원금을 매달 일정한 금액으로 상환하고, 이자는 원금 잔액에 따라 책정된다. 대출기간 동안 매달 균일한 원금을 상환해 나가기 때문에 시간이 지날수록 원금액이 줄어들고 이에 따라 이자부담액도 감소하게 된다.

원금균등상환방식은 다른 상환방식에 비해 이자의 총액이 적고, 만기일에 가까워질수록 매달 부담해야 하는 이자가 점점 줄어든다는 장점이 있다. 하지만 초기 상환금액이 다른 방식에 비해 많고, 매달 갚아야 할 금액이 달라지기 때문에 다소 불편하다.

　정리하면, 다른 방식에 비해 초기 부담은 크지만, 장기적으로는 이자부담이 가장 적은 방식이다. 그러므로 단기대출보다는 장기대출을 받을 때 적합하다. '내집마련'에 고려해 볼 만한 상환방식이다.

원금균등분할상환방식

■ 원금　■ 이자

만기일

> 초기 이자 부담이 큰 편,
> 내집마련용 장기대출에 적합

　각각의 상환방식에 따른 특징을 살펴봤다. 그렇다면 대출금액 1억원, 대출기간 10년, 금리 연 3.5%라 가정할 때 상환방식에 따른 이자부담액은 어떻게 될까?

　결과적으로는 만기일시상환이 가장 이자가 많고 그다음이 원리금균등상환, 원금균등상환 순이다.

만기일시상환 3,500만원 > **원리금균등상환 1,866만원** > **원금균등상환 1,764만원**

30대 내집마련! ❷ 선택
(feat. 아파트, 단독, 빌라)

056

아파트 분양(청약)받을까?
매매로 살까?

분양의 장점은 시세차익 가능성 UP!
단점은 당첨 가능성 희박?

아파트를 사는 방법에는 크게 2가지가 있다. 첫 번째로 새 아파트를 분양받는 것이고, 두 번째로는 기존에 지어진 아파트를 매매로 사는 것이다.

분양과 매매는 방법은 달라도 아파트를 산다는 결과물은 같다. 경험이 부족하다 보니 두려움과 신중함이 앞서서 사는 방법을 고민하게 되는 것이다. 특히 경제적 측면에서 어떤 방법이 자신에게 조금이라도 더 유리할지를 고민하게 된다.

분양의 가장 큰 장점은 주변 시세보다 저렴하게 새집을 마련할 수 있다는 것이다. 최근 들어 새 아파트에 대한 관심과 인기가 높아지면서, 웬만한 지방의 경우에도 청약에 당첨만 되면 바로 P(프리미엄)가 붙기 시작했다.

특히 서울, 경기지역에서는 적게는 수천만원, 많게는 분양가만큼의 P가 붙었다는 이야기를 어렵지 않게 들을 수 있다. 즉 당첨만 되면 수억원에 달하는 시세차익을 얻을 수 있다는 것이다.

분양의 최대 단점은 청약 열기로 인해 웬만한 청약가점으로는 당첨될 수 없다는 것이다. 2020년 기준으로 서울에서 괜찮은 동네에 있는 전용면적 84㎡ 아파트에 당첨되려면 청약가점이 최소 60점은 넘어야 한다. 사실상 자녀가 1~2명인 30~40대 초반의 젊은 가장들이 달성하기 어려운 점수다.

3040이라면 내집마련 방향성을 결정해야!

서울 아파트 청약에 당첨되기 위해 '무주택기간', '청약통장가입기간' 등의 조건을 모두 충족하려면 최소 40대 중반 이후가 되어야 한다. 그러므로 자신의 청약점수를 계산해 보고 자신이 원하는 지역에 당첨될 수 있는 점수인지를 객관적으로 판단해야 한다.

특히 30~40대 초반의 가장들이라면 최대한 빨리 내집마련의 방향을 결정해야 한다. 장기적인 계획을 세우고 가점을 높여서 청약에 계속 도전할지, 아니면 집값이 더 오르기 전에 매매로 장만할지를 정해야 한다.

분양은 30~40대 가장들에게 양날의 검과 같다. 되면 좋은데 되기가 힘들다. 그러므로 자신의 청약가점을 냉정하게 평가한 후 청약에 대한 '희망'을 이어갈지 아니면 '희망고문'에서 벗어날지를 정해야 한다.

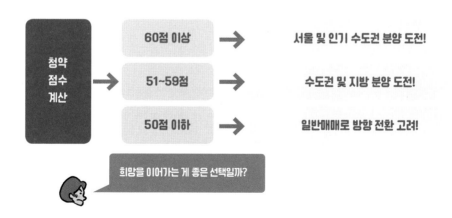

057

분양가상한제,
내집마련에 독일까? 약일까?

분양가상한제, 공공택지는 물론 민간택지까지 적용!

분양가는 토지비와 건축비를 합산하고 거기에 건설사의 적정이윤을 더해서 정해진다. 시장이 과열되었을 때는 정부가 '분양가상한제' 같은 정책을 통해 적극적으로 개입하기도 한다.

분양가상한제는 지자체의 분양가 심사위원회의 승인을 받아 분양가를 정하게 한다. 쉽게 말하면 분양가를 높게 매기지 못하도록 제한선을 정해 주고 그 이하로만 분양가를 책정하게 하는 강제적인 제도다.

분양가상한제 적용 대상은 공공택지와 민간택지를 나누어 살펴봐야 한다.

① 공공택지에 적용된 분양가상한제

국가, LH, 지방자치단체 같은 공공기관이 개발하는 택지를 말한다. 국민주택건설이나 대지조성사업, 택지개발사업, 산업단지개발사업으로 개발하는 택지가이에 해당한다.

국민임대주택단지 조성사업을 통해 공공사업으로 개발 및 조성하는 공동주택

건설용지도 공공택지이며, 모두 분양가상한제를 적용받는다. 최근에 남양주, 하남, 인천, 과천 등에 대규모 공공택지가 지정된 바 있다.

❷ 민간택지에 적용된 분양가상한제

민간택지는 개인이나 민간기업 등이 주택을 건설할 수 있게 만든 토지를 뜻한다. 민간택지의 분양가상한제는 한동안 중단되었다가 2020년 7월 29일 이후 다시 시행되었다. 적용 지역은 서울 18개구 309개동과 경기 3개시 13개동으로 총 322개동에 시행되었다가 2023년 1월 5일 강남, 서초, 송파, 용산을 제외한 나머지 지역을 분양가상한제 적용대상에서 전면 해제하였다. 단, 2023년 1월 5일 이전에 입주자모집공고가 된 사업장은 공고받은 대로 진행된다는 점을 유의해야 한다.

적용 지역 민간택지에서 아직 입주자모집공고 신청을 하지 않았다면 분양가상한제를 적용받게 되며, 지방자치단체의 분양가 심사위원회로부터 분양가를 승인받아야 한다.

수도권 분양가상한제 적용 주택 전매제한기간은?

분양가상한제 적용 주택은 소유자가 일정 기간을 거주해야 매도가 가능하다. 이런 규제를 '전매제한'이라고 한다. 저렴하게 분양받은 만큼 곧바로 매도하지 못하게 함으로써 실거주를 목적으로 하는 수요자들의 주거안정을 도모하려는 것이다. 택지별 전매제한기간은 다음의 표와 같다.

택지별 매도 가능 시점

수도권	공공택지 또는 규제지역	과밀억제권역	기타
	3년	1년	6개월
비수도권	공공택지 또는 규제지역	광역시(도시지역)	기타
	1년	6개월	없음

(2023년 1월 5일 이후 기준)

분양가상한제의 장점과 단점

그렇다면 분양가상한제는 3040세대의 내집마련에 도움이 될까?

분양가상한제는 민간기업의 지나친 수익을 방지하고 가격을 안정시킨다는 점에서 긍정적인 역할을 한다. 청약에 당첨만 된다면 시세보다 낮은 가격에 분양받을 수 있어 '로또'로 불리기도 한다.

하지만 낮은 분양가는 청약 열기를 끌어올리는 부작용도 가지고 있다. 시세차익을 노리는 투기수요도 증가할 수 있고, 이 때문에 실수요자들의 당첨 가능성이 그만큼 낮아질 수 있다. 또한 인기지역은 몰리고 비인기지역은 미분양이라는 양극화가 발생할 수 있다.

분양가상한제가 시행되면 재개발·재건축의 경우 일반분양가는 낮아져서 수요자는 좋지만, 조합원 수익률은 낮아져서 정비사업이 위축될 수 있다. 이럴 경우 신규 분양 물량이 감소되어 오히려 기존 주택의 집값 상승을 불러올 수 있다.

또한 신규 아파트 분양가격을 낮춘다고 해서 일반주택 가격까지 내려갈지는 미지수라는 점도 불안요인으로 볼 수 있다.

결과적으로 주택 건설업체의 생산성을 떨어뜨려 양적으로나 질적으로 주택공급을 위축시키게 되면 의도치 않게 서민이나 실수요자들은 소외되고 현금부자들에게 혜택이 돌아갈 것이라는 점 등은 분양가상한제의 단점이라 할 수 있다.

058

모델하우스, 이렇게 봐야 안목이 생긴다!

모델하우스 장삿속에 현혹되지 않으려면?

모델하우스*에 가보면 직원들의 친절한 설명과 화려하게 잘 꾸며진 내부 인테리어 때문에 분양 또는 청약을 하고 싶은 마음이 생기게 된다.

단순한 '집 구경'으로 생각하고 내부 구조와 인테리어에 끌려 '주마간산' 식으로 살펴보아서는 안 된다. 모델하우스 구경에도 나름의 순서와 방법이 있다.

❶ 온라인으로 정보 수집하기 – 손품 팔기

모델하우스를 방문하기 전에 가장 먼저 해야 할 일은 인터넷으로 사전 정보를 수집하는 것이다. 분양하는 아파트의 기본 정보(단지 정보, 평형, 분양가, 분양 일정, 주변 환경 등)를 먼저 파악하는 것이 중요하다.

또한 주변 아파트들의 시세, 편의시설이나 학군, 교통 등의 입지 확인도 필수다. 손품을 팔아서 최대한 많은 정보를 수집하고 파악하는 것이 좋다. 더욱 자세

● **모델하우스** : '견본주택', '본보기집'이라고도 불리는데, 정식 명칭은 '견본주택'이다.

모델하우스 구경 체크리스트

내용	YES
❶ 온라인으로 정보 수집하기 - 손품 팔기	✓
❷ 실제 건축현장 미리 방문하기 - 발품 팔기	✓
❸ 단지 배치 살펴보기	✓
❹ 각 평형별 유닛 구조 살펴보기	✓
❺ 옵션과 마감자재 살펴보기	✓
❻ 상담창구에서 상담받기	✓

하고 많은 정보를 알고 싶다면 지역맘카페에 가입해 분위기를 파악해 보는 것도 하나의 방법이다.

❷ 실제 건축현장 미리 방문하기 - 발품 팔기

모델하우스가 실제 공사현장에 위치한 경우도 간혹 있다. 하지만 대부분 모델하우스는 공사현장이 아닌 사람들이 찾아가기 쉬운 대로변이나 접근성이 좋은 곳에 위치한다. 여기에는 건설회사의 숨은 의도 2가지가 있다.

첫 번째, 위치가 좋은 곳(혹은 사람들이 선호하는 지역)에 모델하우스를 운영함으로써 일시적인 착각을 만들어 낼 수 있다. 아파트의 실제 위치가 다소 외진 곳이라 하더라도, 모델하우스를 시내 번화가에서 운영해 사람들의 머릿속에서 아파트의 실제 위치를 잠시 잊게 만드는 것이다.

두 번째, 실제 공사현장과 모델하우스에 거리를 두어 방문객들이 실제 현장에

가보는 것을 어느 정도 차단한다. 모델하우스란 사람들을 혹하게 만드는 곳으로 약간의 과장이 있거나 실제 현장과 다른 면이 있을 수 있다.

건축현장 방문 시 체크리스트

내용	YES
❶ 인터넷에서 알아본 단지의 배치도와 일치하는지 확인	✓
❷ 대중교통, 학교, 어린이집, 대형마트, 병원 등 각종 편의시설까지의 거리와 주변에 혐오시설 등의 유무를 확인	✓
❸ 혐오시설 등이 향후에 들어설 계획이 있는지 파악	✓
❹ 실제 아파트가 지어지고 있는 토지의 경사도와 옹벽° 설치 유무 등을 확인	✓

요즘은 뷰(전망)가 중요하다. 원하는 평형대가 단지 가운데에 위치한 동이라면 상관없지만 단지 둘레 쪽에 위치한 동이라면 옹벽 및 경사도를 반드시 확인해 봐야 한다.

모델하우스의 모형도에서는 거실에서 바라보는 산이 완만한 경사의 동산 정도였는데, 실제 현장에서는 암벽에 가까운 경사도를 갖거나 옹벽으로 된 산으로 되어 있다면 기대했던 뷰와는 전혀 다른 답답함을 느끼게 될 수도 있기 때문이다.

❸ 단지 배치 살펴보기
앞의 과정을 거쳐 드디어 모델하우스에 방문을 했다면 가장 먼저 해야 할 일

● **옹벽** : 지반이 무너져 내리는 것을 막기 위해 만든 벽이다.

이 있다. 바로 단지 전체의 모형도와 조감도를 살펴보는 것이다.

　모형도와 조감도는 대부분 모델하우스 1층 중앙에 설치되어 있다. 단지의 모형도를 통해 동별 배치, 동 간 거리, 주출입구와 주차장 진입로, 동별·호수별 방향과 조망, 커뮤니티의 위치, 놀이터, 단지 내 상가 등을 확인할 수 있다.

　모델하우스에 방문했기 때문에 물론 내부구조와 인테리어가 궁금하겠지만, 우선은 단지 전체와 주변 환경을 파악하는 것이 가장 중요하다. 전체를 조망하고 세부적인 것을 보는 것이 중요하다. 그러므로 아파트 평면 상태와 내부 인테리어가 아무리 좋더라도 입지와 주변 환경이 받쳐주지 못한다면 결코 제대로 된 가치를 평가받을 수 없기 때문이다.

모델하우스 방문 시 구경 순서는
① 단지 전체의 모형도, 배치도(조감도)
→ ② 평면도
→ ③ 평형별 유닛의 내부 순이 좋다.
대부분 반대로 하는데, 이는 꽃을 본 다음 가지를 보고 마지막으로 나무를 보는 것과 같다.

　단지 배치도를 볼 때도 순서가 있다. 단지를 둘러싸고 있는 도로, 산, 강 등 주변 환경을 먼저 살펴본다. 그러고 나서 단지의 동별 방향과 배치 같은 세부 구성을 확인한다.

　이때 사전답사를 통해 수집한 정보와 단지 배치도를 비교하면서 어느 정도 일치하는지, 다른 점이 있는지 등을 파악한다.

❹ 각 평형별 유닛 구조 살펴보기

평형별 유닛에 입장하면 보통 입구에서 평형(면적)과 구조를 나타내는 평면도를 확인할 수 있다. 평면도를 통해 전체적인 구조를 파악하고 내부 유닛을 본다면 보다 쉽게 구조의 특징을 이해할 수 있다.

유닛 내부를 볼 때 모델하우스 입구에서 받았던 브로슈어(카탈로그)와 내부 유닛을 대조하면서 특이사항이나 차이점 등을 적어놓는다면 훨씬 더 오래 기억에 남을 것이다.

내부를 구경할 때는 거실, 방, 주방, 욕실 등의 크기 및 구조를 확인해야 한다. 특히 햇볕이 잘 들고 통풍은 잘되는 구조인지를 살펴본다. 또한, 주방의 동선과 수납 체크를 위해 실제 동선대로 이동해 보면서 불편함은 없는지, 수납공간은 충분한지 등도 확인하도록 한다.

유닛 입구   유닛 내부

❺ 옵션과 마감자재 살펴보기

유닛의 구조를 봤다면 다음으로 옵션 및 마감자재 등을 살펴본다. 옵션을 살펴볼 때에는 기본옵션과 유상옵션이 어떠한 것들인지를 구분해서 보아야 한다.

요즘에는 옵션에 빌트인 가전제품들이 많은데, 각 제품들의 에너지 효율등급도 함께 체크한다.

또한 마감자재도 안내직원에게 자세하게 물어보는 것이 좋다. 특히 '비슷한 수준의 마감재로 교체될 수 있습니다.'라는 문구를 발견했다면 주의가 필요하다. 실제 낮은 등급의 마감재로 바꾸어 시공될 수 있기 때문이다.

마지막으로 유닛 내에서는 착시현상을 조심해야 한다. 내부의 모든 인테리어는 사람들의 시선을 사로잡기 위해 만들진 것들이다. 특히 방에 배치되어 있는 책상이나 침대 등 가구는 모델하우스 콘셉트에 맞게 실제 사이즈보다 작게 개별 제작되었을 수도 있다. 그래서 같은 공간이라 하더라도 더 넓어 보이는 착시현상을 일으킨다. 때문에 입주 시 가구배치를 모델하우스에서 본 것처럼 똑같이 하겠다는 생각을 가졌다면 반드시 실제 사이즈를 확인해 봐야 한다.

유닛 곳곳에 안내문구가 붙어 있다. 유상옵션, 낮은 등급의 마감재로 대체 시공될 수 있다는 내용이다.

❻ 상담창구에서 상담받기

모델하우스를 둘러본 후에 마음에 든다고 곧바로 계약을 진행하는 것은 좋지 않다. 모델하우스는 시각적인 면을 최대한 부각시켜 놓은 곳이기 때문에 객관적인 판단이 어려울 수 있다. 거기에 모델하우스의 친절한 직원이 약간의 재촉 섞인 말을 한다면 마음이 조급해질 수밖에 없다. 그러므로 차분하게 생각을 정리해 보는 것이 필요하다.

상담창구에서 상담을 받을 때에는 자신이 궁금한 점을 최대한 물어보고 답을 듣는 것이 중요하다. 상담을 받는다는 것은 지금 당장 계약을 하겠다는 의미가 아니라 궁금증을 해결하고 정보를 더 수집한다는 차원으로 생각하는 것이 좋다.

무엇보다 중요한 건 자금계획이라는 걸 명심하자. 분양(청약)을 받을 때, 본인이 필요한 만큼 대출이 가능한지, 금리 및 상환 조건은 어떻게 되는지를 함께 따져봐야 한다.

 모델하우스는 최소 두 번 방문할 것

모델하우스를 객관적으로 살펴보기 위해서는 두 번에 걸쳐서 보는 것이 좋다.

첫 방문은 사람이 가장 많이 붐비는 오픈 첫날 또는 첫 주말에 한다. 내부 구경을 위한 것이 아니라, 현장 분위기를 파악하고 공사현장을 답사하는 것이 목적이다. 먼저 모델하우스에 들어가기 위해 사람들이 얼마나 줄을 섰는지, 호객행위를 하는 부동산은 얼마나 되는지 등 현장 분위기를 살펴봄으로써 대략적인 청약 경쟁률을 가늠해 본다. 그리고 실제로 아파트가 지어지고 있는 현장을 방문해 공사진행 과정, 주변 환경, 인프라, 교통, 위치 등을 종합적으로 살펴본다. 꼼꼼하게 기록해 두었다가 모델하우스 내부를 구경하러 가는 날 어느 정도 일치하는지와 다른 점은 없는지 등을 살펴보는 것이 중요하다.

두 번째 방문은 모델하우스 오픈 열기가 어느 정도 식은 후, 평일 오전 시간대에 한다. 방문자가 현저하게 줄어든 시점이므로 각각의 평형별 유닛도 여유 있게 둘러볼 수 있고 궁금한 사항은 바로바로 안내직원에게 물어볼 수 있다. 상담창구에도 대기줄이 없어 여유 있게 상담받을 수 있어 편하다. 또한, 1차 방문 때 모았던 현장답사 정보를 바탕으로 모델하우스의 실제 정확성 및 차이점 등을 구별해 가면서 보는 것이 중요하다.

059

분양권 거래 시
중개수수료 계산법

5억원 일반 아파트 수수료는 200만원!

5억원 분양권 아파트 수수료는 75만원?

일반적으로 부동산 매매의 중개수수료는 '거래금액 × 해당 요율'로 계산한다. 이때 중개수수료는 매도자와 매수자가 각각 공인중개사에게 지급한다.

일반 매매 중개수수료 요율표

거래금액	상한 요율	한도액
5천만원 미만	1천분의 6	25만원
5천만원 이상 ~ 2억원 미만	1천분의 5	80만원
2억원 이상 ~ 9억원 미만	1천분의 4	없음
9억원 이상 ~ 12억원 미만	1천분의 5	없음
12억원 이상 ~ 15억원 미만	1천분의 6	없음
15억원 이상	1천분의 7	없음

분양권 중개수수료는 '거래금액'을 산정하는 기준이 다르다. 분양권의 전체가격이 아닌 매수자가 매도자에게 실제로 지급한 금액이 거래금액이 된다.

여기서 실제로 주고받은 금액이란, 분양권 중개 당시 매도자가 '계약금＋중도금＋발코니 확장비＋유상옵션비'까지 지불한 상태라고 한다면 그 금액이 모두 포함된 것으로, 이 값이 거래금액으로 산정된다.

만약 마P(마이너스프리미엄)일 경우에는 마P만큼 차감하고 실제로 오고간 금액을 거래금액으로 하여 중개수수료를 계산하게 된다.

예를 들어 계약금 5,000만원, P 1억원을 주고 분양가 5억원짜리 아파트의 분양권을 매입했다고 가정해 보자. 이때 거래금액은 6억원(분양가 5억원+P 1억원)이 아니라 1억 5,000만원(계약금 5,000만원+P 1억원)이 된다. 실제로 오고간 돈이 1억 5,000만원이기 때문이다. 그러므로 실제로 계산된 중개수수료는 75만원(1억 5,000만원×0.5%)이다.

 현장에서 들쭉날쭉한 분양권 중개수수료

앞에서 살펴본 것처럼 거래금액의 기준이 달라 가격이 더 비싼 아파트를 중개했음에도 불구하고 분양권 중개수수료가 일반 아파트(주택)의 중개수수료보다 적은 경우가 많다.

그런데 분양권 중개 업무는 일반 매매 업무보다 신경 써야 하는 일이 많다. 예를 들어, 양당사자와 은행에 방문해서 기존의 채무(중도금 대출 등)의 상환 또는 승계를 신청해야 하며, 시공사에 방문해서 명의변경 신청을 해야 한다. 일은 많아지는데 오히려 일반 아파트일 때보다 적은 금액의 중개수수료를 받는 것이다. 그래서 일부 공인중개사들은 분양권보다 일반 아파트 중개 업무에 더 집중하기도 한다.

몇몇 영리한 매수자는 이런 점을 간파하고 알아서 법정 수수료보다 더 많은 금액을 공인중개사에게 주고, 거래의 조건을 자신에게 유리한 방향으로 성사시키려고도 한다. 법정수수료와는 상관 없고 값도 지역에 따라 다르지만 관행상 건당 200만~500만원 정도의 수수료가 오고간다.

060

'109㎡'면 도대체 '몇 평'이야?

공식 면적단위는 제곱미터(㎡)

사전상 '평(坪)'*이라는 단어의 뜻은 '땅 넓이의 단위. 한 평은 6자(1자 = 약 30.30㎝)의 제곱으로 3.3058㎡에 해당한다.'라고 되어 있다.

'평'은 일본이 토지를 측정할 때 사용했던 단위다. 한 변의 길이가 6자(약 1.8m)인 정사각형의 넓이를 1평이라고 하였다. 당시 사람들의 평균 키를 고려했을 때, 1평은 한 사람이 넉넉하게 누울 수 있는 정도의 공간이다.

'평'이라는 단위는 일제강점기 시절을 통해 우리나라에 전해지게 되었다. 현재는 법률에 의해 부동산의 면적을 제곱미터(㎡)로 표기해야 하지만, 그동안 평이라는 단위에 너무 익숙해진 게 사실이다.

하지만 요즘은 부동산 면적단위를 정확하게 표시하기 위해 익숙한 '평' 대신 '제곱미터'를 사용할 것을 정부에서 적극 권장하고 있다. 제곱미터는 익숙하지 않

● 오래된 예전 등기사항증명서를 보면 가끔 '평' 또는 '㎡'라는 말 대신 '홉(合)', '작(勺)', '재(才)'라는 말로 면적이 표기되어 있는 경우가 있는데, 1평은 '10홉 = 100작 = 1,000재'다.

아서 그 넓이가 쉽게 감이 오지 않을 때가 많다. 따라서 제곱미터를 평으로, 평을 제곱미터로 환산하는 방법을 알아둘 필요가 있다.

'평' → '㎡'로 환산할 때는 곱하기!

우리가 흔히 말하는 '평(坪)'에서 1평은 '가로(약 1.8m) × 세로(약 1.8m)'인 3.3058㎡ 다. 10평은 10 × 3.3058 = 33.058㎡, 쉽게 말해 평수에 3.3058을 곱하면 ㎡가 된 다. 예를 들어 32.97평은 32.97 × 3.3058 = 109㎡다.

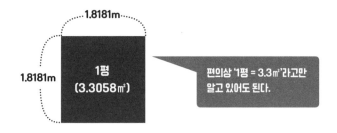

'㎡' → '평'으로 환산할 때는 나누기!

위에서 살펴본 것처럼 1평 = 3.3058㎡다. 식의 좌우변을 바꾸면 '3.3058㎡ = 1평' 이다. 그러므로 ㎡를 평으로 환산할 때는 3.3058로 나누면 된다. 예를 들어 109 ㎡는 109㎡ ÷ 3.3058 = 32.97평이다.

계산기가 없을 때 암산으로 '평' 환산하기

'3.3058'만 외우고 있으면 너무도 간단하지만, 만약 계산기가 없다면 어떨까? 암산왕이 아닌 이상 쉽지 않을 것이다. 그래서 간단하게 환산할 수 있는 방법을 소개해 보겠다.

예를 들어, 면적이 132㎡라면 마지막 자리인 '2'를 잘라내고 나머지 앞 두 자리인 13에 3을 곱하면 대략적인 평수를 알 수 있다(13 × 3 = 39평). 이때, **마지막 자리 숫자는 항상 잘라 내는 것이 아니고 반올림을 적용해야 한다.**

이 계산법은 오차범위가 1~2평 내외로 거의 맞아떨어진다.

061

아파트 뽀개기 ① 면적
(전용면적, 공용면적, 서비스면적, 실사용면적, 공급면적, 계약면적)

아파트를 매매·분양하려고 보면, '전용면적이 몇 평이냐?', '공급면적이 어떻게 되느냐?', '실사용면적은 넓으냐?' 등 면적에 관한 용어를 많이 듣게 된다. 이처럼 용어가 많다 보니 매번 들어도 헷갈린다. 각 면적이 정확하게 무엇을 의미하는지 이번 기회에 하나씩 살펴보도록 하자.

전용면적

아파트 등 공동주택에서 소유자가 독점하여 사용하는 공간을 말한다.

전용면적은 각 세대가 독립적으로 사용하는 공간으로 방, 거실, 욕실, 주방, 개인(세대) 현관 등의 면적을 말한다. 우리가 흔히 베란다라고 말하는 '발코니'●

평면도 출처 : 네이버 부동산

> 베란다(발코니)는 전용 면적에서 제외된다.

● 베란다, 발코니, 테라스에 대한 개념은 388쪽에 자세하게 설명되어 있다.

는 면적에서 제외된다.

공용면적

아파트의 건축면적 중에서 여러 사람이 함께 사용하는 면적을 공용면적이라고 한다. 공용면적은 크게 주거공용면적과 기타 공용면적으로 나누어진다.

❶ 주거공용면적

복도, 계단, 엘리베이터 등 주거와 직접적으로 관련되는 공용면적을 말한다.

❷ 기타 공용면적(주거 외 공용면적)*

관리실, 노인정, 놀이터, 지하 등 주거와는 직접적으로 관련이 없는 공용면적을 말한다.

공용면적은 주거공용면적과 기타 공용면적으로 나뉜다.

평면도 출처 : 네이버 부동산

● 주차장면적은 공용면적과 별도의 면적이지만 넓은 의미에서 기타 공용면적에 포함시키기도 한다.

서비스면적

서비스면적이란 외부와 접하는 앞· 뒤 발코니처럼 전용면적 외에 별도로 덧붙여 주는 면적을 말한다. 서비스면적은 용적률, 전용면적, 공용면적, 계약면적, 분양면적 등 어디에도 포함되지 않는 면적이어서 서비스면적이라고 부른다.

발코니는 서비스면적이다.

평면도 출처 : 네이버 부동산

실사용면적

전용면적에 서비스면적(발코니)을 합한 면적으로 세대 현관 내에서 실제 생활 공간으로 사용할 수 있는 면적을 말한다. 서비스면적이 넓으면 실제 평수보다 더 넓게 사용할 수 있다.

요즘 신축아파트가 기존의 아파트보다 넓어 보이는 이유가 바로 발코니 확장형으로 설계되어 있기 때문이다. 즉 서비스면적으로 되어 있는 발코니 부분을 일부 확장해서 실내공간으로 사용하기 때문에 같은 평수의 기존 아파트보다 더 넓게 사용할 수 있다.

평면도 출처 : 네이버 부동산

실사용면적 = 전용면적 + 서비스면적

전용면적에 발코니를 합한 면적이다.

공급면적

공급면적은 전용면적과 주거공용면적을 합한 면적을 말한다.

2009년 4월 1일 이후부터는 아파트 공급면적을 세대별로 표시하는 경우 주거의 용도로만 쓰이는 면적인 '전용면적'으로만 표시해야 한다. 그래서 요즘 아파트 분양광고를 보면 59㎡, 84㎡ 등으로 표시하고 있다.

59㎡는 과거 24~26평형을 말하며, 84㎡는 과거 31~34평형을 가리킨다.

공급면적 = 전용면적 + 주거공용면적

아파트 평수를 말할 때 사용하는 '24평형', '33평형'은 공급면적을 뜻한다.

평면도 출처 : 네이버 부동산

계약면적

아파트 등을 분양할 때 주택공급면적으로 '공급면적(전용면적 + 주거공용면적) + 기타 공용면적 + 지하주차장면적'을 합한 면적을 계약면적이라고 한다. 즉 공급면적(주거와 직접 관련된 면적) + 기타 공용면적(주거와 직접 관련이 없는 면적)이라고 이해하면 된다.

기타 공용면적

관리사무소, 노인정,
기계실, 경비실 등

계약면적 = 공급면적 + 기타 공용면적

서비스면적(발코니)은 계약면적에 속하지
않는다.

평면도 출처 : 네이버 부동산

 같은 평형이어도 아파트가 오피스텔보다 실평수가 큰 이유

분양 평수가 같더라도 아파트의 실제 평수가 오피스텔보다 더 크다. 그 이유는 다음 2가지
때문이다.

1 | 적용받는 법이 다르기 때문이다

아파트는 주택법의 적용을 받아 분양면적을 '공급면적'으로 하지만, 오피스텔은 건축법의
적용을 받아 분양면적을 '계약면적'으로 하기 때문이다.

> **아파트를 분양할 때는 '주택법'**
>
> → **공급면적(전용면적 + 주거공용면적)**
>
> **오피스텔을 분양할 때는 '건축법'**
>
> → **계약면적(전용면적 + 주거공용면적 + 기타 공용면적)**

그러므로 아파트는 오피스텔에 비해 실평수가 커서 전용률이 높을 수밖에 없다.

2 | 내부 면적을 측정하는 방법이 다르기 때문이다

내부 면적을 측정할 때 쓰이는 용어 중에 '중심선치수'와 '안목치수'가 있다.

면적을 계산할 때 벽의 중심을 기준으로 측정하는 중심선치수보다 눈에 보이는 벽면을 기준으로 면적을 계산하는 안목치수로 면적을 측정하는 것이 더 넓다.

그런데 아파트는 안목치수로, 오피스텔은 중심선치수로 면적을 측정하기 때문에 동일한 면적이라 하더라도 실제 면적은 아파트가 더 넓을 수밖에 없다. 하지만 2015년 건축법이 변경되어 최근에 지어진 오피스텔은 아파트와 동일하게 '안목치수'를 적용한다. ●

중심선치수

안목치수

2015년 4월 30일 이전에 건축허가를 받은 오피스텔만 '중심선치수' 적용

● 2015년 4월 30일 건축법이 변경되어 그 이후에 건축허가를 받은 오피스텔은 아파트와 동일하게 '안목치수'를 적용받게 되었다. 즉 2015년 4월 30일 이전과 그 이후에 지어진 오피스텔은 같은 평형이라 하더라도 실제 면적이 다르다.

062

아파트 뽀개기 ② 구조
(2베이 vs 3베이, 판상형 vs 타워형, 복도식 vs 계단식)

뜻을 알고 보면 간단한 용어지만, 대충 짐작만 할 뿐 아무도 정확한 의미를 알려주지 않는다. 그래서 아파트 구조를 이야기할 때 많이 듣게 되는 '베이', '판상형·타워형', '복도식·계단식'에 대해서 알아보려 한다.

2베이 vs 3베이

베이(bay)란, 건물 내부에 햇빛이 들어오는 기둥과 기둥 사이의 공간을 말한다. 대부분의 집들은 거실이나 안방을 기준으로 해당 면에 기둥과 기둥 사이의 공간이 몇 개냐에 따라 2베이, 3베이, 4베이 등으로 나뉘게 된다. 아파트의 경우 2000년 이전까지는 2베이 구조가 대부분이었다. 그러다 2000년대 이후부터는 3베이, 2010년 이후부터는 4베이 이상의 구조까지 등장하게 되었다.

일반적으로 '베이'가 많을수록 채광이 우수하고 공간 활용도가 좋아 3베이 이상의 구조를 더욱 선호하는 편이다.

❶ 2베이 구조

2베이는 햇빛이 드는 방향을 기준으로 '거실+안방'이 배치된 구조다. 2베이는 하나의 엘리베이터를 가운데에 두고 2세대가 마주보고 있는 계단식 아파트의 일반적인 구조다. 현관문을 열었을 때, 집 안 내부(특히 거실)가 바로 보여 개인 프라이버시면에서는 좋지 않으나 시각적으로 개방감이 좋아 넓어 보이는 효과가 있다.

대부분 남향으로 거실과 안방이 배치되기 때문에 밝고 화사한 느낌이 든다. 그러나 북향에 위치한 나머지 방과 주방은 어둡다. 특히, 새시가 노후된 경우 겨울철 해가 잘 안 드는 주방 쪽 발코니 부분에 곰팡이 및 세탁기 배관 동파현상이 발생할 수도 있다.

> 북향의 방과 주방은 곰팡이,
> 동파현상이 발생할 수도 있다.

평면도 출처 : 네이버 부동산

❷ 3베이 구조

3베이는 햇빛이 들어오는 방향을 기준으로 '안방+거실+방'이 배치된 구조다. 현관문을 열었을 때, 입구가 방으로 가려지는 경우가 많아 개인 프라이버시면에서 좋다. 또한 거의 대부분 거실과 주방이 일직선으로 위치해 있어 공간활용 및 이동동선이 효율적이다.

단점으로는 햇빛이 들어오는 방향으로 거실과 방이 2개가 배치되는 구조이다 보니 일반적으로 2베이 구조일 때보다 거실과 안방이 작은 편이다. 이런 이유로 최근에 지어진 3~4베이 구조는 발코니 확장이 필수처럼 되었다.

평면도 출처 : 네이버 부동산

판상형 vs 타워형, 실수요자는 판상형을 좋아해

아파트의 구조는 대표적으로 판상형과 타워형으로 나뉜다. 2000년대 이전까지는 거의 대부분의 아파트가 판상형으로 건축되다가 2000년대 이후부터는 타워형 아파트가 선보이기 시작했다. 그리고 2010년대 이후부터는 판상형과 타워형이 혼재된 아파트가 등장하고 있다. 초고층 주상복합아파트가 한동안 인기를 끌면서 대세가 판상형에서 타워형 구조로 변화한 것이다.

하지만 최근에는 실수요자 위주로 기능적인 면에서 앞서는 판상형 아파트의 선호도가 다시 부활하는 추세다.

참고로 최근 같은 단지 안에 같은 면적의 아파트라 하더라도 판상형 아파트의 청약 경쟁률이 타워형보다 더 높게 나타난다.

❶ 판상형 – 장점은 향과 통풍, 단점은 조망권 확보에 불리

판상형 아파트는 우리가 흔히 성냥갑*이라고 말하는 구조다.

판상형 아파트의 장점은 모든 세대를 선호하는 향인 '남향'이나 '남동향'으로 배치할 수 있다는 것이다. 보통 남쪽에는 거실 창을, 북쪽에는 주방 창을 만들 수 있기 때문에 맞바람이 치는 구조가 되어 통풍이나 환기가 뛰어나다. 건축비와 관리비 면에서도 타워형에 비해 저렴한 편이며, 중·소형 평수에서 실수요자들이 많이 선호한다.

관리비가 저렴한 판상형 아파트, 동 간 거리가 짧으면 일조권이 다소 불리하다.

평면도 출처 : 네이버 부동산

● 판상형 아파트는 보통 '一'자 형으로, 성냥갑처럼 반듯하고 길게 짓는다고 하여 '성냥갑아파트'라고도 한다.

가장 큰 단점으로는 단조로운 외관디자인과 평면구조를 꼽는다. 성냥갑 모양으로 나란히 배치되다 보니 자칫 동 간 거리가 짧아 일조권이 다소 불리하고, 조망권 확보가 어려울 수 있다. 세대마다 각기 다른 방향으로 설계할 수 없기 때문에 독특한 평면구조를 가지기 힘들어 개성을 강조하는 이들에게는 선호도가 떨어진다.

❷ 타워형 – 장점은 조망권 확보에 유리, 단점은 환기 문제

초고층 아파트나 주상복합 아파트의 경우 타워형이 대부분이다. 남향, 동향, 서향, 남동향 등 다양한 방향으로 설계가 가능해 많은 세대의 조망권 확보에 유리하고, 다양한 평면이 가능해 개성 있는 공간연출이 가능하다.

또한, 타워형 구조는 판상형에 비해 많은 가구를 지을 수 있다. 땅이 좁고 땅값이 비싼 도심에 타워형 아파트가 주로 자리 잡고 있는 이유다. '+'형, 'Y'형, 'ㅁ'형 등 다양한 건물 모양도 가능하다.

평면도 출처 : 네이버 부동산

초고층, 주상복합 아파트에서 볼 수 있는 타워형. 한 층에 배치된 세대수가 3~4가구로 사생활 침해 우려가 있다.

타워형 구조의 가장 큰 단점은 환기가 잘 되지 않는다는 것이다. 타워형 아파트는 보통 창문을 두 방향(혹은 한 방향)에 내고 엘리베이터를 중심으로 3세대 또는 4세대를 짓는 것이 기본 구조다. 그러다 보니 맞바람이 치기 어려운 구조로 설계될 수밖에 없어 환기 문제에서 판상형 구조에 비해 상대적으로 취약하다.

또한 한 층에 배치된 세대수가 3~4가구 정도이다 보니 세대 간 거리가 가까워서 소음·사생활 침해 등의 우려가 생길 수도 있다.

복도식 vs 계단식, 계단식 승!

❶ 복도식 – 저렴한 게 장점, 프라이버시 취약은 단점

현관의 구조에 따라 복도식과 계단식으로 나뉜다. 복도식은 해당 층에 있는 모든 세대가 긴 복도를 함께 공유하는 형태다. 이는 다시 편복도식과 중복도식으로 나뉘는데, 편복도식은 복도를 기준으로 한쪽에만 세대가 있는 구조이고, 중복도식*은 복도를 중심으로 양쪽에 세대가 있는 구조다.

편복도식 아파트   중복도식(출처 : 굿옥션)

● **중복도식** : 오피스텔에서 많이 볼 수 있는 구조다.

일반적으로 복도식 구조는 가격면에서는 계단식보다 저렴하다는 것이 가장 큰 장점이다. 하지만 면적 중에 복도가 차지하는 비율이 높다 보니 거주자가 실제로 사용할 수 있는 실사용면적이 계단식에 비해 좁다는 단점이 있다.

또한, 구조상의 특성으로 인해 작은방들은 창이 복도 쪽으로 나 있기 때문에 개인 프라이버시와 방범에 취약하다.

❷ 계단식 – 서비스면적이 넓고 단열에 유리, 대다수 선호

계단식은 복도가 존재하지 않고 계단과 엘리베이터를 중심으로 두 세대가 마주 보고 있는 형태다. 복도식 구조는 현관과 작은방이 복도를 접해 있어 뒤쪽에는 발코니가 존재하지 않지만 계단식 구조는 앞쪽과 뒤쪽 모두에 발코니가 있다. 즉 같은 평형대라고 하더라도 계단식이 복도식에 비해 서비스면적이 넓어 공간에 대한 만족도가 높은 편이다.

복도식에 비해 외부에서 유입되는 찬바람이 적어 겨울철 단열에서 유리하다.

요즘은 공간활용, 구조, 방범 및 보안 등의 이유로 복도식보다는 계단식을 더욱 선호하며, 새로 짓는 아파트는 소형평형을 제외하고 대부분 계단식 구조로 설계되어 지어진다.

계단식

아파트 살 때 꼭 확인!! 지하주차장과 엘리베이터 연결!

구축아파트가 인기가 없는 이유

사람들이 아파트에 살고 싶어 하는 이유 중에 가장 대표적인 것으로 편리함을 손꼽을 수
있다. 특별히 집 관리를 하지 않아도 되고, 쓰레기(재활용품) 배출도 편하고, 주차 걱정도
없는 등 생활이 편리하기에 그 선호도는 커질 수밖에 없다.

차량이 증가함에 따라 주차장도 중요해지고 있다. 최근에 지어진 아파트는 거의 대부분
지하주차장과 엘리베이터가 연결되어 있지만, 2000년대 이전 아파트들은 그렇지 않은
경우도 많으므로 잘 살펴봐야 한다.

엘리베이터 연결이 지하 1층만 되어 있지 않은가?

엘리베이터가 지하층까지 모두 연결되어 있는지를 확인하는 것도 중요하다. 지하 1층까지
만 연결되고 지하 2층은 계단을 이용하는 단지가 있기 때문이다.

지하주차장까지 동선을 직접 체크하며 눈으로 확인하는 것이 가장 좋은데, 보통 공인중개
사와 함께 집을 보러 가면 내부만 보고 나온다. 그러므로 공인중개사 또는 살고 있는 거주
자에게 연결 여부를 물어보는 것이 좋다.

물어보지 않고도 손쉽게 알아볼 수 있는 방법도 있다. 바로 집을 보러갈 때 탔던 엘리베이
터의 층수 버튼에 'B1', 'B2'가 있는지 확인하는 것이다.

> 지하 1층~지하 3층도 모두
> 연결되어 있는지 확인해 본다.

063

아파트 라이벌 1탄!
남동향 vs 남서향

일조권 선호도 - 남향 〉 남동향 〉 남서향

주택에서 '향'은 굉장히 중요한 요소다. '햇빛의 기준'이 되고 일조권을 확보하는 데 가장 중요한 요소이기 때문이다. 향마다 장단점이 있어 사람마다 본인의 생활 패턴이나 취향에 따라 선호하는 향이 달라질 수 있다. 하지만 아파트의 경우 대부분 '남향'을 가장 선호하고 그다음으로 '남동향'과 '남서향'을 선호한다.

2000년대 중반 이후 지어진 아파트들은 일부 세대만을 남향으로 짓고 나머지 세대를 동향 또는 서향으로 짓기보다는, 타워형으로 설계함으로써 남동향과 남서향으로 배치하여 남향의 혜택을 가급적 전체 세대에 골고루 배분하려는 경향이다.

출처 : 마포프레스티지자이 분양 홈페이지

분양광고에서 볼 수 있는 '단지 내 전 세대 남향 위주 배치'라는 말은, '단지 내에 정남향으로 배치된 세대가 많지 않다.'라는 말과도 같다.

사람들은 동쪽에서 해가 떠서, 서쪽으로 질 때까지 모든 햇빛을 다 받을 수 있는 남향을 가장 선호한다. 남향은 계절에 상관없이 오전부터 오후까지 일조량이 풍부하다. 또한 지구가 자전축이 23.5도 기울어진 상태에서 태양 주위를 공전하기 때문에 겨울철에는 해가 낮게 떠서 집 안 깊숙이 햇빛이 들어 난방비를 줄일 수 있으며, 여름에는 태양의 고도가 높아 해가 얕게 들어와 시원하다. 일조량, 냉방, 난방 등의 장점은 사계절이 뚜렷한 우리나라에서 남향이 가장 사랑받는 이유일 것이다.

선호하는 아파트 '향'과 '구조' 순위˚

① 정남향 + 판상형

② 남동향 + 판상형, 남서향 + 판상형

③ 정남향 + 타워형

④ 동향 + 판상형, 서향 + 판상형

> 1순위 : 판상형 > 타워형
> 2순위 : 남향 > 남동향 > 남서향

남동향과 남서향을 골라야 한다면?

물리적, 경제적 여건으로 '남향' 집을 선택할 수 없다면 차선으로 '남동향'과 '남

● **구조는 판상형, 향은 타워형?** : 최근 판상형 구조 아파트의 선호도가 더 높아졌다. 판상형은 아파트단지 여건에 따라 동향 또는 서향으로 배치해도 사람들의 선택을 받을 수 있다. '타워형'의 선호도가 떨어지고 있음을 인식한 건설사에서는 '타워형 + 정남향'을 우선적으로 배치하려고 하고 동향 또는 서향은 피하려는 경향이 있다. 그래서 요즘 신축단지의 배치도를 살펴보면 구조는 판상형이 더 좋고, 향은 타워형이 더 좋은 경우가 많다.

서향으로 눈을 돌릴 수밖에 없다. 이때는 각자의 생활 패턴과 환경에 따라 향의 장점과 단점을 살펴보아 자신에게 적합한 향을 선택하면 된다.

남동향과 남서향의 선택을 놓고 고민인 사람들을 위해 각각의 특징에 대해서 알아보겠다.

❶ 남동향 – 더위를 잘 타는 사람에게 추천

동향의 특성상 오전 일찍 해가 뜨고 오후 일찍 해가 진다. 남동향의 일조시간은 이른 아침부터 이른 오후까지이며, 오전 8시부터 오후 3시까지 하루 평균 약 7시간의 일조량을 가져다준다. 남향과 거의 비슷한 일조량을 갖고 있는 것이 특징이다.

남동향은 오후에 해가 일찍 지기 때문에 정남향보다 여름에 해가 집 안으로 들어오는 시간이 적어 상대적으로 시원하다. 이러한 이유로 겨울철에는 남향보다 추울 수 있다. 해가 일찍 뜨기 때문에 아침형 생활스타일을 갖는 사람들에게 적합한 향이나, 야간에 일을 하고 낮시간대에 잠을 자야 하는 사람에게는 남서향이 낫다.

❷ 남서향 – 추위를 잘 타는 사람에게 추천

서향의 특성상 오전에 해가 비교적 늦게 뜨고 오후 시간대에 해가 더 길게 집안에 머물러 있게 된다. 즉 남서향의 일조시간은 남향보다 다소 늦은 오전 10시부터 오후 5시까지 해가 머물러 남동향과 마찬가지로 하루에 7시간 정도의 일조량을 가져다준다.

남서향은 해가 늦게 떠서 오후 늦은 시간까지 집 안 깊숙이 햇볕이 들어오므로 겨울에 정남향보다 따뜻하다는 장점이 있다. 반대로 여름철에는 남향보다 덥다. 그러므로 더위를 싫어하는 사람이라면 남서향보다 남동향을 택하는 것이 좋다.

064

아파트 라이벌 2탄
학군 vs 역세권

최고의 입지는 역세권, 학군, 인프라 모두 만점인 곳!
차선을 고른다면?

부동산의 가치를 이야기할 때 가장 중요한 것은 '입지'라는 점에는 누구도 이의를 제기하지 않는다.

주택의 입지는 크게 '역세권(대중교통)', '학군', '주변 환경(인프라)'을 꼽을 수 있다. 물론 3가지 조건을 모두 충족한 곳에 위치한 집을 선택한다면 가장 좋겠지만 문제는 가격이다. 현실적인 자금사정 때문에 3가지 조건 중 어느 한 부분에 더 비중을 둘 수밖에 없게 된다.

특히 역세권과 학군을 두고 많이들 고민하게 된다. '역세권'과 '학군'이라고 표현했지만, 결국은 '출퇴근의 편의성이냐!' 아니면 '자녀의 교육이냐!'의 선택일 것이다.

20평형대 소형이라면 역세권!

소형아파트는 역세권에 위치한 초품아(초등학교를 품은 아파트)가 가장 좋겠지만, 그중 1가지만 선택해야 한다면 역세권을 선택하는 것이 좋다.

소형주택일수록 혼자 사는 직장인, 신혼부부, 젊은 맞벌이부부 등의 수요가 많다. 대부분 자녀가 없거나 있어도 어리기 때문에 학교보다는 출퇴근의 편리성에 더 비중을 두는 경향이 있다. 그러므로 20평형대 이하 소형주택이라면 학군보다는 대중교통 이용이 편리한 역세권을 선택하는 것이 좋다.

임대든 매매든 결국 중요한 것은 수요고, 소형평형 아파트의 주요 수요층은 젊은 직장인이라는 것을 염두에 두어야 한다.

30평형대 중형이라면 학군!

결혼을 하고 아이가 태어나면 현재 살고 있는 집보다 조금이라도 더 넓은 집으로 이사를 원한다. 아이를 보다 쾌적한 공간에서 양육하기 위함도 있지만, 아이들의 짐이 엄청나게 많기 때문이다.

그래서 아이가 생기거나 두 명 이상의 자녀가 되었을 때에는 보다 넓은 주거공간 확보를 위하여 30평형대의 중형주택을 생각하게 된다.

또한 자녀가 어린이집을 다니기 시작하게 되면 교우관계, 교육문제 등 때문에 자리 잡은 곳에서 다른 지역으로 이사 가기가 어려워진다. 그래서 이사할 때, 아이가 어느 정도 클 때까지 오래 살 생각으로 무리를 해서라도 30평형대를 선택하는 경우가 많다.

이때 부모의 입장에서 가장 중요하게 생각하는 것은 학군일 것이다. 특히 초등학생을 둔 부모라면 아이가 등교할 때 횡단보도를 건너야 하는지까지 고려하게 된다. 그러므로 초·중·고등학생들을 자녀로 두고 있을 가능성이 높은 30평형대에서는 출퇴근의 편리성보다는 학군에 비중을 둘 수밖에 없다. 여기서 말하는 학군의 의미는 단순히 '학교와의 거리', '좋은 학교의 배정'뿐만 아니라 기본적인 사교육이 가능한 '학원까지의 거리' 또한 포함된다.

 강남 8학군이란 – 서울 시내 학군제도에 대해

2기 신도시인 '위례신도시'의 행정구역은 서울 송파구와 경기도 하남시, 성남시 3개의 지역에 걸쳐 있다. 생활 편의시설이 모두 공유되는 생활권역이고, 도로 하나를 사이에 두고 비슷한 시기에 지어진 아파트임에도 불구하고 수억원이 넘는 가격 차이가 난다.

그 이유는 바로 학군 때문이다. 도로 하나 차이로 한 곳은 송파구 학군이고 나머지 두 곳은 경기도 학군이다. 이렇듯 우리나라에서 학군이 집값에 미치는 영향은 굉장히 크다.

서울 시내 11개 학군 중 하나인 '강남 8학군'

1998년 서울 시내 학군제도는 기존 2~5개 구(區)씩 걸쳐 있는 9개의 학군을 지역교육청 관할지역을 중심으로 통학이 가능한 일정범위 내의 중학교와 고등학교를 합쳐서 하나의 학군으로 재지정하였다. **이로 인해 9개의 학군을 보다 세분화하여 2~3개 구를 하나의 학군으로 지정하여 지금의 11개의 학군으로 개편하였다.**

1980년대부터 1990년대 중반까지 최고 학군으로 대학입시를 위한 위장전입 등 각종 사회문제를 일으켰던 8학군의 경우 강동구, 송파구가 제외되는 대신 9학군에 있던 서초구가 새롭게 편입되었다. 우리가 흔히 말하는 현재의 강남 8학군이란 강남구와 서초구에 위치한 중·고등학교라고 이해하면 된다.

8학군의 시작은 명문 경기고등학교의 강남 이전으로부터

1970년대 초 발전의 중심은 강북이었다. 이에 박정희 대통령은 강북지역의 비대칭 발전을 막고, 서울의 균형발전을 위해 서울 시민들을 한강 이남으로 이주시키는 개발계획을 수립했다.

1학군	동부교육지원청	동대문구, 중랑구
2학군	서부교육지원청	마포구, 서대문구, 은평구
3학군	남부교육지원청	구로구, 금천구, 영등포구
4학군	북부교육지원청	노원구, 도봉구
5학군	중부교육지원청	용산구, 종로구, 중구
6학군	강동송파교육지원청	강동구, 송파구
7학군	강서교육지원청	강서구, 양천구
8학군	강남교육지원청	강남구, 서초구
9학군	동작관악교육지원청	관악구, 동작구
10학군	성동관진교육지원청	광진구, 성동구
11학군	성북교육지원청	강북구, 성북구

정부의 이러한 개발계획에도 불구하고 여전히 발전은 강북지역에 집중되고 강남지역으로 이전 수요가 늘어나지 않았다. 고심 끝에 정부는 교육열이 높은 국민성을 자극하는 카드를 빼들었다. 바로 강북지역의 명문 고등학교들을 강남으로 이전하는 것이었다.

그 대표적인 예가 지금의 종로구 정독도서관 터에 위치하고 있던 경기고등학교를 강남구 삼성동으로 이전하는 것이었다. 당시 동문들의 강력한 반대가 있었음에도 불구하고 1976년 이를 실행에 옮겼다. 이어 정부는 서울 강북지역 학교의 신설 및 확장을 금지하고, 서울 4대문 안 입시학원의 4대문 밖 이전과 강남으로 이전을 유도하는 정책을 펼쳤다.

그 결과 1970년대 이후 도심에서 이전한 강북지역의 유명 고등학교 대부분이 강남, 서초, 송파, 강동 등 이른바 강남권으로 옮겨졌다.

이렇게 강남 개발정책으로 인해 서울지역 중·고등학교의 평준화정책은 균형을 잃게 되었다. 보다 좋은 교육을 받게 하려는 부모들의 교육열로 강남으로의 주거이전이 더욱 활발해졌고, 자연스럽게 8학군 지역으로 우수한 학생들이 모여들게 되었다.

이 지역의 학교들이 대입성적이 우수한 건 학교에서 잘 가르치는 것도 있겠지만 학교의

인지도 때문에 애초부터 우수한 학생들이 몰려온 이유도 크다. 또한 학원, 입시정보 등이 부모의 경제력을 통해 다른 지역에 비해 빠르게 제공되는 부분도 클 것이다.

강북에서 강남으로 이전한 경기고등학교(출처 : 경기고등학교 홈페이지)

강남 8학군 부모의 특징

학군의 정의에 따르면 강남 8학군은 강남구와 서초구의 모든 학교를 말하지만, 8학군 내에서도 반포, 서초, 대치, 압구정, 개포 지역 일대만을 한정하여 가리키는 경우도 많다.
대표적인 학교로는 현대고, 서울고, 상문고, 휘문고, 서초고, 양재고, 언남고, 경기고, 단대부고, 은광여고, 경기여고, 숙명여고 등이 있다.
이 지역주민들은 경제적 여유가 있는 전문직 종사자, 고위공무원, 대기업 임원, 사업가 등이 다수를 차지하고 있다. 이들은 대부분 고학력자로서 1970~1990년대 정부 주도하의 경제개발정책 속에서 자신의 노력으로 자수성가한 사람들이 많다. 즉 부모로부터 부를 물려받았다기보다는 자신의 노력으로 현재의 위치에 이른 사람들이다. 때문에 이곳 주민들은 교육을 통해 계층 상승 및 유지가 가능하다는 확신을 갖고 있는 경우가 많다. 그래서 자녀교육에 투자하는 것만큼은 아끼지 않는 성향이 강하다.

065

실수요는 '로열동 + 로열층', 투자는 '비로열동 + 로열층'

실수요는 무조건 특로열!

실수요 목적일 때에는 가급적 로열동에 로열층(약칭 RR)을 매수하는 것이 좋다. 매매가는 보통 10% 정도 비싸지만 분명 그 이상의 가치가 있다.

로열동·로열층 세대는 단지 내에서 가장 선호하는 집으로, 일반적으로 향, 뷰, 채광, 단지 내 편의시설과의 접근성 등이 좋을 것이다. 구입할 때에는 가격에 대한 부담이 있을 수는 있겠으나 나중에 팔 때도 그만큼 비싼 가격으로 그리고 빠르게 팔 수 있기 때문에 장기적으로 생각해 보면 이득이다.

그러나 투자 목적이라면 비로열동에 로열층도 상관이 없다. 단, 가격이 저렴해야 한다는 전제조건이 붙는다.

전세가 차이는 미미, 투자할 땐 싸게 사는 게 최고!

예를 들어 로열동·로열층의 매매가격이 8억원이라고 했을 때, 비로열동·로열층의 매물은 5~10% 정도 저렴하므로 7억 2,000만~7억 6,000만원 선에 매물이 나온다.

그런데 전세가는 차이가 거의 없거나 5% 이내인 경우가 많다. 즉 로열동·로열층의 전세가가 5억 5,000만원이라면 비로열동·로열층은 5억 3,000만~5억 5,000만원 선일 것이다.

실수요의 목적은 편안한 거주 및 시세차익이겠지만 임대 목적은 적은 투자금으로 효율적인 시세차익을 얻는 것이다. 즉 투자 목적은 투자금의 효율성이 중요하다. 비싸게 사고 비싸게 파는 것도 좋지만 반대로 싸게 사서 약간 싸게 팔면 된다. 중요한 것은 적은 투자금으로 얼마의 투자수익률을 올렸느냐다.

이왕이면 다홍치마! 로열동, 로열층을 알려다오
로열동의 5가지 조건

같은 아파트 단지 내에서도 사람들이 선호하는 동이 있다. 일명 로열동이라고 불리는 동은 다른 동에 비해 가격 또한 비싼 편이다. 일반적으로 단지 내에서 로열동으로 꼽히는 동은 다른 동에 비해 다음의 5가지 기준을 어느 정도 충족하고 있는 경우가 많다.

❶ '향'과 '뷰'가 좋을 것!
일조량이 중요하기 때문에 남향으로 배치된 동이 좋다. 또한 요즘은 뷰에 대한 선호도가 높기 때문에 앞뒤로 가리거나 막히는 건물이 없이 조망이 확보될수록 좋다. 산이나 강이 보이면 최상이라고 할 수 있고, 해당 동 주변으로 조경(인공분수 등)이 잘되어 있으면 더욱 좋다.

❷ '소음'이 없을 것!

대로변에 있는 단지는 대중교통, 주변 편의시설 이용 등에 접근성이 좋아 인기가 있지만, 소음과 먼지 등으로 호불호가 갈린다. 그러므로 단지 내에서 가운데에 위치한 동이 좋다.

❸ '접근성'이 좋을 것!

단지 내 주출입구까지의 거리, 버스정류장·지하철역까지의 거리, 주변 편의시설 등과의 거리가 가까울수록 좋다.

❹ '구조'가 좋을 것!

최근 들어 일조량이 풍부하고 맞통풍이 가능해 환기가 잘되는 등 공간활용도가 좋은 판상형 구조가 타워형 구조보다 선호도가 높다.

❺ 주차장 이용이 편리하고 주차공간이 넉넉할 것!

같은 단지여도 아파트가 지어진 토지의 특성에 따라 주차공간이 여유로운 동이 있고 빠듯한 동이 있다. 요즘은 대부분 차가 있기 때문에 주차공간을 잘 살펴봐야 한다. 그리고 지하주차장을 살펴볼 때에는 엘리베이터와의 연결 여부를 확인해야 한다. 요즘 지어진 아파트는 지하주차장과 엘리베이터가 대부분 연결이 되어 있지만 2000년대 중반 이전에 지어진 아파트 중에는 연결이 안 된 경우가 있으므로 꼭 주차장 연결 여부를 살펴봐야 한다.

로열층은 어디? - 층마다 다른 3단계 분양가

한참 뛰어다니는 어린 자녀가 있는 젊은 부부에게는 1층 또는 필로티 위의 2층이 로열층일 것이다. 어르신이 있는 집, 보육시설(어린이집) 등은 1층을 선호한다. 층간소음에 예민한 사람이라면 탑층이 로열층이 될 수도 있다. 최근에는 뷰에 대한 선호도가 높아져 로열층의 개념이 점점 위층으로 올라가고 있는 추세다. 이렇게 로열층은 개인적 상황이나 성향에 따라 달라질 수 있다.

하지만 우리가 흔히 로열층이라고 말하는 층은 일반적으로 가장 많은 사람들이 선호하는 층을 말한다. 또한 같은 동에 같은 평수라 하더라도 더 비싸게 거래될 수 있는 층을 말한다.

요즘 분양하는 아파트를 살펴보면 크게 3단계로 나누어 가격을 책정한다. 1층을 가장 저렴한 가격으로, 2~3층까지가 그다음, 나머지 층들을 '기준층'이라 하여 가장 비싼 가격으로 분양가를 책정한다.

3단계 분양가 순서

1층 〈 2~3층 〈 나머지 층(기준층)

> 일조권이 확보되면서, 앞동에 의해 햇빛이 가려지지 않아야 한다. 건물 전체 층의 2/3 이상이 가장 이상적이다.

1층은 개인 프라이버시, 보안, 방범, 하수도 역류현상, 일조량 부족 등의 문제로 선호도가 떨어진다. 그리고 탑층은 단열, 방수 등의 문제로 선호도가 떨어진다. 그러나 신축아파트는 다락층을 이용해 복층형으로 설계되었다거나 펜트하우스형으로 설계되는 경우가 많아져 탑층에 대한 선호도가 높아지고 있다.

개인적으로 아파트에서 가장 모호한 층은 2층과 3층이라고 생각한다. 1층보다는 방범, 보안, 프라이버시가 좋은 편이지만 그렇다고 확실하게 좋은 것은 아니다. 그리고 아파트 하면 가장 먼저 떠오르는 것이 엘리베이터인데, 이를 사용하기가 조금 모호하다. 또한, 1층은 1층이라는 핸디캡을 반영해서 기준층에 비해 5~10% 이상 저렴하지만, 2층과 3층은 약간 저렴할 뿐, 확실하게 저렴하지 않아 가격적인 메리트가 떨어질 수밖에 없다.

로열층 순서

1층 〈 2~3층 〈 4층, 탑층 〈 중간층~탑층에서 2~3층 아래층

가격을 감안해 로열층 순서를 매겨 보았다.

판상형의 경우, 로열층에서도 가운데 라인 세대가 가장 비싸다. 예를 들어, 한 층에 1~4호까지 4세대가 있다면 가운데 세대인 2호와 3호 세대가 1호와 4호 세대보다 선호도가 높다.

판상형 구조에서는 가운데 라인 세대에 대한 선호도가 높다.

판상형 아파트(왼쪽)와 타워형 아파트(오른쪽)

그러나 요즘 짓는 새 아파트는 판상형 구조보다 타워형 구조가 많아 어느 세대나 거의 한쪽 벽면은 측세대가 될 가능성이 높아 가운데 세대라는 의미가 없다. 하지만 판상형 구조에서는 같은 조건이면 일반적으로 가운데 라인의 선호도가 훨씬 높다.

066

'주택조합아파트(조합원아파트)'란?

주택조합이란?

주택조합은 조합원 조건을 갖춘 사람들이 주택 마련이나 리모델링 사업을 추진하기 위해 설립한다. 즉 조합원 스스로가 사업의 주체가 되어 자발적으로 사업에 참여하여 토지구매에서 주택건설까지 책임지고 시행하는 것을 말한다.

초창기 주택조합은 서민들이 하나의 협동체를 만들어 거주할 집을 마련하자는 취지로 시작되었지만, 단순 주택의 분양 개념이 더 강해지면서 조합원들의 유대나 결속이 본래 취지와는 맞지 않게 변질된 경향이 있다.

아무래도 조합원들이 공사 경험이나 지식이 부족하다 보니 직접 사업을 진행하기가 어렵다. 그래서 대부분 조합이 주체가 되기보다는, 건설사업을 진행할 시공능력을 갖춘 '등록사업자'*를 선정하여 조합과 공동사업주체가 되어 주택건설을 시공한다. 즉 등록사업자가 주축이 되어 토지 매입이나 건설의 핵심적인 부분을 진행하는 구조로 바뀌게 되었다.

● '등록사업자'란 쉽게 말해, 조합의 업무를 대신 맡아서 처리해 주는 업무대행사라고 생각하면 된다.

그러나 주택조합아파트는 조합원 직접공사라는 큰 틀은 변함이 없기 때문에 처음 계획했던 대로만 사업이 잘 진행된다면 일반적인 재개발·재건축사업에 비해 시행사, 시공사 등의 중간 마진을 줄일 수 있다. 이로 인해, 일반 분양아파트에 비해 적게는 10%에서 많게는 30%까지 저렴한 분양가로 조합원을 모집할 수 있다는 것이 최대 장점이다.

참고로 지역주택조합에는 시공사 마진이 상대적으로 적어서 우리가 흔히 말하는 메이저급 1군 시공사들이 참여하지 않으려는 경향이 있다. 서희건설, 양우건설 등 중견급 건설회사의 참여도가 높은 것이 특징이다.

이러한 주택조합은 무주택세대주 또는 무주택근로자의 주택마련을 위한 제도로서, 청약통장 가입 여부와는 상관없이 일정한 자격요건을 갖추면 조합원으로 가입할 수 있다.

주택조합 3가지 종류
'지역주택조합', '직장주택조합', '리모델링주택조합'

주택조합에는 '지역주택조합', '직장주택조합', '리모델링주택조합' 크게 3가지가 있다.

'지역주택조합'은 동일한 지역에 거주하고 있는 사람들이 주택을 마련하기 위해 설립한 조합을 말한다. '직장주택조합'의 큰 틀은 지역주택조합과 같다. 다른 점은 조합원이 같은 직장에서 근무하는 근로자들이 주택을 마련하기 위해 설립한 조합이라는 것이다. 마지막 '리모델링주택조합'은 공동주택의 소유자들이 해당 주택을 리모델링하기 위해 설립한 조합이다.

가장 많이 설립되고 실생활에서 가장 많이 접하게 되는 조합은 '지역주택조합'

일 것이다. 지역주택조합을 중심으로 주택조합아파트가 무엇인지 알아보자.

지역주택조합 조합원 가입조건

조합원자격 요건은 크게 3가지 조건이 있다. 여기서 주의할 점은 다음의 3가지 조건을 조합설립인가 신청일로부터 입주일까지 유지해야만 조합원지위를 유지할 수 있다는 것이다.

❶ 주택조합이 설립된 지역에서 전입신고를 한 후 6개월 이상 거주한 세대주!
지역주택조합은 지역민들에게 실거주를 목적으로 주거를 공급하기 위한 사업이기 때문에 해당 지역에 일정기간 이상 거주할 것을 요건*으로 하고 있다.

지역주택조합 해당 지역의 범위

서울특별시, 경기도, 인천광역시	대전광역시, 충청남도, 세종특별자치시
부산광역시, 울산광역시, 경상남도	충청북도
대구광역시, 경상북도	강원도
광주광역시, 전라남도	제주특별자치도
전라북도	

● 만약, 직장주택조합이라면 동일 지역 거주요건은 필요 없고 대신 동일한 직장 내의 근로자여야 한다는 조건이 적용된다.

이 도표를 참조해서 예를 들자면, 지역주택조합 사업지가 서울이면, 경기도에 거주하고 있는 사람도 조합원 가입이 가능하다.

❷ 무주택자 or 전용면적 85㎡ 이하의 주택을 1채만 소유한 세대주!

여기서 세대주는 집 소유의 명의자를 말하는 것이 아니고, 주민등록등본상의 세대주를 말하는 것이다. 조합원 가입을 희망하는 사람이 85㎡ 이하의 주택을 1채 보유하고 있다고 가정한다면, 해당 주택의 명의자가 주민등록등본상 세대주여야 한다는 말이다.

예를 들어 세대주가 남편이고 전용면적 85㎡ 이하의 주택도 남편 명의라면 이 조건에 해당된다. 한편 세대주가 남편이고, 주택 명의가 아내로 되어 있다면 세대주가 아닌 세대원이 집을 가지고 있는 것이 되기 때문에 지역주택조합에 조합원으로 가입할 수 없다.[●]

❸ 세대주일 것!

주택조합에는 세대주만 가입이 가능하다. 즉 세대원은 조합원 가입이 불가능하다. 그러므로 세대원이 직접 조합원으로 가입하기 위해서는 주민등록상 주소지를 별도로 분리하여 독립세대주가 되어야 한다.

지역주택조합 가입 전 반드시 확인해야 할 4가지!

첫 번째, 실제 토지 확보율을 확인해야 한다!

● 성인인 자녀가 주택을 보유하고 있는 경우, 자녀를 세대 분리하여 독립세대주로 만들 경우에는 부모도 가입이 가능하고, 자녀도 독립세대주로 가입이 가능해진다.

조합원 모집광고 시, '토지 계약 100% 완료' 또는 '95% 이상 확보'라고 하였다면 분양사무실에 계약서 공개를 요구해 확인해 봐야 한다.

이때 토지 사용에 대한 동의서 또는 승낙서는 의미가 없다. 토지소유권이 95% 이상 확보되어 있어야 사업계획 승인을 받을 수 있기 때문에 오로지 토지매매계약서만이 의미가 있다. 동의서는 말 그대로 개발에 동의한다는 뜻으로 지구단위계획 등에 필요하며, 승낙서는 조합설립인가 시에만 필요할 뿐이기 때문이다.

결국 조합이 사업계획승인인가를 받기 위해서는 해당 부지에 대한 95% 이상의 소유권이 확보되어 있어야 하므로 토지매매계약서만이 최종적으로 의미가 있는 것이다.

두 번째, 해당 부지가 지구단위계획변경이 가능한 지역인지를 확인해야 한다!

관할 시·군·구청에 사업대상부지가 지구단위계획변경이 가능한 지역인지 반드시 확인해 봐야 한다. 아파트를 지을 수 있는 땅인지를 확인하는 것이다.

세 번째, 조합원 모집률을 확인해야 한다!

일반적으로 총 모집조합원의 80~90% 정도 모집이 되어야 안정적으로 자금을 확보할 수 있게 된다. 조합원이 조합가입 시 낸 돈으로 사업부지 토지소유주에게 토지대금을 지불하고 조합명의로 소유권을 이전 등기하고 사업계획승인을 받아야 시공사와 계약을 체결하고 본격적인 공사를 시작할 수 있기 때문이다.

네 번째, 허위과장광고 여부를 확인해야 한다!

주택조합사업의 성패와는 상관없이 일단 조합원을 모집하기 위해 허위과장광고를 하는 일이 자주 있다.

간혹 메이저급 시공사의 타이틀을 걸고 홍보하는 경우도 있다. 그런데 여기서 분명히 알아야 할 것은 대부분 정식 계약을 체결하기 전이라는 것이다. 또한, 사업의 시행 주최 자체가 조합이기 때문에 메이저급 시공사가 있다고 하더라도 주택조합아파트와는 냉정하게 아무런 상관이 없는 것이다. 말 그대로 시공사는 시공비를 받고 공사만 해 주는 것이지 그 외의 어떠한 책임도 지지 않는다.

앞의 4가지 항목과 더불어 추가비용 발생 여부를 파악하기 위해 사업장 주변 부동산중개사무소 3~4곳을 방문해서 의견을 구하는 등 현장에서 발품을 팔아가면서 꼼꼼하게 확인해 봐야 한다.

지역주택조합의 장점

◆청약제도 등에 따른 순위별 분양제한 없이 무주택자가 조합에 가입하여 추진하면 됨

◆일정자격만 갖추면 좋은 입지의 주택을 저렴한 가격으로 마련할 수 있음

◆임대주택 의무 조항이 없음

◆조합원은 잔여세대 일반분양분보다 양호한 호수 배정

◆동호인, 동일 직장 등 특수용도 가능

지역주택조합의 단점

◆토지매입이 완료되지 않은 상태에서 추진할 경우 토지 확보비용 등이 크게 상승함으로써 분양가 상승요인으로 작용하게 되며, 아울러 사업추진 지연요소로 작용할 수 있음. 즉, 사업이 지연되면 될수록 일반분양 아파트보다 더 비쌀 수 있음

◆서로 연고가 없는 사람끼리 조합원으로 가입하여, 결속력 약화에 따른 분쟁 및 갈등이 빈번하게 발생할 수 있음

◆95% 이상의 토지소유권을 확보해야 하므로 대규모 아파트단지 조성은 어려움

◆사업좌초 위험성이 있고, 그 경우 기 투자금 미회수 위험성 있음

◆제도 미비로 인하여 통제장치가 미흡하여 업무대행사의 횡령, 사기 등의 비리가 발생할 가능성이 있음

067

한눈에 보는
지역주택조합 사업 절차

지역주택조합의 사업 절차는 대략 다음의 12단계로 나뉜다.

1단계 지역주택조합 추진위 구성

사업 대상 토지가 정해지면 가칭조합추진위원회가 만들어진다.

2단계 조합규약 작성

가칭조합추진위원회에서는 '조합규약'(회사로 치면 사내규정과 비슷한 것)을 만든다. 그리고 조합창립총회를 준비하게 된다.

3단계 주택홍보관 오픈, 조합원모집° 및 조합창립총회

주택건설예정 세대수의 1/2 이상의 조합원이 참석해야 하는 창립총회에서 '총회회의록', '조합장선출동의서', '조합원명부'가 작성되며, 사업계획서 등 제반서류를 갖추어 조합설립인가 신청을 준비하게 된다.

● 주택조합아파트에서는 모델하우스를 '홍보관', 분양을 '조합원모집', 분양가는 '모집가'라고 한다.

4단계 조합설립인가 신청

조합설립인가 신청을 하기 위해서는 주택건설 예정 세대수의 1/2 이상(20인 이상)의 조합원이 확보되어 있어야 한다. 또한 해당 사업 토지에 대한 토지사용승낙서를 전체 대지의 80% 이상 받아야 한다.

위 요건들을 모두 갖춰서 관할 시장, 군수, 구청장에게 조합설립인가를 신청한다.

조합설립인가를 승인받으면, 2년 내에 사업계획승인을 신청해야 한다. 만약, 사업계획승인을 신청하지 않으면 조합설립인가가 취소될 수도 있다.*

5단계 추가조합원 모집

지역주택조합의 경우 조합설립인가를 받은 후부터는 원칙적으로 조합원을 교체하거나 신규로 모집(가입)할 수 없다. 다만 조합원 수가 주택건설 예정 세대수를 초과하지 않는 범위 내에서 시장, 군수, 구청장으로부터 추가모집의 승인을 받을 수 있다. 조합원의 탈퇴 또는 사망 등으로 조합원 수가 주택건설 예정 세대수의 50% 미만이 되는 경우 등에는 예외적으로 가능하다.

6단계 토지소유권 이전

조합은 토지를 매입하거나 토지주들에게 소유권을 이전받아 전체 사업 대상 토지의 95% 이상의 토지소유권을 확보해야 한다.

95% 이상의 토지소유권이 확보되어야만 사업계획승인을 신청할 수 있다.

● 보통 정비사업은 조합설립 후 3년 내 사업시행계획인가를 받으면 되는데, 지역주택조합은 말도 많고 탈도 많아서 2년으로 강화된 규정을 적용받고 있다.

7단계 사업계획승인 신청

사업계획승인을 받으면, 확보하지 못한 나머지 토지(사업대상지의 5% 미만)에 대하여 강제 매도청구권을 행사할 수 있다. 즉 공사 착공을 위해서는 100% 토지 소유권을 확보해야 한다.

기존에 확보했던 95% 이상의 토지＋추가로 확보한 나머지 5% 미만의 토지에 본격적인 공사를 시작하게 된다.

8단계 등록사업자와 시공사 간의 공사계약 체결

조합과 시공사 간에 공사계약을 체결한다. 시공 예정사였던 시공사가 비로소 정식 시공사가 된다.

9단계 공사착공

서류상의 모든 행정절차를 마친 상황이며 본격적인 공사에 들어가게 된다.

10단계 잔여물량 일반분양

사업계획승인 신청 전, 조합원 모집을 모두 마쳤다면 일반분양 물량이 없을 것이다. 잔여물량이 있을 때에만 일반분양이 실시되며, 분양가는 당연히 조합원 모집가보다 높게 책정되는 것이 일반적이다.

11단계 준공검사 및 입주

새로 지어진 아파트의 준공검사를 받은 후, 특별한 문제가 없으면 조합원과 수분양자들의 입주가 시작된다.

12단계 청산 및 주택조합 해산

사업의 잉여분 또는 이익이 있다면 조합원들에게 배분하고, 손실 또는 추가부담금이 있다면 징수하여 청산을 하고 조합은 해산한다.

 '지역주택조합아파트', 마음고생의 시작이 될 수 있다

주변 시세보다 20% 저렴하다는 말에 혹하다!

평상시 알고 지내던 K씨가 상담요청을 해온 적이 있다. K씨에게는 아직 결혼을 하지 않은 30대 초반과 20대 후반의 아들 두 명이 있었다. K씨는 아들들 앞으로 30평형대 아파트를 하나씩 분양받아 놓았다면서 은근히 주변사람들에게 자랑을 하고 다녔다. 웬만한 서울 내 신축급 아파트가 10억원이 넘어가는 현시점에 그런 아파트를 아들들 명의로 하나씩 분양받아 놓았다는 말에 나도 내심 부러워했다.

K씨의 고민은 뜻밖이었다. 조만간 큰아들이 결혼을 하는데 아직 신혼집을 구하지 못해서 고민이라는 것이었다. 알고 보니 아들들 앞으로 분양받았다는 아파트는 우리가 흔히 생각하는 일반 분양아파트가 아니라 '지역주택조합아파트'였던 것이다.

K씨는 2018년 8월경, 우연히 아파트 홍보관에 들어가게 되었다. '서울 역세권에 새 아파트를 주변 시세보다 20% 이상 저렴하게 장만할 수 있다', '추가 금액 없이 발코니 확장은 기본이고 빌트인 가전제품까지 무상으로 제공한다'라는 홍보관 직원의 말에 현혹되어 며칠을 혼자서 고민했고, 아들들에게 멋진 새 아파트를 마련해 줄 수 있다는 생각에 아들들의 명의로 된 계약서에 각각 도장을 찍었다고 한다. K씨는 자신이 도장을 찍은 계약서가 '지역주택조합 가입서'인 줄 모르고, 그저 일반적인 분양계약서인 줄 알았다고 했다.

K씨가 가입한 은평구 불광동에 위치한 지역주택조합은 조합원모집 당시 2023년 완공 예정이라고 했는데, 토지 미확보 등의 사유로 조합설립조차 하지 못하고 있는 상태였다. 지금까지 지역주택조합에 납부한 돈은 '1차 가입비'와 '계약금' 등의 명목으로 한 세대당 6,000만원씩, 두 세대 약 1억 2,000만원이었다.

결국 5,000만원 손해 보고 탈퇴!

K씨는 이번에 큰아들 결혼 문제로 심각하게 고민을 했다. 사업이 지연되면서 추가부담금이 발생할 수도 있다는 것, 언제쯤 완공이 될지 미확정 상태이므로 무작정 사업이 완료되어 입주할 때까지 기다린다는 것이 현실적으로 맞지 않는다는 회의감이 들어 조합원 탈퇴를 마음먹었다고 한다.

그런데 문제는 탈퇴 시, '업무대행비' 등을 반환받지 못한다는 규약이 있어, K씨가 각 세대별로 납부했던 6,000만원 중 조합운영비 2,500만원씩을 공제하고 세대별로 나머지 3,500만원 정도만 반환받을 수 있다는 것이다. *

해당 지역주택조합이 조합설립인가 전이기 때문에 손해를 보지 않기 위해서는 다른 사람을 조합원으로 가입시켜 자신의 조합원지위를 양도하고 나와야 하는데, 이 또한 쉬운 일이 아니었다. 결국 K씨는 2년간 1억 2,000만원을 투자(?)해서 대략 5,000만원을 손해 보고 조합원지위를 탈퇴해야 했다.

지역주택조합 분양 최종 성공률은 5% 안팎

국민권익위원회의 실태조사에 따른 국토교통부의 답변 등에 따르면, 지역주택조합의 설립 대비 분양 성공률은 20% 안팎이라고 한다. 그러나 현장 관계자들의 말에 따르면 조합설립인가 전, 추진 단계의 조합까지 합쳐서 생각해 본다면 최종 성공률은 5%에도 못 미치는 것이 현실이라고 한다. 업무대행사에게 모든 업무를 위임하고 비용을 지불하지만 결국 모든 책임은 조합원들이 지게 되는 구조이기 때문에 사업이 지연되거나 무산되었을 때의 손해는 오롯이 조합원 각자의 몫이 된다.

지역주택조합은 잘하면 서민들이 저렴한 가격에 새 아파트를 장만할 수 있다는 장점이 있지만, 반대로 사업이 좌초될 가능성이 크며, 우여곡절 끝에 사업이 완료되었다 하더라도 사업 지연으로 인한 추가부담금 납부 등의 단점이 존재하고 있다는 점을 알고 신중하게 가입 여부를 결정해야 할 것이다.

- 주택법 제11조의6(조합 가입 철회 및 가입비 등의 반환)의 개정으로 2020년 12월 11일 이후부터는 주택조합에 가입한 조합원은 가입비를 납부한 날로부터 '30일 이내'에 자유롭게 조합에 탈퇴 의사를 밝히고 조합에서 탈퇴할 수 있고 위약금 또는 손해배상 없이 납부한 가입비 전액을 반환받을 수 있게 되었다.

068

단독주택 투자의 핵심은 땅이다!

서울은 단독주택의 로망보다 수익에 초점!

최근 들어 단독주택에 관심을 갖는 사람들이 늘어나고 있다. 단독주택의 가장 큰 장점은 자신의 가족들만 생활하게 되므로 다른 사람과 마주칠 일이 없어 공동 생활로 인한 불편이 없다는 점이다. 누구에게도 간섭받지 않는 독립된 공간을 누릴 수가 있고 층간소음에서 자유로울 수 있어 어린아이가 있는 가정이나 악기 연주를 하는 가정에서 선호한다. 또한, 반려견을 키우는 사람들은 마당에서 마음껏 뛰어다니는 반려견의 모습을 보면서 행복감을 가질 수도 있다.

그런데 문제는 서울과 수도권 지역에 위치한 단독주택은 대부분 대지가 30~60평 사이의 주택들이라는 것이다. 우리가 떠올리는 단독주택의 이미지는 넓은 마당이 있는 외관이 멋진 2층 집인데, 현실은 주차도 어려운 좁은 골목에 빨간 벽돌로 지어진 다가구주택이 대부분이다. 그러므로 서울과 수도권 지역에서 우리가 생각하는 단독주택의 로망을 생각하며 거주하는 이들은 드물다.

특히 서울은 직접 거주하기 위함이 아닌 낡은 집을 헐어내고 다세대주택(빌라), 원룸주택 등 공동주택으로 신축해서 분양하거나 임대를 줄 목적으로 단독주택을 구입하는 경우가 많다. 그러므로 단독주택을 바라보는 관점도 달라져야 한다.

예전에는 가족들이 편하게 살 수 있는 구조인지, 방은 몇 칸인지, 주인이 거주하는 호실 외에 나머지 호실에 임차인은 잘 맞춰져 있는지 등을 중점적으로 보았다면, 이제는 헐고 지을 집이 설계가 잘 나올지, 분양 또는 임대가 잘 될지 등의 요소를 고려해야 한다.

건축 후 20년 낡은 건물, 결국 남는 건 땅값!

일반적으로 단독주택이 지어진 지 20년 정도가 지나면 건물 값은 거의 없어져 땅값으로만 계산해서 집의 가격이 책정된다. 시간이 흐름에 따라 건물의 가격은 감가상각*되어 점점 줄어들고 토지의 가격은 지가상승으로 인해 해당 주택가격에서 차지하는 비중이 점점 커질 수밖에 없기 때문에 단독주택의 핵심은 토지라는 생각을 갖고 있어야 한다.

그러므로 단독주택을 구입할 때, 집 내부(구조, 방 개수) 등만 볼 것이 아니라 향후 헐고 신축할 수 있는 땅인지를 살펴보고 구입 여부를 결정해야 한다. 단독주택을 구입하기 전에 주변 건축사사무실에 의뢰하여 가설계를 해보는 것이 좋다.

● **감가상각** : 건물, 기계, 설비 등의 경우 시간이 지날수록 노후 또는 기능의 저하로 인해 가치가 감소하게 된다. 이처럼 감소된 가치만큼을 원래의 가격(가치)에서 공제하는 것을 말한다.

단독주택 투자가치, 최소 35평 이상이 좋다!

제2종 일반주거지역의 건폐율은 60%, 제3종 일반주거지역의 건폐율은 50%

서울 시내에는 신규로 집을 지을 수 있는 땅이 항상 부족해서 오래된 단독주택이나 다가구주택은 언제든지 헐리고 신축건물로 지어질 가능성이 높다.

토지마다 지을 수 있는 건물의 종류와 범위가 정해져 있는데, 단독주택의 경우 대부분 제2종 일반주거지역 또는 제3종 일반주거지역에 속해 있다. 서울의 경우 제2종 일반주거지역의 건폐율*은 60%이고 제3종 일반주거지역의 건폐율은 50%이다.

지역마다 편차는 있지만 몇몇 동네를 제외하면 서울 단독주택의 대지면적은 대부분 30~60평 사이이다. 예를 들어 대지면적이 35평일 때, 제2종 일반주거지역에서 신축할 수 있는 건물의 기준층 바닥면적은 21평(35평 × 60% = 21평)이다. 보통 계단실 면적으로 3평 정도가 빠지기 때문에 실제 층마다 내부공간으로 사용할 수 있는 평수는 18평이 된다. 실평수가 18평 정도 되어야 방 3개, 거실, 주방, 욕실 등의 구조가 나온다. 그러므로 나중에 집을 짓기 위해서는 단독주택의 대지면적이 최소 35평은 되어야 좋다.

참고로 대학가 원룸의 경우 호실당 실평수가 4~6평 정도이며, 시중에서 흔히 볼 수 있는 분양·임대 오피스텔의 경우 실평수는 6~9평 사이가 가장 많다.

결국 땅의 크기에 따라 지을 수 있는 건물의 종류가 정해지는 것이다.

30~40평은 다가구주택이나 다중주택 건축, 50~60평은 다세대주택이나 도시형생활주택 건축

대지면적 30~40평일 때에는 다가구주택 또는 다중주택(원룸)을 많이 짓는다. 그리고 50~60평일 때에는 소형(투룸) 다세대주택 또는 도시형생활주택(원룸형)**을 많이 짓는

- **건폐율** : 대지면적에 대한 건축면적의 비율이다. 예를 들어, 건폐율이 60%인 곳에 대지면적이 50평이라면 한 층의 최대 면적은 30평(50평 × 60%)이 된다. 건폐율과 용적률에 대한 자세한 설명은 367쪽 참고.
- **도시형생활주택** : 서민과 1~2인 가구의 주거안정을 위하여 2009년 5월부터 시행된 주거 형태. 늘어나는 1~2인 가구와 서민의 주거안정을 위하여 필요한 곳에 신속하고 저렴하게 주택을 공급할 수 있도록 각종 주택건설 기준과 부대시설 등의 설치기준을 적용하지 않거나 완화한 주택정책이다. 도시형생활주택의 종류로는 단지형 연립주택, 단지형 다세대주택, 원룸형 3종류가 있다.

다. 대지면적이 70평 이상일 때에는 우리가 흔히 빌라라고 부르는 층별로 쓰리룸이 2세대 씩 있는 다세대주택을 짓는 경우가 많다.

지방의 경우 토지가격이 저렴하기 때문에 가급적 80~100평 정도 되는 땅이 좋으나, 서울과 수도권 지역의 경우에는 대지면적이 40~45평 정도의 단독(다가구)주택을 매입하는 것이 향후 토지의 활용가치가 가장 좋다.

왜냐하면 독자적으로 다가구주택 또는 다중주택 등으로 신축을 할 수도 있고 이웃해 있는 집과 합쳐서 다세대주택을 신축할 수도 있기 때문이다. 또한 서울의 경우 강북지역이라 하더라도 땅의 평당가가 비싼 편이기 때문에 덩어리를 키우기보다는 적당한 크기가 업자 들에게도 부담이 덜하고 나중에 신축 후 팔 때 가격 부담이 덜해 수요층이 넓어진다.

단독주택은 최소 35평이 되어야 신축 가능성이 높다.

069

신축 시 남향보다 북향이 더 좋은 이유는?
- 일조권

신축할 계획을 갖고 있다면 북향 선호!
북쪽 도로 활용 극대화 가능!

집의 향을 따질 때 보통 남향집을 가장 좋다고 한다. 남향집이 하루 종일 해가 잘 들고 밝기 때문이다. 선호도를 나열해 보면 1순위는 남향, 2순위는 남동향과 남서향, 3순위는 동향과 서향이고, 마지막 4순위가 북향이다. 그런데 단독주택의 경우에는 집을 매수하는 사람의 입장에 따라 북향집이 1순위가 될 때도 있다.

매수자가 간단한 수리 또는 인테리어를 해서 직접 거주할 목적이라면 일반적으로 남향을 선호할 것이다. 그런데 매수자가 기존의 단독주택을 헐고 건물을 신축할 계획을 갖고 있다면 북향집을 가장 선호하게 된다. 정확하게 말하면 북향집이 아니라 북쪽 도로를 접하고 있는 집을 의미한다.

건축업자가 '왜 북향집을 선호하는지'를 이해하기 위해서는 우선 일조권 사선 제한에 대한 개념을 알아야 한다.

일조권에 유리한 북향 단독주택

햇빛은 사람이 생활하는 데 무엇보다 중요하다. 그런데 경제가 발전하고 산업화, 공업화에 따른 도시의 집중화와 급격한 개발로 건물의 고층화가 이뤄지면서 일조권을 둘러싼 사회 문제가 발생하게 되었다.

여기서 말하는 일조권이란 내 집에 들어오는 햇빛을 말하는 것이 아니라, 내 건물을 지음으로 인해 뒷집의 햇빛을 방해하지 말라는 뜻이다. 즉 일조권 사선제한이란 뒷집의 일조권 확보를 위해서 건물의 높이를 제한하는 것을 말한다.

대법원 판례에 따르면 일조량이 가장 적은 동짓날을 기준으로 오전 9시~오후 3시 사이 연속 2시간 이상, 오전 8시~오후 4시 사이 총 4시간 이상 햇빛이 들지 않으면 일조권 침해에 해당한다.

그러므로 일조권을 침해하지 않기 위해선 내 뒷집의 햇빛을 확보해야 한다. 해가 남쪽에 떠 있으므로 뒷집의 남쪽은 내 집의 북쪽이 되기 때문에 정북 방향을 기준으로 일조권을 따진다. 전용주거지역과 일반주거지역에 속한다면 건물의 각 부분을 정북 방향, 인접대지경계선으로부터 건축조례가 정하는 거리 이상을 띄어 건축해야 한다.

건축법 제61조(일조 등의 확보를 위한 건축물의 높이 제한)

일조권 사선제한은 모든 지역에 적용되는 것이 아니라 용도지역이 일반주거지역과 전용주거지역에만 적용되기 때문에 준주거지역 이상이라면 일조권 제한과는 상관없이 건물의 신축이 가능하다.

3층 이하 건물은 일조권에서 자유롭지만

4층 이상은 건물 꺾임 적용

　사진 속 주택이 꺾인 건물이다. 그림으로 일조권과 꺾임에 대해서 설명해 보겠다.

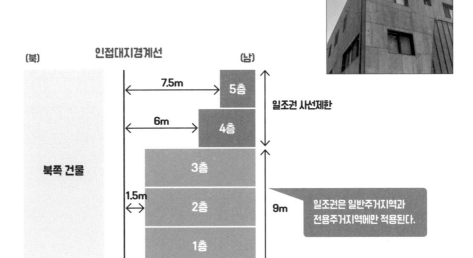

건물 높이가 9m 이하이면 1.5m만 이웃 땅과의 경계선에서 띄우면 되고, 9m 가 초과하는 높이부터는 1/2에 해당하는 거리만큼 경계선에서 띄어야 한다.

　최근에 지어지는 일반적인 건물의 층고(한 층의 높이)는 대부분 3m 미만이다. 그 러므로 위 그림에서 보는 것처럼 지상 3층까지는 높이가 9m 미만이기 때문에 건 물이 꺾임 없이 똑바로 올라간다.

　그러나 4층부터는 9m가 초과되기 때문에 초과된 높이의 1/2씩 이웃집 경계와 더 띄어야 한다. 4층 높이 12m의 절반인 6m만큼을 경계에서 띄면, 건물이 계단처럼 꺾여서 올라가게 된다.

정리하자면 3층 이하의 건물은 웬만해서는 일조권 사선제한의 영향을 받지 않지만, 4층부터는 영향을 받을 수 있다.

> **높이 9m 이하인 부분 → 인접대지경계선으로부터 1.5m 이상**
> **높이 9m 초과 부분 → 인접대지경계선으로부터 건축물의 각 부분의 높이의 1/2 이상**

6m 북쪽 도로를 접한 북향건물, 5층까지 건물 꺾임 적용 無

일조권 사선제한을 이해했다면, 왜 북쪽도로를 접하고 있는 대지가 좋은 땅인지 어느 정도 눈치 챌 수 있게 된다. 아래 그림으로 설명해 보겠다.

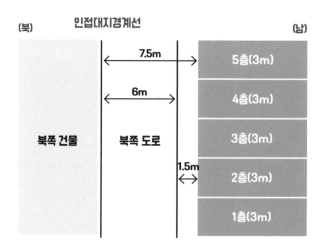

남쪽에 도로를 접하고 있는 땅은 4층부터 일조권 사선제한의 제한을 받아 면적이 줄어들게 된다. 그런데 북쪽 도로를 접하고 있는 대지는 건물을 신축할 경우 일조권 사선제한을 덜 받게 된다. 특히 앞 그림처럼 대지가 접하고 있는 북쪽 도로의 폭이 6m 이상인 경우에는 5층(15m)까지 일조권 사선제한의 영향을 거의 받지 않고 건물을 신축할 수 있다.

4층의 높이가 12m이므로 이웃대지의 경계에서부터 건물 높이의 1/2인 6m를 띄어야 하는데, 북쪽 도로의 폭이 이미 6m이므로 실제 경계로부터 7.5m를 띄운 것과 같게 되기 때문에 4층도 꺾임 없이 건물을 똑바로 올릴 수 있다.

5층의 경우도 마찬가지다. 5층의 높이는 15m이므로 7.5m를 경계로부터 띄어야 하는데, 이미 도로를 포함해서 이격거리 7.5m가 확보되어 있기 때문에 5층 역시 꺾임 없이 건물이 바르게 올라갈 수 있다.

그러므로 건축업자의 입장에서는 남향의 땅을 구입하는 것보다 북향의 땅을 구입하는 것이 훨씬 경제적으로 이득이 된다. 그래서 건물을 신축할 목적이라면 남쪽 도로를 접하고 있는 땅보다는 북쪽 도로를 접하고 있는 땅이 더 좋다. 그리고 접하고 있는 북쪽 도로의 폭이 넓을수록 일조권 사선제한의 제한을 덜 받게 되기 때문에 땅의 가치는 더 높아질 수밖에 없다.

일반적으로 남쪽 도로를 접하고 있는 것보다 북쪽 도로를 접하고 있는 단독주택이 20~30% 정도 가격이 비싼 편이지만, 건물을 높게 꺾임 없이 지을 수 있어 건축업자의 입장에서는 경제적 이득이 더 크다.

스마트폰 없을 때 남향 vs 북향 알아내는 방법

뒷건물의 일조권을 확보해 주기 위해서 앞건물의 북쪽 부분을 법으로 정하고 있는 거리 이상을 띄어서 건물을 지어야 한다. 이러한 사실을 바탕으로 방향을 알아낼 수 있다.

1 | 주변에 꺾인 건물을 찾아라!

사진을 보면 건물이 계단처럼 꺾여 올라간 것이 보인다. 앞건물 기준으로 꺾인 부분이 북쪽이고 그 반대편이 남쪽이다.

2 | 주변 건물의 옥외주차장을 찾아라!

건축주 입장에서는 어차피 확보해야 하는 주차공간을 남쪽보다는 북쪽에 위치하게 설계함으로써 이격거리와 주차공간을 한 번에 해결하는 경우가 많다.
따라서 건물의 옥외주차장이 있는 부분이 북쪽일 가능성이 높다.

옥외주차장 부분이 북쪽일 가능성이 높다.

070

신축 시
접한 도로 폭은 반드시 4m 이상!

도로 폭이 확보되어야 신축허가를 받는다!

기존의 건물을 헐고 새로운 건물을 신축하기 위해서는 대지와 접하고 있는 도로의 폭이 지적도상 4m 이상 확보되어 있어야 한다. 사람과 자동차가 원활하게 통행할 수 있는 최소한의 도로 폭이 확보되어야 신축허가를 받을 수 있다는 것이다. 건축법 제2조 11호에서도 도로를 '보행과 자동차 통행이 가능한 너비 4m 이상'이라고 규정한다.

도로 폭, 위치는 여러 가지 경우가 있으므로 사례별로 나누어 살펴보기로 하자.

사례 1 | 도로 폭 4m가 확보된 경우

건물을 신축하고자 하는 대지가 접하고 있는 도로의 폭이 이미 4m가 확보되어 있으므로 추가로 도로 폭을 확보할 필요가 없다. 즉 자신의 대지를 최대한 활용해서 신축할 수 있다.

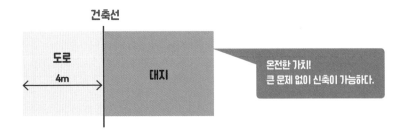

사례 2 | 도로 폭이 4m 미만이면서, 양쪽으로 건물이 접하는 경우

다음 그림처럼 도로의 폭이 2m라고 한다면, 도로의 폭 4m를 확보하기 위해서는 추가로 2m 더 필요하다. 도로 양쪽으로 모두 건물이 접하고 있기 때문에 한쪽에서 각 1m씩 건축선을 후퇴해서 건물을 신축하여야 한다.

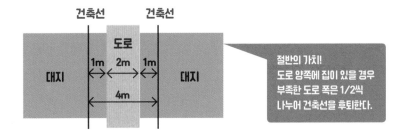

사례 3 | 도로 폭이 4m 미만이면서, 한쪽으로만 건물이 접하는 경우

다음 그림은 도로 폭이 2m이고, 반대쪽이 하천, 철도, 경사지, 옹벽 등 다른 건물이 접하고 있지 않았다. 이때 도로와 접하고 있는 다른 한쪽에서 건물을 신축하기 위해서는 도로 폭이 4m가 될 때까지 건축선을 후퇴해야만 한다. 즉 2m를

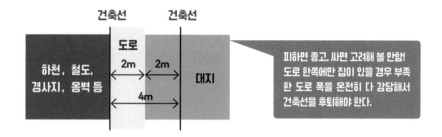

후퇴해서 건물을 지어야 한다.

인접한 도로 폭에 따라 달라지는 건물의 가치

도로 폭이 4m 미만일 경우, 도로 폭이 충족될 때까지 건축하고자 하는 땅의 건축선은 후퇴해서 건물을 지을 수밖에 없게 된다. 즉 도로의 폭이 좁아 후퇴하는 면적이 늘어날수록 토지소유자의 입장에서는 결과적으로 건축할 수 있는 대지의 면적이 줄어드는 것이기 때문에 손해를 볼 수밖에 없다.

그러므로 4m 미만의 도로에 접한 대지를 구입할 때에는 이러한 부분을 매도자에게 충분하게 어필해서 가격조절을 하여야 한다.

 단독주택 매수 시 하자보수비로 가격협상을 하자

공동주택(아파트, 다세대, 연립주택 등)은 건물에 하자가 발생했을 때를 대비해서 하자담보증권*을 발급받아야만 관할 관청의 사용승인을 받고 소유권보존등기(신축등기)를 신청할 수 있다.

● 아파트를 제외한 공동주택(빌라, 연립 등) 하자담보증권 관련 내용은 395쪽 참고.

그런데 단독주택(다가구주택, 다중주택, 단독주택 등)은 하자보증보험에 가입하지 않아도 소유권보존등기를 할 수 있다. 단독주택 매매계약을 체결할 때에는 계약서 특약사항란에 하자담보의 범위 및 기간 등을 매도자와 매수자가 합의하여 정확하게 명시하는 것이 좋다.

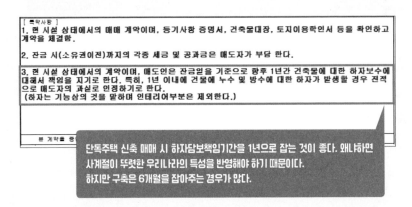

[특약사항]
1. 현 시설 상태에서의 매매 계약이며, 등기사항 증명서, 건축물대장, 토지이용확인서 등을 확인하고 계약을 체결함.

2. 잔금 시(소유권이전)까지의 각종 세금 및 공과금은 매도자가 부담 한다.

3. 현 시설 상태에서의 계약이며, 매도인은 잔금일을 기준으로 향후 1년간 건축물에 대한 하자보수에 대해서 책임을 지기로 한다. 특히, 1년 이내에 건물에 누수 및 방수에 대한 하자가 발생할 경우 전적으로 매도자의 과실로 인정하기로 한다.
(하자는 기능상의 것을 말하며 인테리어부분은 제외한다.)

본 계약을 증명

단독주택 신축 매매 시 하자담보책임기간을 1년으로 잡는 것이 좋다. 왜냐하면 사계절이 뚜렷한 우리나라의 특성을 반영해야 하기 때문이다.
하지만 구축은 6개월을 잡아주는 경우가 많다.

하자보수비 명목으로 건축비 1~2% 정도 할인이 적당

계약서 특약사항에 하자담보에 대한 책임을 정확하게 기재했다 해도 안심할 수 없다. 정작 문제가 발생하면 차일피일 미루면서 책임을 회피하는 매도인이 있기 때문이다. 그럼, 법으로 하든지 그 사람을 쫓아다니면서 심리적 압박을 가하는 수밖에 없다.

이러한 사태가 발생하면 여간 스트레스를 받는 것이 아니다. 그러므로 차라리 그 금액만큼 가격조절을 하는 것이 좋은 방법이 될 수 있다.

예를 들어 건축비가 10억원 이상인 경우 건축비의 1~2% 정도, 건축비가 5억원 미만인 경우 500만~1,000만원 정도 할인받고, 향후에 하자가 발생하면 매수자 본인이 직접 수리한다.

● 다가구주택, 단독주택, 다중주택 등이라 하더라도 건축주가 직접공사를 하는 것이 아니라 건설회사에 도급공사를 맡기는 경우라면 하자보증보험에 가입해야 한다. 건축주와 건설회사가 공사도급에 대한 계약서를 작성하게 되면 도급계약서에 '하자보증보험'에 대한 항목이 기재되어야 하기 때문이다. 건축주가 직접공사를 하는 것이 아니라 건설회사가 대신 공사를 해 주는 것이기 때문에 향후 하자책임에 대한 대비를 확실하게 하는 차원에서라도 하자보증보험에 가입하는 것이 좋다.

071

단독주택 3가지 완벽 이해
– 단독주택, 다가구주택, 다중주택

단독주택 종류 3가지

우리가 흔히 말하는 단독주택에는 크게 '단독주택', '다가구주택', '다중주택', '공관' 4종류가 있다. 공관은 '서울시장 공관', '국무총리 공관' 등 국가 또는 해당 지자체 소유의 부동산이므로 개인이 사고팔 일이 없기 때문에 제외하고 '단독주택', '다가구주택', '다중주택'에 대해서 알아보자.

단독주택에서 '단독'이라는 의미는 단독으로 사용하는 주택이라는 공간에 대한 의미보다는 소유권이 단독이라는 권리적 의미에 더 가깝다.

예를 들어 동네에서 쉽게 볼 수 있는 다가구주택은 하나의 건물에 여러 세대가 살고 있지만 소유권은 세대마다 각각이 아닌 건물 전체 1개다. 즉 아무리 많은 세대가 살고 있다고 하더라도 해당 주택의 소유권은 1개라는 뜻이다.●

어차피 권리적인 면에서는 큰 차이가 없지만 그래도 일상생활에서 자주 사용

● 공동주택은 하나의 건물에 여러 세대가 살고 있다는 공통점은 있지만, 세대마다 개별적으로 등기가 되어 있어 각각의 소유권이 존재한다(365쪽 참고).

하는 용어이니 정확하게 뜻을 짚고 넘어가자.

1 | 단독주택

독립된 구조로 된 1세대가 사는 주택의 형태로 건축법상 층수 및 면적 제한이 없다. 다만 지방세법에서 단독주택의 규모와 세율을 규정하고 있다.

지방세법 제13조와 지방세법 시행령 제28조에 따르면 단독주택의 '건물의 연면적'이 331㎡(약 100평, 주차장면적은 제외)를 초과하거나 '대지의 면적'이 662㎡(약 200평)를 초과하는 경우 또는 엘리베이터(적재하중 200kg 이하의 소형엘리베이터는 제외)가 설치되어 있는 경우, 에스컬레이터 또는 67㎡(약 20평) 이상의 수영장이 있는

지방세법에서 규정하는 고급주택 기준

구분		면적 또는 시설	건축물 시가표준액	주택 시가표준액
단독주택	건물	331㎡ 초과(주차장면적 제외)	9,000만원 초과	
	대지	662㎡ 초과	9,000만원 초과	
	시설	에스컬레이터 또는 67㎡ 이상의 수영장	가액과 무관	
		엘리베이터(적재하중 200kg 이하의 소형 제외)	무관	6억원 초과
공동주택		전용 245㎡ 초과 (복층형은 274㎡ 초과)	무관	

> 20억원짜리 일반주택의 취득세는 6,000만원이지만, 고급주택의 취득세는 2억 2,000만원이다.

● 펜트하우스의 경우 면적으로 인한 고급주택 적용을 피하고자 거의 대부분 전용면적 244㎡(단층 기준)로 설계된다.

경우 등, 그중 어느 하나라도 해당사항이 있으면 고급주택으로 간주해 취득세를 중과해서 부과한다.

참고로 고급주택에 중과되는 세율은 '표준세율+8%(중과기준세율 2%의 4배)'가 된다. 예를 들어 매매가 20억원짜리 고급단독주택의 취득세는 표준세율 3%＊+중과세율 8% = 11%가 된다. 일반주택일 때에는 취득세가 6,000만원이지만, 고급주택일 때에는 2억 2,000만원이 되는 것이다.

2 | 다가구주택

독립된 주거형태로 욕실과 취사시설을 각 세대마다 갖출 수 있다.

층수에 대한 제한이 있어 주택으로 사용하는 층수가 3개 층 이하여야 한다. 다만, 지하층은 층수 계산 시 산입이 되지 않기 때문에 지하층을 만든다면 실제로 주거층으로 사용할 수 있는 층수는 4개 층이 된다.

면적에 대한 제한은 주택으로 쓰이는 바닥면적의 합계가 660㎡(약 200평) 이하여야 한다.

세대수에 대한 제한도 있어 19세대 이하여야 한다. 만약 호실이 20세대가 넘어가면 단독주택이 아닌 공동주택으로 허가를 받고 등기를 해야 한다.

3 | 다중주택

완벽하게 독립된 주거형태가 아닌 여러 사람이 공동으로 사용하는 주택의 형

● '9억원 초과' 시 취득세 표준세율은 3%다.

태를 말한다. 각방마다 욕실 설치는 가능하지만 취사시설은 설치할 수 없어 공용 취사장을 별도로 만들어야 한다. 그러나 현장에서는 최초 신축 시 준공검사를 받은 후, 각 호실마다 취사시설(싱크대, 인덕션 등)을 설치해서 원룸으로 불법용도 변경하여 임대를 놓는 경우가 대부분이다. 그러므로 원칙상 등기사항증명서에 건물의 종류가 '다중주택'으로 되어 있는데, 방 안에 싱크대가 설치되어 있으면 불법이라고 보아야 한다.

다중주택은 3개 층 이하로 층수에 대한 제한이 있다. 다만 다가구주택과 마찬가지로 지하층은 층수 계산 시 포함시키지 않으므로 지하층까지 다중주택으로 사용하면 층수를 총 4개 층으로 지을 수 있다.

또한 면적에 대한 제한도 있어 주택으로 쓰이는 바닥면적의 합계가 660㎡ 이하(약 200평)여야 한다.

단독주택, 다가구주택, 다중주택 총정리

	단독주택	다가구주택	다중주택
면적 제한	×	660㎡ 이하	660㎡ 이하
층수 제한	×	주택으로 사용되는 층수가 3개 층 이하 (지하층은 층수에서 제외)	
호실(세대수) 제한	1호실만 가능	19호실 이하	×
공통점	소유권은 1개		

이것만 알면 다가구주택, 다세대주택 안 헷갈린다!

우리가 평상시 사용하는 부동산 용어 중에서 다가구주택과 다세대주택의 뜻을 명확하게 알지 못하고 혼용하는 경우가 많다. 한 건물에 여러 세대가 생활하는 공동주택이라는 공통점은 있지만, 결코 같은 뜻으로 혼용해서 사용해서는 안 될 만큼 분명하게 다른 용어다.

다가구주택 – 소유권은 하나만 존재!

다가구주택은 단독주택의 일종으로 연면적은 660㎡ 이하(지하층은 면적에서 제외)이고 주거로 쓰는 층이 3개 층까지의 주택을 말한다.

다가구주택은 외형상 한 건물에 여러 세대로 구분되어 있지만 단독주택의 일종이므로 소유권은 하나만 부여된다.

즉 한 명의 소유자가 집 전체의 소유권을 갖게 된다. 그러므로 해당 주택을 담보로 대출(융자)을 받는다면, 건물 전체에 설정을 하게 된다.

다가구주택은 단독주택의 일종으로 집을 나누어 소유하는 것이 불가능하므로 개별분양은 안 되고 임대만 가능하다.

소유자가 1명이므로 개별 분양 불가, 임대만 가능. 3개 층까지 사용 가능!

다세대주택 – 소유권이 여러 개 존재!

다세대주택은 공동주택의 일종으로 연면적은 660㎡ 이하(지하층은 면적에서 제외)이고, 주거로 사용되는 층이 4개 층까지의 주택을 말한다. 일반사람들이 흔히 빌라*라고 부르지만 정확한 표현은 다세대주택이다.

● 빌라란, 외국에서는 교외의 별장 또는 별장식 주택, 시골의 저택 등을 이르는 말이다. 주로 고급스런 공동주택이라는 뜻으로 사용되나, 우리나라에서는 다세대주택이나 연립주택의 이름을 지을 때 고급스런 이미지를 표현하기 위해 '○○빌라'라는 식으로 명칭을 붙이다 보니 다세대주택이 자연스럽게 빌라로 불리게 되었다.

다세대주택은 공동주택이어서 각 세대마다 독립된 소유권이 부여되기 때문에 각 세대별로 분양과 임대가 모두 가능한 주택이다. 그래서 소유자가 호실별로 다를 수도 있고, 한 사람이 여러 개의 호실을 소유하고 있을 수도 있다. 때문에 융자(대출)도 그 해당 호실만 잡혀 있을 수도 있고, 공동담보로 여러 호실을 함께 잡아 설정할 수도 있다.

다가구주택은 주거층으로 사용하는 층이 3개 층까지만 가능하지만 다세대주택은 주거층으로 사용하는 층이 4개 층까지 가능하다.

또한 주차장은 층수 계산 시에 포함되지 않는다. 예를 들어 다세대주택의 경우 1층을 주차장으로 만들 경우 총 5층까지 건축이 가능하다.

소유자가 여러 명, 개별 분양, 대출 가능. 4개 층까지 사용 가능! 1층 주차장 사용 시 5개 층까지도 가능!

다가구주택과 다세대주택 총정리

	다가구주택	다세대주택
면적 제한	연면적 660㎡ 이하(지하층 제외)	
최대 세대수	19세대 이하	
호실별 개별 분양 가능 여부	×	○
호실별 개별 등기 가능 여부	×	○
주거용으로 사용되는 최대 가능 층수	3개 층까지(1층 전체가 주차장이면 4층 가능)	4개 층까지(1층 전체가 주차장이면 5층 가능)
등기부상 건축물의 종류	단독주택	공동주택

072

단독주택 투자가치 예측하기
- 건폐율, 용적률

단독주택이 깔고 있는 땅의 가치를 알고 싶다면
건축용어부터 파악하라!

단독주택은 세월의 흐름에 따라 노후가 되게 마련이다. 이런 집을 구입하는 사람은 거의 대부분 집을 고쳐서 다시 사용하기보다는 헐고 다세대, 연립, 다중주택 등으로 신축할 목적으로 사는 경우가 많다.

그러므로 단독주택은 현재의 건물가치보다 건물이 깔고 있는 땅의 가치가 좋아야 향후 제대로 된 매매가를 받는 데 유리하다. 결국 나중에 건물을 신축했을 때, 건물을 얼마나 지을 수 있느냐가 중요한 포인트가 되는 것이다.

땅의 가치를 제대로 알기 위해서는 기본적인 건축용어와 뜻을 알고 있어야 한다. 그래야 자신의 땅 위에 건물을 세울 때 얼마만큼의 면적으로 몇 층까지 올릴 수 있는지 대략적인 밑그림을 그릴 수 있다. 또, 매매가를 산정할 때에도 적절한 가격을 산정할 수 있게 된다.

이번 장에서는 건축 용어 중 가장 기본이라고 할 수 있는 건폐율, 용적률에 대해서 알아보기로 하겠다.

건폐율

건폐율이란 대지면적에 대한 건축면적의 비율을 말한다. 대지면적 대비 최대한 건축을 할 수 있는 바닥면적을 나타내는 비율이며 법에 따라 정해진다.

예를 들어 대지가 100평이고 건폐율이 60%라고 가정해 보자. 그럼, 이때 한 층에 최대한 건물을 지을 수 있는 면적은 60평이 되는 것이다.

$$건폐율 = \frac{건축면적}{대지면적} \times 100$$

100평 건폐율이 60%라면
건축면적은 60평!

용적률

용적률은 대지면적 대비 건물의 연면적* 비율을 의미하며 법에 따라 정해진다. 용적률이 높을수록 건축물을 높게 지을 수 있으며 재개발이나 재건축 사업의 경우 용적률이 클수록 분양물량이 증가해 투자수익이 높아진다.

예를 들어 대지가 100평이라고 하고 용적률이 200%라고 가정해 보자. 그럼, 이때 건물 전체의 최대 평수는 200평까지 지을 수 있게 되는 것이다. 2층이면 100평씩, 5층이면 40평씩 건물을 올릴 수 있다.

● **연면적** : 건물 전체 층의 모든 면적을 합친 평수(면적)를 말한다. 즉, 건물의 지상층은 물론이고 지하층의 면적까지 모두 포함되는 개념이다. 예를 들어 지하 1층이 100㎡, 지상 1~5층까지가 각각 100㎡의 건물인 경우 연면적은 600㎡가 된다.

$$용적률 = \frac{연면적}{대지면적} \times 100$$

100평 용적률이 200%일 경우
100평짜리 2층 건물을 짓거나
40평짜리 5층 건물을 지을 수 있다.

건폐율과 용적률을 알면 대략 건물을 지을 수 있는 최대 층수가 나온다. 예를 들어 대지가 100평이고 건폐율 60%, 용적률 200%라고 가정해 보자. 이때 건폐율과 용적률을 최대한 활용한다면 해당 대지에 최대로 올릴 수 있는 층수는 지상 4층이 된다. 즉 1층 60평, 2층 60평, 3층 60평, 4층 20평 규모의 건물을 지을 수 있다.

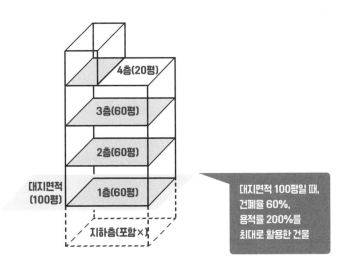

4층(20평)

3층(60평)

2층(60평)

대지면적
(100평)

1층(60평)

지하층(포함×)

대지면적 100평일 때,
건폐율 60%,
용적률 200%를
최대로 활용한 건물

단, 용적률을 계산할 때의 연면적에는 지하층의 면적은 포함시키지 않는다. 즉 지상층의 면적만으로 용적률을 계산한다. 또한, 하나의 대지 내에 2개 동 이상의 건축물이 있을 경우에는 각 동의 연면적의 합계를 적용한다.

용도지역별 건폐율과 용적률

용도지역 구분	세분		국토계획법 시행령 건폐율(%)	용적률(%)	서울시조례 건폐율(%)	용적률(%)	기타
도시지역	주거	전용 제1종	50	100	50	100	
		전용 제2종	50	150	40	120	
		일반 제1종	60	200	60	150	
		일반 제2종	60	250	60	200	
		일반 제3종	50	300	50	250	
		준주거	70	500	60	400	
	상업	근린상업	70	900	60	1,000	4대 문안 600
		유통상업	80	1,100	60	800	
		일반상업	80	1,300	60	600	
		중심상업	90	1,500	60	600	
	공업	전용공업	70	300	60	200	
		일반공업	70	350	60	200	
		준공업	70	400	60	400	
	녹지	보전녹지	20	80	20	50	
		생산녹지	20	100	20	50	
		자연녹지	20	100	20	50	
관리지역	계획		40	100			
	생산		20	80			
	보전		20	80		시행령에 규정된 최대한도를 적용	
농림지역			20	80			
자연환경보전지역			20	80			

정부에서 관리하는 건폐율과 용적률

건폐율과 용적률은 국토계획법 시행령의 범위를 벗어나지 않는 범위에서 각 시·도 조례로 정하고 있다. 매입하려는 부동산의 건폐율과 용적률을 확인하고 싶다면 토지이용계획확인원을 열람해 보면 해당 토지의 용도지역이 세부적으로 기재되어 있다. 인터넷 검색창에 '토지이용규제정보서비스'(luris.molit.go.kr)를 검색해서 해당 페이지로 들어가서 열람하고자 하는 부동산의 주소를 입력하면 무료로 열람할 수 있다.

예를 들어 매수하고자 하는 단독주택의 위치가 서울이고 대지가 50평에 제2종 일반주거지역이라면 건폐율 60%에 용적률 200%다. 따라서 해당 주택을 헐고 새로운 건물을 지을 경우 최대로 지을 수 있는 한 층당 바닥 평수는 30평(50평 × 60%)이고 건물의 전체 평수(지하층 제외)는 100평(50평 × 200%)이 된다.

 실거주는 물론, 임대수익도 나오는 다가구주택 투자법

다가구주택 투자의 목적을 정하자!
거주인가? 임대인가?

은퇴를 앞둔 사람들이라면 누구나 근로소득(월급)을 대신해 줄 임대소득(월세)을 꿈꾸게 된다. 그래서 자신이 직접 거주하면서 임대수익을 올릴 수 있는 다가구주택에 대한 관심도가 높아지게 된다.

그런데 다가구주택은 일반주택과 달리 여러 임차인과 생활해야 하는 공동주택에 가까운 주거의 형태다. 아파트나 빌라에서 개인만의 공간만 관리하면서 살았다면, 이제는 다른 임차인들까지 신경을 써야 하므로 그에 따르는 수고로움과 번거로움이 발생할 수밖에 없다. 그러므로 다가구주택을 매입할 때에는 자신의 거주 목적에 비중을 둘지 아니면 임대 목적에 비중을 둘지를 생각해야 한다.

거주 목적은 임차인 적은 게 좋고
임대 목적은 임차인 많은 게 좋다

일반적으로 수도권 지역의 다가구주택은 40평 안팎의 대지가 많다. 한 층 바닥면적이 대부분 24평이고, 여기서 계단실 3평을 제외하면 실제로 생활공간으로 사용할 수 있는 면적은 21평 정도 된다. 다가구주택은 거의 대부분 반지층이 있고 지상으로 3개 층까지 지을 수 있기 때문에 총 4개 층으로 구성되어 있는 집들이 많다.

거주 목적에 비중을 둔 경우라면 임차인들 관리의 난이도를 줄이기 위해 아래 임대 세대가 많은 것보다는 적은 것이 좋을 것이다. 즉 한 층 바닥면적이 21평 정도 되므로 한 층에 쓰리룸으로 1가구씩 있는 다가구주택을 선택하는 것이 좋다.

이와는 반대로 임대 목적에 비중을 더욱 주었다면 주인 세대를 제외한 나머지 층은 최대한 임대 호실이 많은 집이 좋다. 왜냐하면, 쪼개면 쪼갤수록 수익률은 높아지기 때문이다. 예를 들어, 투룸보다는 원룸 두 개로 쪼개는 것이 수익률이 높아진다. 그리고 쓰리룸보다는 투룸 두 개로 쪼개는 것이 좋다. 실제로 임대가를 살펴보면, 투룸이 월세가 60만원 선이라면, 쓰리룸의 월세가는 두 배인 120만원 선을 받아야 하는데, 실제 임대시장에서는 임대가가 90만원 선 정도로 책정된다. 즉 투룸 2개 호실을 합쳤다고 월세도 두 배로 받을 수 있는 것은 아니다. 그러므로 임대 목적에 비중을 더 두었다면 한 층에 쓰리룸 하나씩 있는 집보다는 투룸 2개 호실이 있는 집을 선택하는 것이 좋다. 호실이 많아질수록 관리의 난이도도 올라가지만 그에 따른 임대수익률도 올라간다.

거 주 목 적	임 대 목 적
3층 쓰리룸(주인 세대)	3층 쓰리룸(주인 세대)
2층 쓰리룸(1호실)	2층 투룸(2호실)
1층 쓰리룸(1호실)	1층 투룸(2호실)
반지층 쓰리룸(1호실)	반지층 투룸(2호실)

맨 위층은 대부분 주인이 거주한다.
호실이 많아질수록 관리하기 어렵지만,
그에 따라 임대수익률도 올라간다.

073

빌라의 정확한 평수를 알려다오!

'다세대주택'을, 흔히 '빌라'라고 부르는데 이는 정확한 표현이 아니다. 하지만 일반사람들에게는 다세대주택보다 빌라라는 용어가 더 익숙하다. 그러므로 이 장에서도 다세대주택을 편의상 '빌라'라고 칭하겠다.

발코니 확장형 신축빌라, 등기부는 발코니 빼고 기재!

분양사무실 혹은 부동산중개사무소에서 분명 '32평형 빌라'라고 소개했는데, 등기사항중명서에 기재된 면적은 32평보다 훨씬 적은 경우가 많다. 등기사항중명서는 발코니 확장면적을 제외한 면적이기 때문이다. 최근에 지어진 대부분의 빌라들이 발코니 확장형으로 설계되어 있어서 신축빌라를 분양받을 때는 발코니 확장면적을 확인해야 하는데 여기서는 2가지 확인법을 소개하겠다.

실제면적 확인법 1 | 건축물 평면도가 있는 경우

분양받기 전에 평면도를 받아보는 것이 좋다. 기본적으로 호실의 구조와 치수가 표시되어 있어 가구배치와 공간활용을 계획할 때 도움이 되고, 건물의 방향이 표시되어 있어 정확한 '향'도 알 수 있다.

또한 평면도에는 발코니 확장 부분이 표시되어 있다. 등기사항증명서에 기재된 등기면적에 발코니 확장면적을 합하면 실사용면적이 나온다.

확장 전 평면도(등기부면적)
평면도 출처 : 네이버 부동산

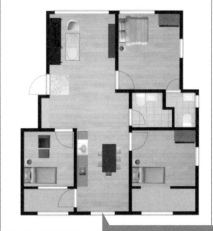

확장 후 평면도(실사용면적)

이 빌라의 등기부면적은 16.9평이고, 확장면적은 5.5평이므로 실사용면적은 약 22.4평이다.

이 '확장 전 평면도'는 발코니 확장형으로 설계된 도면이다. 즉 평면도상 '확장 발코니'는 발코니로 설계된 부분이지만, 실제로는 확장을 해서 실내거주공간으로 활용하게 된다.

건축물대장과 등기사항증명서의 전용면적은 '확장 발코니'라고 되어 있는 면적이 제외된 값이다.[*] 2010년 이후에 지어진 다세대주택의 상당수가 이런 발코

● **발코니 면적** : 평면도상 '발코니'라고 되어 있는 부분도 건축물대장과 등기사항증명서의 기재면적에서 제외된다. '발코니'도 서비스면적이므로 '확장 발코니'와 함께 전용면적에는 포함되지 않는다.

니 확장형으로 설계되어 있다.

참고로 발코니 확장면적을 계산할 때는 '확장 발코니'라고 표시되어 있는 부분의 가로와 세로를 곱한 다음 3.3058로 나누면 된다.

예를 들어, 앞 평면도에서 거실 부분의 발코니 확장면적은 가로 3.5m × 세로 1.2m이므로 4.2㎡(약 1.27평)가 된다. (앞 도면상에는 세로의 길이가 표시되어 있지 않지만, 실제 도면상에는 세로의 길이가 1,200mm로 되어 있다.) 나머지 세 군데도 같은 방식으로 값을 구한다. 따라서 발코니 확장면적은 총 18㎡(약 5.5평)이고, 등기상면적은 56㎡(약 16.9평)이므로 실제 사용면적은 74㎡(약 22.4평)가 된다.

실제면적 확인법 2 | 같은 건물 내 '근생빌라'가 있는 경우!

6층짜리 빌라건물의 경우 2층이 대장상 근린생활시설로 되어 있는 '근생빌라'일 경우가 많다.*

'근생빌라'는 '근린생활시설빌라'를 줄인 말로 분양시장에서 만들어져 사용되고 있는 용어다. 최초 근린생활시설로 허가를 받은 뒤, 주거용으로 불법용도 변경한 근린생활시설을 말한다.

근린생활시설은 본 용도가 상가 또는 사무실이라서 발코니 확장형으로 설계하여 허가를 받을 수 없다. 그래서 등기사항증명서에 기재되어 있는 면적이 실사용면적과 같게 된다. 그러므로 자신이 분양받을 빌라건물이 6층 이상이라면 '같은 라인' 2층 호실의 등기사항증명서를 열람해 보자.

● '근린생활시설'의 주용도는 다중이 이용하는 생활편의시설(소규모판매시설, 사무실 등)이다. 건축허가를 내주는 관할관청(시·군·구)의 입장에서는 다중의 접근이 편리한 저층에 허가를 내주는 것이 합리적이라고 판단한다. 간혹 최상층을 근생으로 허가를 내주는 경우도 있지만 이는 일반적인 경우가 아니다.

참고로 이렇게 불법으로 용도변경된 근생빌라는 다세대주택과 외관상으로 큰 차이가 없기 때문에 관련 건축물대장 또는 등기사항증명서를 확인해 보지 않는 한 일반인이 구별해 내기가 쉽지 않다. 6층 이상의 빌라에서 자주 볼 수 있으니 주의해야 한다.

신축빌라 32평형이면 실사용면적이 몇 평?

분양사무실에서는 보통 광고를 할 때, 실사용면적에 12~14평 정도를 더해서 홍보한다. 예를 들어 실사용면적이 18평이면 분양광고를 할 때에는 30평형 혹은 32평형이라고 말한다. 참고로 실사용면적이 18평 정도만 되면 방 3개, 욕실 2개, 거실, 주방, 다용도실의 구조로 설계가 충분히 가능하다.

정확한 면적 개념이 없는 일반인들 입장에서는 자신이 분양받은 빌라가 30평형대인 줄 알고 자신의 집 평수를 30평형대라고 말한다. 아마 집에 놀러온 지인들은 한결같이 '아파트에 비해서 좁은 느낌인데!' 라고 반응할 것이다.

왜냐하면 우리가 흔히 말하는 아파트 31~34평형의 등기상면적(전용면적)은 거의 84㎡(약 25.7평)이기 때문이다. 거기에 발코니 확장까지 하게 되면 실사용면적은 30평 초반까지 넓어질 수 있다.

어차피 확장할 집, 왜 확장형 발코니로 설계할까?

발코니는 어차피 대부분 확장해서 실내공간으로 사용할 것인데, 왜 번거롭게 확장형으로 평면도를 설계하는지 그 이유가 궁금할 것이다. 발코니 확장형으로 설계하는 이유는 다음과 같은 2가지 때문이다.

❶ 용적률 때문에

발코니는 서비스면적이기 때문에 용적률을 계산할 때 포함이 되지 않는다.

예를 들어 보자. 서울건축조례에 따르면 2종 일반주거지역의 용적률은 200%다. 그러므로 대장상 허가면적은 200% 범위를 초과할 수 없다. 그러나 발코니 확장형으로 설계하면 발코니가 서비스면적이 되어 용적률에 포함되지 않기 때문에 실제로 사용하는 공간의 면적은 그만큼 더 넓어지게 된다.

용적률 계산 시 포함되지 않은 발코니 면적만큼 실제 사용면적을 넓게 확보할 수 있어 용적률을 200% 초과하여 건물을 짓는 효과를 누릴 수 있다.

❷ 주차장 때문에

서울시 주차장법에 따른 조례에 따르면, 다가구주택 또는 공동주택의 경우 1개 호실의 전용면적이 60㎡ 이하일 때에는 세대당 주차공간이 0.8대 이상만 확보되면 된다. 60㎡를 초과하면 세대당 1대 이상의 주차공간을 확보해야 한다.

예를 들어, 60㎡ 이하의 다세대주택으로 5세대를 신축할 경우에는 4대(5세대 × 0.8대)의 주차공간만 확보하면 된다. 그러나 60㎡ 이상의 다세대주택으로 5세대로 신축할 경우에는 5대(5세대 × 1대)의 주차공간이 필요하다.

지형적 특성으로 주차공간의 확보가 어려울 때, 이와 같이 발코니 확장형으로 설계하여 주차장 조건을 완화 적용받는다.

서울시 다가구주택 및 다세대주택(빌라)의 주차 기준

> 다가구주택(단독주택)과 근린생활시설은 반올림 적용!
> 다세대주택(공동주택)은 올림 적용!

전용면적 30㎡ 이하	세대당 0.5대 이상
전용면적 60㎡ 이하	세대당 0.8대 이상
전용면적 60㎡ 초과	세대당 1대 이상

074

좋은 빌라 고르는 방법 10가지!

최근에 지어진 빌라들은 다양한 평면구성과 고급 마감재 등의 요소를 쓰고 아파트 못지않은 생활의 편리성을 갖춰 투자의 가치를 인정받는다.

일반적으로 빌라가 아파트보다 잘 안 팔린다고 생각하는 경향이 있는데, 빌라도 잘만 고르면 저렴한 가격으로 거주와 투자, 두 마리 토끼를 모두 잡을 수 있는 좋은 주거의 형태가 될 수 있다.

그럼, 거주하기도 좋으면서 향후 매매차익도 올릴 수 있는 좋은 빌라 고르는 방법에 대해서 알아보자.

1 | 지어진 지 10년 이내의 빌라 선택하기!

사람들 중 '빌라는 사는 즉시 가격이 떨어진다. 그러니 사면 안 된다!'라고 하는 이들이 있다. 이 말은 신축빌라의 경우에 일부 맞는 말이다.

신축빌라의 최초분양가에는 건축업자와 분양대행업체의 마진 등이 포함되어 있어 대체로 비싼 편이다. 그래서 특별한 개발호재가 없는 지역에서 분양되는 빌라는 신축 후 몇 년간 가격이 조금씩 하락한다. 그러므로 최초 분양받는 것보다 몇 년이 지난 시점에 매수를 하는 것이 경제적으로 이득이 될 수 있다.

그래서 신축된 지 3~5년 지난 빌라를 선택하는 것이 좋다. 내부 상태도 양호하고 가격도 적당하다. 참고로 매도할 때는 빌라연식도 중요하기 때문에 최소한 10년 이내의 빌라를 구입하는 것이 좋다.

2 | 내부구조와 주차장 확인하기!

일반적으로 여성은 주방과 욕실을, 남성은 거실과 주차장에 중점을 둔다.

주방은 싱크대의 동선과 냉장고, 식탁이 들어갈 자리가 확보되어 있는지가 중요하다. 욕실은 환기창이 있는 것이 좋다. 거실은 소파 자리와 TV를 놓을 수 있는 공간이 확보되어 있는지를 확인해야 한다. 주차장의 경우 주차공간은 충분한지, 세대당 1대씩 가능한지 살펴봐야 한다. 또한, 이중주차로 인해 차를 빼달라고 전화를 받는 불편함을 덜 수 있는 일렬주차가 되는 곳이라면 더욱 좋다. 지하주차장이 있는 빌라면 최고겠지만 일렬주차 정도만 돼도 이중주차에 대한 스트레스가 없기 때문에 주차공간은 확실하게 따져보는 것이 좋다.

이중주차장

일렬주차장

일렬주차가 가능한 곳으로, 이중주차의 불편함을 덜 수 있다.

3 | 대중교통 이용이 편리할 것!

신혼부부 또는 맞벌이부부들이 주거비용에 부담을 느껴 아파트를 대신해서 빌라를 선택한다. 그러므로 출퇴근 시 대중교통 이용의 편리성이 굉장히 중요하다. 일반적으로 버스정류장까지는 5분 이내, 지하철역까지는 10분 이내로 걸어갈 수 있는 거리라면 우수한 편에 속한다.

4 | 거실창이나 안방창문과 마주보고 있는 건물이 없을 것!

사람이 살아가는 데 채광은 굉장히 중요하다. 그러므로 햇빛이 잘 들어오는 집을 선택하는 것이 좋다. 아파트는 동 간 거리가 확보되어 향만 잘 고르면 된다. 그러나 빌라는 대부분 주택가 골목에 위치해 있다 보니 주변의 집들과 동 간 거리를 확보하는 것이 쉽지 않다. 그러므로 향보다는 거실창 혹은 안방창문을 열었을 때 앞에 가리는 건물이 없는 것이 더 중요하다. 앞에 건물이 가리는 남향보다는 앞에 가리는 건물이 없는 북향이 더 낫다는 것이다. 향보다는 확 트인 시야 확보에 비중을 두고 집을 선택해야 한다.

5 | 어린이집, 초등학교와 가까운 위치!

빌라에는 신혼부부나 젊은 맞벌이 가정들이 많이 살아서 미취학 아동과 초등생 어린 자녀를 둔 경우가 많다. 그러므로 어린이집과 초등학교가 10분 이내에 걸어갈 수 있으며 큰길을 건너지 않는 곳에 위치해 있으면 좋은 입지다.

6 | 평지에 위치!

일반적으로 경사지에 있는 빌라보다 평지에 위치한 빌라를 더욱 선호할 수밖에 없다. 지하철역까지 평지로 300m인 곳과 경사지로 200m인 곳이 있다면, 평지 300m의 빌라를 선택하는 것이 좋다. 실질 거리는 경사지가 더 가깝지만, 힘들게 오르는 만큼 체감 거리가 늘어나기 때문이다.

7 | 주변에 생활밀착형 업종이 많이 들어와 있을 것!

주거지 주변으로 상권이 잘 형성되어 있을수록 생활이 편리하다. 매매 목적이 임대(전·월세)일 때에는 편의점, 마트, 세탁소, 음식점 등의 생활밀착형 업종이 많이 들어와 있는 곳에 위치해 있는 집이 좋다.

만약, 매매하려면 생활밀착형 업종과 더불어 부동산중개사무소가 많이 위치한 곳에 빌라를 고르는 것이 좋다. 부동산중개사무소가 많다는 것은 그만큼 거래가 활발하다는 것을 의미하기 때문이다.

8 | 큰 평수의 빌라는 될 수 있으면 피하기!

빌라(다세대주택)를 아파트로 가기 위한 전 단계라고 생각하는 사람이 많다. 돈을 더 모아서 아파트로 옮겨가는 것을 원하기 때문에, 빌라는 주거의 최종 목적지가 아닌 중간에 거쳐 가는 환승역 정도로 생각하는 경우가 많다.

그렇다면 경제적인 부담을 덜어주는 역할을 해야 하는데, 빌라의 평수가 크면 매매가가 비례하여 올라가므로 매수자의 선택지에서 멀어지게 된다. 또, 평수가 클수록 관리비와 각종 공과금 등의 부수적인 비용부담도 커져서 매매를 하거나 임대를 할 때 결코 유리하지 않다.

지역에 따라 약간의 차이는 있겠지만, 일반적으로 실거주하기에도 부족하지 않고 그렇다고 너무 부담스럽지도 않은 전용면적 40~60㎡ 정도의 크기를 선택하는 것이 좋다.

2010년 이후에 지어진 빌라들은 거의 대부분 발코니 확장형으로 설계되어 있기 때문에 전용면적이 50㎡(약 15평)이면 실사용면적은 60~70㎡(약 18~21평)이므로 4인 가족이 생활하기에 부족하지 않은 크기다.

9 | 빌라와 접하고 있는 도로 폭 살펴보기!

빌라건물이 접하고 있는 전면도로(골목) 폭이 넓으면 넓을수록 좋다. 사람과 차량이 통행하기에 편리하기 때문이다.

또한 도로와 접하는 면이 많은 땅일수록 그렇지 않은 땅에 비해 가격이 비싼 것이 일반적이다. 그러므로 향후 미래가치 면에서도 좋다.

10 | 방범 및 편의시설 확인하기!

최근에 지어진 빌라들은 엘리베이터, CCTV, 현관카드키, 무인택배함 등 각종 시설들이 잘 갖추어진 집들이 많다.

방범시설 및 편의시설이 잘 갖춰져 있는 집일수록 매매가가 비싼 건 사실이지만, 빌라에 살면서 아파트와 같은 편안함과 안전함을 느낄 수 있기 때문에 선호도가 높은 편이다. 또한 이런 점이 부각되어 나중에 집을 팔 때에도 더 높은 가격에 팔 수 있다.

CCTV 방범용 모니터

무인택배함

엘리베이터

075

신축빌라의 분양가 얼마가 적당할까?
(feat. 원가의 비밀)

신축빌라 한 채 짓는 데 원가는 얼마인가?

아파트의 가격이 급상승하면서 내집마련으로 신축빌라를 생각하는 사람들이 늘어나고 있다. 그런데 막상 신축빌라 분양사무실에 방문해 보면, 분양가가 비싸다는 생각이 들 때가 많다.

분양가격이 적당한지 판단하기 위해서는 건물을 짓는 원가를 계산할 줄 알아야 한다. 그 원가에 건축업자의 마진이 붙어서 최종 분양가로 정해진다.

이번에는 신축빌라 한 채를 짓는 데 들어가는 원가를 설명해 보겠다. 우선 원가는 '토지구입비'와 '건축비' 그리고 '기타 비용'으로 구성되어 있다.

❶ 토지구입비
등기사항증명서를 열람해 보면 해당 세대의 대지지분이 몇 평인지 확인을 할 수 있다. 대지지분의 평수를 알았다면, 부동산중개사무소에 방문해서 주변 단독주택 또는 다가구주택의 시세를 조사해 봐야 한다. 이때 잊지 말아야 할 점은 반드시 20년 이상 된 주택의 가격만 참고해야 한다는 것이다. 왜냐하면 연식이 얼마 안 된 집의 경우에는 매매가격에 건물값까지 포함되어 있기 때문에 정확한 땅값을 알 수 없기 때문이다.

대지지분이 10평이고, 조사한 주변 토지가격이 평당 2,500만원이라고 가정해 보겠다. 해당 빌라의 토지원가는 2,500만원×10평＝2억 5,000만원이 된다.

❷ 건축비

건축비는 외부마감과 내부 인테리어 수준에 따라 가격이 크게 달라진다.

건물외부마감 전체를 석재(대리석)로 하고 엘리베이터가 설치되어 있다면 대략 평당 800만원 정도가 들어간다. 건물 정면(노출면)만 석재마감하고 나머지 3면을 드라이비트 혹은 스톤 등과 같은 저렴한 자재로 마감을 하고 내부 인테리어도 하급으로 한다면 평당 700만원으로 건물을 신축할 수 있다.

지역마다 약간의 차이는 있겠지만 서울 강북지역 기준으로 건축비는 평당 750만~800만원 정도라고 생각하면 된다(2023년 기준).

건물도 마찬가지로 해당 세대의 등기사항증명서를 열람해 보면 건물의 면적이 나온다. 그런데 요즘 신축빌라들은 대부분 발코니 확장형으로 설계되어 있어 등기상면적보다 실제면적이 더 넓다. 그러므로 정확한 건물면적을 알기 위해서는 분양사무실 또는 건축주에게 계약하기 전에 평면도를 요청해서 정확한 실사용면적을 알아내는 것이 중요하다. •

위 방법으로 알아낸 해당 세대의 실사용면적이 20평이라 가정을 해보겠다. 여기에 공용면적(복도, 계단, 주차장 등)으로 5평 정도를 더한다. 마감이 잘되어 있는 집이라면 건축비용이 800만원×25평(실사용면적＋공용면적) ＝ 2억원이 된다.

....

● 빌라의 면적(실사용면적) 계산하는 방법은 375쪽 참고.

❸ 기타 비용

건물을 신축하는 데에는 토지취득세, 설계비, 감리비, 각종 인입비,* 하자담보책임증권(건축비의 3%), 건물보존등기 비용, 이자 등의 기타 비용이 들어간다. 일반적으로 건축비의 15% 정도를 예상하면 된다.

원가는 토지구입비, 건축비, 기타 비용의 합이므로 위의 예를 그대로 적용하면 2억 5,000만원＋2억원＋3,000만원을 계산하면 된다. 4억 8,000만원이 원가인 것이다. 여기에 분양수수료와 건축주 마진을 더하면 최종 분양가가 된다.

❹ 분양수수료

중개수수료처럼 정해진 기준이 없다. 지역, 분양 난이도 등에 따라 다르고 무엇보다 건축주의 성향에 따라 달라진다. 통상 세대당 1,500만원 정도로 산정한다. 즉 세대당 공급원가는 약 4억 9,500만원(4억 8,000만원＋1,500만원)이다.

❺ 건축주 마진

건축주는 빌라 한 동(8세대 기준)을 지었을 때, 보통 1~2세대 정도의 공급원가를 자신의 마진으로 생각한다.

예를 들어 건축주가 자신의 마진으로 1세대의 공급원가를 생각하고 있다고 가정해 보자. '세대당 공급원가 4억 9,500만원'에 '세대당 건축주의 마진인 6,188

- **인입비** : 인입이란 건물 내로 어떠한 공급선을 끌어들이는 것을 말한다. 신축에서 가장 대표적인 인입은 도시가스, 전기, 수도(상·하수도), 통신 등이 있다. 전기선을 건물에 연결하거나 계량기를 설치하는 것을 전기인입이라고 하고 이때 들어가는 비용을 '인입비'라고 한다.
- ●● 4억 9,500만원(세대당 공급 원가) ÷ 8세대(한 동 전체의 세대수) = 6,188만원(건축주의 1세대당 마진)이 된다.

만원**'을 더해서 최종 분양가는 5억 5,688만원으로 산정이 된다.

만약, 마진을 2세대라고 가정한다면 최종 분양가는 6억 1,876만원이 된다.

즉 분양가격을 판단할 때 건축주의 마진이 1세대에 가까울수록 소비자의 입장에서 분양가격이 적당하다고 생각하면 된다. 물론 건축업자의 마진에는 세금(사업소득세)이 포함되어 실제 마진은 더 적다.

신축 빌라 적정가 계산법

비용	계산식		
❶ 토지구입비	토지원가 × 대지지분(평)	공급원가	최종 분양가
❷ 건축비	750만~800만원 × 면적(실사용면적+공용면적)(평)		
❸ 기타 비용	건축비 × 15%		
❹ 분양수수료	1세대당 1,500만원		
❺ 건축주 마진	1~2세대 공급원가		

(2023년 기준)

076

빌라 용어 뽀개기
- 베란다, 발코니, 테라스

건축용어 중 정확한 뜻을 몰라서 자주 혼용하는 것들이 있다. 그 대표적인 예가 '베란다', '발코니', '테라스'다. 이 용어들의 정확한 의미를 알아보자.

베란다(veranda)

건물의 아래층과 위층의 면적 차로 생긴 바닥 중 일부 공간을 활용하고자 만든 공간을 말한다. 간단하게 말하면 윗집에서 아랫집 지붕을 이용한 것이 베란다다.

주택을 짓다 보면(특히 다세대주택) 일조권 또는 용적률, 도로사선 등으로 위층의 면적이 바로 아래층 면적보다 작게 올라가는 경우가 생긴다.

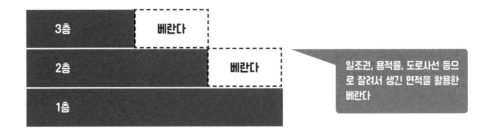

일조권, 용적률, 도로사선 등으로 잘려서 생긴 면적을 활용한 베란다

아래층보다 작은 면적으로 위층을 짓다 보니 자연스레 남는 공간이 생기는 것이므로, 등기상면적에 포함되지 않는다.

발코니(balcony)

발코니는 2층 이상의 건물을 신축할 때 구조와 면적이 서로 같은 건물에서 주거공간을 연장하기 위해서 집집마다 동일하게 일정공간을 돌출시켜 단 공간을 말한다. 발코니는 벽이 없이 난간으로 둘러쳐져 설치한 것을 말하는데, 안전난간과 유리새시를 설치해서 사용하는 경우가 대부분이다. 이러한 발코니는 전용면적에 해당되지 않기 때문에 서비스면적이라고도 한다.

발코니 설치의 주된 목적은 화재 등 재난 시 대피공간의 확보와 불길 및 연기가 다른 층으로 번지는 속도를 줄여주기 위한 완충공간으로서의 역할이다. 오래전에는 발코니 확장이 불법이었다. 그러나 2005년 12월에 건축법 시행령이 개정되면서 일정 크기 이상의 대피공간 마련 및 스프링클러 설치, 불연성 바닥재 사용 등의 요건을 갖추면 거실과 방 등으로 확장하여 사용할 수 있도록 되었다.

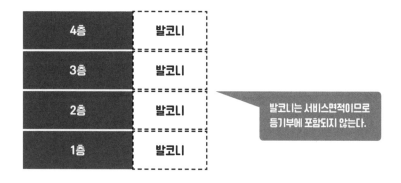

요즘 신축아파트들은 대부분 이러한 일정요건을 갖추고 발코니를 확장해서 실사용면적을 넓게 사용할 수 있도록 설계하고 있다.

기본형
출처 : 네이버 부동산

발코니 확장형

화재 등 재난 시 대피공간이었던 발코니. 대피공간 개설, 스프링클러 설치 등 건축법 시행령으로 발코니 확장이 가능해졌다.

테라스(terrace)

거실이나 주방과 바로 연결된 실내바닥 높이보다 낮은 곳에 나무바닥(데크) 등을 깔아 만든 실외공간을 말한다.

2층 이상 높이에 마련된 공간은 베란다로 분류되기 때문에 꼭 1층에만 설치가 가능하다. 정원에 지붕이 없고 건물보다 낮게 만든 대지이며, 주로 테이블을 놓아서 간단히 차를 마시거나 아이들의 놀이공간, 일광욕 등을 즐길 수 있는 공간으로 사용한다.

　요즘 '테라스하우스'라고 분양하는 주택은 정확한 용어가 아니다. 대부분의 테라스하우스는 경사면의 토지에 집을 짓다 보니 자연스럽게 아래층 지붕이 윗집 마당으로 사용되는 것이기 때문에 '베란다하우스'가 더 정확한 표현이다. 다음 그림과 같은 경우는 1층만 테라스하우스가 되고, 2층과 3층은 발코니하우스, 4층은 베란다하우스가 되는 것이다.

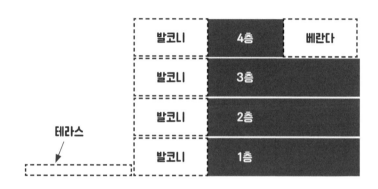

베란다, 발코니, 테라스 총정리

용어	정의
베란다	일조권, 용적률 등으로 생긴 아래층과 위층의 면적 차이로 생긴 아래층의 지붕 공간
발코니	거실, 방 등에서 바깥쪽으로 내밀어 연장된 공간
테라스	1층 정원의 일부 바닥에 데크 등을 깔아 만든 공간

077

4층 이상 빌라를 살 때, 불법확장 여부 꼭 확인!

일조권 때문에 꺾인 건물, 불법확장 유혹에 넘어가기 쉽다!

우리가 흔히 빌라라고 말하는 다세대주택은 대부분 동네 골목 안쪽에 있어 건물이 접하고 있는 도로 폭이 좁고, 옆 건물과의 이격거리도 넉넉하지 않은 경우가 많다. 이로 인해 기존의 건물을 철거하고 새로운 건물을 신축할 때, 일조권 사선제한의 영향을 받아 건물이 꺾여서 지어지는 일이 많다.

즉 새로 지어지는 건물의 높이가 북쪽 면으로 9m가 초과되는 부분부터는 일조권의 영향을 받아 꺾여서 건축되게 된다.

이렇게 되면 건축업자는 고민에 빠지게 된다. 허가받은 대로 꺾인 상태로 건물의 공사를 끝낼 것인지 아니면 수익률(분양가)을 생각해서 꺾인 부분을 사용승인 후에 불법으로 확장을 해서 면적을 넓힐 것인지를 고민한다.

사실 건축업자는 땅을 구입하기 전에 가설계를 미리 그려보기 때문에 이와 같은 조건을 알고 있다. 이런 점을 고려해 매매가를 산정하고 구입했을 것이다. 그

● '일조권'과 '꺾이는 부분'에 대한 내용은 353쪽 참고.

러므로 굳이 불법확장을 하지 않아도 마진이 남지만, 더 많은 마진을 남기기 위해 불법확장을 감행하는 경우가 생긴다.

향후 위반건축물로 건축물대장에 등재됨과 동시에 이행강제금이 부과될 수도 있기 때문에 4층 이상의 다세대주택을 구입하고자 할 때에는 이 부분을 유심히 살펴봐야 한다.

불법확장 손쉽게 찾아내기 1 | 건물의 외관

건물 내외부의 모든 공사가 완료되면 허가관청(시, 군, 구)에 최초 허가받은 대로 건물을 제대로 지었는지 검사받아야 한다. 대부분의 불법확장은 검사 후에 이뤄진다. 그런 이유로 최초 완료된 마감재와 추가 확장 후 마감된 자재가 다른 경우가 많다. 또한, 기존의 건물 부분과 확장된 부분의 이음새 부분의 마감이 매끄럽지 않게 연결되기도 한다.

다음의 사진을 보자. 건물의 전체적인 마감을 타일로 하였으나, 4층과 5층의 확장된 부분은 나무재질의 마감재로 마감되었다. 또한, 타일마감과 나무재질마

연결 부위의 마감재가 다르다면 불법확장을 의심해 보자.

감의 이음새 부분의 연결도 자연스럽지가 않다. 건물 외벽에 포인트를 주기 위해서 다른 마감재를 사용한 것이 아니므로 불법확장을 의심해야 한다.

불법확장 손쉽게 찾아내기 2 | 도면(평면도)

불법확장이 의심될 때에는 계약서를 작성하기 전, 분양사무실 또는 건축주에게 해당 호실의 평면도를 요청해서 실제 내부구조와 크기를 비교해 봐야 한다.

불법확장된 집들을 보면 구조에는 거의 변화가 없고, 주로 크기(면적)에서 변화가 생긴다. 방이나 거실의 면적이 늘어나는 경우가 많다. 즉 평면도상에 표시되어 있는 방 또는 거실의 벽면 길이와 실제 벽면 길이를 비교해 보는 것이 좋다.

불법확장 손쉽게 찾아내기 3 | 건축물대장

계약서를 작성하기 전, 건축물대장을 확인해 보는 것은 기본이다.

특히, 4층 이상의 세대라면 베란다를 불법확장하는 경우가 종종 있으므로 건축물대장에 '위반건축물'로 등재 여부를 반드시 확인해 봐야 한다.

만약, 불법확장이 관할 행정관청에 적발되지 않아 건축물대장에 위반건축물로 기재되지 않았다 하더라도 이러한 사실이 명확한 집은 구입하지 않는 것이 좋다.

가끔 사실을 알고도 다른 세대에 비해 저렴한 가격에 메리트를 느껴 구입을 하는 경우가 있는데, 나중에 매도할 때 저렴하게 내놓아도 팔리지 않을 수 있다는 사실을 알아야 한다.

078

신축빌라 분양 시
'하자보증보험' 잔존 여부 꼭 확인!

소규모 시공사의 하자보수책임 안전장치 - '하자보증보험'

다세대(빌라), 연립주택＊ 등의 공동주택 준공 시 관할관청(시·군·구)에 사용승인을 받기 위해서는 공동주택관리법 시행령 제41조(하자보수보증금의 예치 및 보관)와 제42조(하자보수보증금의 범위)에 따라 의무적으로 건축비의 3%에 해당하는 금액으로 보증기관(서울보증보험, 건설공제조합 등) 하자보증보험에 가입하고 그 증권을 제출해야 한다.

공동주택을 지은 후 일정기간 안에 하자가 생겼을 경우 시공사(또는 건축주나 매도자)의 보수 의무가 있지만, 시공사가 고의적으로 회피하거나 파산이나 부도 등으로 책임을 질 수 없는 경우를 대비하기 위한 제도다.

● **연립주택** : 다세대주택과 동일하게 주거용으로 사용되는 층수가 4개 층 이하인 공동주택이다. 단, 다세대주택의 동(棟)당 건축연면적은 660㎡(약 200평) 이하여야 하지만, 연립주택은 660㎡를 초과하는 주택이다. 즉 연면적에 따라 다세대주택과 연립주택으로 나뉜다.

시공사 파산, 부도 시 소유자 직접 하자보수 가능!

공동주택에 하자가 생겼을 때, 시공사가 하자보수를 이행하지 않을 경우 소유자(입주민)가 하자보증금을 청구해서 직접 하자보수 공사를 할 수 있다. 하자보증보험에 가입을 할 때 하자보증금을 예치하는 방식은 2가지가 있다.

첫 번째는 개인인 업자들이 사용하는 방식이다. 서울보증보험에 가입할 때 실제로 공사비의 3%에 해당하는 금액을 예치하고, 하자보장기간이 지나면 순차적으로 일부 비용을 공제하고 나머지를 환급받는다.

두 번째는 건설회사 등이 도급계약을 체결하고 시공할 때 사용하는 방식이다. 보통 건설공제조합의 하자보증보험에 가입하는데, 공사비의 3%를 모두 예치하는 것이 아니라 3%의 비율에 따라 책정된 보험료를 내고 가입하는 것이다. 이때에는 연차별로 하자담보책임이 소멸돼 보험료를 돌려받지 못한다.

일반보험에 비유하자면 첫 번째 방식은 환급형, 두 번째 방식은 비환급형(보장성)의 성격을 갖게 되는 것이다.

하자담보 책임기간 및 연차별 보증금 규모

하자담보 책임기간은 하자범위에 따라 최대 10년차까지로 되어 있다.

하자보증보험은 2년차, 3년차, 5년차, 10년차까지 총 4단계로 보증증권을 나누어 가입하게 되어 있으며 전체 예치보증금은 건축비의 3%다.

다음은 연차별로 책정되어 있는 하자보수보증금의 비율을 나타낸 표다.

시공사의 하자보수보증금율

> 건축비 3%를 연차별로 안분해 놓았다.

분류	보증금 규모	청구할 수 있는 시기
2년차 하자	0.45%	준공일로부터 2년
3년차 하자	1.2%	준공일로부터 3년
5년차 하자	0.75%	준공일로부터 5년
10년차 하자	0.6%	준공일로부터 10년

연차별로 보장되는 하자의 항목도 다르다.

연차별 하자보증 범위

보증기간	항목	예치금 비율
2년차	마감 및 수장공사, 도배, 타일, 가구, 가전, 석공, 내부공사 등	15%
3년차	난방, 환기, 공기정화 관련 시설, 목공사, 창호, 조경, 소방, 가스, 옥내설비, 홈네트워크 등	40%
5년차	배수, 철근 콘크리트, 지붕, 방수 등	25%
10년차	기둥, 바닥, 내력벽, 지붕틀, 계단 등	20%

하자보증보험의 잔존 여부 확인하는 방법!

신축빌라를 분양받을 때, 건축주에게 하자보증보험의 증권을 받는 것이 가장 좋다. 예전에는 하자보증보험에 가입을 하면 보증기관에서 해당 증권을 문서형

식으로 출력해서 주었으나 최근에는 파일형식으로 건네주는 경우가 대부분이다.

만약, 건축주에게 증권을 받지 못했을 경우 해당 지자체에 문의하면 된다. 앞서 설명했듯 공동주택이 신축을 마치고 관할관청에 사용승인을 받기 위해서는 하자보증보험증권이 필수서류로 제출되어야 한다. 즉 관할관청(시·군·구청)의 건축과에 문의해 보면 하자보증보험의 가입 여부 및 잔존 연한을 알 수 있다.

하자 발생 시, 하자보증금 청구절차

다음은 신축빌라를 매수한 후 하자가 발생했을 때 하자보증금을 청구하는 절차다.

❶ 하자보증금 청구 요건

시공사 또는 건축주에게 하자보수 요청하였으나 불이행하거나 혹은 고쳐주었음에도 불구하고 하자가 해결되지 않았을 때 하자보증금을 청구할 수 있다.

❷ 입주자 반상회

입주자(세대별 소유자) 과반수 이상이 참석하여 입주자 대표를 선정한다.

❸ 하자조사내역서 작성 및 통보

전유 부분과 공유 부분에 대한 하자내역을 조사하고 사진 등을 촬영하여 하자목록을 작성하고 건축주에게 통보(내용증명)한다.

❹ 하자보증금 청구 서류 준비

하자보증금을 청구하기 위해서는 입주민 과반수 이상의 동의가 필요하다.

집회의사록, 보증금청구동의서, 보증금청구서, 견적서, 하자조사내역서(하자목록), 입주민(소유자)의 인감증명서 등 관련서류를 준비한다. 하자보증보험증권이 없을 경우 관할관청 건축과(혹은 민원실)에서 열람 및 복사를 하면 된다.

❺ 보증기관에 서류 접수 및 하자보증금 청구

해당 보증기관인 서울보증보험, 건설공제조합 등에 준비된 서류를 접수하고 하자보증금 청구를 신청한다.

❻ 보증기관 심사 후 하자보증금 지급 여부 결정

보증기관에서는 첨부된 신청서류 검토와 현장실사를 통해서 견적의 타당성 여부 등을 검토하여 지급 여부를 결정한다.

❼ 하자보수 공사 이행 및 사용내역 보고

하자보수 공사가 완료되면, 주택법 시행령에 의거하여 하자보수보증금의 사용내역을 건축주 또는 시공자에게 통보해야 한다.

하자보수금 신청 관련 서류

주의! 악덕 건축주의 하자보증보험 악용사례

하자보증보험은 일부 악덕 건축주들에 의해 악용되기도 한다. 다세대주택 신축 시 건축비의 3%에 해당하는 하자보수예치금이 추가로 들어가다 보니 처음부터 시공사와 모의하고, 그 금액만큼 공사를 덜한 채 분양을 하는 것이다.

분양 후 건물하자에 대한 요청이 들어오면 건축주는 하자보수예치금을 찾아 하자에 대한 공사를 하도록 한다. 하자보수예치금을 이런 식으로 사용하고 나면 나중에 하자가 발생했을 때 예치금이 없으므로 경제적 부담은 오롯이 입주민들에게 돌아간다.

그러므로 신축빌라 분양에 관심을 가지고 있는 사람이라면 세대 내부만을 살펴볼 것이 아니라 빌라 건물 전체의 완성도를 꼼꼼하게 살펴봐야 한다.

예를 들어 옥상방수공사는 잘 마감이 되어 있는지, 주차장 바닥의 포장은 잘되어 있는지, 화단조성이나 부수적인 편의시설(주차차단기, 실외조명, 보안시설 등)의 공사가 잘 마무리되어 있는지를 꼼꼼하게 살펴봐야 한다.

지역마다 해당 지역에서 많은 시공을 한 업체들이 있다. 이런 업체들은 일반적으로 시공경험이 많고 나름의 노하우를 갖고 있는 경우가 많아 평판이 좋은 편이다. 이들의 특징은 빌라명에 고유 브랜드를 붙인다거나 아니면 '○○빌라 1차', '○○빌라 2차' 등과 같은 빌라명을 붙이는 경우가 많다.

079

오래된 빌라는 대지지분이 중요하다

대지지분이란? – 공동주택 전체 대지면적을 세대수로 나눈 것

공동주택(아파트, 다세대주택, 오피스텔 등)은 하나의 필지 또는 여러 필지 위에 여러 세대의 집을 짓는다. 그래서 전체 대지를 지분형식의 방법으로 공유할 수밖에 없다.

공동주택이 지어진 대지의 전체 면적을 세대수로 나누어 등기사항증명서에

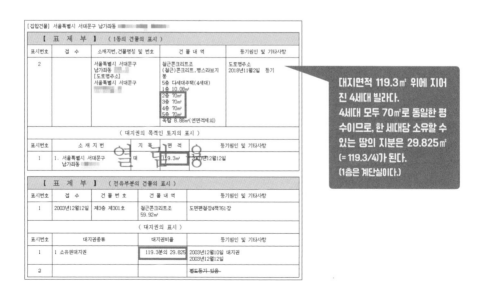

대지면적 119.3㎡ 위에 지어진 4세대 빌라다.
4세대 모두 70㎡로 동일한 평수이므로, 한 세대당 소유할 수 있는 땅의 지분은 29.825㎡ (= 119.3/4)가 된다.
(1층은 계단실이다.)

면적의 비율을 기재하게 되는데, 이를 대지지분이라고 한다. 즉 대지지분이란 공동주택의 전체 대지면적 중에 각 세대가 소유하고 있는 땅의 면적을 비율로 나타낸 것이다.

참고로 세대별 대지권비율을 정할 때에는 전체 대지면적을 일괄적으로 전체 세대로 나누어 비율을 배분하기도 하지만, 전체 세대의 건물면적을 합쳐서 건물면적에 비례하여 대지지분을 배분하는 경우가 많다. 즉 대지지분은 공동주택의 구분소유자들 사이에 특별한 합의나 규약이 없다면 각 전유면적에 비례해서 비율이 정해지는 것이 일반적이다.

예를 들어 대지면적 330㎡(약 100평) 위에 건물면적이 101호는 132㎡(40평), 201호는 132㎡(40평), 301호는 66㎡(20평)라고 가정해 보겠다.

이때 대지권 비율은 '101호는 132/330', '201호는 132/330', '301호는 66/330'이다.

대지지분이 중요한 이유

재개발·재건축 예정지 안에 포함되어 있는 노후빌라라면 무조건 건물의 면적보다 대지지분이 넓은 것이 좋다. 사업이 진행되면 주택(부동산)별로 감정평가를 하는데, 이때 평가금액이 높게 나오면 그만큼 경제적으로 유리하다.

감정평가는 위치, 건물의 면적, 대지의 면적, 최근거래시세 등 여러 가지의 요소를 종합해서 평가하게 된다. 건물은 감가상각으로 인하여 제대로 된 가격을 평가받기 어렵지만 땅은 다르다. 건물은 어차피 헐 것이지만 아파트를 새로 지으려면 넓은 땅이 필요하므로 감정평가에서는 땅의 가치가 중요하다. '대지지분이 많다'는 것은 그만큼 소유하고 있는 땅이 넓다는 의미다.

만약, 개발계획이 없는 지역에 위치한 지어진 지 10년 이내의 빌라라면 대지지분보다는 건물의 크기가 더욱 중요하다. 지금 당장 헐고 새롭게 건물을 지을 땅이 아니기 때문에 먼 훗날을 대비해서 대지지분이 넓은 것에 중점을 두기보다는 지금 당장 쾌적하고 넓게 생활하는 것이 중요하다. 즉 건물의 면적, 해당 세대의 실사용면적이 더욱 중요하다.

개발 계획이 없는 곳, 10년 이내 빌라 → '건물면적'이 중요
개발 계획이 있는 곳, 15년 이상 된 빌라 → '대지지분'이 중요

 노후빌라는 옥상바닥 방수 여부를 반드시 확인하자!

세입자의 민원에 대비하라

개발 예정지역 내에 투자 목적으로 집을 사는 사람 중 집을 보지 않고 계약서를 작성하는 사람이 의외로 많다. 투자용이기 때문에 직접 입주해서 살기보다는 세를 놓게 되는데, 오래된 집일수록 '~가 고장 났어요!', '~ 고쳐주세요!'라는 민원이 많이 들어올 수밖에 없다. 임대인에게는 어차피 헐고 다시 지을 집이기 때문에 수리비가 추가된다는 게 아까울 텐데, 잊을 만하면 걸려오는 임차인의 전화는 여간 스트레스가 아닐 것이다.

누수가 문제, 내외벽 금과 옥상바닥 방수 확인은 필수!

가장 무서운 전화는 '물이 샌다'는 민원이다. 방수 문제로 집 안 내부에 누수가 생기면 비용도 많이 들고 전문가를 불러도 한 번에 원인을 찾아내지 못할 때도 많아 해결하는 데 시간이 오래 걸린다. 구매 목적이 투자라 하더라도 누수 여부를 반드시 확인해야 하는 이유다. 물론 전문가가 아니기 때문에 빈틈없이 살피는 것은 어렵지만, 최소한 건물 내·외벽에 크랙(갈라지거나 금)이 간 부분이 없는지를 꼼꼼하게 살펴봐야 한다. 그리고 반드시 건물 옥상에 올라가서 바닥 방수 상태를 확인해야 한다. 바닥 방수가 깨진 부분은 없는지, 바닥의 구배(기울기)가 맞지 않아 물이 고여 있는 부분은 없는지 등을 확인해야 한다.

080

'근생빌라'는 주택이 아니다!
조심 또 조심!

'근생빌라'는 업무시설을 주거용으로 불법 변경한 것

근생빌라는 '근린생활시설빌라'의 줄임말이다. 즉 '근린생활시설'과 '다세대주택'이 결합된 용어로 정식 법정용어는 아니다. 편의상 '근생빌라'라고 불리는 것이지, 결코 주택이라고 생각해서는 안 된다. 근생빌라는 쉽게 말해 상가 또는 업무시설을 주거용으로 불법용도변경을 해서 사용하고 있는 주택을 말하는 것이며, 엄연한 불법건축물이라 할 수 있다.

건축업자도 불법 사실을 모르는 건 아니지만 그렇게 할 수밖에 없는 큰 이유로는 2가지가 있다.

근생빌라가 만들어지는 이유

❶ 수익률 때문에

흔히 빌라라고 말하는 다세대주택은 주거용으로 사용되는 지상층은 4개 층을 넘지 못하는 것으로 규정되어 있다. 주차장은 층수 계산에서 제외되므로, 1층을 주차장으로 만들 경우에는 지상 5층까지 가능하다.

주거용으로 사용되는 층수가 5개 층 이상일 때에는 아파트로 분류된다. 주택이 아파트로 분류되면 건축에 대한 더 많은 제한과 규제를 받기 때문에 건축주의 입장에서는 주택의 종류를 다세대주택으로 유지하는 것이 유리할 때가 있다.

주거용으로 사용되는 층수가 5개 층일 때에는 한 층은 근린생활시설로 허가를 받고, 나머지 4개 층만 다세대주택으로 허가를 받아서 편법으로 진행하는 건축업자도 있다.

❷ 주차공간 확보 때문에

다세대주택 요건에 따라 1층을 주차장으로 2~5층을 다세대주택으로 맞춰 놨음에도 2층을 근린생활시설로 허가받는 경우가 있다.

예를 들어 $60m^2$ 이하의 주택을 8개 호실로 하여 다세대주택을 신축한다고 가정해 보자. $60m^2$ 이하는 세대당 0.8대의 주차공간을 확보해야 한다. 그러므로 해당 건물의 경우 총 7대 이상의 주차공간이 확보되어야 한다.●

그런데 건물을 건축할 대지의 지형적 한계로 인해 주차공간이 최대 6대밖에 확보되지 못할 경우, 주거용으로 사용되는 4개 층 중 한 층을 근린생활시설로 허가를 받고 나머지 3개 층을 다세대주택으로 허가를 받는다.

왜냐하면 근린생활시설은 주차장 요건이 완화 적용되기 때문이다. 근린생활시설의 경우 '1개의 호실당 몇 대'로 적용되는 것이 아니라 '몇 m^2당 몇 대'로 적용된다.

● 8세대 × 0.8대 = 6.4대이나 다세대주택은 공동주택이므로 주차장 계산 시 소수점은 무조건 올림해야 한다. 즉 6.4대이므로 소수점을 올림해서 7대의 주차공간을 확보해야 한다.

예를 들어 2층에 60㎡ 이하의 면적으로 근린생활시설을 2개 호실로 건축허가를 받는다고 가정해 보자. 서울시의 주차장 관련 조례에 따르면 근린생활시설의 경우 134㎡당 1대의 주차공간을 확보하도록 되어 있다. 즉 이 건물처럼 2층을 근린생활시설 2개 호실로 하고, 나머지 3~5층을 총 6세대의 다세대주택으로 건축할 경우 필요한 주차대수는 6대*가 된다.

근생빌라를 꺼리는 이유

❶ 나중에 잘 안 팔린다

근생빌라는 불법용도변경이라는 커다란 단점을 안고 있는 건축물이다. 등기상 주거용이 아니기 때문에 전세자금대출에서 제한을 받을 수도 있어 전세로 임차인을 맞추기가 어려울 수도 있다. 여러 가지 단점 때문에 최초 분양할 때 저렴한 가격으로 분양가가 책정된다.

하지만 분양가가 저렴하다고 해서 덥석 분양을 받았다가 차후에 고생하는 경우가 많으므로 신중해야 한다. 나중에 팔 때에도 정상적인 주택보다 훨씬 저렴한 금액으로 팔아야 하며, 거래가 쉽지 않은 매물에 속하게 된다.

❷ 큰 틀에서 상가이므로 세금이 비싸다

근생빌라는 등기사항증명서상 주택이 아니라 큰 틀에서 '상가'라고 할 수 있다. 그러므로 소유권이전등기를 할 때에 들어가는 세금도 일반주택일 때보다 비싸다.

● (근생 134㎡당 1대) + (다세대주택 60㎡ 이하 0.8 × 6세대) = 6대.

일반주택의 경우 취득가액과 주택의 면적에 따라 1.1~3.5%의 취득 관련 세금이 발생하나 근생빌라의 경우에는 4.6%(취득세 4%+지방교육세 0.4%+농어촌특별세 0.2%)의 세금을 부담해야 한다.

또한, 나중에 팔 때 양도차액이 발생하면 세금을 내야 한다. 근생빌라는 주택이 아니므로 양도소득세 비과세 혜택을 받을 수 없다. 그러므로 근생빌라 외에 다른 주택이 없다 하더라도 양도소득세를 부담해야 한다.

❸ 매년 이행강제금을 부담해야 한다

근생빌라는 근린생활시설을 불법으로 용도변경해서 주거용으로 사용하고 있는 건축물이기 때문에 항상 불안을 안고 살아야 한다. 즉 운이 좋아 지금까지 단속에 걸리지 않았다 하더라도 향후 불법건축물로 적발될 경우, 건축물대장에 '위반건축물'로 등재된다. 그리고 근린생활시설로 원상회복할 때까지 매년 이행강제금을 납부해야 한다.

매년 부과되는 이행강제금은 위반의 종류와 면적 등에 따라 상이하게 부과된다. 그러므로 만약, 건축물대장에 위반건축물로 등재되어 있다면 해당 소재지 관할 구청 건축과에 매년 부과되는 이행강제금액의 액수를 확인해 보고 구입 여부를 결정하는 것이 좋다.

081

신축빌라 중개수수료가 정말 공짜?

소비자가 알아야 할 신축빌라 분양방법 3가지

일반적으로 신축빌라를 분양하는 방법으로 3가지가 있다.

첫 번째는 건축주가 직영으로 분양사무실을 꾸며놓고 직접 분양을 하는 것이다. 두 번째는 일명 '컨'이라고 불리는 컨설팅업체(분양대행사)의 직원들이 인터넷, 현수막, 전단지 등의 광고를 통해 손님을 유인해서 계약을 체결하는 것이다. 세 번째는 신축빌라 현장 주변에 위치한 부동산중개사무소에 분양을 의뢰해서 공인중개사를 통해서 계약을 체결하는 것이다.

그런데 신축빌라의 광고를 보면 '분양수수료 무료'라고 되어 있는 경우가 많다. 건축주가 직접 분양을 하는 것은 자신의 집을 스스로 파는 것이기 때문에 분양받는 사람에게 중개수수료를 받는다는 것이 말이 안 된다.

하지만 그 외의 분양컨설팅업체와 공인중개사가 계약을 체결(성사)해 주고도 중개수수료를 받지 않는다는 것에 대해서는 의문을 가져야 한다.

건축주에게 받는 분양수수료에 비하면 중개수수료는 미미

상가나 주택을 건설하는 건축주는 임대 목적보다는 분양 목적을 가지고 건물을 신축하는 경우가 많다. 그러므로 건축주 입장에서는 비용이 들더라도 자신이 직접 분양하는 것보다는 분양전문가를 통해 빠른 시간 내에 완판(완전판매 = 분양완료)을 시키는 것이 경제적으로 이득이 된다.

그런데 건축주는 해당 건물을 신축하기 전 수익률을 계산할 때, 1세대당 분양수수료까지 비용으로 포함해서 계산을 한다. 지역마다 차이는 있겠지만 서울 강북지역의 경우 빌라 1채당 1,000만~1,500만원 정도를 분양수수료로 책정해 놓는 것이 일반적이다. 즉 컨설팅업체 또는 공인중개사가 빌라 1채를 팔아주는 대가로 받는 수수료는 최소 몇백만원에서 최대 1,000만원 이상이 되는 것이다. 이들의 입장에서는 건축주에게 예정된 분양수수료를 받는 것이 매수자에게 중개수수료를 받는 것보다 훨씬 큰 이득인 것이다. 그러므로 손님에게는 중개수수료를 받지 않는다고 광고하고 어떻게든 분양수수료를 챙긴다.

신축빌라를 분양받는 사람들은 표면상으로 중개수수료를 내지 않기 때문에 무료인 것처럼 느껴진다. 그러나 분양수수료는 이미 분양가에 모두 포함되어 있다. 건축주가 나 대신 비싼 중개수수료를 지급했다는 사실을 기억해서, 상술에 넘어가는 일이 없길 바란다.

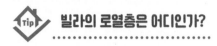

빌라의 로열층은 어디인가?

빌라(다세대, 연립, 도시형생활주택 등)에서 사람마다 선호하는 층수는 다르다. 엘리베이터가 없는 건물이라면 어르신 같은 경우 높이에 대한 부담감이 없는 2층을 가장 선호할 것이며, 젊은 사람일수록 계단을 조금 올라가더라도 채광, 층간소음, 프라이버시 등을 고려해서 위층을 선호할 것이다.

엘리베이터 유무에 따라 다른 빌라 로열층

로열층일수록 다른 층보다 분양가(매매가) 역시 비싸다. 그렇다면 빌라에서 사람들이 가장 선호하는 층은 몇 층일까?

일반적으로 빌라의 로열층은 '중간층~중상층'으로 생각하는데, 엘리베이터의 유무에 따라 로열층이 달라지기도 한다. 다음의 표는 건물의 층수와 엘리베이터의 유무에 따라 ❶~❹까지로 나누어 놓은 것이다. 요즘 새로 짓는 빌라는 대부분 1층 필로티 주차장을 포함해서 지상 5층 또는 6층 높이이므로, 다음 표를 참고하면 도움이 될 것이다.

참고로 요즘 짓는 빌라는 대부분 1층이 필로티 주차장이므로 2층의 경우 다른 중간층에 비해 단열이나 난방에 취약할 수밖에 없다.

	전체 층수	엘리베이터	로열층 순서
❶	5층	유	3층, 4층 → 5층 → 2층
❷		무	3층 → 2층, 4층 → 5층
❸	6층	유	3층, 4층, 5층 → 6층 → 2층
❹		무	3층 → 4층 → 5층 → 2층 → 6층

6층 빌라의 2층을 거주용으로 사용한다면 조심하자. 불법건축물일 가능성이 높다.

082

몇 군데 부동산에 집을 내놓아야 할까?

매도자(임대인)의 입장에서 집을 팔기 위해 부동산중개사무소에 집을 내놓아야할 때, 기존에 거래했던 곳을 포함해서 주변에 2~3곳 정도에만 내놓아야 하는지아니면 최대한 많은 곳에 내놓아야 하는지를 두고 고민하는 분들이 의외로 많다.얼핏 보면 굉장히 간단한 문제 같지만 막상 집을 내놓아야 하는 입장에서는 생각보다 까다로울 수 있다.

여기에서는 어떤 것이 매도자에게 유리한지에 대해서 알아보겠다.

1 | 시장에 따라 다르다

부동산시장이 '상승장이냐' 아니면 '하락장이냐'에 따라 다르다.

❶ '상승장'일 때에는 2~3곳에만 내놓아도 된다

왜냐하면 매도자 우위시장이기 때문이다. 즉 팔려는 사람보다 사려는 사람의숫자가 더 많아진다. 그러므로 시세에 맞춰 적당한 가격으로 매물을 내놓는다면원하는 시일 내에 거래가 될 가능성이 굉장히 높다.

이때 공인중개사의 입장에서는 매수자 확보보다는 매물 확보가 더 우선이 될 수밖에 없다. 상승장의 열기가 뜨거울수록 매수 손님을 많이 확보한 중개사무소보다 매물을 많이 확보한 중개사무소가 '갑'이 된다. 그럼, 매물이 없는 중개사무소에서는 매물이 많은 중개사무소에 '공동중개'를 하자며 구애(?)의 추파를 던지게 된다. 즉 이러한 시장에서 매도자는 2~3곳에만 물건을 내놓아도 충분히 거래가 될 가능성이 높다.

군이 번거롭게 이곳저곳에 물건을 내놓지 않더라도 알아서 공동중개로 진행될 가능성 높아진다.

❷ '하락장'일 때에는 최대한 많은 곳에 내놓는 것이 좋다

왜냐하면 매수자 우위시장이기 때문이다. 즉 사려는 사람보다 팔려는 사람의 숫자가 더 늘어나고 기존의 매물 또한 적체현상이 발생하게 된다.

이때 공인중개사의 입장에서는 매물 확보보다는 매수자 확보가 더 우선될 수밖에 없다. 하락장일 때에는 거의 모든 중개사무소에 매물이 어느 정도 확보되어 있을 가능성이 높다. 그런데 문제는 그 매물을 사줄 매수자가 상대적으로 적다는 것이다.

이처럼 하락장 속에서 매수 손님을 확보한 중개사무소 입장에서는 자신들이 보유하고 있는 매물의 거래를 우선적으로 최대한 성사시키려고 노력할 것이다. 즉 자신들의 매물도 많은데 군이 다른 중개사무소의 물건까지 소개해 가면서 공동중개를 할 필요가 떨어질 수밖에 없다.

하락장이 지속될수록 매도자는 최대한 여러 곳의 중개사무소에 매물을 내놓는 것이 좋다. 이렇게 해서 예비 매수자에게 많은 노출될 수 있도록 해야 한다.

2 | 기존에 거래했던 부동산이 있어서…

하락장은 지속되고 시간이 갈수록 매도자의 상황은 급해지는데 기존에 거래했던 부동산과의 관계 때문에 선뜻 다른 부동산에 물건을 내놓지 못하고 눈치만 보면서 애를 태우는 경우가 의외로 많다.

이때 해당 부동산을 믿고 계속 기다릴지 아니면 빠른 거래를 위해 여기저기 다른 부동산에도 매물을 내놓을지를 두고 깊은 고민에 빠지게 된다. 특히, 해당 부동산이 평소 관계가 긴밀한 지인이라면 고민의 깊이는 더욱 깊어질 수밖에 없다.

이럴 땐 어떻게 해야 할까?

일단 우선권은 줘라!

'안면몰수'할 생각이 아니라면 그동안 '관계'를 고려해서 또 앞으로 어떤 '긴밀한 관계(?)'로 발전될지 모르기 때문에 일단 해당 부동산에 우선권을 주는 것이 좋다. 단, 기간을 정해서 우선권을 주어야 한다. 빨리 매도를 해야 하는 이유와 다른 부동산에는 내놓지 않았다는 점을 부각시켜 최대한 신경을 써달라고 확실하게 언질을 주어야 한다. 경험상 우선권의 기간은 한 달 내외로 주는 것이 좋다. 물론, 그동안의 관계와 친밀도에 따라 그 기간의 길이는 탄력적으로 정하면 된다.

가끔 부동산 중에서 소유자와의 친분을 과시하면서 "저 물건은 나만 거래할 수 있는 물건이야!", "저 물건은 내 단독 물건이야!"라는 안일한 생각을 갖고 있는 경우가 종종 있다. 이런 사람들의 특징은 별다른 노력을 하지 않고 방심하고 있다가 매도자가 다른 부동산에 물건을 내놓으려 하면 "내가 그동안 얼마나 신경을 썼는데…"라며 서운함을 여과 없이 드러낸다는 것이다. 물건을 움켜쥐고 있으려고만 할 뿐 정작 거래는 성사시키지 못하고 시간만 끄는 유형이다. 이러한 부동산과는 거래를 하지 않아도 될 뿐만 아니라 앞으로 관계도 유지할 필요가 없다.

고객이 자신에게 일정한 기간까지 주면서 기회를 주었는데 거래를 성사시키지 못했다면 오히려 고객에게 더 미안한 마음을 가져야 하기 때문이다.

그런데 '적반하장'격으로 '서운하다', '섭섭하다'라는 말을 거침없이 내뱉는 사람이라면 평소 그 사람의 본성(인성)의 그릇 크기가 거기까지라는 것을 보여 주는 것이다. 좋을 때에는 좋게 포장하기가 쉽지만 나쁠 때에는 그 본성을 숨기지 못하고 드러내는 사람이 있다. 고객의 소중한 재산을 책임져 주지 못하면서 끝까지 붙잡고 있고자 하는 것은 고객을 위한 것이 아니라 오로지 자신만을 위한 이기적인 욕심이라 생각된다.

오히려 정상적인 중개 마인드를 갖고 있는 부동산이라면 "믿고 맡겨주셨는데 죄송합니다."라는 말이 먼저 나와야 한다. 그리고 "다른 부동산에 내놓으셔도 끝까지 최선을 다해 신경을 써보겠습니다."라고 말해야 한다. 이런 부동산과는 앞으로 계속 관계를 유지하면서 거래를 이어가야 한다.

상승장일 때 숨어 있었던 쭉정이를 하락장일 때에는 구별해 낼 수 있다. 그러므로 평소 거래해 왔던 부동산에서 쭉정이의 반응을 보인다면 이로 인해 너무 마음에 담아두지 말고 새로운 알곡을 찾으려 노력하면 된다.

3 | 고춧가루를 뿌리는 부동산이 있다

거래가 되면 내놓았던 부동산에게 단체문자를 보내서 거래성사 여부를 알려주는 것이 좋다. 그래야 서로 헛걸음하지 않을 뿐만 아니라 불필요한 매물노출(광고)을 막을 수 있기 때문이다. 그런데 이렇게 거래가 완료되었음을 알려주면 부동산들의 반응은 크게 네 가지로 갈린다.

반응 ①

답문을 하지 않는 부동산이 있다.

반응 ②

"네, 알겠습니다."라고 짧게 답문을 보내오는 부동산이 있다.

반응 ③

"저희가 더 신경 썼어야 하는데 죄송합니다. 거래를 축하드립니다."라고 답문을 보내오는 부동산이 있다.

반응 ④

대뜸 전화를 걸어와서 "어느 부동산에서 얼마에 어떤 조건으로 계약을 했는지?" 등을 캐묻는 부동산이 있다.

반응 ④의 경우 여기까지만 묻고 말면 '궁금해서 그러나 보다'라고 별생각 없이 그냥 넘길 수도 있는데, 여기에 한 마디를 꼭 덧붙인다.

"저희가 더 비싼 가격으로 팔아드릴 수 있었는데…."라는 말로 축하해 주기보다는 '못 먹는 감 찔러 보는 심보'로 괜히 염장을 지른다. 매도자 입장에서 이런 말을 들으면 마음이 살짝 흔들릴 수 있다. 사람 마음이 참으로 갈대와 같아서 '팔리기만 하면 좋겠다!'라는 생각을 갖고 있다가도 막상 팔리면 '괜히 싸게 팔았나!'라는 생각이 들기 때문이다. 그런데 이런 말까지 듣게 되면 투자 경험이 적은 사람일수록 마음이 심란해질 수밖에 없다.

그런데 중요한 것은 정말 손님이 있었는데 아쉬움에 그런 말을 하는 경우도 있지만 거의 대부분 손님도 없으면서 고춧가루를 뿌리는 심정으로 하는 말이기 때문에 그런 말을 들었다고 하더라도 크게 신경 쓰지 않았으면 한다.

그리고 이런 말을 하는 부동산은 가급적 거르는 것이 좋다. 설령 정말 손님이 있었다고 하더라도 이왕 거래가 된 이상 고춧가루를 뿌리기보다는 축하해 주는 것이 우선이기 때문이다.

4 | 요약

① 상승장일 때에는 → 2~3곳에만 내놓아도 된다.

② 하락장일 때에는 → 최대한 많은 곳에 내놓는다.

③ 기존에 거래했던 부동산 → 우선적으로 기회를 준다. 단, 그 기간은 유한하다.

④ 상황이 안 좋을 때, '쭉정이'와 '알곡'이 구별된다.

'공인중개사' vs '중개인!'

1. 부동산중개사무실의 종류

지역마다 약간의 차이는 있지만 동네 상가 1층에 가장 많이 입점해 있는 업종으로 '부동산 중개사무소'를 손꼽을 수 있을 것이다.

특히, 아파트단지 내 1층 상가에는 한 집 걸러 한 집 꼴로 입점해 있는 모습을 볼 수 있다. 그런데 이렇게 많은 부동산중개사무소의 간판을 유심히 살펴보면 상호가 다음 사진처럼 'OO공인중개사사무소'라고 되어 있는 곳도 있고, 'OO중개인사무소'라고 되어 있는 곳도 있다.

'공인중개사사무소'와 '중개인사무소'는 무엇이 어떻게 다른지에 대해서 궁금증이 생길 것이다. 여기에서는 그 부분에 대해서 설명해 보려 한다.

우선, '공인중개사법'에 따르면 부동산중개사무소의 간판에는 반드시 대표자의 이름과 대표자의 공인중개사자격증 유무를 표시하게 되어 있다.

예를 들어, 대표자가 공인중개사라고 하면 간판에 'OO공인중개사사무소'라고 표시하게 된다.

그런데 대표자가 공인중개사가 아니라면 간판에 공인중개사라는 말을 사용할 수 없기 때문에 'OO중개인사무소' 또는 'OO부동산'으로만 표시하게 된다. 여기서 한 가지 의문이 생긴다. 현재 부동산중개업을 하려면 관할관청(시·군·구)에 개설등록을 신청해야 하는데, 이때 반드시 필요한 첨부서류 중 하나가 '공인중개사자격증 사본'이다. 그런데 어떻게 자격증이 없는 '중개인사무소'가 존재할 수 있는지 그 이유가 궁금해질 것이다.

공인중개사사무소 간판

중개인사무소 간판

2. 공인중개사자격증이 없는 부동산 사장님도 있다?

공인중개사시험은 1985년도에 처음 생겨났다. 그러므로 그 이전에는 공인중개사라는 자격증이 아예 존재하지 않았지만 '부동산중개업'이라는 업종은 이미 오래전부터 있었다. 이때가 바로 '복덕방' 시절이다. 즉 자격증 없이 동네 토박이들이 소일거리 삼아 주택 등을 소개해 주고 '구전(口錢)'을 받던 것이 부동산중개업의 시초였을 것이다.

이런 토박이 중에서 한두 번 소개하다 보니 생각보다 돈도 되고 적성(?)에도 맞겠다는 생각이 들어 아예 '업'으로 정한 사람들이 생겨났을 것이다. 이렇게 생긴 중개인들의 사무실이 바로 'OO복덕방', 'OO부동산'이다.

'공인중개사'와 '중개인'의 비교

	공인중개사	vs	중개인
공인중개사 자격증 여부	O	〉	X
중개 대상물의 범위	전국 모든 물건 가능	〉	사무소가 위치한 해당 지역 물건만 가능
주요 분포	신도심, 아파트단지		구도심, 주택단지, 재개발지역
업무처리 속도	일처리(빠름)가 디지털	〉	일처리(늦음)가 아날로그 (예 : 종이장부, 수기계약서 등)
경험(연륜)	부동산에 대한 지식(이론)은 많으나 상대적으로 경험이 부족한 경우가 있음	〈	• 역사와 전통(?)을 자랑 • 부동산에 대한 지식(이론)은 다소 부족할 수는 있으나 나름의 노하우가 있음
대표자의 연령대	20대~전 연령이 골고루 분포		주로 70~80대가 많음(젊은 손님이 상대하기에 다소 부담이 될 수 있음)
장점/활용도	'특정물건'에 대한 정보수집에 유리함(예 : 아파트, 상가 등 거래 시 유용함)		'특정지역'에 대한 정보수집에 유리함(예 : 재개발, 재건축, 토지 등 거래 시 유용함)

여기서 유래(파생)해서 전문지식(실력)이 없고 구전에만 욕심을 내는 사람을 '떡방'이라고 비하해서 말하는 경우가 간혹 있다. 그래서 공인중개사들이 '복덕방'이라는 용어를 그리 좋아하지 않는 경향이 있다.

그런데 정부 입장에서는 이렇게 자리를 잡은 중개인들을 공인중개사자격시험이 생겼다는 이유만으로 그동안의 기득권을 인정하지 않고 모두 폐업시킬 수는 없었을 것이다. 그래서 이들의 기득권을 인정해 주기는 하되 한계를 정해 놓았다.

그 한계는 크게 두 가지인데, 첫 번째, 한 번 폐업을 하면 다시는 '중개인'으로는 재개업이 안 된다는 것이다. 물론, 공인중개사자격증을 취득하면 언제든지 재개업이 가능하다.

두 번째, 자신의 사무소가 위치한 시·군·구의 물건만 중개를 할 수 있다. 예를 들어 서대문구에 위치한 사무소라면 아무리 바로 옆 인접지인 은평구에 위치한 매물이라 하더라도 중개를 할 수 없다.

넷째
마당

30대

부동산
세금 절약!

30대 내집마련! ❸ 실천
(feat. 계약, 세금, 이사)

083

집을 살 때 꼭 확인해야 할 서류 – '부동산종합증명서'

부동산종합증명서란?

'토지대장+건축물대장+토지이용계획확인서+등기사항증명서' 요약본!

부동산과 관련된 여러 공적 장부(토지대장, 건축물대장, 토지이용계획확인서, 등기사항증명서 등)를 취합하고 중요한 내용을 요약·정리해서 하나의 장부로 만든 것이 바로 '부동산종합증명서'다. 2014년에 처음 도입되었으며, 현재는 18종의 장부를 하나로 취합하여 정보를 제공하고 있다. 이전에는 여러 가지 공적장부들을 일일이 찾아 발급 또는 열람해야 했는데, 이러한 불편함을 다소 해결해 준 것이다.

제공되는 주요 내용으로는 토지와 건물의 표시(소재지), 지목, 면적, 용도, 소유자 현황, 층별 현황, 지적도(임야도) 등이 있으며, 항목을 모두 볼 수 있는 '종합형'과 선택한 항목만 볼 수 있는 '맞춤형'이 있다.

주민센터 또는 일사편리 홈페이지에서 발급 가능

주민센터에 직접 방문해서 신청하면 종합형은 1,500원, 맞춤형은 1,000원이다. 일사편리 홈페이지(kras.go.kr:444)를 이용하면 종합형은 1,000원, 맞춤형은 800원이며, 단순열람은 무료다. 여기서 유의할 점은 부동산종합증명서가 중요한 부분만을 요약한 장부이기 때문에 세부적인 내용까지는 기재되지 않을 수 있다는 것이다. 그러므로 전체적인 내용을 대략적으로 살펴볼 때 의미가 있고, 보다 상세한 내용의 확인 또는 계약 등의 중요한 일을 진행하기 전에는 반드시 개별 장부를 별도로 발급받아 확인해야 한다.

부동산종합증명서로 확인할 수 있는 것

샘플을 통해 어떠한 내용을 확인할 수 있는지 하나씩 살펴보자.

❶ 소재지

주택(부동산)의 '주소'가 표시되어 있다.

❷ 토지 표시

토지의 '주소(동, 지번)', '지목', '면적', '㎡당 개별공시지가'가 기재되어 있다. 토지에 집합건물(아파트, 다세대, 오피스텔, 도시형생활주택 등)이 있다면 각 세대마다 소유하고 있는 토지의 지분 비율인 '대지권비율'이 기재되어 있다.

❸ 건축물 표시

건축물의 기준층 면적인 '바닥면적', 건축물의 전체 면적인 '연면적', '주구조', '건폐율', '용적율', '건물의 전체 층수', '허가·착공·사용승인 일자', '주차대수' 등이 기재되어 있다.

❹ 토지·건축물 소유자 현황

토지와 건축물의 현재 소유자가 누구인지 소유자의 '인적사항'(이름, 주민등록번호 앞자리, 주소), '변동원인'(일반매매일 경우 '소유권이전'으로 표시)과 '변동일자'(일반매매일 경우 '소유권이전등기일')가 기재되어 있다.

❺ 등기 특정 권리사항

'등기사항증명서'상의 권리 관계를 정리해 놓은 칸이다. 소유권의 유무, 용익권*의 유무와 종류, 담보권(저당권, 근저당권, 질권, 근질권)의 유무와 기타 사항(가압류,

---

- **용익권** : 사용, 수익할 수 있는 권리를 '용익권'이라고 한다. 용익권의 가장 대표적인 것이 '전세권'이다. 전세권자(임차인)는 소유자(임대인)에게 보증금을 맡기고 주택(부동산)을 사용할 수 있는 권리를 얻게 된다. 전세권 외에도 지상권, 지역권, 임차권 등이 있다. 참고로 '담보권'은 해당 부동산을 처분할 수 있는 권리를 말하며, 대표적으로 (근)저당권, 유치권, 질권 등이 있다.

가처분, 경매개시결정등기 등)이 설정되어 있는지 기재되어 있다.

❻ 토지이용계획

'토지이용계획확인서'의 내용을 정리해 놓은 칸이다. 보다 세부적인 내용을 확인하고 싶다면 토지이용규제정보서비스(luris.molit.go.kr)에 접속해서 '토지이용계획확인서'를 열람한다.

고유번호				부동산종합증명서(토지,건축물)			건축물 명칭		장번호	5 · 2
❼ 재지							건축물 동명칭		대장유형	일반
				층별 현황						
주/부	층명칭	층별구조	층별용도	면적(㎡)	주/부	층명칭	층별구조	층별용도		면적(㎡)
주0	지층	철근콘크리트조및연와조	근생(다방)	76.98	주0	1층	철근콘크리트조및연와조	제2종근린생활시설		68.35
주0	2층	철근콘크리트조및연와조	근생(사무소)	76.98	주0	3층	철근콘크리트조및연와조	주택(1가구)		76.98
주0	4층	철근콘크리트조및연와조	(3.4층 복층)	66.78	주0	옥탑	철근콘크리트조및연와조	물탱크(연면적제 외)		9.36
❽		토지 소유자 공유 현황					건축물 소유자 공유 현황			
변동일자 변동원인	성명 또는 명칭 등록번호	지분	주소		변동일자 변동원인	성명 또는 명칭 등록번호	지분	주소		
2005.04.30	송	1/2	전라남도		2005.04.30	송	1/2	전라남도		
소유권이전	-1******				소유권이전	-1******				
2005.04.30	박	1/2	전라남도		2005.04.30	박	1/2	전라남도		
소유권이전	-2******				소유권이전	-2******				
❾		토지 표시 연혁					건축물 변동 연혁			❿
지목	면적(㎡)	이동일자	이동사유		변동일자	변동원인	변동내역			
대	128.9	1976.03.15	구획정리환료		2015.08.26	위반건축물	주택과-23025(2015.8.26)에 의거 위반건축물 표기옥상 5㎡(판넬/판넬, 주거(창고))			
		- 이 하	여 백 -		2015.08.21	위반건축물	건축과-18765(2015.8.21)호에 의거 위반건축물 표기지상2층 무단 용도변경(사무실→주택 2가구로 사용), 지상3층 무단 대수선(주택 1가구→3가구로 사용)			
					2008.09.16	표시변경(기타)	지상1층 근생(소매점)68.35㎡을 제2종근린생활시설로 표시변경:건축과-14392(2008.09.16)호에 의거 정리			
		토지 소유자 연혁					건축물 소유자 연혁			
변동일자 변동원인	성명 또는 명칭 등록번호		주소		변동일자 변동원인	성명 또는 명칭 등록번호	지분	주소		
2005.04.30	송 외1인		전라남도		2005.04.30	박	1/2	전라남도		
소유권이전	-1******				소유권이전	-2******				

❼ 층별 현황

건축물의 층별 '구조', '용도', '면적' 등이 기재되어 있는 칸이다.

위반건축물로 등재되어 있는 건물 중에는 용도 위반이 가장 많다. 예를 들어 대장상 '용도'가 근생(근린생활, 사무소)으로 되어 있는데, 무단으로 용도를 변경해 주택으로 사용하는 것이다. 그러므로 임대를 얻거나 매매를 할 때, '용도'란에 기재되어 있는 용도와 실제 용도가 일치하는지를 잘 살펴봐야 한다.

❽ 토지·건축물 소유자 공유 현황

토지와 건축물의 소유자가 변동된 경우 변동된 '일자', 변동 '원인', 소유자의 '인적사항'(이름, 주민등록번호 앞자리, 주소) 등이 기재되어 있다.

소유권을 공유로 소유하고 있는 경우에는 '지분'이 표시된다. 소유권에 대한 자세한 내용을 확인하려면 '등기사항증명서'를 추가로 확인하자.

❾ 토지 표시 연혁

토지에 변화가 생겼을 때, 변경된 '지목', '면적', '일자', '사유'가 기재된다.

❿ 건축물 변동 연혁

건물에 변화가 생겼을 때, 변경된 '일자', '원인', '내역'이 기재된다. 위반사항이 있어 '위반건축물'로 건축물대장에 등재가 된다면 이곳에도 표시된다.

고유번호			부동산종합증명서(토지, 건축물)		건축물 명칭			장번호	5 · 3
소재지					건축물 동명칭			대장유형	일반

⓫

토지 소유자 연혁			건축물 소유자 연혁				
변동일자 / 변동원인	성명 또는 명칭 / 등록번호	주소	변동일자 / 변동원인	성명 또는 명칭 / 등록번호	지분	주소	
2000.04.04 / 소유권이전	권 -2******	421-24	2005.04.30 / 소유권이전	송 -1******	1/2	전라남도	
1998.02.11 / 소유권이전	남 -2******	421-24	2000.04.04 / 소유권이전	권 -2******		홍	
1997.10.15 / 소유권이전	김 외1인 -1******	421-24	1998.02.11 / 소유권이전	남 -2******		서울시	
1989.07.25 / 소유권이전	김 -1******	421-24	- 이 하 여 백 -				
1976.02.05 / 소유권이전	김 -1******	421-24					

⓬

가격 연혁 (개별주택가격의 경우 일반건축물의 용도가 주택인 경우만 표시)										
개별주택가격(원)	기준일자	2020.01.01	2019.01.01	2018.01.01	2017.01.01	2016.01.01	2015.01.01	2014.01.01	2013.01.01	2012.01.01	2011.01.01
	주택가격	221,000,000	214,000,000	204,000,000	198,000,000	186,000,000	178,000,000	172,000,000	163,000,000	160,000,000	150,000,000
대표지번 개별공시지가(원/㎡)	기준일자	2020.01.01	2019.01.01	2018.01.01	2017.01.01	2016.01.01	2015.01.01	2014.01.01	2013.01.01	2012.01.01	2011.01.01
	공시지가	4,200,000	3,900,000	3,370,000	3,170,000	2,960,000	2,880,000	2,760,000	2,660,000	2,560,000	2,440,000

⓫ 토지·건축물 소유자 연혁

토지와 건축물의 소유자의 변동내역을 기재해 놓은 칸이다. 즉 현소유자부터 과거소유자들에 대한 인적사항(이름, 주민등록번호, 주소)이 기재되어 있다.

⑫ 가격 연혁

주택의 '개별주택가격'(원)과 토지의 '개별공시지가'(원/㎡)를 기재해 놓은 칸이다. 최근 10년간 가격이 연도별로 기재되어 있다.

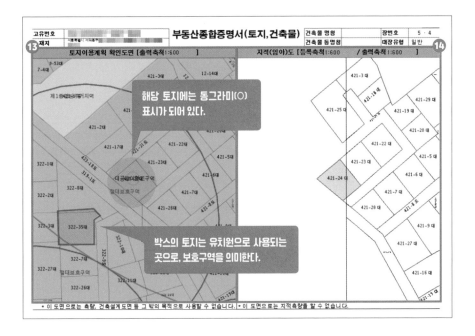

⑬ 토지이용계획 확인도면

토지의 정확한 '위치'와 주변 토지와의 '경계'가 표시된다. 도면에 표시된 토지의 색상을 통해서 대략적인 '이용계획' 등을 알 수 있다.

⑭ 지적도(임야도)

토지의 '위치', 땅의 '모양', '경계' 등이 표시되어 있는 칸이다.

084

매매계약서의 핵심은 '특약사항'
(feat. 유리한 특약문구)

특약사항이 중요한 이유는? 분쟁 예방과 해결의 마지노선!

주택을 사고파는 것은 물리적으로 눈에 보이는 외형물만 의미하는 것이 아니라 거기에 부합되어 있는 모든 권리와 의무까지도 포함한다. 따라서 매매계약서는 단순히 '매매가', '대금지급방법(계약금, 중도금, 잔금)'만이 중요한 것이 아니라 추후에 문제가 발생했을 경우에 어떻게 해결할 것인지에 대한 해결책도 함께 기재되어 있어야 한다.

매매 이후 불가피한 사유로 분쟁이 발생했을 경우에는 일단 대화로 풀어보는 것이 좋다. 그래도 해결되지 않으면 법적 소송으로 이어지고 매도자와 매수자 양측 모두 정신적 스트레스, 시간, 비용 등에 대한 손해가 커지게 된다.

그러므로 혹시 발생할지도 모를 분쟁을 대비해서 꼼꼼하게 특약사항을 기재해 놓는 것이 중요하다. 분쟁의 소지를 사전에 예방할 수 있고, 분쟁이 발생하더라도 쉽고 신속하게 문제를 해결할 수 있는 기준이 될 수도 있기 때문이다.

특약사항은 가급적 간결하고 정확하게!

특약사항을 기재할 때에는 모호한 표현이나 해석에 따라 의미가 달라질 수 있는 다의적인 표현은 피해야 한다. 누구나 쉽게 이해할 수 있도록 간결하면서 정확하게 작성한다.

특약사항을 꼼꼼하게 작성할수록 향후에 분쟁거리가 줄어든다. 그러므로 계약서 작성 시 특약사항 작성에 많은 관심을 갖는 것이 좋다. 부동산중개사무소에서 작성하면 공인중개사가 기본적인 내용은 알아서 기재해 준다. 하지만 아무리 사소한 것이라도 특약사항란에 넣고 싶은 내용이 있다면 빠트리지 말고 넣어야 나중에 후회를 줄일 수 있다.

사회질서 안에서 사적계약은 특약사항이 우선!

'특약'이란 당사자 간의 '특별한 약속'이다. 부동산 매매계약은 개인과 개인 간에 체결되는 '사적계약'이다. 그러므로 법으로 다른 규정이 있다고 하더라도 당사자 간의 특약사항을 우선 적용받는다. 단, 아무리 특약사항이라 하더라도 사회질서를 해칠 만한 강행규정* 위반일 경우에는 효력이 없다.

이번 장에서는 매매계약서 작성 시 기재되는 대표적인 특약사항을 '권리적인 사항'과 '물리적인 사항'으로 나누어서 살펴보기로 하겠다.

....

● **강행규정** : 공공의 질서에 관한 사항을 정한 법규를 의미한다. 당사자의 의사와는 관계가 없으며 선량한 풍속, 기타 사회질서에 관계 있는 규정으로 법에서 규정된 내용대로만 이행해야 하는 법 규정을 말한다.

매매 시 특약문구 1 | 권리적인 사항

❶ 계약해제 시 위약금에 대한 내용

아래와 같은 '위약금' 조항이 없으면, 단순변심으로 계약해제를 하더라도 별도
의 손해배상을 받기가 쉽지 않다.

> 일방의 계약해제 또는 계약위반에 따른 손해배상으로 매도자는 받은 계약금의 두 배의 금
> 액을 매수자는 계약금을 위약금으로 약정한다.

❷ 매수한 주택에 세를 놓아야 하는 경우

매수자가 실입주하지 않는 경우, 새로운 임차인을 구해야 하기 때문에 이러한
점을 사전에 매도자에게 알리고 협조를 구한다.

> 매도자(또는 점유자)는 매수인이 새로운 임대차 계약을 체결하는 것에 최대한 협조하기로
> 하며, 매수자와 부동산의 요구가 있을 경우 집을 보여 주는 것에 적극 협조하기로 한다.

❸ 매수자가 잔금을 새로운 임차인의 보증금으로 충당하려 할 때

다음와 같은 특약이 없을 경우, 매수자에게는 아무런 권한이 없기 때문에 새로
운 임차인은 매도자와 임대차계약서를 작성해야 한다. 만약, 새로운 임차인이 소
유권이전등기(잔금) 후에 입주할 경우 매수자와 계약서를 다시 작성해야 하는 번
거로움이 발생할 수도 있다.

매수자의 잔금 중 일부를 새로운 임차인의 보증금으로 충당하기로 하며, 이때 매도자는
새로운 임대차계약체결 권한을 매수자에게 부여하기로 한다.

❹ 임대차를 매수자가 승계할 경우

계약체결 시에는 해당 주택의 임대차계약서 사본을, 잔금 시에는 원본을 매도
자에게 받아야 한다. 특히, 다가구주택의 경우에는 각 호실별로 임대내역(보증금
및 월세, 계약기간)을 모두 기재해야 한다.

매수자는 해당 주택의 모든 임대차를 승계하기로 한다. 현 임차인(임차인 OOO, 보증금
OO원, 만기 OO년 OO월 OO일)은 매수자가 그대로 승계한다.

❺ 임차인 있는 주택에 매수자가 실입주를 해야 하는 경우

계약 당시에 해당 주택에 임차인이 거주하고 있는 경우, 매수자가 실입주를 하
기 위해서는 잔금 시까지 임차인을 내보내야 한다. 이때 누구의 책임하에 임차인
을 내보낼지를 명확하게 해놓아야 한다.

매도자는 잔금 시까지 현 임차인에 대한 명도를 책임지기로 한다.

❻ '토지거래허가구역' 내의 주택일 경우

소유권이전등기를 하기 위해서 토지거래허가를 받아야 하는 지역 내의 주택

이라면 계약서 특약사항란에 허가 여부에 따른 향후 조치에 대한 내용을 반드시 기재해 놓아야 한다.

해당 주택의 소재 지역은 토지거래허가구역으로 만일 토지거래허가가 나지 않을 경우 본 매매계약은 무효로 하며, 매도자는 아무런 조건 없이 계약금을 즉시 매수자에게 반환하기로 한다. 매도자는 이와 관련하여 매수자에게 그 어떠한 손해배상도 청구하지 않기로 한다.

❼ 단독주택 등에서 대지면적에 대한 차이가 있을 경우

오래된 단독주택은 건물보다는 땅의 가치가 매매가에서 큰 비중을 차지하게 된다. 그래서 '평당 얼마'라는 식으로 매매가가 정해지는 경우가 있다. 이때 향후 대지면적에 차이가 생길 경우 어떻게 해결할 것인지를 기재해 놓아야 한다.

◆ 면적은 등기사항증명서 및 토지대장을 기준으로 하며, 차후 수량의 차이가 발견되어도 매수자는 매도자에게 일체의 이의 제기를 하지 않기로 한다. **매도자 유리**

◆ 본건 토지대장 등 공부상의 면적을 기준으로 한 매매이며, 잔금 후 30일 이내에 실측 후 공부상면적과 실측면적에 차이가 발생할 경우 평당 ○○만원을 감액하기로 한다. **매수자 유리**

◆ 본 매매계약은 수량지정매매°이며, 총매매대금 ○○만원(평당 ○○만원 × 60평)으로 산정되었으므로 향후 거래평수와 실제평수가 차이가 날 경우 차이 나는 금액만큼 반환하기로 한다. **매수자 유리**

● **수량지정매매** : 거래 대상물의 가격을 산정할 때 '평당 얼마' 혹은 '개당 얼마' 등의 식으로 수량으로 매매가를 산정하는 방식이다. 이 방식은 아파트, 빌라 등의 공동주택 매매에서는 크게 의미가 없지만, 단독주택과 같이 대지의 비중이 큰 주택거래 시에는 의미가 있다. 특히 신축을 목적으로 하는 주택은 대지의 면적에 따라 건물의 크기와 설계 등이 달라질 수 있으므로 중요한 의미를 갖는다.

❽ 부가세(VAT) 관련 비용

일반적으로 주택의 경우에는 부가세 문제가 없어 특별히 신경 쓸 부분이 없으나, 상가주택의 상가에는 부가세가 발생한다. 이때 부가세를 누가 부담할지에 대해서 명확하게 기재해 놓아야 한다.

해당 주택의 1층은 근린생활시설(상가)로 부가세는 매수자가 부담하기로 한다.

매매 시 특약문구 2 | 물리적인 사항

❶ 옵션과 관련된 사항

최근에는 가전제품이 옵션으로 설치되어 있는 경우가 많다. 처음부터 빌트인되어 있던 제품이라면 관계없지만, 매도자 입장에서는 자신이 살면서 나중에 설치한 제품이라면 해당 주택의 매매와는 별도라고 생각하는 경우가 의외로 많다. 그러므로 옵션에 대한 특약사항을 명확하게 기재함으로써 분쟁을 미연에 방지하도록 한다.

- ◆ 현재 해당 주택에 설치되어 있는 전기레인지, 식기세척기, 김치냉장고, 디지털도어록은 매매 목적물에 포함된 것이다. **매수자 유리**
- ◆ 현재 해당 주택에 설치되어 있는 빌트인 가전제품 중 전기레인지는 매도자의 소유로 잔금 시 매도자가 가지고 가기로 한다. **매도자 유리**

❷ 하자담보책임 범위 및 기간(매수자 유리)

집을 사자마자 하자가 발생하면 매수자의 입장에서는 금전적, 정신적 피해를 받게 된다. 그러므로 범위와 일정기간을 정해서 최소한 그 사이에 발생하는 하자에 대한 책임을 매도자에게 지도록 하는 내용의 특약사항을 기재해 놓는 것이 좋다.

- ◆ 매도자는 해당 부동산의 잔금일로부터 6개월 내에 발생하는 모든 하자에 대한 책임을 지기로 한다. 단, '누수'와 '균열'과 같은 중대한 하자는 그 기간을 1년으로 한다.
- ◆ 매매계약 시, 중대한 하자(내부누수 등)에 대하여 미고지 후 발생하는 하자는 매도인이 책임지기로 한다.

❸ 현 시설 상태에서 매매계약인 경우(매도자 유리)

'현 시설 상태에서'라는 말은 향후 매수자가 매도자에게 부동산의 사소한 하자에 대하여 책임을 물을 수 없다는 말과 같다. 계약서 작성 전에 해당 주택의 시설 상태를 확인하고 진행하였기 때문에 매도자의 고의가 아니라면 어느 정도 책임을 면할 수 있다는 조항이 될 수 있다.

계약 당사자의 현장 방문 확인 후, 쌍방 협의에 따라 현 시설 상태에서 진행하는 계약이다.

❹ 제세공과금 및 기타 관리비 정산 관련

일반적으로 공과금 정산시점은 '잔금일(입주일)'이다. 상호 협의하에 다른 날을 기준일로 정할 수도 있다.

잔금일까지의 제세공과금 및 기타 관리비는 매도자가 부담하기로 한다.

❺ 잔금 지급 이전에 리모델링에 관한 사항

간혹 잔금 전에 리모델링을 사유로 매매 목적물을 먼저 인수받는 매수자 중에서 새로운 홈집(하자) 등을 근거로 매매금액을 깎으려고 시도하거나 새로운 요구사항을 제시하는 경우가 있다. 매도자의 입장에서는 이러한 특약사항을 미리 넣어놓음으로써 매수자의 새로운 요구사항을 자연스럽게 거절할 수 있다.

◆ 매도자는 매수자가 잔금 지급 전에 리모델링 공사를 하는 것에 동의(협조)한다. **매수자 유리**

◆ 매도자는 매수자가 리모델링 공사를 시작하기 전날까지 일체의 공과금 및 세금을 정산하고 열쇠(비밀번호)와 함께 매수자에게 인도하며, 이 시점을 기준으로 관리비 등 일체의 공과금은 매수자가 부담하기로 한다. **매수자 유리**

◆ 매도자는 잔금 전 매수자가 리모델링 공사를 하는 것에 동의하기로 하며, 매수자가 리모델링 공사 시작일부터 본 부동산에 관하여 매매대금을 포함하여 그 어떠한 이의를 제기하지 않기로 한다. **매도자 유리**

◆ 집수리 시부터 관리비는 매수자가 부담하기로 하며, 이때부터 매도자는 해당 주택에 대한 하자담보의 책임에서 면책하기로 한다. **매도자 유리**

085

'주택취득자금 조달 및 입주계획서' 작성방법

'주택취득자금 조달 및 입주계획서'란?

주택취득자금 조달 및 입주계획서(이하 자금조달계획서)는 자금의 출처를 부동산을 취득하는 단계에서부터 양성화함으로써 편법 증여, 대출규제 위반 등을 사전에 방지하여 투명한 부동산거래를 도모하겠다는 취지로 도입된 제도다.

자금조달계획서는 부동산거래신고 등에 관한 법률 시행령, 시행규칙에 따라 규제지역(조정대상지역, 투기과열지구)에서 주택을 취득할 시에 작성해야 한다.* 만약 매수자가 법인인 경우에는 거래지역 및 거래가액에 상관없이 무조건 작성해야 한다. 또한 투기과열지구의 경우 금액에 상관없이 모든 거래 시에 자금조달계획서의 내용을 입증할 수 있는 '증빙자료'를 함께 제출해야 한다.

제출기한은 부동산거래신고와 같이 계약일로부터 30일 이내다. 분양권, 입주권의 공급계약 및 전매계약도 제출대상이다.

개인과 개인이 직거래를 했다면 매수인이 작성하여 신고관청(시·군·구)에 구비

● **자금조달계획서** : 비규제지역일지라도 6억원 이상의 주택을 취득할 시에는 자금조달계획서를 작성해야 한다.

서류와 신분증을 지참하여 제출하면 되고, 부동산거래관리시스템에 접속해서 제출해도 된다. 부동산중개사무소를 통해서 거래한 경우에는 작성은 매수인이 하지만 신고는 대부분 공인중개사가 부동산거래신고를 하면서 동시에 제출한다.

규제지역 지정 현황 (2020년 12월 18일 기준)

	투기과열지구 (49개)	조정대상지역 (111개)
서울	전 지역	전 지역
경기	과천, 성남분당, 광명, 하남, 수원, 성남수정, 안양, 안산단원, 구리, 군포, 의왕, 용인수지·기흥, 동탄2	과천, 성남, 하남, 동탄2, 광명, 구리, 안양동안, 광교지구, 수원팔달, 용인수지·기흥, 수원영통·권선·장안, 안양만안, 의왕, 고양, 남양주, 화성, 군포, 부천, 안산, 시흥, 용인처인, 오산, 안성, 평택, 광주, 양주, 의정부, 김포, 파주
인천	연수, 남동, 서	중, 동, 미추홀, 연수, 남동, 부평, 계양, 서
부산	-	해운대, 수영, 동래, 남, 연제, 서구, 동구, 영도구, 부산진구, 금정구, 북구, 강서구, 사상구, 사하구
대구	수성	수성, 중구, 동구, 서구, 남구, 북구, 달서구, 달성군
광주	-	동구, 서구, 남구, 북구, 광산구
대전	동, 중, 서, 유성	동, 중, 서, 유성, 대덕
울산	-	중구, 남구
세종	세종	세종
충북	-	청주
충남	-	천안동남·서북, 논산, 공주
전북	-	전주완산·덕진
전남	-	여수, 순천, 광양
경북	-	포항남, 경산
경남	창원의창	창원성산

2023년 1월 5일 강남, 서초, 송파, 용산을 제외한 나머지 전 지역에 대한 투기과열지구 및 조정대상지역에서 전면 해제되었다.

자금조달계획서 및 증빙자료 제출대상

구분	지역	거래 유형
자금조달계획서	규제지역	모든 거래
	비규제지역	개인(6억원 이상), 법인(모든 거래)
증빙자료	투기과열지구	모든 거래

자금조달계획서를 작성해 보자

자금조달계획서는 크게 1. 자금조달계획, 2. 조달자금 지급방식, 3. 입주 계획으로 구성되어 있다. 그중 특히 '자금조달계획' 부분을 정확하게 기재하여야 한다. 그럼 자금조달계획서의 양식을 보면서 작성방법을 차례대로 알아보겠다.

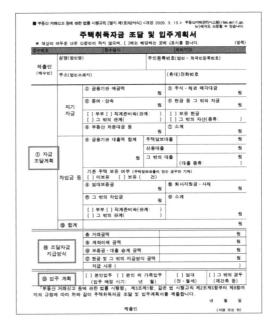

1 | 자금조달계획

자금조달계획 항목은 '자기자금'과 '차입금 등'으로 나누어 기재하게 되어 있다. 먼저 자기자금의 종류를 살펴보자.

자기자금	❶ ② 금융기관 예금액 원	❷ ③ 주식·채권 매각대금 원
	❸ ④ 증여·상속 원 [ ] 부부 [ ] 직계존비속(관계:) [ ] 그 밖의 관계( )	❹ ⑤ 현금 등 그 밖의 자금 원 [ ] 보유 현금 [ ] 그 밖의 자산(종류:)
	❺ ⑥ 부동산 처분대금 등 원	⑦ 소계 원

❶ 금융기관 예금액

본인 명의의 예금에서 인출해서 주택을 매입할 때의 자금으로 사용할 경우 기입한다.

❷ 주식·채권 매각대금

매수인 본인이 보유하고 있는 주식이나 채권 등을 매각해서 자금을 조달할 경우에 기입한다. 주식을 판 대금을 은행 통장으로 이체한다면 예금잔액증명서만 있으면 된다. 아직 주식을 팔지 않았거나 대금이 입금되지 않았다면 주식거래내역서가 있어야 한다.

❸ 증여·상속

가족으로부터 증여 또는 상속받은 금액을 매입 자금으로 사용할 경우 기입하면 된다. 이때 상속·증여세 납세증명서를 증빙서류로 제출해야 한다.

❹ 현금 등 그 밖의 자금

금융기관에 예치하지 않고 보유하고 있는 현금을 사용하거나 예금이나 적금이 아닌 금융상품의 투자금을 회수해서 매입자금으로 마련한 경우를 말한다.

❺ 부동산 처분대금 등

매수인 본인이 소유하고 있는 부동산을 팔아서 마련한 자금 혹은 대금이나 자신의 임대보증금을 돌려받아 자금을 조달한 경우에 기입한다.

다음은 차입금으로 자금을 조달했을 경우에 작성한다.

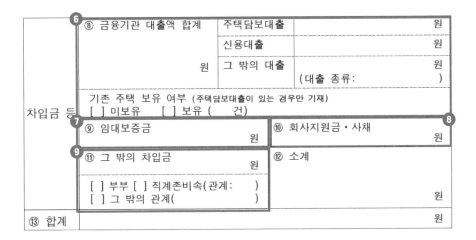

❻ 금융기관 대출액 합계

매입할 주택을 담보로 은행, 보험사 등의 모든 금융기관에서 대출받은 금액의 합계를 적는다. 매도인으로부터 승계하는 대출금이 있다면 그 금액을 포함해서 기재하면 된다.

❼ 임대보증금

매입할 주택을 임대(전·월세)를 놓고 받은 보증금을 해당 주택의 매입 자금으로 활용한 경우에 기입한다.

❽ 회사지원금·사채

개인 또는 법인사업자, 회사 신용대출이나 사채를 받아 자금을 조달하는 경우 기입한다.

❾ 그 밖의 차입금

지인이나 부모로부터 빌린 돈이 여기에 해당한다. 부모나 친척에게 자금을 빌린 경우, 차용증이 반드시 있어야 하고 이자를 지급했다는 증거가 있어야 한다.

2 | 조달자금 지급방식

'계좌이체 금액', '보증금·대출 승계 금액', '현금 및 그 밖의 지급방식 금액' 등 항목에 맞게 매수인이 매도인에게 계좌이체로 얼마를 보낼지, 임대보증금이나 대출 승계가 얼마나 되는지, 현금 및 그 밖의 지급방식으로 얼마를 보냈는지 기입한다.

⑭ 조달자금 지급방식	총 거래금액	원
	⑮ 계좌이체 금액	원
	⑯ 보증금·대출 승계 금액	원
	⑰ 현금 및 그 밖의 지급방식 금액	원
	지급 사유 (	)

3 | 입주 계획

신규로 취득한 주택에 입주할 계획을 기재하는 항목이다. 본인이 직접 거주를 할지 아니면 임대(전·월세)를 놓을지 간략하게 체크하면 된다. 만약 재건축 추진 또는 멸실 후 신축 등의 사유로 직접 입주 또는 임대를 주지 않는 경우에는 '그 밖의 경우'에 체크하면 된다.

⑱ 입주 계획	[ ] 본인입주 [ ] 본인 외 가족입주 (입주 예정 시기: 년 월)	[ ] 임대 (전·월세)	[ ] 그 밖의 경우 (재건축 등)

자금조달계획서를 뒷받침해 줄 증빙자료

'투기과열지구'에서의 모든 거래는 금액과 상관없이 자금조달계획서의 내용을 뒷받침해 줄 '증빙자료'를 함께 제출해야 한다. 다음은 자금조달계획서 증빙자료 목록이다. 제출 시 누락되지 않도록 꼼꼼히 챙겨두자.

참고로 자금조달계획서 항목에는 기재하였으나 자금조달계획서 제출 시점에서 본인 소유 부동산의 매도계약이 아직 체결되지 않았거나, 금융기관 대출 신청이 이루어지지 않는 등 증빙자료 제출이 곤란한 경우에는 증빙자료 대신 '미제출 사유서'를 제출할 수 있다.

다만 이 경우에도 잔금지급 등 거래가 완료된 이후 향후 신고관청에서 증빙자료 제출을 요청할 경우 이에 응해야 한다.

자금조달계획서 증빙자료 목록

종류	항목	증빙자료
자기자금	금융기관 예금액	잔고증명서, 예금잔액증명서 등
	주식·채권 매각대금	주식거래내역서, 잔고증명서 등
	증여·상속	증여, 상속세 신고서, 납세증명서 등
	현금 등 그 밖의 자금	소득금액증명원, 근로소득원천징수영수증
	부동산 처분대금 등	매매계약서, 임대차계약서 등
차입금 등	금융기관 대출액 합계	금융거래확인서, 부채증명서, 대출신청서 등
	임대보증금	임대차계약서 등
	회사지원금·사채, 그 밖의 차입금	금전 차용을 증빙할 수 있는 서류

086

중도금과 잔금,
날짜만 잘 잡아도 돈 번다

계약 1개월 이내 중도금,
2~3개월 후 잔금 정하는 게 일반적!

사람들은 집을 계약하기 전까지는 나름의 계획과 전략을 세운다. 그런데 막상 계약서를 작성하고 계약금을 지급하고 나면 '이제 다 끝났다!'라는 생각에 중도금과 잔금을 어떻게 치를 것인지에 대한 계획을 제대로 세우지 않아 실수하거나 손해를 보는 경우가 종종 있다.

주택 매매의 경우 대개 계약일로부터 중도금은 1개월 이내에 치르고 나머지 잔금은 2~3개월 후에 치르는 것이 일반적이다.

여기서 중도금과 잔금일을 정할 때, 공인중개사가 조율해 주는 날짜 혹은 매도자가 원하는 날짜로 정하기보다는 매수자 자신의 상황과 조건 등을 고려해서 유리한 날짜로 정하는 것이 중요하다.

주의! 중도금 지급 후 계약해제는 어렵다

민법 제565조 1항을 살펴보면 "당사자의 일방이 이행에 착수할 때까지 교부자(매수자)는 이를 포기하고 수령자(매도자)는 그 배액을 상환하여 매매계약을 해제할 수 있다."라고 되어 있다.

여기서 말하는 '이행의 착수'란 바로 중도금 지급을 의미한다. 중도금 지급 전까지는 양측 다 계약을 해제할 수는 있다. 단, 매수자는 계약금을 포기해야 하고 매도자는 계약금의 배액을 상환해야 한다.

> 중도금 지급 전, 계약을 해제하고 싶다면 매수자는 계약금을 포기해야 하고, 매도자는 계약금의 배액을 상환해야 한다. 중도금을 지급했다면? 계약해제는 거의 힘들다.

민법 제565조(해약금) 1항

매매의 당사자 일방이 계약 당시에 금전 기타 물건을 계약금, 보증금 등의 명목으로 상대방에게 교부한 때에는 당사자 간에 다른 약정이 없는 한 당사자의 일방이 이행에 착수할 때까지 교부자는 이를 포기하고 수령자는 그 배액을 상환하여 매매계약을 해제할 수 있다.

그러나 중도금이 지급되면 양 당사자는 상호 합의가 없는 한, 일방적으로 계약을 해제할 수가 없게 된다.* 그러므로 중도금 날짜를 정할 때에는 무작정 공인중개사가 조율해 준 날짜를 따를 것이 아니라, 자신에게 조금이라도 더 유리한 날짜를 생각해 봐야 한다.

● **중도금 지급 후 계약 해제** : 최악의 경우에는 소송을 제기하여 재판으로 판결을 받아야 한다. 매도자가 잔금일에 소유권이전등기를 해 주지 않을 경우, 매수자는 잔금을 공탁하고 매도자에게 소유권이전등기 청구 소송을 제기하여야 한다.

중도금 날짜를 잡을 때에는 부동산시장의 경기에 따라 매수자의 상황이 달라지기 때문에 다음의 경우를 참고하여 날짜를 정하는 것이 좋다.

중도금 일정 어떻게 잡아야 유리할까?

❶ 매수자 우위시장(가격하락시장, 비수기)

부동산시장 경기가 좋지 않아 가격이 정체해 있거나 떨어질 우려가 있을 경우에는 최대한 중도금 날짜를 길게 잡는 것이 좋다.

중도금을 지급하기 전인데 부동산가격이 계약금 이상으로 떨어진다면, 이미 지불한 계약금을 포기하는 것이 경제적으로 이득이 될 수 있다.

또한 급한 마음에 일단 계약을 했는데 물건에 대한 확신이 서지 않아 생각할 시간이 필요할 때에는 중도금 날짜를 최대한 길게 잡아야 한다. 이때 계약금은 최소로 하여 5% 정도로 지급하는 것이 좋다.

❷ 매도자 우위시장(가격상승시장, 성수기)

부동산 경기가 좋아 연일 신고가 행진을 이어갈 때에는 최대한 중도금 날짜를 짧게 잡는 것이 좋다. 부동산 상승기에는 1~2개월 사이에 심한 경우 10~20% 이상 가격이 오를 때가 있기 때문이다.

매매가 5억원으로 계약금 5,000만원을 지급하고 계약서를 작성했는데, 중도금 지급 전 주변에 개발계획 호재가 발표되면서

매매계약 해제 확인서

▨▨▨ (귀하)

대상부동산 : 서울특별시 서대문구 홍은동 ▨▨▨▨▨ ▨▨
위 약 금 : 금 일억원 (계약금 5,000만원의 배액)

확 인 자 : 이 종 ▨▨▨
주민번호 : ▨▨▨▨▨ ▨▨▨▨▨▨▨
주 소 : 서울 서대문구 가재울미래로 2. ▨▨ ▨▨▨

확인내용 :

1. 상기 부동산의 매도자 ▨▨▨의 요청에 의해 2023년 5월 20일부로 본 계약은 해제되었습니다.

2. 매수자 ▨▨▨은 계약금의 배액인 1억원을 위약금으로 받음과 동시에 향후 본 매매건과 관련하여 일체의 이의제기 및 민·형사상의 책임을 ▨▨▨에게 묻지 않기로 합니다.

2023년 5월 25일

확인자 : 이 ▨▨▨ (인)

446

1억원이 상승했을 때를 가정해 보자. 매도자 입장에서는 받은 계약금의 배액을 상환해 주더라도 5,000만원이 남기 때문에 계약의 해제를 심각하게 고려할 수 있다. 그러므로 이런 경우를 대비해서 부동산 상승기에는 최대한 중도금 날짜를 짧게 잡는 것이 좋다.

또한 특약사항란에 '중도금지급일 전이라도 매수자가 원할 경우 미리 중도금을 매도자에게 지급할 수 있다.'라는 문구를 넣어두는 것이 좋다.

잔금 일정 잡을 때는 6월 1일을 기억할 것!

무언가를 사고팔 때에는 계약만 잘했다고 끝나는 것이 아니라 마무리까지 모두 잘 맞추어야 한다. 부동산 매매도 마찬가지다. 잔금 날짜만 잘 잡아도 절세할 수 있고, 매매가격을 더 깎을 수도 있다.

매수자와 매도자에게 6월 1일은 굉장히 중요하다. 왜냐하면 부동산 보유세(재산세, 종합부동산세)의 납부 의무자를 등기사항증명서상 매년 6월 1일자 소유자로 정하고 있기 때문이다. 기준일은 계약일이 아니라 '잔금일'(실제 등기를 넘겨받은 날)을 의미하므로 매수자는 소유권이전등기일을 6월 1일 이후로 하는 것이 좋다. 만약 6월 1일 이전으로 소유권이전등기를 했다면, 소유자가 된 지 단 며칠밖에 되지 않았지만 해당 부동산과 관련된 보유세의 1년분 모두를 부담해야 한다.

그러므로 잔금일은 매수자는 6월 1일 이후로, 매도자는 6월 1일 이전으로 잡는 것이 1년치 세금을 절세하는 방법이다.

매도자의 희망 잔금 날짜가 있다면 협상카드로 활용하자!

잔금일은 매도자와 매수자의 조율에 따라 정해지는 것이 일반적인데, 간혹 매도자가 계약조건으로 잔금일을 지정하길 원하는 경우가 있다. 이럴 때는 보통 '세금 관련 문제'가 있거나 '이사 갈 집을 미리 계약해 놓은 상태'일 것이다.

첫 번째 '세금 관련 문제'를 살펴보자. 가장 부담이 큰 세금은 양도소득세다. 매도자가 양도세 비과세 혜택을 받기 위해 정해진 날짜까지 집을 팔아야 하는 경우다. 매도자는 정해진 날짜 안에 잔금이 진행되어야 하기 때문에 매매가를 더 받는 것보다 날짜를 맞추는 것에 더 비중을 두고 계약을 진행하게 된다.

두 번째 '이사 갈 집을 미리 계약'해 놓았다면 매도자가 희망 잔금 날짜를 못 박아놓기도 한다. 자신의 집이 팔리지 않은 상태에서 마음에 드는 매물이 있어 미리 계약해 놓았을 확률이 높다. 잔금 날짜는 점점 다가오는데 자신이 살고 있는 집이 팔리지 않을 때의 초조함은, 겪어보지 못한 사람은 모른다.

위 두 경우 매도자의 입장에서는 정해진 날짜 안에 잔금이 진행되어야만 한다. 매도자에게는 그 날짜가 굉장히 중요하고 의미가 있기 때문에 매수자의 입장에서는 그걸 무기로 금액 또는 조건 등을 조율해 볼 수 있다. 그러므로 매수자는 매도자가 잔금 날짜가 정해져 있다고 할 때 그냥 흘려듣지 말고 그 이유를 알아내서 협상카드로 사용하는 것도 방법이다.

매매 계약금, 꼭 10%가 아니어도 괜찮다!

계약금은 업계 관행상 10%인 것이지, 법으로 규정된 것은 아니다. 즉 계약 당사자 간의 합의만 된다면 계약금으로 10% 미만을 지급하여도 무방하다. 일반적으로 매매대금을 지급하는 비율은 계약금(계약 체결의 증거) 10%, 중도금(계약 이행의 착수) 40%, 잔금(계약 이행의 완료) 50% 정도로 하는 것이 일반적이다.

비율 또한 법으로 규정되어 있는 것이 아니므로 매도자와 매수자가 조율해서 정하기 나름이다. 또한, 해당 부동산에 대출이 실행되어 있거나 임대보증금이 있다면 그 금액을 고려해서 중도금의 비율을 줄이고 잔금의 비율을 높이는 것이 매수인에게 안전하다.

087

큰돈 오고가는 중도금과 잔금, 제대로 치르려면?

중도금 – 계약일 1개월 이내 지급

중도금은 계약일로부터 1개월 이내에, 매도자 계좌로 온라인 이체를 하는 경우가 많다. 중도금을 입금하기 전, 매수자는 등기사항증명서를 열람해 보고 권리사항에 변동이 없는지를 확인해 봐야 한다(115쪽 참고).

변동사항이 없으면 예정대로 매도자 계좌로 중도금을 이체하면 된다. 온라인 이체내역이 있기 때문에 별도의 영수증은 필요 없으나 잔금을 치를 때 잔금영수증과 함께 중도금영수증을 받아놓는 것이 좋다.

잔금 – 2~3일 전 이체한도 확인 필수!

매매계약의 마무리인 잔금일에는 중요서류와 큰 액수의 돈이 오고가는 날이므로 사전에 꼼꼼하게 준비해서 실수가 없도록 해야 한다.

잔금 2~3일 전, 매수자는 자신의 '1일 이체한도'와 '1회 이체한도'를 확인해 보고 필요하다면 한도를 증액해 놓아야 한다. 그리고 주민센터에 방문해서 필요한 서류(매수자 본인의 '주민등록등본'과 '가족관계증명서')를 발급받아 놓는다.

잔금 당일에는 약속시간 30분 전에 미리 도착해서 매도자에게 양해를 구하고 주택의 내부 상태를 다시 한 번 확인하는 게 좋다. 혹시나 파손된 부분은 없는지 또는 계약 때와 달라진 부분은 없는지를 전체적으로 체크하는 것이다.

약속시간이 되면 법무사* 입회하에 잔금을 진행한다. 법무사가 필요서류를 이상 없이 다 받았다고 하면, 잔금을 매도자의 계좌로 이체하면 된다.

만약, 주택에 근저당권이 설정되어 있다면 매도자, 매수자, 공인중개사 3자가 은행에 직접 방문해서 당일까지의 대출원금, 이자, 중도상환수수료, (근저당권)말소비용 등을 상환하고 나머지 잔액을 매도자에게 이체한다. 이때 '대출금상환영수증'과 '근저당권말소비 영수증'은 은행직원에게 복사해 달라고 해서 사본을 받아두면 된다. 복사가 여의치 않을 때에는 사진을 찍어놓아도 된다.

잔금 시간은 오전으로 잡는 것이 좋다. 그래야 법무사가 등기를 접수하는 데 시간 부담이 없다. 잔금 시간을 오후 4~5시로 잡은 경우, 법무사가 6시까지 등기소에 등기를 접수하지 못하면 다음 날 접수하게 된다.

잔금 시 필요서류

매 도 인	등기필정보(등기권리증), 인감도장, 매도용 인감증명서, 주민등록등초본(주소이력)
매 수 인	계약서, 도장, 주민등록등본,** 가족관계증명서

- 법무사가 직접 나오지 않고 직원이 대신 나오는 경우가 대부분이다.
- ●● 매수인이 매매계약서를 작성한 후 잔금 전에 주민등록상의 주소가 달라졌을 경우, 등본이 아닌 초본(주소이력)을 준비해야 한다. 또한 부부공동명의라면 각각 1통씩 준비해야 한다.

집문서를 분실했을 때 어떻게 해야 하나요?

1 | 집문서란?

토지 또는 주택 등과 같은 부동산을 매매할 때 매도자는 잔금과 동시에 소유권이전에 필요한 서류를 매수자에게 건네주어야 한다. 이때 가장 중요한 서류 중 하나가 집문서인 등기권리증이다. 부동산을 취득하게 되면 일반적으로 오랫동안 보유하는 경우가 많다. 그래서 우리가 흔히 '땅문서', '집문서'라고 말하는 등기권리증(등기필정보)을 분실하거나 어디에 놓아두었는지 모르는 경우가 의외로 많다. 그래서 여기에서는 등기권리증을 분실했을 경우 어떻게 대처해야 하는지에 대해서 알아보겠다.

2 | 분실했을 때 재발급이 안 된다!

'부동산등기법'에서 '등기권리증'은 재발급이 불가능한 것으로 규정하고 있다. 그 이유는 부동산의 소유자임을 증명하는 중요한 문서가 여러 번 발급된다면 문서도용이나 부동산사기 같은 범죄에 악용될 소지가 발생할 수 있기 때문에 최초 단 한 번만 발급이 가능하다. 단, 새로운 매매거래로 소유자가 변경되면 재발급이 아니라 새롭게 '신규발급'을 받게 된다.

3 | 분실했을 때 대처할 수 있는 방법 3가지

'등기권리증'을 분실했을 때 우리는 어떻게 대처할 수 있을까? 분실하였을 경우 대처방법은 '확인서면', '확인조서', '공증'을 받는 방법이 있다. 이 3가지 중에서 한 가지를 발급받으면 동일한 효력을 인정받을 수 있다. 그러므로 분실했다 해서 걱정할 필요는 없다. 단, 이런 방법으로 발급받은 서류는 '등기권리증'과 달리 1회성으로만 사용이 가능하다.

① 확인서면

가장 많이 사용되는 방법이다. 잔금일에 법무사가 소유자(매도자)의 신분증과 대면 등의 방식으로 소유자임을 확인하고 서면에 우무인(오른손 엄지손가락 지장)을 찍게 해서 작성해 주는 서류다.

② 확인조서

매도자와 매수자가 함께 관할소재지의 등기소를 직접 방문해서 등기관으로부터 등기의무자(매도자) 본인임을 확인받은 뒤 발급받는 서류를 말한다. 비용이 발생하지 않지만, 두 당사자가 직접 등기소에 방문해야 한다는 점과 준비해야 할 서류가 많다는 번거로움이 있다.

등기권리증(등기필 정보)　　　　확인서면

③ 공증

법무부에서 공증인으로 인허가를 받은 공증전문사무소(주로 변호사사무소)에서 소유자 본인임을 인증(공증)받는 방법이다.

이때 매도자가 직접 공증사무소에 방문하여 동일인임을 인증받아야 하므로 잔금일 전에 미리 가서 서류를 받아야 하는 번거로움이 있다.● 비용도 가장 많이 들어간다.

요약정리

	확인서면	확인조서	공증
작성자	법무사	등기관	공증인(변호사)
절차	법무사가 잔금 시에 매도자를 대면하여 작성함(가장 보편적으로 많이 사용되는 방법)	매도자와 매수자가 반드시 관할등기소에 함께 방문해야 함	잔금일 전에 미리 등기의무자(매도자)가 공증사무소에 방문해서 소유자 본인임을 인증(공증)받아야 함
비용	5만~10만원	무료	공증수수료규칙에 의거(비쌈)

● 등기권리증을 대신할 용도로 공증을 받을 때에는 대리인이 대신해서 공증을 받을 수 없으므로 반드시 매도자(등기의무자) 본인이 직접 방문해서 받아야 한다.

088

들쭉날쭉 법무사 등기비용,
어떻게 협상할까?

매수자가 부담하는 법무사의 등기비용
2~3군데에서 견적서를 받아보자!

매매계약을 체결하면 보통 잔금일에 소유권이전등기를 동시에 진행하게 된다. 이때 법무사를 통해서 등기업무를 진행하고, 비용을 매수자가 부담하는 것이 일반적이다. 부동산중개사무소에서 법무사를 소개해 주기도 하고, 원하는 법무사가 따로 있다면 해당 법무사에게 직접 의뢰하면 된다.

법무사에게 등기업무를 의뢰하기 전 견적서를 요청하면 메일, 문자 등으로 받아볼 수 있다. 2~3곳 정도 견적서를 받아 비교해 보는 것이 좋다.

법무사 견적 내역을 알면 협상 준비 완료!

견적서에는 항목이 굉장히 다양하고 많기 때문에 경험이 많지 않다면 가격이 비싼 건지 아니면 적당한 건지 판단하기가 어렵다. 다음 사진을 기준으로 최대한 간단하게 설명해 보겠다.

일단, 취득세, 교육세, 농특세, 인지, 국민주택채권은 주로 세금과 관련된 것들이므로 법무사와는 크게 상관이 없다. 즉 법무사가 과다 청구할 수 있는 항목들이 아니기 때문에 견적이 싸다, 비싸다를 논할 수 없다. 단, 일부 비양심적인 법무사 중에 국민주택채권을 가지고 과다 청구하는 경우가 가끔 있다.

■■■■ 법무사합동사무소				14:46:53	
전화	02) 716-■■■■		팩스		02) 716-■■■■
주소	서울특별시 마포구 ■■■■■■■■■				

비용내역서		접 수	완 료	교 부
사건명	매매	진행담당자	서■	
의뢰인	■■■	전화번호		
		팩스		
의뢰담당자		담당자휴대폰		
상대방		제 출 처		
부동산표시	서울시 서대문구 ■■■■■			
의뢰가액	과세표준액 1,540,000,000원			
	시가표준액 492,000,000원			
	채권할인율 1.0622% 적용 (매입시 매입금액 12,790,000원)			

공과금		보수액	
취득세	46,200,000	기본보수	1,174,000
교육세	4,620,000	확인서면	0
농특세	3,080,000	원인증서작성	40,000
등기신청수수료	30,000	검인/부동산거래신고	0
인지	350,000	지방세신고대행	40,000
국민주택채권	135,850	채권매입대행	40,000
등본등제 증명	7,200	허가술녹서류작성	0
		기타업무대행	0
		교통비	50,000
		일당	70,000
공과금소계①	54,423,050	보수액소계②	1,414,000
		부가가치세③	141,400
공과보수 합계(①+②+③)			55,978,450

> 인지, 국민주택채권 등 공과금을 제외한 항목은 모두 법무사수수료이므로 어느 정도 협상이 가능하다.

비용 1 | 국민주택채권 - 가끔 과다 청구하는 경우 있음

이 항목은 정부에서 국민주택사업 및 건설에 필요한 자금을 조달하기 위해 발행한 국채를 말한다. 부동산 매수 시 몇 가지 예외를 제외하고는 의무적으로 매입해야 하는 채권으로, 같은 매매금액이라 하더라도 부동산의 종류에 따라 채권 매입금액이 달라진다.

매입한 국민주택채권을 5년간 보유하면서 일정한 이자를 지급받는 것이 원칙이지만 예외적으로 매입과 동시에 약간의 손해를 보고 매도도 가능하다. 즉 자금이 여유가 된다면 채권을 보유하면서 이자를 받을 수도 있고, 그렇지 않다면 국민주택채권을 매입하는 대신 본인부담금을 지급하는 것을 선택할 수 있다. 이를 '국민주택채권의 할인율'이라고 한다. 대부분의 사람들이 채권을 5년간 보유하기보다는 약간의 손실을 보더라도 할인율을 적용하여 바로 매도한다. 그러므로 실무에서 흔히 채권비용이라고 말하는 것은 손해 보는 할인율을 말하는 것이다.

그런데 국민주택채권의 할인율은 상황에 따라 거의 매일 바뀌기 때문에 정확한 채권할인금액은 등기신청 당일이 되어야 알 수 있다. 그래서 금액에 변동이 생길 수 있는데, 이런 틈을 이용해서 채권할인금액을 과다하게 청구하는 법무사가 있다.

그러나 요즘 대부분의 법무사들은 등기가 완료되면 매수자에게 주는 등기필정보(구 등기권리증)에 소유권이전등기와 관련된 영수증을 모두 첨부해서 준다. 이때 국민주택채권 영수증도 함께 첨부해 주기 때문에 서로 믿고 거래하게 된다. 만약 그래도 신뢰가 가지 않는다면 잔금 때 '채권영수증도 함께 챙겨주세요!'라고 말해 놓으면 된다.

비용 2 | 법무사의 보수(수수료) - 협상 가능

다시 본론으로 돌아가 보자. 견적서 중 취득세, 교육세, 농특세, 인지, 국민주택채권을 제외한 나머지 항목들은 법무사의 보수(수수료)라고 보아도 무방하다. 모두 절충이 가능한 항목들이다. 455쪽 견적서는 저자가 중개했던 주택의 것인데, 부가세를 제외한 '보수액소계'가 1,414,000원으로 되어 있지만 실제로 지급한 금액은 750,000원이었다.

최근 법무사 비용을 아끼기 위해 셀프등기를 하기도 한다. 셀프등기는 12억원 미만의 주택이라면 비용적인 면에서 효과가 있지만 12억원이 초과하는 주택에는 추천하지 않는다. 매매가가 12억원을 초과하면 매도 시 양도소득세 비과세 혜택을 받을 수 없다. 양도소득세를 낼 때에는 등기 관련 세금 및 법무사보수가 '필요경비'로 인정되어 모두 비용처리된다(필요경비에 대한 내용은 498쪽 참고). 그러므로 경험상 한 번 정도 해보는 것은 괜찮겠지만, 무작정 비용을 아끼기 위한 목적이라면 추천하지 않는다.

비용 3 | 인지세 - 이미 정해져 있음

인지세란 부동산의 소유권이전등기 또는 주택담보대출을 받아 (근)저당권을 설정할 때 납부하는 세금을 말한다. 즉 재산의 권리이전이나 변동이 생겼을 때 등기 신청 시에 부과되는 세금이다. 인지세는 거래금액에 따라 다음의 표와 같이 정액으로 금액이 정해져 있다.

인지세 정액표

거래금액(매매가)	세액
1,000만원 이하	면제
1,000만원 초과 ~ 3,000만원 이하	2만원
3,000만원 초과 ~ 5,000만원 이하	4만원
5,000만원 초과 ~ 1억원 이하	7만원
1억원 초과 ~ 10억원 이하	15만원
10억원 초과	35만원

089

최대 2배 차이! 이사비 가장 싼 날은?

(feat. 손 없는 날)

이삿날 정하는 '손 없는 날'이란?

어른들이 집안 대소사의 날짜를 정할 때, 달력을 보고 '손 없는 날'로 정하곤 했다. 이삿날을 정하는 것도 예외가 아니다.

여기서 말하는 '손'은 날 수에 따라 동·서·남·북 4방위로 돌아다니면서 사람의 활동을 방해하고 사람에게 해코지한다는 악귀 또는 악신을 뜻한다. 손 있는 날은 귀신이나 악귀가 활동하는 날로 사람들에게 손해를 입히거나, 훼방을 놓는다고 생각해서 이사, 결혼, 개업 등 주요 대소사를 치르는 것을 꺼리게 되었다.

'손 없는 날'은 어느 방향에도 악귀가 활동하지 않는다고 해 이날을 귀일로 생각한다. 그럼 '손 없는 날' 음력 날짜는 언제일까?

원래는 손 없는 날을 정하는 원리는 매우 복잡했다고 한다. 하지만 점점 간소화되면서 음력으로 9일이나 10일로 끝나는 날이 되었다.

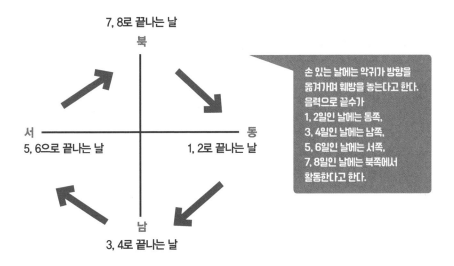

7, 8로 끝나는 날
북

서
5, 6으로 끝나는 날

동
1, 2로 끝나는 날

남

3, 4로 끝나는 날

손 있는 날에는 악귀가 방향을
옮겨가며 훼방을 놓는다고 한다.
음력으로 끝수가
1, 2일인 날에는 동쪽,
3, 4일인 날에는 남쪽,
5, 6일인 날에는 서쪽,
7, 8일인 날에는 북쪽에서
활동한다고 한다.

2배 비싼 손 없는 날!
이사 극성수기를 피하는 것도 방법

손 없는 날은 조선시대 병자호란과 임진왜란을 거치면서 삶의 안정을 희망하는 민심을 타고 급속히 퍼졌다고 한다. 아직도 그 생각이 이어지고 있는 이유는 아마도 일상의 모든 크고 작은 일에 신중하기 위함일 것이다. 무엇보다 현 세대와 후손들이 복을 받고 잘살기를 바라는 소박한 바람에서 기인한 것이라 생각한다.

과학적 근거가 없는 믿음에 불과한데 이로 인해 치러야 할 경제적 비용이 너무 크다. 그 대표적인 예가 바로 이삿날이다. 현재에도 상당히 많은 사람들이 '손 없는 날'에 이사하는 것을 원한다. 그래서 이삿날을 '손 없는 날'로 잡으려면 더 비싼 비용을 지불해야 한다.

일반적으로 이사비용은 ① 손 없는 날+금, 토요일 > ② 손 없는 날+일요일, 평일 > ③ 손 있는 날+금, 토요일 > ④ 손 있는 날+평일 순이다.

이사비 가장 비싼 날 vs 가장 저렴한 날

가장 비싼 날	가장 저렴한 날
성수기(극성수기 2월, 성수기 7~8월)이면서 손 없는 날 + 금요일	비수기(3~6월, 9~12월)이면서 손 있는 날 + 월-목요일

다음 사진처럼 5, 6, 15, 16일이 모두 손 없는 날이다. 같은 손 없는 날이지만, 이 중에서도 '16일 금요일의 손 없는 날'이 가장 이사비가 비싸다. 특히 이사 극성수기인 2월이라면 비수기 평일 이사에 비해 거의 2배에 가까운 비용을 지불해야 한다.

'손'이 없고 있고에 따라서 이사비는 상당히 많이 차이가 나지만 이사서비스의 품질에는 별다른 차이가 없다. 오히려 '손 있는 날 + 평일'에는 이사 수요가 다른 날에 비해 적어 상대적으로 좋은 품질의 서비스를 받을 수도 있다.

개인적인 생각이지만 굳이 '손 없는 날'을 고집하기보다는 가족의 일정을 참조하여 이사하는 날을 잡는 것이 더 바람직하지 않을까라는 생각이 든다.

090

손해 보지 않는 인테리어 5단계

초보자도 할 수 있다! 성공 인테리어 5단계

아파트에 입주하면서 자신의 취향과 개성에 맞게 인테리어를 다시 하는 사람이 늘어나고 있다. 지어진 지 10년 이상 된 아파트를 자가로 구입해서 입주를 계획하는 사람이라면 한번쯤 인테리어를 생각하게 된다.

인테리어 전 과정 체크리스트

항목	YES
❶ 공사 범위 및 예산 정하기	√
❷ 견적받기	√
❸ 인테리어 업체 선정하기	√
❹ 계약서 작성하기	√
❺ 비용 지급하기	√

잡지에 소개된 집처럼 세련되고 개성 있게 고치고 싶지만, 인테리어에 대한 경험과 지식이 부족하고 예산이 한정되어 공사 시작 전부터 막막하다. 그래서 초보자도 큰 실수 없이 인테리어를 할 수 있는 방법을 5단계로 정리해 보았다.

❶ 공사 범위 및 예산 정하기

무작정 업체에 방문해서 인테리어 상담을 받는 사람도 있다. 하지만 이렇게 계획 없이 견적을 받기보다는 '어느 부분을 어떻게 고칠 것인지'를 미리 생각해 보고 방문하는 것이 좋다. 전체 수리를 할지 아니면 부분 수리를 할지 결정한 다음, 원하는 스타일을 생각해 봐야 한다.

먼저 수리할 부분을 항목별로 리스트를 만들어 보는 것이 필요하다. 리스트에는 자신이 생각하는 콘셉트 및 예산을 각각의 항목별로 구체적으로 적는다. 예상했던 것보다 비용이 오버되는 경우가 많기 때문에 공사 범위, 콘셉트 및 예산계획을 정확하게 세우는 것이 중요하다.

❷ 견적받기

적어도 3곳 이상의 다른 업체에서 견적을 받아 가격을 비교해 봐야 감을 잡을 수 있다. 5곳이 넘어가면 중복되는 내용이 많고 오히려 결정을 늦게 만들 수 있어 일반적으로 3곳 이상 5곳 이내에서 받아보는 것이 무난하다.

견적을 받을 때에는 반드시 실제 공사할 현장에 방문해서 실측이 이루어져야 한다. 간혹 해당 아파트단지에 공사 경험이 많다는 이유 등으로 현장 방문을 생략하고 견적을 내려는 업체가 있는데, 이런 업체는 과감하게 패스하는 것이 좋다. 아무리 같은 단지, 같은 구조의 아파트라 하더라도 각각의 집마다 공사 여건과 환경 등이 달라질 수 있기 때문이다.

가격은 유독 저렴한 업체와 비싼 업체는 피하고 중간 이상의 가격을 제시한 업체로 하는 것이 좋다.

❸ 인테리어 업체 선정하기

인테리어 업체는 믿을 만한지(공사 경험과 A/S), 의뢰인의 의견을 잘 반영해 주는지 등을 중점적으로 살펴본다. 5개 업체에서 견적을 받았다면 그중 2~3곳을 추려서 최종 결정을 하면 된다.

계약서를 작성하기 전에 지역 맘카페에 글을 올려 인테리어 업체에 대한 평판과 반응, 공사후기 등을 댓글로 살펴보는 것도 좋다. 단, 인테리어 업체에 대한 질문을 올릴 때에는 상호명을 직접적으로 노출하는 것은 피해야 한다. 의도치 않게 업체에 대한 악플이 달려 민원을 받을 수도 있기 때문이다. '목동3단지 가나인테리어'라면, 맘카페에는 '목동3단지 가ㅇ인테리어' 또는 '목동3단지 가ㄴ인테리어' 정도로 올린다. 온전한 상호명이 아니어도 같은 지역 사람들은 어느 업체인지 다 알기 때문에 조언의 댓글을 받을 수 있다.

또한 업체의 대표가 실제 공사에 어느 정도 관여하는지도 중요하다. 일부 업체에서는 견적 및 전체적인 일정만 관리하고 모든 공사와 감독을 하청업체에 맡기기도 한다. 물론 인테리어 업체의 대표가 모든 공정의 기술자가 아니기 때문에 항목별로 하청을 주는 것은 당연하다. 하지만 현장은 늘 대표나 담당직원이 직접 관리·감독하면서 부분적이라도 공사에 직접 참여하고 있어야 한다. 대표가 현장을 직접 관리·감독하는 업체일수록 공사의 만족도도 높고 A/S도 빠른 편이다.

❹ 계약서 작성하기

계약서를 작성할 때에는 각 항목별 '세부내역서'도 포함되어 있어야 한다. 전체 공사금액뿐만 아니라 각 항목별 세부금액과 어떠한 자재로 시공되는지 기재해야 한다.

가끔 '싱크대 상급으로 시공', '전등 LED로 시공' 등과 같이 두루뭉술하게 내역서를 작성하기도 한다. 고객이 생각한 수준 이상으로 시공이 되는 경우도 있지만 반대로 그 이하의 제품으로 시공이 될 수도 있기 때문에 분쟁의 소지가 다분하다. 그러므로 반드시 계약서 작성 시, 공사 항목별로 세분화하여 꼼꼼하게 작성한 내역서가 첨부되어야 한다.

예를 들어 '욕실공사'라는 항목이 있을 때 단순히 '욕실 전체공사 400만원'이라고 적으면 안 된다. '바닥방수재시공 45만원, 타일시공(벽면 250×400, 바닥 200×200) 160만원, 변기(대림,모델 No.○○) 30만원…, 합계 400만원'과 같이 세부적으로 항목별 금액과 제품의 사이즈 또는 모델번호까지 기재해야 한다.

또한 '공사기간', 'A/S 기간 및 범위', '추가비용' 등의 내용이 반드시 포함되어야 한다. 특히 추가비용에는 공사현장 여건상 불가피하게 추가로 발생하는 경우와 의뢰인의 요구사항이나 변경사항으로 인해 추가로 발생하는 경우를 나누어 상황별로 어떻게 비용을 처리할지를 명확하게 기재하는 것이 좋다. 세부내역서를 포함한 계약서는 2부 작성하여 각각 1부씩 보관하고 있어야 한다.

계약서를 작성할 때에는 너무하다는 생각이 들 정도로 꼼꼼하게 작성하는 것이 좋다. 분쟁의 소지가 그만큼 줄어들기 때문이다.

상기 표시된 가격은 2023년 기준이며, 선택하는 자재에 따라 가격이 달라질 수 있다.

일반적인 인테리어 비용(새시, 발코니 확장 별도)

임대용	중급(일반)	상급	고급
평당 ±100만원	평당 120~150만원	평당 180~250만원	평당 350만원 이상

주요 항목별 예상 인테리어 공사비용(예시)

(단위 : 만원)

항목	20평형대	30평형대	비고
싱크대	중급 200~250 브랜드(한샘) 270~300	중급 300~350 브랜드(한샘) 400 이상	후드, 가스레인지 3구, 대리석 상판, 냉장고장(틀) 포함
욕실	거실욕실 350~450, 안방욕실 300~350		바닥방수 재시공, 젠다이 설치
도배	합지 130~150 실크 180~200	합지 160~180 실크 230~300	
바닥	장판(두께 2.7t~3t) 평당 7~8.5 마루재질(강마루) 평당 12~16		바닥평수 20평형대 18평 + 확장면적 30평형대 25.7평 + 확장면적
새시	중급(KCC) 1,000~1,200 상급(LG) 1,200~1,400	중급(KCC) 1,200~1,500 상급(LG) 1,500~1,700	20평형대 복도식 중급 1,000~1100, 상급 1,100~1,300
확장공사	거실 400~500 방 300~400	거실 500~600 방 350~400	단열, 창문(틀) 교체, 바닥(설비) 난방 포함
철거	싱크대 ±30, 몰딩(천정, 바닥) 40~50, 욕실 40~60, 폐기물 1t 차량 1대당 50~60		
문/문틀 교체	세트(문/문틀 포함)당 ±50		문턱 제거 개당 3~5만원 별도
타일시공	주방 평당 12~15, 현관 평당 15~18, 발코니 평당 5~8		20평형대 'ㅡ'자 주방 1.5~2평 'ㄱ'자 주방 3평 30평형대 'ㄱ'자 주방 3~4평
신발장/ 붙박이장	신발장 50~70, 붙박이장(10~12자) 140~200		중급 기준
준공청소	평당 1.3~1.5		(예) 34평형 = 44~50만원

❺ 비용 지급하기

일반적으로 전체 공사비의 10~20% 정도의 계약금을 계약서 작성 시 지급한다.

중도금은 한번에 50~60%를 지급하는 경우가 있고, 1차와 2차로 나누어 지급하는 경우도 있다. 한번에 낼 때는 대개 철거공사가 완료되고 본격적으로 인테리어 공사가 진행될 때 지급한다. 중도금을 나누어 낼 때는 철거공사가 시작될 때와 공사 공정이 중간을 넘기는 시점에 지급하는 경우가 많다.

잔금 20~30%는 최종적으로 모든 공사가 완료되고 의뢰인이 현장을 점검한 후에 이상이 없을 경우 지급하면 된다.

의뢰인의 입장에서는 공사가 완료되었다고 해서 바로 잔금을 지급하기보다는 일주일 정도 후에 지급하는 것이 좋다. 눈에 바로 보이는 하자도 있지만, 실제 사용했을 때 나타나는 하자도 있기 때문이다. 그러므로 며칠 생활을 해보면서 점검 및 확인을 꼼꼼하게 한 후에 잔금을 지급하도록 한다.

일반적으로 20~30평형대 아파트 부분 수리의 경우 공사기간이 2~3주 정도 소요된다.
전체 수리(새시 교체, 바닥, 보일러배관, 발코니 확장 등)의 경우에는 공사기간이 3~4주 정도 소요된다.

인테리어 비용, 양도소득세로 털어 버리자!

전체 공사금액에는 부가세(VAT) 별도 여부를 확인해야 한다. 나중에 해당 주택을 매도할 때 양도소득세가 비과세라면 굳이 부가세를 끊을 필요가 없다. 그러나 다주택자이거나 혹은 향후 양도가액이 12억원 초과로 양도소득세 부과가 예상될 경우 부가세 10%를 지급하고 영수증을 발급받아 놓는 것이 좋다.

양도소득세 계산 시 필요경비로 공사비를 인정받을 수 있다면, 공사비만큼의 양도차익에서 공제를 할 수 있기 때문에 양도차익이 줄어들어 절세할 수 있기 때문이다.

단, 부가세 영수증을 발급받을 때엔 품목을 양도소득세에서 필요경비로 인정받을 수 있는 공사품목(498쪽 참고)으로 발급받아야 한다.

091

본격! 인테리어 진행순서 체크하기

알고 맡겨야 호구를 면한다!
인테리어 공사 13단계 진행순서

인테리어 업체에 맡기면 모든 공정을 알아서 해 주므로 특별히 신경 쓸 일이 없다. 하지만 알고 맡기는 것과 아예 모르고 맡기는 것에는 차이가 있다. 이번 장에서는 인테리어 공사의 전체적인 진행순서에 대해서 간략하게 설명해 보겠다.

❶ 공사 준비

공사가 시작되기 1~2주 전에 아파트 관리사무소에 방문해서 공사의 범위 및 일정을 알린다. 대부분의 관리사무소에서는 해당 동의 같은 라인(혹은 동 전체)에 살고 있는 입주민 2/3 이상의 공사동의서*를 받아올 것을 요구한다.

● '공사동의서'와 '공사안내문'은 대부분 인테리어 업체에서 알아서 진행해 준다.

인테리어 공사 단계별 체크리스트

항목	YES
❶ 공사 준비	✓
❷ 공사 시작	✓
❸ 철거공사	✓
❹ 전기 및 설비공사	✓
❺ 새시 및 문틀 교체공사	✓
❻ 목공사	✓
❼ 타일공사	✓
❽ 필름지공사 및 페인트 작업	✓
❾ 도배 및 바닥공사	✓
❿ 가구공사	✓
⓫ 전등 및 전기콘센트 커버 교체시공	✓
⓬ 액세서리 설치	✓
⓭ 입주청소	✓

❷ 공사 시작

본격적인 공사를 시작하기 3~4일 전 엘리베이터, 건물 출입구 등에 공사안내문을 게시한다. 공사안내문에는 공사기간 및 공사의 범위 등을 기재한다. 공사로 인해 소음이 가장 심하게 발생하는 날(욕실 철거, 바닥 철거, 화단 철거, 발코니 확장 등)이 언제인지 함께 기재하는 것이 좋다.

❸ 철거공사

싱크대와 몰딩 철거는 크게 소음이 나지 않지만, 욕실 타일 철거와 발코니 확장으로 인한 철거작업 시에는 소음과 먼지가 많이 발생한다. 주변 입주민에게 민원이 들어올 수도 있기 때문에 사전에 충분히 양해를 구해 놓아야 하며, 너무 이른 시간과 늦은 오후 시간에 작업하는 것은 피한다.

❹ 전기 및 설비공사

싱크대의 구조를 변경하거나 욕실배관 등을 교체할 때는 설비공사가 진행된다. 거실이나 방의 발코니를 확장하는 경우, 확장되는 부분 바닥에 보일러 배관 설치공사가 진행된다.

❺ 새시 및 문틀 교체공사

발코니 확장 또는 새시 교체, 내부 문(문틀) 교체가 있을 경우, 기존의 틀을 철거한 후 새로운 틀로 교체한다. 이때 공사의 원활한 진행을 위해 틀만 먼저 설치하고 문(창문)은 공사가 어느 정도 진행된 후에 설치하게 된다.

❻ 목공사

목재 가공·조립·설치에 관한 공사를 목공사라고 한다. 목재를 써서 하는 모든 공사를 일컫는 공사용어다.

인테리어 현장에서 천장작업, 몰딩작업, 거실아트월, 중문설치 시 가벽 작업 등이 목공사로 진행된다. 이 단계에서 천장에 설치되는 전등의 위치가 최종적으로 정해지기 때문에 자신이 원하는 위치가 있다면 사전에 공사관계자에게 정확한 위치를 알려주는 것이 좋다. 발코니 확장을 위한 벽면 단열재공사도 대부분

천장 목공사를 할 때에는 전기배선 위치를 미리 알려주는 게 좋다.

이때 함께 진행된다.

❼ 타일공사

인테리어 공사에서 의외로 타일공사가 차지하는 비중이 크다. 타일공사는 현관 바닥, 싱크대 벽면, 발코니 바닥, 욕실(벽면, 바닥) 등을 동시에 진행하는 경우가 많다. 타일공사 양이 많을 경우에는 욕실만 따로 작업하기도 한다.

❽ 필름지공사 및 페인트 작업

필름지(일명 시트지)공사는 기존의 문이나 가구 등의 표면에 새로운 필름지를 입히는 작업으로 일종의 리폼이라고 생각하면 된다. 예전에는 문, 문틀 등에 페인트칠을 하는 경우가 많았는데, 최근에는 거의 대부분 필름지 작업을 한다.

필름지의 장점은 작업 후에 냄새가 없고, 색상이 다양하고 면처리가 깔끔해서 리폼의 완성도를 높일 수 있다는 것이다. 단점은 페인트에 비해 가격이 비싸다는 것이다. 최근에는 페인트 작업은 발코니 벽면에만 하는 추세다.

❾ 도배 및 바닥공사

도배와 바닥시공은 가구가 설치되기 전에 해야 일의 진행속도가 빠르고 편하다. 하지만 가구공사를 먼저 하는 경우도 있다. 싱크대 같은 가구를 먼저 설치하고 도배를 해야 가구와 벽면 또는 천장 사이의 이음새 부분을 도배지로 자연스럽게 덮어 가릴 수 있어 마감처리면에서 효과적이기 때문이다.

반대로 도배를 먼저 한 후 가구를 설치하게 되면 이음새 부분에 미세하게 틈이 생긴다. 미세한 틈을 투명 실리콘으로 마감해도 상관은 없지만 섬세한 작업 결과를 원한다면 가구 설치를 먼저 한 후에 도배 및 바닥공사를 시공하는 것이 좋다.

참고로 도배 대신 페인트로 시공하려는 경우가 있다. 페인트는 도배지에 비해 색상을 다양하게 연출할 수 있고 비용이 저렴하다는 장점이 있지만, 벽면이 고르지 않을 경우 퍼팅 작업이 병행되어야 하므로 오히려 비용이 추가될 수 있다.

❿ 가구공사

싱크대, 붙박이장, 신발장 등이 시공된다. 대부분 사전에 디자인과 사이즈 측량이 완료되어 제작된 완성품이 배송되기 때문에 설치만 하면 된다.

⓫ 전등 및 전기콘센트 커버 교체시공

전등과 콘센트 커버는 외관상 노출되는 효과가 크다. 특히 거실과 주방(식탁) 전등의 경우 디자인이나 색상에 따라 집 안의 전체적인 분위기가 달라질 수 있다. 그러므로 업체에서 임의로 골라주는 것보다는 본인의 취향에 맞는 디자인을 직접 선택하는 것이 좋다.

⓬ 액세서리 설치

발코니 천장의 빨래건조대, 문 손잡이(실린더), 욕실 액세서리(선반, 휴지걸이, 수건걸이 등), 방충망 등을 설치하면서 공사관계자가 모든 공사일정을 마무리한다. 이때 커튼 설치를 위한 커튼봉 시공, 액자를 걸기 위한 못질, 인테리어 선반 설치 등

커튼봉, 액자용 못, 선반 등을 계획한 게 있다면 이때 요청하자. 거의 대부분 서비스로 해 줄 것이다.

이 필요할 경우 부탁하면 거의 대부분 서비스로 해 준다.

⑬ 입주청소

찌든 때는 없지만 먼지가 많기 때문에 입주청소를 해야 한다. 닦기를 수차례 반복해도 계속해서 먼지가 나오고 생각보다 청소가 쉽지 않다. 그러므로 비용이 들더라도 웬만하면 청소전문가에게 입주청소를 맡기는 것이 효율적이다.

매일 현장에 방문해서 진행사항 체크하는 건 필수!

공사가 진행되는 기간 동안 바쁘더라도 매일 현장에 방문해 보는 것이 좋다. 의뢰인이 현장에 자주 방문하면 일하는 사람들이 부담스러워할 수도 있기 때문에 아무도 없는 저녁시간에 방문하는 것을 추천한다. 그날그날 진행사항들을 체크하면서 계약내용과 다르게 시공된 것이 있거나 수정 또는 보완 사항이 있을 경우 업체대표(또는 현장담당자)에게 바로 이야기하는 것이 좋다. 공사일정 또는 물리적인 상황 때문에 수정사항을 반영해 주지 못할 경우가 생길 수도 있기 때문에 미루지 말고 그때마다 바로 말하고 의견을 조율하는 것이 좋다.

092

주택을 샀다면 - '취득세'

부동산을 사면 내는 취득세는 60일 이내 납부!

취득세란 토지, 건축물, 차량, 기계장비, 항공기, 선박, 광업권, 어업권, 골프 회원권, 콘도미니엄 회원권 등 일정 자산을 취득할 경우 당해 취득 물건의 소재지 시·도에서 그 취득자에게 부과하는 세금으로, 대표적인 지방세다.

부동산을 취득하는 사람이라면 반드시 취득세를 내야 하고, 잔금을 치르고 60일 이내에 납부해야 한다. 그러나 소유권이전등기를 신청하기 위해서는 '취득세 납부 영수증'이 첨부되어야 하기 때문에 대부분 잔금일에 소유권이전등기를 신청하면서 납부한다.

만약 소유권이전등기 신청을 법무사에게 위임하면 법무사가 납부해야 할 취득세액을 알려줄 것이다. 직접 등기를 신청하지 않더라도 사전에 대략적인 비용을 준비하기 위해서는 최소한 본인이 납부해야 하는 취득세 정도는 계산할 줄 알아야 한다.

주택 취득세는 매매가 6억원, 9억원 단위로 차등 적용

과세표준은 취득 당시의 매매가액을 원칙으로 한다. 신고가액이 없거나 신고가액이 시가표준액에 미달할 때에는 시가표준액으로 한다.

주택의 취득세율은 취득가액(즉 매매가)을 기준으로 '6억원 이하', '6억원 초과~9억원 이하', '9억원 초과', '1가구 2주택', '1가구 3주택 이상', '법인'으로 크게 6가지로 나뉘어 있다.

주택 취득세율 총정리

주택 기준	면적	취득세율	지방교육세	농어촌특별세	세율 합계
❶ 6억원 이하	85㎡ 이하	1%	0.1%	-	1.1%
	85㎡ 초과			0.2%	1.3%
❷ 6억원 초과~ 9억원 이하	85㎡ 이하	1~3%	0.1~0.3%	-	1.1~3.3%
	85㎡ 초과			0.2%	1.3~3.5%
❸ 9억원 초과	85㎡ 이하	3%	0.3%	-	3.3%
	85㎡ 초과			0.2%	3.5%
❹ 1가구 2주택 (비규제지역 3주택)	85㎡ 이하	8%	0.4%	-	8.4%
	85㎡ 초과			0.6%	9%
❺ 1가구 3주택 이상 (비규제지역 4주택 이상)	85㎡ 이하	12%	0.4%	-	12.4%
	85㎡ 초과			1%	13.4%
❻ 법인	85㎡ 이하	12%	0.4%	-	12.4%
	85㎡ 초과			1%	13.4%

❶ 취득가액 6억원 이하 취득세는 1%

취득가액이 6억원 이하일 때에 취득세는 1%이다. 여기에 지방교육세가 0.1% 붙는다. 그리고 주택의 전용면적(대지면적과는 상관없음)이 85㎡를 초과할 경우 농어촌특별세가 0.2% 추가로 붙는다. 전용면적이 85㎡ 이하일 때에는 농어촌특별세가 부과되지 않는다.

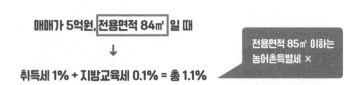

❷ 취득가액 6억원 초과~9억원 이하 취득세는 차등세율

기존에는 취득세가 2%로 단일세율이었으나 2020년 1월부터는 1~3%로 차등세율이 적용된다. 6억원 초과~7.5억원 이하는 1~2%, 7.5억 초과~9억원 이하는 2~3%다. 즉 취득가액이 6억원에 가까울수록 1%에 가까워지고 반대로 9억원에 가까울수록 3%에 가까워진다.

참고로 취득가액이 7억 5,000만원이라면 6억원 초과~9억원 이하 구간의 중간에 있기 때문에 개정 전과 마찬가지로 2%의 세율이 적용된다. 7억 5,000만원 이하면 취득세가 줄어들고, 이와는 반대로 7억 5,000만원을 초과하는 주택은 기존보다 더 많은 취득세를 납부해야 하는 구조로 개정된 것이다.

취득가액이 6억원 초과~9억원 이하인 주택도 전용면적이 85㎡를 초과하는 경우에는 농어촌특별세가 0.2% 추가로 붙는다.

6억~9억원 구간 주택 유상거래 취득세율표(3주택 이하)

(단위 : %, 만원)

취득가	세율	세액	취득가	세율	세액
60,000	1.00	600	76,000	2.07	1,573
61,000	1.07	653	77,000	2.13	1,640
62,000	1.13	701	78,000	2.20	1,716
63,000	1.20	756	79,000	2.27	1,793
64,000	1.27	813	80,000	2.33	1,864
65,000	1.33	865	81,000	2.40	1,944
66,000	1.40	924	82,000	2.47	2,025
67,000	1.47	985	83,000	2.53	2,100
68,000	1.53	1,040	84,000	2.60	2,184
69,000	1.60	1,104	85,000	2.67	2,270
70,000	1.67	1,169	86,000	2.73	2,348
71,000	1.73	1,228	87,000	2.80	2,436
72,000	1.80	1,296	88,000	2.87	2,526
73,000	1.87	1,365	89,000	2.93	2,608
74,000	1.93	1,428	90,000	3.00	2,700
75,000	2.00	1,500			

출처 : 행정안전부

매매가 9억원, 전용면적 90㎡ 일 때

↓

취득세 3% + 지방교육세 0.3% + 농어촌특별세 0.2% = 총 3.5%

❸ 9억원 초과

취득가액이 9억원 초과일 때 취득세는 3%이다. 여기에 지방교육세가 0.3% 붙는다. 마찬가지로 주택의 전용면적이 85㎡를 초과할 경우에만 농어촌특별세가 0.2% 추가로 붙는다.

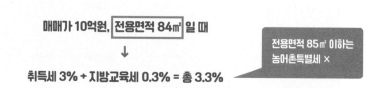

❹ 1세대 2주택(비규제지역 3주택)

규제지역에서 신규로 취득하는 주택을 포함해서 2주택이 되면 취득세는 8%가 적용된다.° 여기에 지방교육세가 0.4% 붙는다. 그리고 주택의 전용면적이 85㎡를 초과할 경우에는 농어촌특별세가 0.6% 추가로 붙는다.

● 규제지역에서 '일시적 2주택'은 취득세율이 8% 중과세되지 않고 취득하는 주택의 가액에 따라 기본세율인 1~3%를 적용받는다. 이때 기존의 주택을 3년 이내에 처분해야 한다. 만약 해당 기간 이내에 처분이 되지 않을 경우 취득세가 중과세되어 추후 차액을 추징당하게 된다.

단, 비규제지역에서는 2주택까지는 취득세가 기본세율 1~3%로 적용되고 3주택일 경우 8% 적용된다.

⑤ 1세대 3주택 이상(비규제지역 4주택 이상)

규제지역에서 신규로 취득하는 주택을 포함해서 3주택이 되면 취득세는 12% 적용된다. 여기에 지방교육세가 0.4% 붙는다. 그리고 주택의 전용면적이 85㎡를 초과할 경우에는 농어촌특별세가 1% 추가로 붙는다.

규제지역 1가구 **3주택,** 매매가 8억원, **전용면적 90㎡** 일 때
↓
취득세 12% + **지방교육세 0.4%** + **농어촌특별세 1%** = 총 13.4%

단, 비규제지역에서는 3주택까지는 취득세가 8%가 적용되고, 4주택 이상부터 12%가 적용된다.

다음은 1가구 다주택의 판단기준이다. 주택수와 세대원에 따라 기준이 다르니 다음 내용을 참고하자.

1가구 다주택 – 주택수 판단기준

◆ 국내 주택수만 포함한다.
◆ 주택의 공유지분이나 부속토지만 소유하거나 취득하는 경우에도 주택수에 포함한다.
◆ 동일세대원과 공동 소유하는 주택은 1채로 판단한다.
◆ 임대주택으로 등록한 주택도 주택수에 포함한다.

1가구 다주택 - 세대원 판단기준

◆ 주민등록표에 함께 기재된 경우 실제 거주 여부와 관계없이 같은 세대로 본다.

◆ 주민등록표에 함께 기재되지 않더라도 배우자와 미혼인 30세 미만 직계비속(자녀)은
같은 세대로 본다.

❻ 법인

법인이 주택을 신규로 취득하는 경우 '취득가액', '주택보유수', '규제지역 여부'에 상관없이 12%의 취득세를 부담해야 한다. 여기에 지방교육세가 0.4% 붙는다. 그리고 주택의 전용면적이 85㎡를 초과할 경우만 농어촌특별세가 1% 추가로 붙는다.

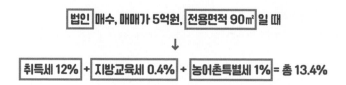

정부는 지난 2022년 12월 21일 다주택자에 대한 취득세 중과세를 완화한다고 발표했다. 하지만 아직 국회를 통과하지 못하고 계류 중이어서 기존의 중과세가 유지되고 있다.

현행 다주택자에 대한 취득세 중과세율

구분	1주택	2주택	3주택	4주택 이상/법인
조정지역	1~3%	8%	12%	12%
비조정지역	1~3%	1~3%	8%	12%

취득세 중과 완화 개정안* (23.07 현재 국회계류 중)

구분	1주택	2주택	3주택	4주택 이상/법인
조정지역	1~3%	1~3%	6%	6%
비조정지역	1~3%	1~3%	4%	6%

● 정부는 취득세 중과 완화 개정안이 국회를 통과하게 되면 2022년 12월 21일부터 소급 적용할 것이라고 발표하였다.

위택스에서 취득세 미리 계산해 보기

6억~9억원 사이는 취득세가 2%로 단일세율이었는데, 2020년 1월부터 금액차등세율로 개정되면서 취득세 계산이 복잡해졌다. 위택스 홈페이지에서 취득세를 간단하게 계산하는 방법을 소개해 보겠다.

① 위택스 홈페이지(www.wetax.go.kr)에 들어가서 상단 메뉴의 〈전체 메뉴〉 버튼을 클릭한다.

② 〈지방세정보〉 카테고리에서 〈지방세 미리계산〉을 클릭한다.

지방세정보	나의 위택스	위택스안내	공무원대행신고
세목별 안내	위택스 알리미	고객센터	공무원대행신청
법령개정사항 안내	납부확인서 보관함	자주묻는질문	· 공무원대행신청
지방세 미리계산		회원가입	· 공무원대행신청확인
지방세 자료실	클릭	공지사항	등록면허세(등록분)
전국 세무부서찾기	수용가번호등록	온라인설문	등록면허세(면허분)
지방세 홍보캐릭터	회원정보 변경	통합검색	지역자원시설세
시가표준액 조회		이용약관	지방소득세 법인소득분
온닉재산 신고		개인정보처리방침	신고내역 조회
BI 안내		인증센터	수납정보 조회

③ 빈칸을 모두 채우고 〈세액미리계산하기〉 버튼을 클릭한다.

① '과세표준액(매매가)'에는 거래가격을 입력한다.
② '매매계약일자'에는 계약서작성일을 입력한다.
③ '취득일자'에는 잔금일(소유권이전등기일)을 입력한다.
④ '거래유형'에는 건물의 전용면적이 85㎡ 이하인지 초과인지를 체크한다.

④ 예상되는 취득세와 농어촌특별세, 지방교육세 등 납부해야 할 세액의 총액이 계산되어 나온다.

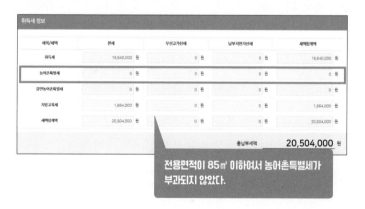

전용면적이 85㎡ 이하여서 농어촌특별세가 부과되지 않았다.

093

주택을 주욱~ 보유하고 있다면?
- '재산세'

매년 내야 하는 재산세

재산세는 토지, 건축물, 주택, 선박, 항공기 등을 소유하고 있는 사람에게 매년 부과되는 세금이다. 주택을 소유하고 있는 사람이라면 보유하고 있는 기간 동안 매년 납부해야 한다.

지방세인 재산세는 매년 6월 1일을 기준으로 등기사항증명서(구 등기부등본)상의 소유자에게 부과된다. 주택은 2회 나누어 부과되는데 산출세액의 50%가 7월에 부과(납부는 7월 16~31일)되며, 나머지 50%는 9월에 부과(납부는 9월 16~30일)된다.

기억할 점은 6월 1일에 소유한 사람에게도 과세가 된다는 것이다. 따라서 매수자의 경우 6월 2일 이후에 잔금을 치르면 그해 재산세를 내지 않아도 된다. 반대로 매도자는 5월 31일 이전에 소유권이전을 마쳐야 당해연도 재산세의 부담에서 벗어날 수 있다.

재산세 계산하기

재산세를 계산하기 위해서는 '시가표준액'과 '공정시장가액비율'을 알아야 한다.

'시가표준액'은 지방세를 부과할 때 적용하는 가격이다. 주택은 개별주택가격 또는 공동주택가격을 따르고, 토지는 개별공시지가, 건물은 건물시가표준액을 따른다.

'공정시장가액비율'은 세금을 부과하는 기준인 과세표준을 정하기 위해 사용하는 공시가격의 비율이다. 해당 부동산의 시세와 지방관청의 재정 여건, 납세자의 납세 부담 등을 종합적으로 고려하여 비율이 정해진다. 현재 '주택'은 60%, '토지 및 건축물'은 70%의 비율이 적용되고 있다.

과세의 기준이 되는 과세표준은 '시가표준액 × 공정시장가액비율'이 되며 여기에 세율을 곱하고, 누진공제를 빼면 재산세가 산출된다.

재산세 = 과세표준(시가표준액 × 공정시장가액비율) × 세율 − 누진공제

주택의 재산세율

과세 대상	과세 표준	세율	누진 공제
주택	6,000만원 이하	0.1%	
	6,000만원 초과~1억 5,000만원 이하	0.15%	3만원
	1억 5,000만원 초과~3억원 이하	0.25%	18만원
	3억원 초과	0.4%	63만원
	별장	4%	

공동주택 공시가격이 5억원인 주택일 때,

(공동주택 공시가격 5억원 × 주택 60%) × 세율 0.25% − 누진공제 18만원

= 재산세 570,000원

↓

7월에 285,000원, 9월에 285,000원의 재산세가 1년에 2번 부과된다.

재산세에 추가로 부과되는 세금들 − 최종 부담 재산세!

재산세고지서를 살펴보면 재산세 외에 '도시지역분', '지역자원시설세', '지방교육세'의 세목이 함께 부과되어 징수되고 있다.

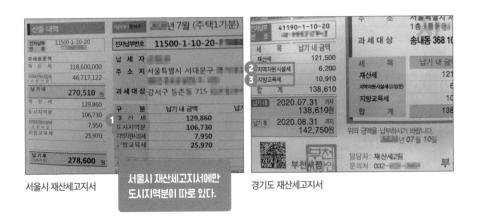

서울시 재산세고지서   경기도 재산세고지서

서울시 재산세고지서에만
도시지역분이 따로 있다.

❶ 도시지역분

도시계획에 필요한 비용을 충당하기 위하여 부과하는 세금으로 도시계획구역 안에 있는 토지나 주택의 과세표준에 0.14% 단일세율로 부과하고 있다.

예전에는 재산세고지서에 '도시계획세'라는 세목으로 따로 표시해서 부과하였지만 2011년 재산세와 통합되면서 대부분의 지방자치단체에서 그 명칭을 없애고 현재는 '도시지역분'이라는 용어로 대체하여 사용하고 있다.

서울의 경우에는 도시지역분이 얼마인지를 재산세고지서에 여전히 표시하고 있다. 서울시에서만 재산세 도시지역분을 구(시·군·구) 세금이 아니라 광역시 세금으로 걷고 있기 때문이다. 재산세고지서는 구청에서 발급하는데 세수입은 서울시가 가져가니 도시지역분을 별도로 구분해 놓은 것이다.

❷ 지역자원시설세

지방자치단체가 지역의 안전관리사업이나 환경보호사업을 명목으로 지역주민에게 걷는 세금이다. 지역자원보호·개발, 지역의 소방사무, 특수재난예방 등 안전관리사업과 환경보호·개선사업, 오물처리시설, 수리시설 등 그 밖의 공공시설에 필요한 비용을 충당하기 위함이다.

❸ 지방교육세

지역 교육재정에 투입하기 위해 걷는 세금이다. 재산세액의 20%가 부과된다.

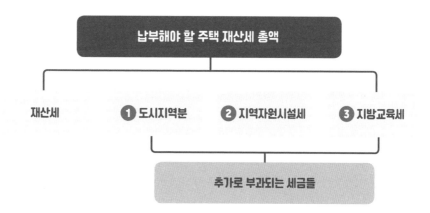

094

재산을 많이 갖고 있다면?
– '종합부동산세'

추가 보유세 개념의 종합부동산세

종합부동산세(이하 종부세)는 부동산으로 많은 재산을 소유하고 있는 사람에게 세금을 부과하여 소득격차를 줄이고 부동산 투기를 억제할 목적으로 2005년부터 시행한 세금제도다.

종부세는 재산세와 마찬가지로 과세 기준일인 6월 1일 시점의 소유자에게 부과하는 보유세다. 납부기간은 매년 12월 1일부터 15일까지다.

'주택'은 공시가격 9억원 초과(1세대 1주택자의 경우 12억원), '종합합산토지'(나대지 등)는 토지공시지가 5억원 초과, '별도합산토지'(상가, 사무실)는 토지공시지가 80억원을 초과할 경우 부과 대상이 된다.

주변에서 자주 볼 수 있는 종부세의 사례는 대부분 주택에 관한 것이므로, 여기에서는 주택의 종부세를 중점적으로 알아보겠다.

● **나대지**(裸垈地) : 지목이 '대(대지)'인 토지로서 건물이나 지상물이 없는 토지를 말한다. 이와는 반대로 건물 등이 있는(혹은 있을 예정인) 토지는 '부지'라고 부른다.

종부세는 개인별로 부과

재산세는 주택의 가격에 상관없이 보유한 모든 주택에 과세되지만, 종부세는 1세대 1주택의 경우에는 공시가격 12억원 초과 주택에만 과세가 된다. 2주택 이상을 소유한다면 공시가격의 합계 9억원 초과분부터 종부세가 부과된다.

종부세는 개인별과세다. 그래서 부부가 공시가격 9억원 이하의 주택을 각각 1채씩 보유했을 경우에는 종부세가 부과되지 않는다. 즉 종부세의 기준이 되는 공시가격의 합계액은 '세대합산'이 아니라 '개인별'로 따진다.

주택 종부세 세율

매년 종부세의 부담이 커지고 있다. 주택 과세표준*을 결정하는 공시가격과 공정시장가액비율을 높임으로써 매년 종부세의 부담이 커지고 있다.**

주택 종부세는 공시가격에서 공제금액 9억원(1주택자는 12억원)을 뺀 후 공정시

- **과세표준** = 시가표준액 × 공정시장가액비율
- ●● 공정시장가액비율은 2022년도에는 60%였으나 향후 60~80% 사이를 유지하겠다는 것이 정부의 계획이다.

장가액비율을 곱한 과세표준을 기준으로 부과된다. 과세표준이 클수록 누진적으로 세율이 높아지는 형태다.

과세표준이 3억원 이하면 최소 요율인 0.5%부터 시작되며 94억원을 초과하면 최대 5%를 내야 한다.

주택 종부세 세율

(단위 %)

과세표준	1주택 이하, 비조정대상지역 2주택		조정대상지역 2주택		3주택 이상	
	2022년	2023년	2022년	2023년	2022년	2023년
3억원 이하	0.6	0.5	1.2	0.5	1.2	0.5
6억원 이하	0.8	0.7	1.6	0.7	1.6	0.7
12억원 이하	1.2	1	2.2	1	2.2	1
25억원 이하	1.6	1.3	3.6	1.3	3.6	2
50억원 이하	1.6	1.5	3.6	1.5	3.6	3
94억원 이하	2.2	2	5	2	5	4
94억원 초과	3	2.7	6	2.7	6	5

참고로 법인의 경우 종부세율이 '2주택 이하'일 때에는 2.7%가 적용이 되고, '3주택 이상'일 때에는 5%가 적용된다.

임대주택으로 등록하면 무조건 종부세 비과세?

임대주택으로 등록한 주택을 종부세 비과세 혜택을 받기 위해서는 다음과 같은 3가지 요건을 모두 갖추어야 한다.

첫째, 해당 관청(시·군·구청)에 '주택임대사업자등록' 및 세무서에 '사업자등록'을 모두 마친 주택으로 임대 개시일 당시 기준시가가 6억원(수도권 외의 지역 3억원) 이하여야 한다.

둘째, 의무임대기간을 준수해야 한다. 이때 해당 주택을 임대주택으로 언제 등록했느냐에 따라 의무임대기간은 다음과 같이 달라진다.

임대주택 사업자 의무임대기간

등록일	기간
2018년 3월 31일 이전	5년 이상
2018년 4월 1일~2020년 8월 17일	8년 이상
2020년 8월 18일 이후	10년 이상

셋째, 임대주택 등록을 한 첫해 9월 16일부터 9월 30일까지 세무서에 합산배제신청을 해야 한다. 또한, 2019년 2월 12일 이후부터는 임대료 인상률 5% 상한도 지켜야 한다.

단, 위와 같은 3가지 요건을 모두 갖추었다 하더라도 2018년 9월 14일 이후에 주택이 있는 상태로 조정대상지역에서 새로 취득한 주택은 임대주택 등록을 하여도 종부세 비과세 혜택을 받을 수가 없다. 즉 다주택자가 2018년 9월 14일 이후 취득한 조정대상지역 내 주택은 임대주택으로 등록해도 종부세 비과세가 안된다.

1세대 1주택자 종부세 세제 혜택

정부는 1세대 1주택자의 부담을 덜어주기 위해 종부세와 관련해서 2가지 세제 혜택을 주고 있다.

❶ 고령자 세액공제

과세 기준일 현재 만 60세 이상인 1세대 1주택자는 종부세 산출세액에서 연령별 공제율을 곱한 금액을 공제해 준다.

'고령자 세액공제'와 '장기보유세액공제'는 단독명의일 때에만 받을 수

고령자는 공제율이 연령별로 적용된다.

연령	공제율
만 60~65세	20%
만 65~70세	30%
만 70세 이상	40%

있었던 것이 2021년도부터는 부부공동명의일 때에도 세액공제를 받을 수 있는 것으로 개정되었다.

❷ 장기보유세액공제

1세대 1주택자로서 과세 기준일 현재 5년 이상 보유한 사람은 종부세 산출세액에서 보유기간별 공제율을 곱한 금액을 공제해 준다.

장기보유자는 기간에 따라 공제율이 적용된다. 공제 한도는 고령자 + 장기보유 합쳐서 최대 80%다.

보유기간	공제율
5~10년	20%
10~15년	40%
15년 이상	50%

단, '고령자 공제율 + 장기보유 공제율의 합계 80%까지만' 공제받을 수 있다.

095

이익을 남겨 팔았다면? – '양도소득세'
(feat. 비과세와 중과세)

집값이 오르면 가장 부담스러운 세금 – 양도소득세

양도소득세(이하 양도세)는 '주택을 사서 얼마나 이익을 보았느냐'를 따져서 그 차익에 대해서만 내는 소득세의 일종이다. 즉 '양도가액(판 가격) – 취득가액(산 가격) – 필요경비(일정한 비용)'를 하고 남는 차익이 있을 때 부과되는 세금이다.

부동산 세금 중에서도 사람들이 가장 부담스러워하는 세금이 바로 양도세다. 양도세는 적게는 몇십만원에서 많게는 몇억원까지도 부과될 수 있기 때문이다. 그러므로 기본적으로 비과세 요건을 갖추었는지 아니면 과세대상인지를 파악할 줄 알아야 한다. 또한 과세대상이라면 과세되는 세액이 대략적으로 얼마 정도 되는지를 계산할 줄 알아야 향후 자금계획을 세울 때 차질이 생기지 않는다.

양도소득세 비과세 요건 3가지

양도세 비과세 대상이 되기 위해서는 다음의 3가지 조건을 모두 충족해야 한다.

❶ 1세대 1주택

양도세 비과세 혜택은 기본적으로 1세대 1주택을 위한 것이다. 여기서 주택 수를 세는 단위는 사람이 아닌 '세대'다. 그러므로 본인과 배우자가 각각 1채씩 주택을 소유하고 있다면 1세대 2주택이 된다.

그러나 일시적으로 2주택이 된 경우, 1주택으로 보아 양도세를 비과세 해 주는 예외사항이 있다. 다음과 같은 예외사항에 해당하는 경우에는 비과세 혜택을 받을 수 있다. 단, 양도하는 주택은 기본적으로 비과세 요건을 갖추고 있어야 한다.

소득세법 시행령 제155조(1세대 1주택의 특례)

◆ **일시적 2주택인 경우** : 1세대 1주택을 소유한 자가 그 주택을 양도(매매)하기 전에 또 다른 주택을 취득하여 일시적으로 2주택이 된 경우를 의미한다. 이때, 종전의 주택을 3년 이내에 팔면 비과세를 받을 수 있다.

단, 기존의 주택을 취득한 시점으로부터 1년 이상 지난 후에 다른 주택을 취득해야만 비과세 혜택을 받을 수 있다. 일시적 2주택이라는 예외규정을 둔 것은 투자(투기)목적이 아니라 이사 때문에 어쩔 수 없이 일시적으로 2주택이 된 경우를 구제해 주기 위함이다. 그러므로 기존주택을 취득한 지 1년도 채 되지 않은 시점에 신규로 1주택을 추가로 취득한 경우까지 일시적 2주택으로 봐주지는 않겠다는 의미다.

◆ **혼인으로 2주택이 된 경우** : 1주택을 보유한 사람이, 1주택을 보유한 사람과 혼인을 함으로써 1세대 2주택이 된 경우에는 혼인신고일로부터 5년 이내에 먼저 양도하는 주택을 1세대 1주택으로 보아 비과세를 적용한다. 2주택 중 어느 주택을 먼저 팔아도 상관없이 혜택을 받는다.

● **세대** : 동일한 주소(주민등록상)에서 생계를 같이하고 있는 가족을 의미한다. 즉 본인, 배우자, 30세 미만의 미혼 자녀는 같은 세대원으로 본다. (단, 30세 미만이라 하더라도 중위소득 40% 이상의 소득이 있거나 혼인 시에는 별도의 세대로 인정받을 수 있다.) 그러므로 '1세대 1주택'이라는 말은 세대원이 소유한 주택의 합계가 1주택이라는 것을 의미한다. 그러나 부모와 자녀가 비록 주민등록상에 동일 세대원으로 등재되어 있다 하더라도 실제로는 따로 살고 있다면 동일 세대원으로 보지 않는다. 단, 부모와 자녀가 생계를 달리하고 있다는 사실을 공과금(수도, 전기, 가스 등) 납부영수증, 주민세납부영수증, 카드사용내역 등으로 입증을 해야 한다.

◆ 봉양으로 2주택이 된 경우 : 1주택을 소유한 자가 연세가 많은 부모님(직계존속)을 모시기 위해 세대를 합쳐 2주택이 된 경우에는 세대를 합친 날로부터 10년 이내에 주택을 양도하면 비과세가 된다.

다만, 세대를 합칠 당시 부모님의 나이가 만 60세 이상(부모님 중 한 사람만 60세 이상이면 됨. 배우자의 부모도 포함)이어야 하며, 양도하는 주택이 비과세 요건을 충족하고 있어야 한다. 합가한 날로부터 10년 이내에 1주택을 팔아야 하고, 어느 주택을 먼저 팔아도 상관없다.

◆ 상속으로 2주택이 된 경우 : 1가구 1주택자가 상속받아 2주택이 된 경우 상속받은 시점에서 보유하고 있었던 기존의 주택을 양도할 경우 비과세를 받을 수 있다. 여기서 중요한 것은 상속받은 주택이 아니라 기존에 가지고 있었던 주택을 양도해야 된다는 것이다. 상속주택이 공동지분으로 상속을 받았다면 주택의 수를 계산할 때 '지분이 가장 큰 상속인' 〉 '당해 주택에 거주하는 상속인' 〉 '최연장자 상속인' 순으로 상속주택을 취득(소유)한 것으로 본다.

◆ 취학, 전근, 요양 등의 사유로 2주택이 된 경우 : 취학(유치원, 초·중학교 제외), 직장의 전근 등으로 인한 근무상의 형편, 1년 이상 질병의 치료나 요양의 사유, 학교폭력으로 인한 전학 등의 부득이한 사유로 1세대 2주택이 된 경우다.

부득이한 사유가 해소된 날부터 3년 이내에 기존의 주택을 팔면 양도세가 비과세된다. 물론, 기존주택이 비과세 요건을 갖춰야 혜택을 받을 수 있다.

❷ 보유기간 2년 이상

매도할 주택은 2년 이상 보유해야 한다.* 단, 2017년 8월 2일 이후부터는 주택이 조정대상지역 내에 포함될 경우 2년 이상 거주요건이 추가된다. 2017년 8월 2일 이전에 취득한 주택이라면 '2년 이상 보유'만 하면 되고, 이후에 취득한 조정대상지역 내 주택이라면 '2년 이상 거주'의 의무도 추가로 갖추어야 한다.

....

● 2023년 1월 5일 강남, 서초, 송파, 용산을 제외한 전 지역이 규제지역에서 전면해제되었다. 즉 2023년 1월 5일 이후 이 4개구 지역 외에 위치한 주택을 취득할 경우 2년 실거주 의무가 없다.

❸ 양도가액 12억원 이하

①번, ②번의 조건을 모두 갖추었다면 양도가액(실제 매매가)이 12억원까지는 비과세가 된다. 12억원까지는 비과세 혜택을 받고, 초과된 금액부터는 양도세가 부과된다.

양도소득세 중과대상 - 2주택 이상 보유자

조정대상지역에서 2주택 이상을 보유하고 있는 경우 양도세가 중과세(가산)되고, 장기보유특별공제도 받을 수가 없다.*

또한 조정지역이 아닌 그 외의 지역이라 하더라도 2주택 이상을 보유하고 있는 경우 장기보유특별공제율 최대 80%에서 30%로 하향 조정된다.

양도세율**

구분		주택	조정대상지역 내 2주택	조정대상지역 내 3주택 이상
보유 기간	1년 미만	70%	+20% 가산	+30% 가산
	2년 미만	60%		
	2년 이상	기본세율 (6~45%)		

- 2024년 5월 9일까지 한시적으로 조정대상지역 내 다주택자들에 대한 양도소득세 중과부과가 유예되었다. 이로 인해 중과세 20~30%를 적용받지 않게 되었으며, 최대 30% 범위 내에서 장기보유특별공제도 받을 수 있게 되었다. 부동산시장의 침체로 인해 향후 양도소득세 중과부과가 폐지되거나 유예기간이 연장될 것으로 보인다.
- ** 2024년 5월 9일까지 양도세 중과세(20~30%)부과가 유예되었다. 이로 인해 조정지역 내의 다주택자라 하더라도 매도 주택을 2년 이상만 보유했다면 기본세율(6~45%)을 적용받을 수 있다.

096

양도소득세 스스로 계산해 보기

양도소득세 계산하는 법 4단계

양도소득세는 양도차익을 바탕으로 과세표준을 산출하고 과세요율을 곱해서 계산한다. 그러므로 기본적으로 '양도차익', '과세표준', '양도세 세율', '총 납부세액'을 알아야 한다. 양도소득세 계산은 다음의 4단계를 거친다.

양도세 산출 체크리스트

항목	YES
❶ 양도차익 산출하기	✓
❷ 과세표준 산출하기	✓
❸ 양도소득세 산출하기	✓
❹ 총 납부세액 산출하기	✓

❶ 양도차익 산출하기 - '필요경비'가 세금을 좌우한다!

'양도가액'은 주택을 매도할 때 팔았던 실제 가격이고, '취득가액'은 구입했을 당시 실제로 지불한 가격을 말한다.* 취득할 때보다 시세가 올랐다면 시세차익이 발생하고, 여기서 주택을 사고파는 데 들어간 비용(필요경비)을 빼면 최종 양도차익이 된다. 그러므로 필요경비를 정확하게 알아야 세금을 줄일 수 있다.

양도가액 - 취득가액 - 필요경비 = 양도차익

지출된 모든 비용이 필요경비로 인정되는 것이 아니라 포함되는 항목과 포함되지 않는 항목을 꼼꼼하게 살펴봐야 한다. 양도소득세에서 공제해 주는 필요경비를 미리 알아두고, 이와 관련된 증빙서류(영수증, 계좌이체내역, 견적서 등)들을 꼭 챙겨두도록 한다.

필요경비로 인정되는 항목은 크게 '취득비용', '자본적지출액',** '양도비용' 3가지로 나누어 볼 수 있다.

필요경비로 인정되는 3가지 항목

취득비용	취득세, 중개수수료(매수 시), 법무사수수료(소유권이전등기 시), 소유권 관련 소송 및 화해비용, 경매 취득 시 유치권 변제금액, 경락대금에 불포함된 대항력 있는 전세보증금 변제금액 등
자본적지출액	발코니 새시 설치 및 교체비, 발코니(방·거실) 확장비, 보일러 교체비, 바닥(설비) 시공비, 상·하수도 배관공사비 등
양도비용	중개수수료(매도 시), 세무신고수수료(세무사 비용)

필요경비로 인정되지 않는 항목

◆ 도배, 바닥(장판, 마루 등) 비용

◆ 싱크대 교체비용

◆ 페인트 및 방수 공사비용

◆ 건물외벽 도색비용

◆ 보일러 수리비용

◆ 은행대출이자 등

❷ 과세표준 산출하기 – 장기보유특별공제, 기본공제

①에서 계산한 양도차익에서 장기보유특별공제와 기본공제를 뺀 값이 과세표준이 된다.

> 부부공동명의일 때 총 500만원 공제

양도차익 – 장기보유특별공제 – 기본공제(1인당 250만원) = 과세표준

장기보유특별공제는 부동산을 3년 이상 보유하다가 양도를 하게 되면, 보유기간에 따라 양도차익의 일정한 비율을 공제해 주는 것이다. 오랫동안 보유한 소유자의 세부담을 줄여주고, 부동산의 건전한 소유와 투자를 유도하려는 목적으로 만들어진 제도다.

그러므로 장기보유특별공제는 조정대상지역의 다주택자[***]와 미등기 자산을

● **취득가액** : 매입가액 + 취득세(법무사비용) + 중개수수료(매수)를 포함한다.

●● **자본적지출액** : 부동산의 가치를 높이거나 사용수명을 연장시키기 위해 지출한 비용을 말한다.

●●● 2024년 5월 9일까지 다주택자 양도세 중과세 부과가 유예되면서 다주택자라 하더라도 보유기간에 따라 6~30%의 장기보유특별공제를 받을 수 있다.

양도하는 경우에는 혜택을 받을 수 없다.

1세대 1주택자의 장기보유특별공제의 최대 공제율인 80%를 적용받기 위해서는 10년 이상 보유하고, 10년 이상 거주해야 한다. 거주기간과 보유기간을 따로 계산해서 각각 연 4%씩 나누어 적용을 받게 된다.

예를 들어, 1세대 1주택자인 A씨의 보유기간 11년, 거주기간 5년일 경우, 주택을 양도할 경우 받을 수 있는 장기보유특별공제율은 '보유 40%+거주 20%'이므로 60%를 적용받게 된다.

1세대 1주택자의 장기보유특별공제 구간

기간	1세대 1주택(2021년 이후)		1세대 2주택 이상 보유자
	보유	거주	
3년 이상~4년 미만	12%	12%	6%
4년 이상~5년 미만	16%	16%	8%
5년 이상~6년 미만	20%	20%	10%
6년 이상~7년 미만	24%	24%	12%
7년 이상~8년 미만	28%	28%	14%
8년 이상~9년 미만	32%	32%	16%
9년 이상~10년 미만	36%	36%	18%
10년 이상~11년 미만			20%
11년 이상~12년 미만			22%
12년 이상~13년 미만			24%
13년 이상~14년 미만	40%	40%	26%
14년 이상~15년 미만			28%
15년 이상			30%

기본공제는 1인당 1년에 1회에 한하여 250만원씩을 양도차익에서 공제받을 수 있다. 그러므로 부부공동명의일 때에는 각각 250만원씩 총 500만원의 기본공제를 받을 수 있다.

❸ 양도소득세 산출하기 – 양도세율과 누진공제액

과세표준에 해당하는 양도세율을 곱하고 누진공제액을 빼면 기본적인 양도세가 산출된다.

양도소득세 = 과세표준 × 세율 – 누진공제액

예를 들어 과세표준이 8,000만원이면, 과세표준 8,000만원 × 세율 24% – 누진공제 576만원 = 양도소득세 1,344만원이 산출된다.

양도세율과 누진공제액

누진공제액은 편의를 위해 미리 계산해 놓은 과세표준별 공제액이다.

과세표준	기본세율	누진공제액
1,400만원 이하	6%	–
5,000만원 이하	15%	126만원
8,800만원 이하	24%	576만원
1.5억원 이하	35%	1,544만원
3억원 이하	38%	1,994만원
5억원 이하	40%	2,594만원
10억원 이하	42%	3,594만원
10억원 초과	45%	6,594만원

양도세의 세율은 누진세의 성격을 갖고 있다. 즉 과세표준이 커지면 커질수록 세율이 올라가는 구조다. 금액별로 적용되는 세율을 차등화해 놓았기 때문에 정확한 양도세를 산출하기 위해서는 과세표준의 금액을 세율별로 덩어리를 나누어 계산해야 한다.

앞의 예처럼 과세표준이 8,000만원이라면 '1,400만원까지는 6%' + '1,400만원 초과 5,000만원까지는 15%' + '5,000만원 초과 8,800만원까지는 24%'로 나누어 계산한 값의 합이 1,344만원이라는 것이다.

누진공제액은 양도소득세를 계산할 때의 편의를 위해 미리 계산해 놓은 값이다. 계산의 편의상 해당 과세표준 8,000만원의 최대 세율인 24%를 적용(1,920만원)해서 계산한 다음 미리 계산해 놓은 누진공제액(576만원)을 빼면 결국 같은 금액으로 산출된다.

❹ 총 납부세액 산출하기 - 양도소득세 신고·납부

양도세를 납부할 때에는 양도소득세의 10%에 해당하는 금액을 지방소득세로 함께 납부해야 한다. 즉 '양도소득세 + 지방소득세'가 '총 납부세액'이 된다.

양도소득세 + 지방소득세(양도소득세의 10%) = 총 납부세액

양도소득세는 부동산을 양도한 달의 말일로부터 2개월 이내에 신고 및 납부를 해야 한다. 예를 들어 8월 15일에 주택을 양도했을 경우, 8월 말일로부터 2개월 이내인 10월 31일까지 신고 및 납부를 해야 한다. 이를 '예정신고'라고 하는데, 예정신고라고 해서 신고를 누락해서는 안 된다. 예정신고기간을 놓치게 되면 가산세를 추가로 부담해야 한다.*

실전! 양도소득세 계산해 보기

A씨는 최근에 소유하면서 거주하고 있던 아파트를 다음과 같은 조건으로 매매하였다. A씨가 납부해야 하는 양도세액은 얼마일까?

- 양도가액 7억원(2023년 4월 매도)
- 매수가액 5억원(2019년 2월 매수)
- 중개수수료 매수 시 200만원, 매도 시 350만원
- 소유권이전등기비용(취득세+법무사 비용) 700만원
- 새시 교체비용 1,000만원
- 양도하는 주택을 포함해서 2주택을 소유하고 있음

❶ 양도차익 계산하기

양도가액 7억원 – 취득가액 5억 900만원** – 필요경비 1,350만원*** = 1억 7,750만원

- 같은 해 1월부터 12월까지 부동산을 1건만 양도했다면 예정신고로 마무리된다. 그러나 1년에 2건 이상을 양도했을 경우, 각 건별로 예정신고를 하고 다음 해 5월에 확정신고를 한다. 개인이 1년 동안 양도한 부동산을 모두 합해서 신고하는 것이다.
- 취득가액 5억 900만원 = 매수가액 5억원 + 소유권이전등기비용 700만원 + 매수 시 중개수수료 200만원.
- 필요경비 1,350만원 = 새시 교체비용 1,000만원 + 매도 시 중개수수료 350만원.

❷ 과세표준 산출하기

1억 7,750만원 − 장기보유특별공제 8%[*] − 기본공제 250만원 = 1억 6,080만원

❸ 양도소득세 산출하기

1억 6,080만원 × 세율 38% − 누진공제 1,994만원 = 41,164,000원

❹ 총 납부세액 산출하기

41,164,000원 + 지방소득세(양도세의 10%) 4,116,400원 = 45,280,400원

홈택스에서 양도소득세 미리 계산해 보기

주택(부동산)을 팔기 전에 자신이 부담해야 하는 대략적인 양도세액을 계산할 줄 알아야 한다. 그래야 향후 자금계획을 차질 없이 세울 수 있기 때문이다. 앞서 497쪽에서 설명한 '양도소득세 계산하는 법 4단계'에 단계별로 자신의 조건을 대입해 계산해 보면 된다. 하지만 다뤄야 하는 숫자가 많고 다소 복잡하기 때문에 빠른 시간에 정확한 계산을 하는 것이 쉽지는 않다. 이럴 때 국세청에서 운영하는 홈택스(www.hometax.go.kr) 사이트를 이용하면 빠르고, 쉽고, 정확하게 양도세액을 계산할 수 있다.

● A씨의 보유기간은 4년 2개월이며, 1세대 2주택에 해당하여 장기보유특별공제 8%를 받을 수 있는데, 양도차익 1억 7,750만원의 8%이므로 1,420만원이다.

① 홈택스 사이트에 접속해서 로그인 후 화면 중간 오른쪽 '세금종류별 서비스'에서 〈양도소득세〉를 클릭한다.

② 〈양도소득세 미리계산(모의계산)〉을 클릭한 후 '양도소득세 간편계산(1개 부동산 양도)'의 〈계산하기〉를 클릭한다.

③ 빈칸을 채워 넣은 다음, 하단에 〈세액계산하기〉를 클릭한다.

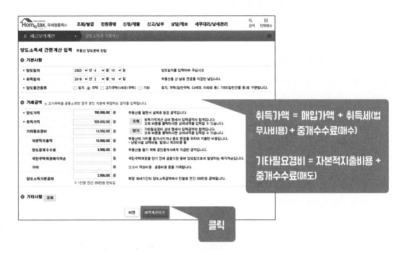

④ 양도소득세가 계산되어 나온다.

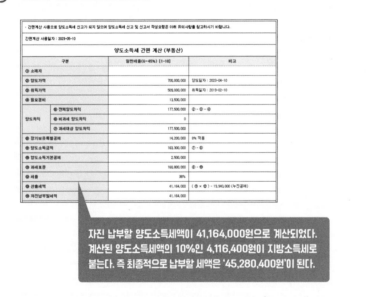

097

부부공동명의 어떤 세금에 유리할까?

결론! 종합부동산세, 종합소득세, 양도세 절감에 유리!

부동산을 소유하기 위해서는 취득세, 재산세, 종합부동산세, 종합소득세, 양도소득세 등 여러 가지 종류의 세금을 부담해야 한다.

과세기준과 세율이 각각 달라서 부부공동명의가 유리할 때가 있고, 또 유리한 점이 없을 때도 있다. 부부공동명의가 유리한 세금은 무엇이 있는지 알아보자.

1 | 취득세 − 공동명의 유리 ✕

취득세는 '취득가액(매매가) × 몇 %'로 과세를 한다. 그러므로 단독소유일 때와 공동소유일 때에 취득세의 납부세액에는 차이가 없다. 즉 별다른 절세효과가 없다(474쪽 참고).

2 | 재산세 - 공동명의 유리 ×

주택의 경우 '시가표준액(시장공정가액비율 60%) × 몇 %'로 과세가 된다. 그러므로 취득세와 마찬가지로 단독, 공동 구분 없이 과세된다. 납부세액이 달라지지는 않으므로 별다른 절세효과가 없다(484쪽 참고).

3 | 종합부동산세 - 공동명의 유리 △

종합부동산세는 개인별로 과세되는 세금이다. 그래서 1주택일 경우 단독명의일 때보다 공동명의일 때 절세효과를 얻을 수 있다.

예를 들어, 공시가격 14억원짜리 1주택을 단독명의로 소유했을 경우, 12억원을 초과한 2억원에 대한 종부세가 과세된다. 그러나 부부공동명의로 했을 경우 남편 9억, 아내 9억원까지 과세되지 않기 때문에 공시가격이 총 18억원까지는 과세되지 않아 절세효과를 얻을 수 있다(488쪽 참고).[•]

그러나 3주택 이상부터는 일반세율 0.5~2.7%가 아닌 중과세율 0.5~5%를 적용받기 때문에 오히려 공동명의가 불리할 수 있다.

● 종합부동산세에서 주택의 수를 계산할 때 공동명의일 경우 명의자 각각을 1주택자로 간주한다. 예를 들어 3주택자인 부부가 모든 주택을 공동명의로 등기할 경우 남편도 3주택자, 아내도 3주택자가 되어 두 사람 모두 0.5~5%의 중과세율을 적용받게 된다.

4 | 종합소득세, 양도소득세 - 공동명의 유리 ○

종합소득세와 양도소득세는 종합부동산세와 마찬가지로 개인별 과세이면서 누진세의 성격을 갖고 있다. 즉 종합소득세와 양도소득세는 소득(차익)이 많으면 많을수록 적용되는 세율이 커지게 된다. 그러므로 부동산을 부부공동명의로 해서 소득의 덩어리를 반으로 줄이는 것이 좋다.

예를 들어, 집을 팔아서 얻은 양도차익이 1억 5,000만원이고 단독명의일 때에는 35%의 세율이 적용된다. 부부공동명의일 때에는 양도차익이 각각 7,500만원으로 나누어지므로 24%의 세율이 적용되어 절세효과를 얻을 수 있다.

세금별 공동명의 이점 총정리

취득세	재산세	종합부동산세	종합소득세	양도소득세
유리 ×	유리 ×	유리 △	유리 ○	유리 ○

098

살아 있을 때 재산을 물려주면?
– '증여세'

증여세는 국세!

증여란 당사자 일방이 다른 상대방에게 무상으로 재산을 수여하겠다는 의사를 표시하고, 상대방이 이를 수락함으로써 성립하는 계약을 말한다. 그러므로 증여세란 무상으로 재산을 받은 사람이 증여받은 재산가액에 따라 납부해야 하는 세금으로 국세에 속한다.

참고로 증여와 상속은 '다른 사람으로부터 재산을 무상으로 받는다.'라는 공통점이 있다. 살아 있는 사람에게 재산을 받으면 '증여', 죽은 사람에게 재산을 받으면 '상속'이 된다.

증여세 기본용어

◆ 증여자 – 재산을 무상으로 준 사람

◆ 수증자 – 재산을 무상으로 받은 사람

◆ 증여개시일 – 실제로 재산을 주고받은 날

1 | 증여세 세율

증여세 세율은 다음과 같다. 참고로 상속세 및 증여세법 제55조의 과세표준 최저한에 의해 과세표준 50만원 미만일 때에는 증여세를 부과하지 않는다.

증여세 세율과 누진공제액

과세표준	세율	누진공제
1억원 이하	10%	-
1억원 초과~5억원 이하	20%	1,000만원
5억원 초과~10억원 이하	30%	6,000만원
10억원 초과~30억원 이하	40%	1억 6,000만원
30억원 초과	50%	4억 6,000만원

그렇다고 50만원씩 금액을 쪼개서 무한대로 증여할 수 있는 것은 아니다. 예를 들어 부모가 미성년 자녀에게 10년간 증여세 없이 증여할 수 있는 금액의 한도는 2,000만원이다. 그러므로 10년간 나눠서 증여한 금액이 2,000만원을 초과할 경우 초과된 부분에 대해서는 증여세를 납부해야 한다.

2 | 증여세 공제 한도

증여세도 일정한 금액까지는 면제받을 수 있다. 공제액은 10년 이내의 동일 증여자에게 증여받은 재산을 합산해서 계산한다. 따라서 10년마다 다음 표의 한도만큼 공제를 받을 수 있다.

관계별 증여세 공제한도

성인 자녀에게 5,000만원까지 세금 없이 증여 가능, 10년 후 추가 증여 가능

증여자와의 관계	공제한도액	비고
배우자	6억원	사실혼 배우자는 해당 사항 없음
직계비속	5,000만원 (미성년자 2,000만원)	자녀, 친가와 외가의 손주들도 모두 포함
직계존속	5,000만원	친가와 외가 모두 포함
기타 친족(6촌 이내 혈족, 4촌 이내 인척)	1,000만원	며느리, 사위 등이 여기에 포함

예를 들어 21세 자녀에게 5,000만원까지는 증여세 없이 증여할 수 있다. 그리고 10년 후인 31세 때에 또다시 증여세 없이 5,000만원을 증여할 수 있다.

3 | 증여세 신고 및 납부방법

수증자는 증여일이 속한 달의 말일부터 3개월 안에 수증자의 주소지를 관할하는 세무서에 증여세 신고를 하고 자진납부해야 한다. 예를 들어 증여받은 날이 2024년 6월 15일인 경우, 9월 30일 이전까지 신고·납부하면 된다.

신고기한 이내에 신고를 하면 3%의 세액공제를 받을 수 있다. 양도세와 마찬가지로 기간 내에 신고하지 않거나 과소신고를 할 경우에는 가산세 10%(일반 과소신고)~40%(부정 과소신고)를 추가로 부담하게 된다.

만약, 납부기한 내에 세금을 납부하지 않거나 납부해야 할 세액에 미달되게 납

부하면 납부불성실가산세를 추가로 부담하게 되므로 날짜와 납부세액을 반드시 확인하는 것이 좋다.

 할아버지가 손주에게 증여하면? 할증과세!

할아버지가 손주에게 증여할 경우 '세대생략증여'에 해당하여 증여세가 할증된다.
예를 들어 할아버지의 자녀가 살아 있음에도 불구하고 할아버지가 곧바로 손주에게 증여할 경우, 증여세산출세액의 30%가 할증된다. 증여받는 손주가 미성년자이면서 증여재산가액이 20억원을 초과하는 경우에는 할증률이 최고 40%까지 올라간다.
다만, 자녀가 먼저 사망해서 할아버지가 손주에게 증여하는 경우에는 세대생략증여에 해당하지 않아 증여세가 할증되지 않는다.

증여세 할증과세

수증자	나이	10년간 증여재산가액	할증
자녀가 아닌 직계비속 (손자녀·외손자녀)	미성년자	20억원 초과	40%
		20억원 이하	30%
	성년	20억원 초과	30%
		20억원 이하	30%

아버지 사망 시
할아버지 → 손주 증여는 할증과세 ×

099

사망 후 재산을 물려주면?
- '상속세'

상속세도 국세!

상속이란 일정한 친족관계가 있는 사람 사이에서 피상속인이 사망하였을 경우, 상속인이 재산에 관한 권리와 의무를 포괄적으로 이어받는 것을 말한다. 따라서 상속세는 사망으로 인하여 재산이 상속될 때 부과되는 세금이다. 상속인이 받은 재산이 채무보다 더 많을 때, 그 가액에 따라 차등 부과되는 세금으로 국세에 속한다.

상속인이 여러 명일 때에는 공동상속인이 되며, 상속재산이 각자의 지분대로 분할되기 전까지는 공유의 형태로 소유하게 된다. 그러므로 공동상속인은 각자의 상속지분 범위 내에서 피상속인의 권리와 의무를 모두 승계하게 된다.

상속세 기본용어
- 피상속인 – 사망한 사람 또는 실종선고를 받은 사람
- 상속인 – 재산을 상속받은 사람
- 상속개시일 – 사망일 또는 실종선고일 등

상속인의 상속순위

상속인의 상속순위는 일반적으로 민법 제1000조(상속의 순위)와 제1003조(배우자의 상속순위)로 정해진 법정상속순위에 따라 정해진다.

다음 표를 보면 상속 1순위는 자녀°와 배우자다. 2순위는 자녀가 없을 때, 피상속인의 부모와 배우자가 공동상속인이 된다. 단, 피상속인의 부모가 없을 경우에는 배우자가 단독상속인이 된다. 3순위는 1순위와 2순위 상속인이 없을 경우 피상속인의 형제, 자매가 상속인이 된다. 형제, 자매가 여러 명일 경우 공동상속인이 된다.

4순위는 1~3순위까지의 상속인이 없을 경우 피상속인의 4촌 이내의 방계혈족이 상속인이 된다. 이때 촌수가 가장 가까운 사람이 상속을 받게 된다. 만약 촌수가 같은 사람이 여러 명일 때에는 공동상속인이 된다.

민법의 상속순위

상속순위	피상속인과의 관계	비 고
1순위	직계비속, 배우자	피상속인의 자녀와 배우자
2순위	직계존속, 배우자	피상속인의 자녀가 없을 경우 피상속인의 부모와 배우자
		만약, 피상속인의 부모도 없을 경우 배우자 단독상속
3순위	형제, 자매	1~2순위가 없는 경우
4순위	4촌 이내 방계혈족	1~3순위가 없는 경우

● 상속순위를 정할 때, 뱃속의 '태아'는 이미 출생한 사람으로 본다.

상속지분의 종류 1 | 법정 상속분

상속인이 상속받는 지분을 피상속인이 유언으로 우선 지정할 수도 있다. 하지만 일반적으로 피상속인이 유언 없이 사망하는 경우가 대부분이어서 민법으로 정해진 법정상속분에 따라 재산이 상속된다.

법정상속지분은 기본적으로 모두 동일하게 1 대 1이다. 과거 1960~1970년대까지만 하더라도 장자가 모든 재산을 상속받아 동생들에게 임의대로 재산을 나누어 주는 일이 빈번했다. 하지만 현재에는 '장남과 차남', '아들과 딸' 구분 없이 모두 동일한 1 대 1 비율로 상속이 이루어진다. 단, 피상속인의 배우자는 함께 공동경제활동으로 인한 재산형성에 기여한 점을 인정하여 0.5를 가산해 1.5의 비율로 상속받게 된다.

> 피상속인 A씨(배우자, 아들 1, 딸 1)가 7억원의 재산을 남겨두고 사망했다면 배우자 3억원, 아들 2억원, 딸 2억원이 상속된다.

법정상속분(민법 제1009조)

상속순위	피상속인과의 관계	상속지분(비율)
1순위	직계비속, 배우자	자녀 1, 배우자 1.5
2순위	직계존속, 배우자	부모 1, 배우자 1.5
3순위	형제, 자매	모두 1
4순위	4촌 이내 친척	모두 1

상속지분의 종류 2 | 유류분

피상속인이 유증이나 증여를 할 때는 민법 제1112조로 정해 놓은 한도를 넘지 않아야 한다. 만약, 그 한도를 넘었을 때 상속인은 유증 또는 증여받은 사람을 상대로 초과된 부분의 범위 내에서 반환을 청구할 수 있는데, 그것을 유류분이라고 한다. 쉽게 말해 유족을 위해 남겨두어야 하는 재산의 몫인 것이다.

법으로 유류분을 인정하는 이유는 피상속인이 과도하게 재산을 처분(유증,* 증여)했을 때, 남아 있는 상속인의 생계를 고려해 주기 위함이다.

그러나 피상속인의 유언이나 증여의 의사표시도 중요하기 때문에 유류분을 모든 상속인에게 인정하는 것은 아니며, 인정되는 비율도 정해져 있다. 유류분을 인정받을 수 있는 권리자는 피상속인의 직계비속, 배우자, 직계존속, 형제·자매 등 가까운 촌수의 사람들에 한해서만 인정된다.

예를 들어 피상속인 A씨(배우자, 아들 1, 딸 1)가 7억원의 재산을 남겨두고 사망했을 경우 상속인들에게 상속되는 재산은 A씨의 '배우자 3억원', '아들 2억원', '딸 2억원'씩 상속이 되어야 한다. 그런데 A씨가 유언으로 전재산을 B단체에 기부했다고 가정해 보자.

이때 직계비속과 배우자는 자기 법정상속분의 2분의 1을, 직계존속과 형제자매는 3분의 1을 유류분으로 반환청구할 수 있다. 직계비속(아들, 딸)과 배우자의 유류분은 법정상속분의 1/2의 범위이므로 3억 5,000만원 한도 내에서 B단체를 상대로 '유류분반환청구소송'을 할 수 있다.

상속세 세율과 공제·면제 한도 – 5억원 이하는 상속세 없다!

그렇다면 상속세 세율은 어떻게 될까? 다음 표를 살펴보자.

상속세도 조건에 따라 상속분의 일부를 공제받을 수 있다.

● **유증** : 유언자가 유언으로 재산의 전부 또는 일부를 타인에게 무상으로 증여하는 행위를 말한다.

상속세 세율

과세표준	세율	누진공제
1억원 이하	10%	-
1억원 초과~5억원 이하	20%	1,000만원
5억원 초과~10억원 이하	30%	6,000만원
10원억 초과~30억원 이하	40%	1억 6,000만원
30억원 초과	50%	4억 6,000만원

상속세 공제한도를 쉽게 정리하면, 배우자와 다른 상속인(자녀 등)이 있는 경우
에는 10억원, 배우자만 있는 경우에는 7억원, 배우자가 없고 다른 상속인만 있는
경우에는 5억원이다. 총 상속재산가액이 5억원 이하이면 납부할 상속세는 없다.
그러므로 이 경우는 상속세신고를 하지 않더라도 별다른 불이익이 없다.

상속세 공제금액

구분		공제금액	공제한도
기초공제 및 인적공제	기초공제	2억원	인원수 제한 없음
	자녀공제	1인당 5,000만원	
	미성년자공제	19세까지 연수 × 1,000만원	
	연로자공제	1인당(65세 이상) × 5,000만원	
	장애인공제	장애인의 기대 여명 × 1,000만원	

구분		공제금액	공제한도
일괄공제		5억원	기초공제 등과 선택적용
배우자 상속공제	5억원 이상	① 실제 상속받은 금액 ② (상속재산 × 법정상속지분) − (상속 개시 전 10년 이내 배우자가 사전증여받은 재산의 과세표준) ※ ①, ② 중에 적은 금액을 기준으로 적용	30억원
	5억원 이하	5억원	5억원
금융재산 상속공제	2,000만원 이하	순금융재산의 가액	
	2,000만원 초과	20% 또는 2,000만원 중 큰 금액	2억원

상속세 신고 및 납부방법

재산을 상속받은 사람은 피상속인이 사망한 날이 속한 달의 말일부터 6개월 안에 피상속인의 주소지 세무서에 상속세 신고 및 납부를 해야 한다.

예를 들어 피상속인이 2024년 5월 15일에 사망한 경우, 11월 30일 이전까지 신고·납부하면 된다. 다만, 피상속인이나 상속인이 외국에 거주하고 있는 경우에는 추가로 3개월을 기간 연장해 준다.

신고기한 이내에 신고서를 제출하면 3%의 세액공제를 받을 수 있다. 이와는 반대로 기간 내에 신고를 하지 않거나 과소신고를 할 경우에는 가산세 10(일반 과소신고)~40%(부정 과소신고)까지 추가로 부담하게 된다. 만약, 납부기한 내에 세금을 납부하지 않거나 납부해야 할 세액에 미달되게 납부하면 납부불성실가산세를 추가로 부담하게 된다.

100

부모님 재산을 알아내는 방법은?

부동산 외 금융자산도 파악하고 싶다면?

아무리 상속인(자식)이라고 하더라도 피상속인(부모님)의 재산의 종류, 범위, 액수 등을 정확하게 알고 있기란 쉽지 않다. 눈에 보이는 부동산이라면 그나마 파악이 쉽다. 하지만 예금, 보험, 대출, 각종 세금, 신용카드이용대금 등과 같은 금융재산의 파악은 쉽지가 않다. 그러나 상속재산의 범위를 정하기 위해서는 어떻게 해서든지 피상속인의 재산내역을 알아내야 한다. 이럴 때, 피상속인의 재산을 알아내는 방법으로 '안심상속 원스톱 서비스'와 '상속인 금융거래조회서비스'가 있다.

안심상속 원스톱 서비스 − 사망 후 6개월 이내 신청

상속인은 '안심상속 원스톱 서비스'를 신청하여, 피상속인의 모든 금융재산(채권, 채무)과 토지 및 건축물, 자동차, 국민연금, 체납세액 등의 내역을 확인할 수 있다. 시·구청, 주민센터의 민원실에 방문 또는 온라인 정부24(www.gov.kr)를 통해서 신청할 수 있다.

단, 안심상속 원스톱 서비스는 재산의 유무나 잔액 정도만 확인이 가능하다. 상세한 내역은 개별적으로 관련기관에 신청해서 확인해야 한다.

'안심상속 원스톱 서비스'는 피상속인이 사망한 달의 말일로부터 6개월 이내에만 신청이 가능하다.

안심상속 원스톱 서비스의 범위

금융거래	시중은행, 저축은행, 우체국, 새마을금고, 금융투자회사, 생명보험, 손해보험, 여신금융회사 등과의 금융거래내역
세금	국세·지방세 체납액, 미납액, 환급액 등
부동산 소유 현황	개인별 토지 및 건축물 소유 현황
자동차 소유 현황	자동차 소유내역
연금	연금 가입 유무

상속인 금융거래조회서비스

예전에는 상속인이 피상속인의 금융거래내역 및 계좌 보유 유무를 조회하기 위해서 모든 금융기관을 일일이 방문해야 하는 번거로움이 있었다. 여기에 따르는 시간과 비용 등의 어려움을 덜어주고 조회의 정확성과 신속성을 높이기 위해서 금융감독원은 '상속인 금융거래조회서비스'를 제공하고 있다. 각 금융기관에 조회대상자(피상속인)의 금융거래를 조회할 수 있게 요청을 해 주는 서비스다. 한 번의 신청으로 피상속인의 모든 금융거래내역을 확인할 수 있게 되었다.

조회신청방법은 간단하다. 사망사실과 상속인임을 입증할 수 있는 사망일 및 주민등록번호가 기재된 기본증명서 또는 사망진단서* 및 가족관계증명서, 신분증을 지참하여 금융감독원, 시중은행, 우체국, 삼성생명고객프라자, 한화생명고객센터, KB생명고객프라자, 교보생명고객프라자 등에 방문하면 된다.

상속인 금융거래조회서비스는 인터넷을 이용한 온라인 신청은 불가능하며, 조회만 온라인으로 가능하다. 처리기간은 20일 이내이며, 결과는 금융감독원 홈페이지를 통하여 일괄 확인할 수 있다. 또한 각 금융회사에서는 문자메시지 등으로 통보해 준다. 각종 예금은 기본이고 보험, 대출, 신용카드 이용대금, 주식, 세금납부 현황, 상조회사 가입 여부까지 확인할 수 있다.

은행(금융회사)에서는 계좌 존재 유무와 예금액, 채무액 정도만 통지해 준다. 정확한 잔액 및 거래내역 등 상세한 내역은 해당 기관에 방문해서 확인하면 된다.

상속인 금융거래조회서비스의 범위

금융채권	예금, 보험계약, 예탁증권 등
금융채무	대출, 신용카드 이용대금 등
공공정보	국세, 지방세, 과태료
부가서비스	채무금액의 상환일
연금	국민, 공무원, 군인, 사학 연금 등의 가입 여부

상속인은 접수일로부터 20일 내에 정보를 제공받을 수 있으며, 접수일로부터 3개월간 홈페이지에서 조회결과를 확인할 수 있다. 3개월 이후에는 확인이 불가능하다.

● 단, 2007년 12월 31일 이전 사망자의 경우 '제적등본'이 필요하다.

재산보다 빛이 더 많을 땐? - '상속포기' 또는 '한정승인'

상속을 받는다는 것은 피상속인의 재산상의 모든 권리와 의무를 상속인이 떠안겠다는 의미가 내포되어 있다. 즉 피상속인의 재산뿐만 아니라 빚도 함께 상속이 된다. 그러므로 상속받을 재산보다 빚이 더 많다면 상속인 입장에서는 상속포기 또는 한정승인을 해야 한다.

상속포기

상속인이 피상속인의 재산을 모두 받지 않는 것이다. 재산뿐만 아니라 빚도 상속받지 않겠다고 의사표시를 하는 것이다. 이는 피상속인의 채무가 상속재산보다 많을 경우 선택할 수 있는 방법이다.

본 절차를 위해서 먼저 피상속인의 재산과 채무의 규모를 명확히 파악한 뒤, 상속개시(피상속인의 사망일)가 있음을 안 날로부터 3개월 내에 가정법원에 신청을 해야 한다. 피상속인의 최후 주소지 관할 가정법원에 제출한다. 이때 위의 절차를 통해 법원으로부터 상속포기 결정을 받는다고 해서 모든 상속 문제가 종결되는 것은 아니다. 해당 상속권이 후순위 상속인에게 승계되기 때문이다. 상속인 전원이 상속 책임을 면하기 위해선 순차적으로 위와 같은 절차를 진행해야만 한다.

한정승인

상속인이 받을 상속 '재산'과 '빚' 중 어느 것이 더 많은지 불분명한 경우, 상속받을 재산의 한도 내에서만 상속인이 피상속인의 빚을 갚겠다고 의사표시를 하는 것을 말한다. 즉 피상속인이 남겨준 재산범위 내에서만 빚을 갚으면 된다.

쉽게 말해 고인의 채무는 상속받은 재산으로만 갚고, 변제 시 부족분이 생기더라도 상속인 본인의 재산으로 빚을 갚을 의무는 전혀 없는 것이다. 예를 들어 상속받을 재산은 7억원인데, 갚아야 할 빚은 10억원이라면 상속인은 7억원까지만 갚으면 된다.

한정승인 역시 상속개시가 있음을 안 날로부터 3개월 이내에 상속재산의 목록을 첨부하여 상속개시지(피상속인이 사망 당시에 살았던 마지막 주소지)의 가정법원에 신청해야 한다.

40대 점프업!
❶ 경매로 5억 만들기!

101

경매에 대한 부정적인 인식을 버려라!

경매는 돈 없는 사람을 괴롭히는 나쁜 제도가 아니다

경매에 부정적인 인식을 갖고 있는 사람들이 많다. 아마도 영화나 드라마의 영향일 것이다. 한번쯤 봤을 법한 드라마의 한 장면을 떠올려 보자.

어느 날 갑자기 검은색 옷을 입은 건장한 남성들이 집 안에 들이닥쳐서 가구며 가전제품에 빨간 딱지를 붙인다. 엄마와 아이들은 주저앉아 울고불고, 남편은 깊은 한숨을 몰아쉬며 눈물을 머금는다. 그때 방안에 계시던 할머니가 놀라 거실로 나와 강제집행을 하는 사람들을 붙잡고 봐달라며 애원의 눈물을 흘린다. '천벌을 받을 놈들! 이런 세상에 또 없을 몹쓸 놈들!' 등 온갖 욕과 저주를 퍼붓다가 결국 뒷목을 잡고 쓰러진다. 온 가족이 서로를 부둥켜안고 흐느끼며 '어머님!', '할머니!'를 외치며 울부짖는다. 대낮에

경매를 진행하는 법원

도 햇볕 한 줌 들지 않는 곰팡이 가득한 지하 셋방으로 이사를 가는 모습으로 장면이 마무리된다.

경매를 제대로 알지 못하는 사람들이 이런 장면을 보게 된다면 경매라는 것은 없는 사람들의 눈에 피눈물 나게 만드는 없어져야 할 사회악 같은 제도라고 생각할 것이다.

자본주의사회의 핵심 요소는 유동성, 경매의 순기능은 꽉 막힌 돈을 돌게 해 주는 것!

우리가 살고 있는 자본주의 시스템을 제대로 이해한다면 경매의 필요성을 인식하게 될 것이다. 자본주의사회에서 가장 중요한 것은 돈이 원활하게 도는 것이다. 돈이 필요한 곳에서 제때 돌지 못하면 경제가 흔들리고 체제 자체에 균열이 갈 수도 있다. 최악의 경우에는 체제가 붕괴(파산)될 수도 있다.

사람의 심혈관에 빗대어 설명하면, 혈관이 막혀 피가 원활하게 이동할 수 없어 동맥경화라는 큰 고통에 시달리게 되는 것이다. 초기에 제대로 된 치료를 받지 못한다면 생명까지도 위험해질 수 있다.

경매는 이렇게 꽉 막힌 돈을 잘 돌 수 있게 뚫어주는 역할을 한다. 작은 막힘(개인채무)이 모여서 큰 막힘(국가경제)이 되지 않도록 국가(법원)가 앞장서서 계속 정리하고 관리하는 것이다.

개인의 채권 채무 갈등을 풀어주는 해결사, 경매!

2023년 우리나라 1년 예산은 약 640조원이다. 640조원이라는 엄청난 돈을 운영해야 하는 정부가 개인 간의 채권과 채무(빚)까지 신경쓴다는 것이 얼핏 이해가 되지 않을 수도 있다.

채권·채무액을 전국적으로 합치면 헤아릴 수 없을 만큼 엄청난 액수의 돈이 된다. 이렇게 많은 돈이 문제가 생겨 제대로 돌지 못한다면 결국 국가 경제에도 악영향을 미칠 수밖에 없다. 정부는 살아서 계속 움직이고 싶어 하는 돈이 필요한 곳으로 또는 원하는 곳으로 제때에 원활하게 흘러갈 수 있도록 유지해 준다. 이렇게 나라 경제를 위해서 경매라는 제도가 필요한 것이다. 그동안 경매에 대해 편견을 갖고 있었다면 이제 그 부정적인 인식부터 버리자.

 잘 받은 경매 1건, 대기업 과장급 연봉이 부럽지 않다!

경매물건을 검색하다 보면 가끔 '이건 돈이 된다!' 싶은 물건이 나온다. 10여 년 전 경매를 시작한 지 얼마 안 됐을 때, 가슴을 뛰게 만든 물건이 나타났다.

2009타건		• 서울남부지방법원 본원 • 매각기일 : 2010.07.13.(火) (10:00) • 경매 8계(전화 :02-)						
소재지	서울특별시 금천구 시흥동		도로명검색 지도 지도					
물건종별	다세대(빌라)	감 정 가	250,000,000원	오늘조회: 1 2주누적: 0 2주평균: 0 조회동향				
				구분	입찰기일	최저매각가격		결과
대지권	45.74㎡(13.836평)	최 저 가	(64%) 160,000,000원	1차	2010-03-30	250,000,000원		유찰
					2010-05-04	200,000,000원		변경
건물면적	103.18㎡(31.212평)	보 증 금	(10%) 16,000,000원	2차	2010-06-08	200,000,000원		유찰
				3차	2010-07-13	**160,000,000원**		
매각물건	토지·건물 일괄매각	소 유 자	외 1명	낙찰: 191,999,000원 (76.8%)				
				(입찰2명,낙찰:)				
개시결정	2009-10-21	채 무 자	외 1명	매각결정기일 : 2010.07.20 - 매각허가결정				
사 건 명	강제경매	채 권 자		대금납부 2010.08.18 / 배당기일 2010.09.30				
				배당종결 2010.09.30				

출처 : 굿옥션

겉보기에는 일반 다세대주택과 별반 다르지 않게 보인다. 그런데 감정가 2억 5,000만원 짜리 물건이 두 차례 유찰되어 1억 6,000만원까지 떨어졌다. 크게 2가지 문제가 있었다. 첫 번째, 건축물대장상 용도가 '다세대주택'이 아닌 '근린생활시설'이었다. 일명 '근생빌라' 였다.

두 번째, 건축물대장에는 201호 근린생활시설 전용면적 103.18㎡(약 31.21평)로 되어 있었 지만 이를 불법으로 쪼개서 201호와 202호 두 세대의 주택으로 임대해 주고 있었다. 불법 용도변경 및 불법구조변경까지 이루어진 데다가 구청에 적발된 상태여서 '위반건축물'로 건 축물대장에 등재되어 있었으며, 매년 이행강제금으로 약 600만원씩 부과되고 있었다.

목록	구분	사용승인	면적	이용상태	감정가격	기타
건물	5층 중 2층	04.03.26	103.18㎡ (31.21평)	201호(방2등), 202호(방3등)	150,000,000원	* 도시가스 개별난방
토지	대지권		195㎡ 중 45.74㎡		100,000,000원	

• 매각물건현황 (감정원 : ▨▨감정평가 / 가격시점 : 2009.10.29 / 보존등기일 : 2004.03.30)

현황 위치
* "남부여성발전센터" 남서측 약 100m 지점에 위치
* 인근주변에 일반주택, 다세대주택, 상가주택, 소규모점포등이 혼재된 곳임
* 주거환경 및 제반편익시설의 이용여건 등은 원만시됨
* 도로로 약 2분 거리에 버스정류장 등이 소재하는 바, 대중교통수단의 이용여건은 원만시되며 본건까지의 차량출입은 보통시됨. 본건 토지의 일부가 폭 약 3m 막다른 도로에 접함
* 완경사지에 조성된 지반상태 견고시 보이는 대체로 장방형에 가까운 토지

참고사항
* 본건은 공부상에 근린생활시설(201호)로 표기되어 있으나, 현황 다세대주택 2세대(201호,202호)로 구분하여 사용중에 있으니 경매참여시 유의바람
* 건축-14512(2007.12.06)호에 의거 위법건축물 통보(근린생활시설 113.26㎡를 2세대로 불법용도변경)

근린생활시설 201호를 201호와 202호로 쪼개서 주택으로 임대해 주고 있었다.

그렇다면 왜 2층을 다세대주택으로 허가받지 않고 근린생활시설로 받아서 이렇게 불법용도변경을 했을까?

바로 주차장 때문이었다. 주차공간이 7대였는데, 신축될 당시(2003년)에는 허가조건이 1세대당 1대였다. 2~5층까지 2세대씩 총 8세대의 빌라로 허가를 받기 위해서는 8대의 주차공간이 필요했던 것이다. 그래서 2층을 다세대주택으로 허가받지 않고 주차장 기준이 완화되어서 적용되는 근린생활시설(면적 134㎡당 1대)로 허가받은 것이다.

여기서 핵심포인트는 근린생활시설을 다세대주택으로 용도변경해서 정상적인 주택 2세대로 만들 수 있느냐였다. 건축사사무실에 문의해 본 결과 주차장 설치기준이 완화되어 주차공간이 7대여도 일정 면적 미만이라면 8세대의 다세대주택으로 용도변경이 가능하다는 답을 받아 입찰에 참여했다.

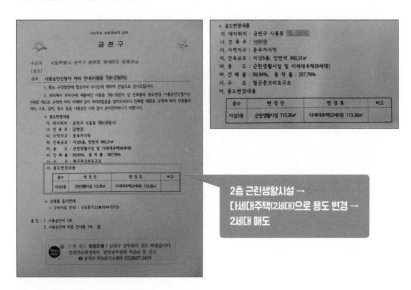

물건을 낙찰받고 나서는 계획했던 대로 근린생활시설을 다세대주택 2세대로 용도변경했다. 주변시세보다 약간 저렴한 평당 1,000만원선에 2세대 모두 매도해서 높은 수익을 거두었다.

102

한눈에 보는 경매 절차

1단계 채권자 등에 의한 경매신청

빌려준 돈을 받지 못한 채권자(은행, 개인 등)가 경매신청서를 작성하고 근거서류를 첨부해서 법원에 경매를 신청한다. 이때 경매신청자는 경매비용을 미리 납부해야 한다. 경매비용은 차후 배당*이 실시되면 되돌려받을 수 있다.

2단계 법원의 경매개시결정

법원은 경매신청서가 접수되면 신청서 검토 후 하자가 없으면 경매개시결정을 내린다. 경매개시결정이 내려지면 법원은 해당 부동산을 관할하는 등기소에 '경매개시결정등기'를 하도록 등기촉탁을 한다. 이때 등기소에서는 해당 부동산의 등기사항증명서에 경매가 진행되고 있음을 알리는 경매개시결정등기를 하게 된다.

3단계 법원의 매각준비

법원은 해당 부동산의 현황(토지현황, 감정가, 위치 등), 점유관계, 임대차내용(보증금과 차임내역) 등 전반적인 항목을 조사하여 '현황조사서'를 작성한다. 이 내용을

● **배당** : 경매 매각대금으로 채권자들에게 돈을 나누어 주는 절차를 말한다.

바탕으로 '매각물건명세서'를 작성해서 매각기일 1주일 전까지 법원에 비치하여 누구나 열람할 수 있도록 해야 한다. 이와는 별도로 법원은 감정평가기관에 의뢰하여 해당 부동산의 가치를 평가해 감정평가서(감정평가금액)를 작성하게 한다. 법원은 감정평가서의 평가금액을 참고하여 최초 경매시작가격을 결정한다. 경매시작가격(최저매각가)은 대부분 감정평가금액과 동일하게 책정된다.

4단계 채권자 등 이해관계인들에게 통지

임차인을 포함한 이해관계인과 권리자(근저당권자, 가압류권자 등)에게 경매가 진행될 것을 알리는 안내문을 우편으로 발송한다. 해당 부동산에 권리가 있는 사람들에게 경매가 진행되었다는 사실을 알리는 절차다.

5단계 배당요구 종기 결정 및 신청

법원이 경매에 관련된 모든 채권자와 채권금액을 알 수는 없다. 물론 배당신청을 따로 하지 않아도 자연배당이 되는 권리자도 있지만, 반대로 배당신청을 해야만 배당받을 사람인지를 알 수 있는 권리자도 있다. 그러므로 당연배당자가 아닌 권리자들은 배당요구 종기일 전까지 반드시 법원에 배당신청을 해야 한다.

6단계 매각기일 지정 및 매각실시

매각기일은 입찰일자, 즉 해당 부동산의 경매가 진행되는 날이다. 일반적으로 최초 매각기일은 공고일자로부터 2주~20일 안의 날로 법원이 정한다. 경매입찰에 참여하고 싶은 사람은 매각기일에 관할법원에 참석하여 입찰서와 보증금을 제출해야 한다.

입찰이 완료되면 입찰에 참여한 사람 중 최고가로 입찰한 사람이 최고가매수신고인이 된다. 낙찰받지 못했다면 그 자리에서 입찰보증금이 반환된다.

7단계 매각허가결정 및 확정

낙찰일에 최고가매수신고인이 정해지면 법원에서는 경매매각 절차에 문제가 없었는지 종합적으로 살펴보고, 특별한 하자가 없을 경우 '매각허가결정'을 내린다. 최고가매수신고인이 낙찰을 받은 후 해당 물건에 중대한 하자가 있거나 또는 절차 및 법원의 서류상 문제를 발견했다면, 매각불허가를 신청할 수도 있다.

매각허가결정은 보통 매각일로부터 7일 후에 내려진다. 매각허가결정 후 1주일 이내에 이해관계인 중에서 이의가 있는 사람은 이의신청(또는 즉시항고)을 할 수 있다. 이 기간 안에 이의신청이 없을 경우 매각허가결정이 확정된다. 이때 최고가매수신고인의 지위는 '매수인(매수자)'으로 바뀐다.

8단계 잔금납부와 소유권이전등기

매각허가결정이 확정된 후, 매수인이 잔금을 모두 납부하면 따로 등기를 하지 않아도 민법 제187조에 의해 소유권을 취득하게 된다. 단, 등기를 하지 않으면 처분할 수 없다. 법원에서는 잔금납부기일을 대개 4주 정도 준다.

9단계 배당기일

법원에서는 매수인 잔금납부일로부터 1개월 후쯤으로 배당기일을 정하고, 배당을 신청한 채권자와 이해관계인 등에게 통지를 한다. 법원은 배당받을 사람들의 순서와 금액을 표로 작성하는데, 이를 배당표라고 한다. 법원은 배당표를 기준으로 배당기일에 배당을 실시한다. 배당에 이의가 있는 사람은 '배당이의신청'을 하면 되고, 별다른 배당이의신청이 없을 경우 경매 절차는 마무리된다.

103

경매의 2가지 종류
– 임의경매 vs 강제경매

우리가 흔히 말하는 법원경매에는 '임의경매'와 '강제경매'가 있다. 두 경매 모두 법원에서 진행하는 것이고, 절차도 동일하지만 경매의 성격과 향후 효과면에서 몇 가지 차이점이 있다.

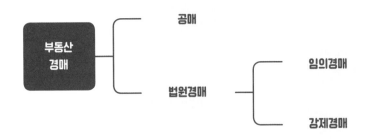

임의경매 – 담보권이 있다면 바로 신청!

임의경매는 담보권(근저당권, 전세권 등)이 있다면 별도의 소송 없이 바로 경매를 신청할 수 있는 것을 말한다. 즉 별도의 판결문이 없어도 바로 경매를 신청할 수 있다. 예를 들어 전세권(물권)*이 있는데, 임대인이 제때 보증금을 반환하지 않는다면 전세권자가 별도의 절차 없이 바로 임의경매를 신청할 수 있다.

이와 반대되는 경우가 전세권 등기를 하지 않고 전입신고 및 확정일자만 받은, 우리가 흔히 말하는 채권적 전세다. 이런 경우에는 '보증금반환소송'을 통해 판결을 받아 강제경매를 신청해야 한다.

강제경매 - 법원의 집행권원이 있어야 신청 가능!

강제경매는 법원에 소송을 제기하여 채권자가 원하는 판결문 등을 받은 후에 경매를 신청하는 것을 말한다. 즉 경매를 신청하기 위해서는 법원에서 집행권원**을 먼저 받아야 한다. 대표적인 집행권원으로는 판결문, 화해조서, 조정조서 등이 있다. 개인 간에는 근저당권을 설정하지 않고 간단하게 차용증만 작성하고 돈을 빌려주는 경우가 많은데, 이런 경우 바로 경매를 신청할 수가 없다. 법원에 해당 채권을 내용으로 하는 집행권원을 받아야 한다.

2가지 모두 진행 절차는 동일,
그러나 경매 취소 시에는 큰 차이가 있음!

임의경매와 강제경매는 소유권 이전까지 진행절차가 동일하며, 경매가 진행

- **물권 vs 채권** : 물권은 어느 누구에게나 주장할 수 있는 권리이지만, 채권은 특정인이 특정인에게만 주장할 수 있는 권리다. 돈을 빌려준 채권자는 돈을 빌린 채무자에게만 변제를 요청할 수 있다(165쪽 참고).
- ** 집행권원** : 법원에서 법으로 일정한 급부청구권의 존재와 범위를 표시(확인)함과 동시에 강제집행으로 그 청구권을 실현할 수 있도록 집행력을 인정해 주는 공인증서를 말한다. 집행권원의 대표적인 예로 판결문, 화해조서, 조정조서 등이 있다.

된 후 취소될 경우에 차이가 생긴다.

임의경매는 매수인이 대금을 납부하고 소유권을 취득했다 하더라도 이후에 경매 원인인 담보권이 무효가 되면 소유권을 잃을 수도 있다. 예를 들어 잘못 설정된 근저당권을 기인해서 임의경매가 진행되었다고 가정해 보자. 매수인이 낙찰을 받고 잔금까지 모두 납부하고 소유권이전등기까지 마쳤다 하더라도 해당 근저당권이 무효라는 사실이 밝혀지면 매수인이 취득한 소유권은 다시 원래의 소유자에게 반환된다. 따라서 경매의 원인이 된 권리가 정당하게 설정된 것인지 확인해 보아야 한다. 특히, 개인이 설정한 '근저당권'이라면 향후에 무효가 될 수

임의경매와 강제경매의 차이

구분		임의경매	강제경매
차이점	돈을 빌린 근거	담보	신용
	경매 신청 근거	담보권 실행에 의함	집행권원에 의함
	대표적인 권리의 예	근저당권, 전세권, 저당권, 담보가등기	임대차, 압류, 가압류, 가처분
	잔금완납 전 채무상환 시 경매 취소 여부	자동 취소 가능	자동 취소 불가
	경매 취소 시 낙찰자의 동의서 필요 여부	필요 없음	필요함
	경매 취하 시기	대금납부 전까지 가능함	매각 이후 매수인의 동의서가 있어야 가능함
	공신력	없음(경매 절차 완결 후에도 이의에 의해 번복 가능)	있음(경매 절차가 유효한 이상 절차 완결 후에는 번복 불가능)
공통점	진행 주체	경매개시결정부터 낙찰에 따른 소유권이전까지 절차가 동일함	
	경매 절차	자력구제가 금지되므로 집행기관인 법원이 주체가 됨	

도 있기 때문에 주의해야 한다.

　이와는 반대로, 강제경매는 소송 등으로 채권자가 법원을 통해서 받은 집행권원으로 경매를 신청하는 것이기 때문에 매수인이 향후에 소유권을 잃게 될 가능성은 거의 없다.

104

나에게 꼭 맞는 입찰계획 세우기

일반 매매처럼 경매를 통해서 부동산을 낙찰받을 때에도 목적, 자금 등에 맞는 계획이 필요하다. 원하는 집을 낙찰받기 위해서는 어떠한 순서로 계획을 세워야 하는지 알아보자.

❶ 자금계획 세우기

마련할 수 있는 돈의 액수를 정확하게 파악해서 자금계획을 세운다. 가용 자금에 따라 낙찰받을 수 있는 물건 종류와 금액대가 달라지기 때문이다.

투자금액은 단순히 낙찰금액 외에도 취득세, 수리비(인테리어비용), 금융비용, 중개수수료 등의 부대비용까지 포함해서 생각해야 한다.

❷ 낙찰 목적 정하기

목적에 따라 부동산의 종류, 규모(크기), 낙찰가 등을 산정할 때 고려해야 하는 요소들이 달라진다.

실거주가 목적이라면 수익률이 조금 떨어진다 하더라도 마음에 드는 집을 골라 안전하게 낙찰가를 높여 쓰는 것이 좋다. 그러나 투자가 목적이라면 낙찰보다

경매 입찰 체크리스트

항목	YES
❶ 자금계획 세우기	✓
❷ 낙찰 목적 정하기	✓
❸ 부동산(주택)의 종류 선택하기	✓
❹ 지역 선택하기	✓
❺ 물건 검색하기 - 손품 팔기	✓
❻ 현장 답사하기 - 발품 팔기	✓
❼ 입찰가격 산정하기	✓
❽ 입찰하기	✓
❾ 잔금 치르고 소유권이전등기 하기	✓
❿ 명도하기	✓

는 수익률이 우선이기 때문에 낙찰가를 낮게 쓰는 것이 좋다.

❸ 부동산(주택)의 종류 선택하기

아파트, 빌라(다세대), 단독주택, 다가구주택, 도시형생활주택 등 자신의 능력과 목적에 맞는 주택 종류를 정해서 집중적으로 공략하는 것이 좋다.

❹ 지역 선택하기

지역을 미리 정해 놓고 물건을 검색하는 것이 좋다. 처음 경매에 입문하는 사람일수록 자신이 잘 아는 친숙한 동네부터 시작한다. 경험이 어느 정도 쌓이면 지역 범위를 넓혀간다.

⑤ 물건 검색하기 - 손품 팔기

대부분 인터넷을 통해 경매물건을 검색하고 정보를 수집한다. 무료사이트(대한민국 법원 법원경매정보)와 유료사이트(굿옥션, 지지옥션, 탱크옥션 등)가 있다.

마음에 드는 물건이 있으면 등기사항증명서, 건축물대장, 현황조사서, 매각물건명세서 등을 검토하여 대략적인 권리분석(107장, 108장, 109장 참고)을 한다.

⑥ 현장 답사하기 - 발품 팔기

물건 검색과 권리분석을 마쳤다면 현장에 방문해서 발품을 팔아야 한다. 주택의 위치, 상태, 교통, 편의시설, 시세, 지역 분위기 등을 파악하는 것이다. 또한 주택에 현재 거주(점유)하고 있는 사람이 누구인지, 성향은 어떠한지 등을 파악해서 명도의 난이도까지 미리 고려해야 한다. 명도는 현재 점유하고 있는 사람을 내보내는 일을 의미하며, 낙찰가를 산정하는 데 단서가 되기도 한다.

⑦ 입찰가격 산정하기

입찰가격을 산정할 때 우선적으로 고려해야 하는 것은 '수익률'과 '명도의 난이도'다. 즉 얼마의 수익을 거둘지를 미리 정하고 낙찰가를 산정해야 한다. 그리고 경매는 거주자를 명도해야 비로소 용익권(사용과 수익)을 확보할 수가 있으므로 현장답사 시 살펴본 명도 난이도를 고려해 낙찰가를 산정한다.

❽ 입찰하기

경매법정 입구에 설치되어 있는 게시판에는 당일 진행되는 경매사건번호들이 기재되어 있다. 자신이 입찰하려는 물건이 취하 등의 사유로 진행되지 않을 수도 있으므로 반드시 게시판을 먼저 확인한다.

입찰표를 제출하기 전에는 사건기록을 열람해 봐야 한다. 법정에 비치되어 있는 '매각물건명세서'를 반드시 확인하여 자신이 조사한 내용과 다른 점은 없는지를 다시 한 번 더 꼼꼼하게 체크한다.

❾ 잔금 치르고 소유권이전등기 하기

경매는 매각대금을 완납하면 등기를 하지 않았어도 소유권을 취득하게 된다. 그러므로 일반매매와 달리 경매에서는 소유권이전등기와는 상관없이 대금이 완납되는 순간부터 소유자(매수인)로서의 지위를 갖게 된다. 단, 해당 부동산을 향후에 처분하기 위해서는 반드시 소유권이전등기를 해야 한다.

❿ 명도하기

명도는 해당 주택을 점유하고 있는 사람을 내보는 일을 가리키는데, '경매의 꽃'이라고 불릴 만큼 어렵고도 부담스러운 과정이 될 수 있다. 효율적인 명도를 위해서는 대화와 적절한 타협, 역지사지의 자세가 필요하다. 또한, 강제집행이라는 법적 물리력으로 해결하기보다는 대화로 풀어가는 것이 좋다.

경매물건 지역선정하기

전국의 모든 물건을 조사하는 것은 물리적으로 한계가 있다. 그러므로 지역을 선별해서 범위를 정하는 것이 우선되어야 한다.

다음은 지역을 정할 때 핵심이 되는 5가지 기준이다. 초보자일수록 다음 5가지 중에서 최소 3가지 이상 부합되는 곳으로 지역을 정하는 것이 좋다.

1 | 장단점 파악하기 쉬운 친숙한 지역

현재 살고 있는 동네 또는 과거에 살았던 동네에 관심을 갖는 것이 좋다. 직접 살아봤기 때문에 동네의 장단점을 잘 알 것이며, 낯선 지역에 비해 정서적 안정감을 갖는 데도 유리하다. 발전 가능성, 시세 등의 정보도 다른 동네보다 더 잘 알고 있을 확률이 높다.

2 | 살고 싶고, 사고 싶은 지역

사람들의 선호도가 높은 지역에 관심을 갖는 것이 중요하다. 경매를 하는 이유는 자신이 직접 거주를 하거나 누군가에게 임대를 놓거나 아니면 팔기 위해서다.

즉 사람들이 선호하는 곳에 위치한 부동산을 낙찰받아야 향후에 임대를 하거나 매매하기에도 수월하다.

3 | 대중교통 이용하기 좋은 지역

교통체증과 주차난 때문에 버스나 지하철 등 대중교통을 이용해서 출퇴근을 하는 사람들이 많다. 또한 맞벌이부부가 늘어남에 따라 대중교통의 중요성은 점점 커지고 있다.

특히, 소형평형의 주택을 낙찰받을 생각이라면 해당 주택을 임대하거나 매수할 고객층이 젊은 직장인 또는 신혼부부가 될 가능성이 높기 때문에 대중교통에 대한 비중을 더 두어야 한다.

4 | 학군이 좋은 지역

주택의 종류와 평형대에 따라 학군의 의미가 달라진다는 것을 알고 있어야 한다.

예를 들어 30평형대 아파트에 거주하는 사람들이 가리키는 좋은 학군은 좋은 학교로 배정받을 수 있는 곳, 또는 학원가가 잘 형성되어 있는 곳을 말한다.

20평형대 소형아파트 또는 빌라의 경우에는 초등학교가 가까운 곳이 가장 좋은 곳이다.

5 | 생활권 2시간 이내의 가까운 지역

경매물건을 선정할 때에는 가급적 자신의 생활권과 가까운 곳에 위치한 물건을 선택하는 것이 좋다. 대상 부동산의 가치가 좋다고 하더라도 물리적 거리가 너무 멀면 관리상의 어려움을 겪게 되기 때문이다.

낙찰을 받아 바로 매매할 목적이라 하더라도 마찬가지다. 낙찰을 받은 후 명도, 수리(인테리어), 중개사무소에 중개의뢰, 매매계약, 잔금(소유권이전등기) 등을 위해서 물건소재지까지 수차례 왔다 갔다 해야 하는데 비용도 비용이지만 매번 시간을 내는 것이 부담스러울 수 있기 때문이다.

그러므로 자신이 현재 살고 있는 지역 주변 또는 직장 주변 등으로 가까운 거리에 위치한 물건들부터 관심을 갖고 살펴보는 것이 좋다. 더욱이 본업이 있고 부업으로 경매를 하는 투자자일수록 자신의 생활권에서 가급적 2시간을 넘기지 않는 범위 내에서 물건을 찾는 것이 좋다.

105

본격 손품 팔기!
경매물건 검색하는 방법

지역과 투자 금액을 정했다면, 본격적으로 자신에게 가장 적합한 경매물건을 찾아야 한다. 2000년대 초반까지만 하더라도 지금처럼 인터넷 정보망이 발달되지 않아 경매물건에 대한 정보를 '사설정보지', '신문의 공고문', '법원 방문' 등 직접 발품을 팔아야 얻을 수 있었다. 그러나 이제는 인터넷 클릭만으로도 어떠한 부동산이 경매로 나왔는지 검색할 수 있다. 가장 일반적인 방법은 '대한민국 법원 법원경매정보(이하 법원경매정보)'와 유료경매사이트를 이용하는 것이다.

법원이 직접 운영하는 믿을 수 있는 정보만!
대한민국 법원 법원경매정보 홈페이지

법원경매정보 홈페이지(www.courtauction.go.kr)는 법원에서 직접 운영 및 관리하기 때문에 다른 사이트에 비해 빠르고 정확한 정보를 얻을 수 있다.

별도의 사용료 없이, 회원가입 없이 누구나 이용할 수 있다는 것이 장점이다. 법원에서 직접 제공하는 정보인만큼 혹시나 잘못 기재된 사항이 있거나 제공된 정보 중에 중대한 하자가 있을 경우 낙찰자는 이것을 근거로 하여 '매각불허가신

청'을 할 수 있다. 즉 믿고 거래할 수 있는 '공신력'이 있다는 것을 의미한다.

유료경매사이트에서 다양한 물건, 정보 손쉽게 획득!

유료경매사이트는 법원에서 제공하는 사이트보다 물건 검색이 간편하고, 제공되는 정보와 서비스가 다양하다는 것이 장점이다. 예를 들어 권리분석을 할 때 반드시 필요한 등기사항증명서, 전입세대열람 등의 서류 등을 미리 발급받아 제공하기 때문에 몇 번의 클릭만으로 바로 확인할 수 있는 편리함이 있다. 또한, 주변 유사 부동산의 낙찰 사례, 최근 실거래가, 현장지도(로드뷰) 등과 같은 부가서비스를 제공해 물건을 검색할 때 유용하게 사용할 수 있다.

최대 단점은 정보를 제공하는 측이 법원이 아니라 '개인 사업자'이기 때문에 제공된 정보에 오류가 있다는 사유만으로 법원에 '매각불허가신청'을 할 수는 없다는 것이다. 즉 개인 간의 소송이나 합의 등을 통해서 별도의 구제를 받아야 한다.

그러므로 제공되는 정보의 양과 서비스의 다양성 때문에 유료경매사이트를 이용한다 하더라도 최종적으로는 '법원경매정보'를 이용해서 정보를 다시 한 번 체크해 보는 습관을 갖는 것이 좋다.

탱크옥션(www.tankauction.com)

지지옥션(www.ggi.co.kr)

106

초보자가 피해야 할
경매물건 3가지 유형!

권리분석 난이도와 수익률은 비례하지 않는다!

상당수의 사람들이 권리분석의 난이도와 수익이 비례할 거라고 오해한다. 그래서 일반물건보다는 특수물건의 수익률이 상대적으로 높을 것이라고 생각한다.

물론, 난이도가 높을수록 경쟁률이 낮아지면서 상대적으로 수익을 내기가 쉬워질 수 있다. 하지만 난이도에 비해 수익이 크지 않은 물건도 있을 수 있다.

부동산 경매를 하는 이유는 어려운 수학 문제를 풀었다는 만족감을 얻기 위함이 아니라 경제적 이득을 얻기 위함이다. 그러므로 초보자일수록 권리분석이 어려운 특수물건에 매달리기보다는 권리분석이 간단하고 쉬운 물건부터 접근하는 것이 좋다. 이제 초보자가 경매물건을 선택할 때, 피해야 할 대표적인 3가지 조건에 대해서 알아보자.

주의 1 | 말소되지 않고 인수되는 권리가 있는 특수물건

일반적인 물건은 말소기준권리를 기준으로 이후의 모든 권리들이 소멸되어 낙찰자에게 인수되는 권리가 없어야 한다. 하지만 일부 물건은 낙찰자에게 인수되는 권리가 남아 있게 되는데 이것을 '특수물건'이라고 한다.

　법원의 통계상 진정한 특수물건은 전체 물건의 5% 미만이고, 허위로 특수물건처럼 가장해 놓은 물건(허위 유치권, 가장 임차인)까지 해도 10% 미만이다. 그러므로 경매가 진행되는 물건 중 90% 이상이 낙찰자에게 인수되는 권리가 없는 일반적인 매물이다. 즉 특수물건이 아니더라도 일반매물로도 충분하게 수익을 낼 수 있다는 것이다. 수익이 조금 덜하더라도 안전한 매물 위주로 공략하는 것이 롱런하는 지름길이다.

수원지방법원 안산지원

2015타경

매각물건명세서

사 건	2015타경	부동산임의경매	매각 물건번호	1	작성 일자	2020.10.20	담임법관 (사법보좌관)		
부동산 및 감정평가액 최저매각가격의 표시	별지기재와 같음		최선순위 설정	2014.11.19. 근저당권			배당요구종기	2015.08.17	

부동산의 점유자와 점유의 권원, 점유할 수 있는 기간, 차임 또는 보증금에 관한 관계인의 진술 및 임차인이 있는 경우 배당요구 여부와 그 일자, 전입신고일자 또는 사업자등록신청일자와 확정일자의 유무와 그 일자

점유자 성 명	점유 부분	정보출처 구 분	점유의 권 원	임대차기간 (점유기간)	보 증 금	차 임	전입신고 일자, 사업자등록 신청일자	확정일자	배당 요구여부 (배당요구일자)
	미상	현황조사	주거 임차인	미상	미상	미상	2015.03.03	미상	
	201호 전부	권리신고	주거 임차인	2015.03.03-20 17.03.02	40,000,000		2015.03.03	2015.03.03	2015.08.17

〈비고〉

※ 최선순위 설정일자보다 대항요건을 먼저 갖춘 주택·상가건물 임차인의 입차보증금은 매수인에게 인수되는 경우가 발생 할 수 있고, 대항력과 우선변제권이 있는 주택·상가건물 임차인이 배당요구를 하였으나 보증금 전액에 관하여 배당을 받지 아니한 경우에는 배당받지 못한 잔액이 매수인에게 인수되게 됨을 주의하시기 바랍니다.

등기된 부동산에 관한 권리 또는 가처분으로 매각으로 그 효력이 소멸되지 아니하는 것

매각에 따라 설정된 것으로 보는 지상권의 개요

> 유치권이 있는 특수물건.
> 초보자는 PASS!

비고란
1. 특별매각조건 매수신청보증금 최저매각가격의 20%
2. 2020. 7. 8. _____ 부터 공사대금 57,068,493원에 대하여 유치권 신고가 있으나 성립여부 불분명
3. 2020. 10. 15. 신청채권자 주식회사 _____ 로부터 유치권배제신청서가 접수됨

출처 : 굿옥션

548

이 매각물건명세서 '비고란 2'를 보면 공사대금으로 57,068,493원이 유치권 신고된 것을 알 수 있다. 해당 유치권이 허위가 아닌 진짜 유치권이라면 매수자는 공사대금으로 청구되어 있는 57,068,493원을 유치권자(공사업자)에게 지급해야 한다.

주의 2 | 임차인이 일부만 배상받거나 아예 받지 못하는 물건

경매에 경험이 많은 사람들까지도 명도에 대한 어려움을 갖고 있다. 특히, 임차인이 점유하고 있는 경우 명도대상인 임차인이 보증금을 '모두 배당받느냐', '일부만 배당받느냐', '전혀 배당받지 못하느냐'에 따라 명도의 난이도는 상당한 차이를 보인다. 초보자는 임차인이 보증금을 전액 배당받는 물건에 관심을 갖는 것이 좋다.

반대로 임차인이 보증금을 전혀 배당받지 못하는 경우는 가급적 피하도록 한다. 전재산에 가까운 보증금을 한 푼도 못 받고 나가는 임차인을 초보투자자가 상대하기는 쉽지 않기 때문이다.

대항력 2016년 2월 17일 발생(전입 후 1일)

• 임차인현황 (말소기준권리 : 2011.12.28 / 배당요구종기일 : 2017.06.26)

임차인	점유부분	전입/확정/배당	보증금/차임	대항력	배당예상금액	기타
	주거용 주택 전부	전입일자: 2016.02.16 확정일자: 2017.04.05 배당요구: 2017.04.18	보150,000,000원	없음	배당순위있음	
기타사항	☞ 조사차 방문하였으나 거주자 등은 만나지 못하였고, 주민등록표등본에는 임차인으로 조사한 1세대가 등재되어 있으니 점유관계 등은 별도의 확인 바람. ☞ 임차인으로 조사한 사람은 주민등록등재자임.					

• 등기부현황 (채권액합계 : 402,480,000원)

No	접수	권리종류	권리자	채권금액	비고	소멸여부
1(갑5)	2011.12.28	소유권이전(매매)				
2(을1)	2011.12.28	근저당		402,480,000원	말소기준등기	소멸
3(갑6)	2017.04.03	임의경매		청구금액: 339,384,866원	2017타경	소멸

말소기준권리(자세한 내용은 553쪽 참고)

이 임차인현황을 살펴보면, 2016년 2월 16일에 전입신고를 했기 때문에 대항력은 2016년 2월 17일(0시)에 발생했다. 그런데 등기부현황을 살펴보니 말소기준권리가 2011년 12월 28일, 2(을1)의 근저당권으로 되어 있다. 말소기준권리인 근저당권보다 후순위로 대항력을 갖췄기 때문에 배당요구를 할 수밖에 없다.

즉 해당 부동산이 낙찰되면 3(갑6)이 청구금액인 339,384,866원을 먼저 배당받아 가고 그다음에 임차인이 보증금 150,000,000원을 받아가야 한다. 그러므로 경매비용을 고려한다면 해당 물건이 최소 490,000,000원 이상으로 낙찰이 되어야 임차인이 보증금을 모두 배당받을 수 있는 상황이었다.

그런데 해당 물건은 383,330,000원에 낙찰이 되었다. 임차인은 1억원 이상의 보증금을 배당받지 못하고 떼이게 되는 것이다. 이런 임차인을 어찌 상대할 것인가? 초보자는 이런 물건을 피해야 한다.

주의 3 | 낙찰 불발로 2~3회 유찰된 물건

경매 입찰이 낙찰로 이어지지 않은 경우를 유찰이라고 한다. 유찰이 될수록 최저입찰가격이 내려가기 때문에 보다 저렴한 가격으로 낙찰을 받을 수 있을 거라는 생각으로 2~3회 유찰된 물건에 관심을 갖는 경우가 많다. 최초입찰 또는 1회 유찰에 낙찰되는 것이 일반적인데, 2~3회 유찰되었다는 것은 사람들의 관심 밖에 있는 물건이라는 뜻이다.

유의할 점은 '최초입찰'에서 관심을 받지 못했다는 것이다. 최초감정가가 시세보다 높게 평가되었다거나 아니면 너무 쉬운 물건이어서 경쟁률이 치열할 것으로 예상해 입찰에 참여하지 않았는데, 아무도 입찰에 응하지 않아 2회 유찰까지 가는 경우도 있다.

2회 유찰 후에는 저렴한 가격이 크게 부각되어 경쟁률이 치솟는다. 1회 유찰되었으니 '낙찰가가 1차 시작가격을 넘기지 않을 것'이라 생각하고 1차와 2차 가격 사이의 가격을 써내는 사람들이 많다. 이렇게 적어낸 가격은 십중팔구 낙찰과는 거리가 멀어지고 경쟁률만 올려주는 역할을 하게 된다.

그러므로 초보자일수록 관심물건에 대한 시세조사를 완벽하게 해서 최초입찰 혹은 1회 유찰 물건에 입찰해야 낙찰 확률을 높일 수 있다. 참고로 감정가와 현재 시세는 다를 경우가 많으므로 감정가는 참고만 하고 반드시 정확한 시세조사 후에 입찰에 참여해야 한다.

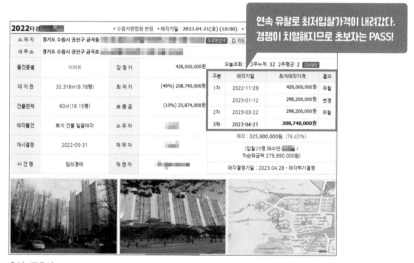

출처 : 굿옥션

이 사례는 최초감정가 426,000,000원에서 2회 유찰되어 3차 208,740,000원에 시작했다. 입찰 결과 29명이 참여해서 2차 가격 298,200,000원보다 높은 325,600,000원에 낙찰되었다. 만약 2차에서 입찰에 참여했다면 단독입찰로 보다 낮은 가격으로 낙찰받았을 확률이 높았을 것이다.

107

초보자는 하자 없는 물건에 도전!
– 권리분석 ① 말소기준권리

법률적 하자 없는 주택 경매하려면 권리분석 필수

법률적으로 부동산에 하자가 있는지 조사 및 확인하는 작업을 권리분석이라고 한다. 경매로 부동산을 낙찰받았을 때 낙찰자가 낙찰대금 외에 추가로 인수해야 하는 권리가 있는지 확인하는 과정이다.

권리분석의 첫 단추는 주택의 여러 권리 중에서 말소의 기준이 되는 '말소기준권리'를 찾아내는 작업이다. 말소기준권리가 정해지면 나머지 권리들의 인수 여부를 판단할 수 있다. 권리분석을 마치고 인수되는 권리가 없을 때, 비로소 '권리관계가 깨끗하다.'라고 할 수 있다. 마지막으로는 임차인을 분석해 낙찰자에게 '대항할 수 있는 임차인'˙이 있는지 따져봐야 한다.

● **대항력 있는 임차인** : 여기서 '대항'은 말 그대로 '누군가에게 맞설 수 있는'이라는 뜻이다. 즉, '낙찰자에게 대항할 수 있는'이라는 말은 현재 해당 부동산을 점유하고 있는 임차인의 권리가 말소기준권리보다 앞서 낙찰자에게 인수된다는 의미이다. 그러므로 낙찰자는 대항력을 갖춘 임차인을 내보낼 때 보증금을 반환해야 한다. 낙찰자가 임차인의 보증금반환의무를 부담하는 것이다. 이런 경우 임차인의 선택에 따라 보증금을 받고 바로 이사를 나갈 수도 있고, 남아 있는 계약기간까지 해당 주택에 거주할 수도 있다.

그러므로 권리분석을 제대로 하려면 '말소기준권리', '인수되는 권리', '임차인 분석'을 모두 할 줄 알아야 한다. 먼저 '말소기준권리'와 '인수되는 권리'를 알아보고, 이어지는 109장에서는 '임차인 분석'을 공부해 보자.

말소기준을 알아야 경매물건의 가치가 보인다

말소기준권리는 부동산에 설정된 다양한 권리 중에서 낙찰자에게 인수되는 권리와 소멸되는 권리를 나누는 기준이 되는 권리다. 즉 말소기준권리보다 앞서는 권리는 낙찰자에게 '인수'되고, 말소기준권리보다 뒤에 오는 권리는 '소멸'된다. 이때 말소기준권리도 소멸되는 권리에 포함되므로 낙찰자에게 인수되지 않는다.

말소기준권리가 될 수 있는 권리는 다음의 5가지다. 그중에서 가장 먼저 설정되어 있는 것이 말소기준권리가 되며, 이후에 설정된 권리들은 소멸된다.

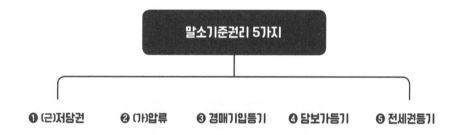

❶ (근)저당권

채무가 제대로 이행되지 않을 경우 담보로 설정해 놓은 저당물(부동산)을 돈으로 환가하여 일반 다른 채권자들보다 우선해서 변제받을 수 있는 권리다.

❷ (가)압류

금전채권(돈)으로 환산할 수 있는 채권이 장래에 강제집행으로 진행되지 않을 것을 대비해서 미리 채무자의 재산을 확보해 놓는 것이다.

예를 들어 A라는 사람이 B라는 사람에게 받을 돈이 있는데 제때 갚지 않자 A가 법원에 판결을 받아 B의 집을 강제경매신청하려고 한다. 그러나 그 전에 B가 다른 사람에게 매도해 버리면 A는 집행불능에 빠질 수 있다. 그러므로 A는 소송을 진행하기에 앞서 법원에 가압류신청을 해서 B의 집(재산) 처분을 방지할 수 있는 장치를 설정해 놓는 것이다.

❸ 경매기입등기

법원에서 경매개시결정이 내려지면 해당 부동산을 관할하는 등기소에 '경매개시결정등기'를 하도록 등기촉탁을 하게 된다. 이때 등기소에서는 해당 부동산의 등기사항증명서에 경매가 진행되고 있음을 알리는 경매개시결정등기(경매기입등기)를 하게 된다.

❹ 담보가등기

'가등기'라는 말은 가짜(임시등기)라는 의미를 갖고 있다. 즉 담보가등기란, 채권(빚)의 담보를 위해 임시로 설정해 놓은 등기를 말한다. 그러나 채무자가 제때 채무의 이행을 하지 않을 경우 가등기권자(채권자)는 '본등기'(진짜등기)를 하므로 담보권을 실행해서 자신의 채권을 회수해 갈 수 있다.

❺ 전세권등기

전세권등기라고 해서 무조건 말소기준권리가 되는 것은 아니다. 다른 말소기준권리보다 선순위이면서 전세권자(임차인)가 해당 부동산에 '경매신청' 또는 '배당요구'를 한 경우에 한해서 말소기준권리가 될 수 있다.

말소기준권리가 되는 권리들의 특징은 '돈을 빌려주었거나', '받을 돈이 있을' 때 설정해 놓은 권리들이라는 것이다. 즉, '돈 받는 것'이 주목적이기 때문에 해당 부동산이 경매로 매각되었을 때, 매각대금에서 자신들의 권리순위에 따라 돈을 받아가면 된다. 그러므로 받을 돈 전액을 다 받았는지 여부와는 상관없이 경매로 매각이 되면 등기상 모든 효력이 소멸하는 것이 원칙이다. 단, 채권자가 못 받은 돈이 있다면 해당 채무자와의 개인적인 채무관계는 계속 남아 있게 된다.

No	접수	권리종류	권리자	채권금액	비고	소멸여부
1(갑4)	2012.12.24	소유권이전(매매)			각 1/2	
2(을6)	2014.07.04	근저당		60,000,000원	말소기준등기	소멸
3(을7)	2015.04.15	근저당	은행	62,400,000원		소멸
4(을9)	2015.11.24	근저당	은행	190,800,000원		소멸
5(을10)	2015.12.09	근저당		156,000,000원		소멸

소멸 - 낙찰자가 신경 쓸 필요 없음!

이 예시에서 말소기준권리는 '2(을6) 근저당'이다. 그러므로 '2(을6) 근저당'을 포함하여 후순위로 설정되어 있는 아래의 모든 권리들은 소멸하게 된다. 낙찰자가 추가로 부담해야 하는 권리가 없는 양호한 매물이다.

No	접수	권리종류	권리자	채권금액	비고	소멸여부
1(갑2)	2012.12.31	소유권이전(매매)				
2(을3)	2015.04.24	전세권(건물의 전부)		650,000,000원	말소기준등기 존속기간: 2014.12.31~2016.12.30	소멸
3(을4)	2015.05.07	근저당		500,000,000원		소멸
4(갑4)	2019.08.14	임의경매		청구금액: 500,000,000원	2019타경	소멸
5(갑5)	2019.12.05	압류	동작구(서울특별시)			소멸

임차인	점유부분	전입/확정/배당	보증금/차임	대항력	배당예상금액	기타
	주거용 건물의 전부	전 입 일 : 2013.02.01 확 정 일 : 2012.12.20 배당요구일 : 2019.09.03	보650,000,000원	있음	배당순위있음	선순위전세권등기자

소멸 - 낙찰자가 신경 쓸 필요 없음! 하지만 전세권자가 배당신청을 하지 않으면 낙찰자가 인수해야 함!

이 예시의 말소기준권리는 '2(을3) 전세권'이다. 임차인은 2019년 9월 3일에 '배당신청'을 했기 때문에 자신의 전세보증금 6억 5,000만원을 받고 소멸하게 되므로 말소기준권리가 된다. 이번 예시 또한 낙찰자가 추가로 부담해야 하는 권리가 없는 양호한 매물이다. 그런데 만약 전세권자가 배당신청을 하지 않았다면 말소기준권리는 '3(을4) 근저당'이 된다. 이렇게 되면 말소기준권리보다 앞서는 '2(을3) 전세권'은 소멸되지 않고 낙찰자에게 인수된다. 즉 낙찰자는 특별한 사정이 없는 한 전세보증금 6억 5,000만원을 떠안아야 한다.

108

초보자는 하자 없는 물건에 도전! – 권리분석 ② 인수되는 권리

보통 말소기준권리를 기준으로 인수 또는 말소 여부가 가려지게 되는데, 예외적으로 말소되지 않아 낙찰자에게서 인수될 수 있는 권리도 있다. 다음 4가지 권리에는 더욱 세심한 주의가 필요하다. 이 4가지 권리가 설정된 경매물건도 '특수물건'에 해당한다. 경매가 어렵고 위험하다고 생각하는 이유가 이러한 물건들 때문이다. 초보자일수록 이러한 물건은 가급적 피하자.

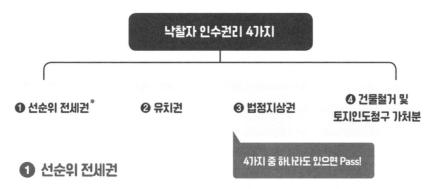

❶ 선순위 전세권

말소기준권리보다 앞서는 전세권등기를 말한다. 선순위 전세권의 경우 경매신청 또는 배당요구를 하지 않은 경우에만 문제가 된다.

● 말소기준권리보다 순위(권리)가 앞서면서 해당 부동산에 대하여 경매신청 또는 배당요구를 하지 않은 전세권자는 새로운 임대인(낙찰자)에게 자신의 전세보증금을 전액 반환받을 수 있다. 또한, 자신이 원하면 계약만기일까지 살 수도 있다.

❷ 유치권

유치권의 경우 80~90%가 허위로 신고되는 경우가 많다. 10% 미만만이 진성
(진짜)유치권이다. 하지만 유치권의 대부분 거액의 공사비가 신고된 경우가 많다.
그러므로 유치권이 성립하는 물건일 경우 낙찰대금 외에 거액의 대금을 유치권
자에게 물어주어야 하는 경우가 생길 수도 있으므로 주의해야 한다.

❸ 법정지상권

법정지상권은 토지와 건물을 같은 사람이 소유하고 있다가 매매 또는 경매 등
으로 소유자가 각각 달라질 경우 건물의 소유자를 보호하기 위한 권리다. 그러므
로 일정 요건을 갖춘 건물주에게 법정지상권이 성립되면, 새로운 토지 소유자의
의사와는 상관없이 해당 건물이 깔고 있는 토지를 사용할 수 있게 된다. 즉 경매
로 토지를 낙찰받아서 소유권을 취득했다 하더라도 해당 토지를 마음대로 활용
하지 못할 경우가 생길 수도 있으므로 주의해야 한다.

❹ 건물철거 및 토지인도청구 가처분

일반적으로 가처분*의 경우 말소기준권리보다 후순위인 것은 낙찰로 인해 말
소가 되는 것이 원칙이다. 하지만 예외적으로 '건물철거 및 토지인도청구 가처분'
은 말소기준권리보다 후순위에 설정되어 있다 하더라도 인수가 되는 경우가 있
어 각별히 조심해야 한다.

인수 여부는 상황별로 다른 결과가 도출될 수 있는 경우의 수가 있어 상당한
주의가 필요하다.

● **가처분** : '가압류'가 돈을 받기 위함이 주목적이라면, '가처분'은 어떤 특정한 행위나 지위를 보전하기 위함이 목적
이다. 예를 들어 '사용금지가처분'은 말 그대로 해당 물건이나 부동산을 사용하지 말 것을 청구하는 권리다.

109

초보자는 하자 없는 물건에 도전!
– 권리분석 ③ 임차인 분석

말소기준권리로 말소되는 권리와 소멸되는 권리를 구별한 후에, 예외적으로 인수되는 권리까지 살펴보았다면 1차적으로 권리분석이 끝난 것이다. 그러나 해당 부동산에 소유자가 아닌 임차인이 점유를 하고 있다면 '임차인 분석'까지 해야 한다. 낙찰자가 임차인의 보증금반환 및 남은 계약기간 등을 인수해야 하는지를 최종적으로 따져보면 권리분석이 마무리된다.

말소기준권리보다 전입일자가 늦으면 보증금 소멸 가능

주택임대차보호법(이하 주임법) 제3조에 따르면 임차인이 대항요건(주택의 인도+전입신고)을 갖추면, 전입신고를 한 다음 날 0시부터 대항력이라는 것을 부여한다(169쪽 참고). 대항력이란 주택의 소유자(임대인)가 바뀐다 해도 임차인 자신의 계약기간 동안 계속 살 수도 있고 계약기간이 만기되면 임차보증금을 새로운 임대인에게 돌려받을 수도 있는 권리를 말한다.

대항력은 경매가 진행되는 주택에서도 인정이 된다. 그러나 여기서 주의할 점은 대항요건을 갖춘 날짜가 말소기준권리보다 빨라야 한다는 것이다. 그래야 집이 경매에 넘어가더라도 '대항력이 있다.'고 말할 수 있다.

말소기준권리 중 하나인 근저당권이 있는 집에 후순위 대항력을 갖춘 임차인이 살고 있다고 생각해 보자. 일단 대항력을 갖추었으므로 해당 주택이 일반매매로 소유자가 바뀌는 경우에는 보호받을 수 있다. 그러나 해당 주택이 경매로 매각될 경우에는 말소기준권리인 근저당권보다 후순위로 대항력을 갖추었기 때문에 소멸의 대상이 된다.

그러므로 새로운 소유자(낙찰자)에게 대항할 수 없어 배당요구를 해서 자신의 보증금을 배당받는 수밖에 없다. 배당순위가 늦어 보증금 전액을 배당받지 못한다 해도 낙찰자에게 대항할 수 없고 해당 주택을 조건 없이 비워 주어야 한다.

대항력이 있는 선순위 임차인이 있다면 주의!

위와 반대로 말소기준권리보다 대항력을 빠르게 갖춘 임차인이라면, 법원에 배당요구를 해서 자신의 보증금을 배당받을 수도 있고, 배당요구를 하지 않고 남은 계약기간 동안까지 해당 주택에서 살 수도 있다. 물론, 이사를 나갈 때에는 새로운 임대인(낙찰자)에게 자신의 보증금을 반환받을 수 있다. 사례를 살펴보자.

아래의 홍ㅇㅇ는 보증금 13억원에 대항력을 갖췄다. 전입일자가 2018년 10월 18일이므로 대항력은 2018년 10월 19일 0시부터 발생한다.

대항력은 2018년 10월 19일에 발생

임차인	점유부분	전입/확정/배당	보증금/차임	대항력	배당예상금액	기타
홍	주거용 2701호	전 입 일: 2018.10.18 확 정 일: 2018.10.08 배당요구일: 없음	보1,300,000,000원	있음	전액매수인인수	
임차인분석	▣전입세대 열람내역서 및 주민등록표 등본 상 홍 세대가 등재되어 있으나, 현장 방문 조사 당시 폐문부재여서 정확한 점유관계는 확인하지 못하였음 ▣홍 : 배당요구는 하지 않음 ▣대항력 있는 임차인 보증금전액을 매수인이 인수함					

● 임차인현황 (말소기준권리 : 2019.04.17 / 배당요구종기

선순위 대항력을 갖춘 임차인

다음 사진은 해당 주택의 권리관계를 정리해 놓은 내용으로 말소기준권리는 2019년 4월 17일 '2(갑3) 경ㅇㅇ지분가압류'가 된다. 하지만 임차인 홍ㅇㅇ의 대항력은 말소기준권리보다 앞섰기 때문에 선순위권리를 갖는다. 따라서 해당 주택이 경매로 매각되었을 때, 낙찰자는 낙찰된 금액 외에 임차인의 보증금 13억원을 추가로 인수해야 한다. 아래 아파트는 시세가 20억원이었다. 계속 유찰되어 입찰시작가격이 최소한 7억원 이하로 떨어지기 전까지는 낙찰받을 사람이 없게 된다. 이런 사실을 모르고 가격이 떨어지기 전 입찰한다면 낭패일 것이다.

단, 임차인 홍ㅇㅇ가 배당요구종기일 이전까지 배당요구를 하였다면 낙찰대금에서 배당을 받고 낙찰자에게 인수되지 않았을 것이다. 만약, 해당 부동산이 계속 유찰되어 매각대금이 선순위 임차인의 보증금보다 적어 임차인이 보증금 전액을 배당받지 못했다면 나머지 금액에 대해서는 낙찰자가 인수해야 한다.

No	접수	권리종류	권리자	채권금액	비고	소멸여부
1(갑2)	2012.08.20	소유권이전(매매)			거래가액 금1,222,500,000원, 각 1/2	
2(갑3)	2019.04.17	경ㅇㅇ지분가압류	신용보증기금 (수원지점)	1,500,000,000원	말소기준등기 2019카단ㅇㅇ	소멸
3(갑4)	2019.04.17	경ㅇㅇ지분가압류	한국무역보험공사	405,000,000원	2019카단ㅇㅇ	소멸
4(갑5)	2019.04.19	경ㅇㅇ지분가압류	기술보증기금	896,750,000원	2019카단ㅇㅇ	소멸
5(갑5)	2019.04.25			26,000,000원	2019카단ㅇㅇ	소멸

2018년 10월 19일 대항력을 가진 선순위 임차인이 있기에 보증금을 추가로 인수해야 한다.

◆ 대항력의 요건 → 주택의 인도 + 전입신고

◆ 대항력효력 발생시점 → 전입신고를 한 다음 날 0시부터

◆ 경매에서 말하는 대항력이란 → 말소기준권리보다 대항요건을 먼저 갖춘 대항력

● 대항력 요건은 계속 유지되어야만 존속할 수 있다. 그러므로 경매가 진행되는 동안 임차인 역시 대항요건을 유지하고 있어야 보호를 받을 수 있는데, 최소한 배당요구종기일까지는 계속 유지하고 있어야 한다. 즉, 배당요구 종기일까지는 주소를 다른 곳으로 옮긴다거나 이사를 나가면 안 된다.

110

경매 현장에 답이 있다!
똑똑한 발품 팔기 순서

'현장에 답이 있다!'라고 할 정도로 경매에서 현장조사는 중요하다. 그러나 막상 현장조사를 나가서 무엇을 어떻게 해야 할지 몰라 난감해하는 경우가 많다. 현장조사를 효율적으로 하기 위한 순서와 방법에 대해서 알아보자.

1 | 공부서류, 신분증과 경매정보 인쇄물은 필수 지참

현장조사를 하면서 공부서류(등기사항증명서, 건축물대장, 현장조사서, 매각물건명세서 등) 내용과 다른 점이 있는지 대조하며 확인해야 한다. 이때 전입세대 열람을 위해 신분증과 해당 부동산이 경매가 진행되고 있음을 증명할 수 있는 서류를 함께 준비해야 한다.*

많이 걸어야 하기 때문에 최대한 편하게 입되 여러 사람들을 만나야 하므로 단정하게 입는 것이 좋다. 너무 화려한 복장이나 명품 등은 자칫 위화감을 조성할 수 있으므로 피한다.

....

● **전입세대 열람 준비 서류** : 경매개시결정등기가 되어 있는 해당 부동산의 등기사항증명서 또는 대한민국 법원 법원경매정보나 유료경매정보 사이트에서 해당 물건의 화면을 프린트한 인쇄물을 준비한다.

2 | 주민센터에서 전입세대 열람 신청하기

주민센터에 방문해서 '전입세대 열람'을 신청한다. 전입세대 열람을 통해서 해당 부동산에 누가, 언제 전입신고를 했는지 확인할 수 있다. 예전에는 해당 부동산소재지를 관할하는 주민센터에서만 전입세대 열람이 가능했지만, 현재에는 관할에 상관없이 전국 어느 주민센터에서든 가능하다.

이때 전입세대 열람은 원칙상 소유자 또는 임차인 등 해당 부동산과 직접적인 이해관계인만 열람할 수 있다. 따라서 열람을 위해 해당 부동산이 경매가 진행 중이라는 것을 입증해야 한다.

임차인이 점유하고 있을 경우 말소기준권리와 전입일자를 비교해 대항력 여부를 확인해야 한다.

3 | 임장하며 동네 분위기 파악하기

현장조사를 할 때에는 가급적 대중교통을 이용하는 것이 좋으며, 버스정류장이나 지하철역에서 해당 부동산까지의 거리가 얼마나 되는지 시간을 체크하면서 걸어보는 것이 좋다. 주변 1km 정도를 2~3회 걸어보면서 상권, 학교, 편의시설, 유동인구 등 동네의 전반적인 분위기를 살펴본다.

직접 걷고 보면서 생각했던 부분과 다른 부분은 없는지, 또는 손품으로 알아내지 못한 정보는 없는지를 확인한다. 경매투자의 목적은 결국 '경제적 이익'을 추구함이다. 그러므로 해당 부동산의 가치를 정확하게 파악하는 것이 가장 중요하다.

4 | 대상물건 내외부 결함 확인하기

동네 분위기를 어느 정도 파악한 후에는 해당 부동산의 물리적 상태인 내외부를 살펴봐야 한다. 빌라(다세대)의 경우 외벽상태와 옥상방수를 반드시 확인해야 한다. 특히나 연식이 오래된 집일수록 방수 문제로 인한 누수 하자가 발생할 여지가 크기 때문이다. 대부분의 하자는 큰 비용 안 들이고 수리할 수 있지만, 예외적으로 누수는 상당한 비용과 시간이 필요하다.

연식이 오래된 아파트의 경우에는 외부 새시 교체 여부를 잘 살펴봐야 한다. 새시가 교체되었다는 것은 내부 수리(인테리어)가 어느 정도 되어 있을 확률이 높다는 것이다. 새시를 교체하기 위해서는 기본적으로 창틀을 철거해야 하는데, 이렇게 되면 벽지와 바닥재를 손상시킬 수밖에 없어 도배와 바닥공사를 다시 하는 경우가 많다. 이렇게 되면 거주자 입장에서는 공사의 범위를 넓혀 다른 부분까지 수리 및 교체를 하는 것을 고려하게 된다. 그러므로 연식이 있는 아파트일수록 외부 새시 교체 여부를 반드시 확인해야 한다.

또한, 최근 등록차량 대수가 늘어남에 따라 주차문제가 심화되고 있으므로 주차가능 여부는 반드시 확인해야 하는 중요 포인트다.

5 | 점유자 성향 확인하기

현재 누가 점유를 하고 있는지 점유자를 파악한다. 점유자의 상황과 성향 등을 고려해서 향후 명도의 난이도를 생각해 본다. 혹시나 명도 시에 이사비를 주어야 하는 상황이라면 얼마를 주어야 할지를 가늠해 본다.

점유자를 파악한다는 것은 직접 문을 두들겨서 점유자를 만난다는 것인데 이때 내부 상태를 재빠르게 확인해야 한다. '죄송하지만, 화장실 좀 써도 될까요?'라고 양해를 구한 뒤 화장실로 향하면서 거실과 주방 등의 상태를 재빠르게 살펴보는 것이다. 특히, 천장과 벽면 모서리 부분을 중심으로 누수로 인한 곰팡이의 흔적이 있는지를 살핀다.

경매가 진행되고 있는 집이기 때문에 내부 상태를 확인하는 것이 어려울 것 같지만 의외로 화장실 이용을 허락하는 점유자들이 많다. 임장을 하고 있는 사람도 긴장한 상태이지만, 점유하고 있는 사람도 초긴장 상태이므로 서로 정신이 없기 때문에 얼떨결에 문을 열어주는 경우가 제법 있다.

또한, 배당을 모두 받을 수 있는 점유자이거나 경매진행에 대해 궁금한 것이 많은 점유자라면 거실에 앉아서 대화를 나눌 수 있는 경우도 있다. 이때 마지막에 "저희가 이 집을 낙찰받을 수 있을지는 모르겠지만 경매와 관련해서 궁금한 점이 있으시면 부담 갖지 마시고 언제든지 연락주세요."라고 하면서 연락처를 서로 교환하기도 한다.

6 | 공인중개사무소에 방문해서 시세 조사하기

최소 3~5곳 정도의 공인중개사무소에 방문을 해서 지역에 대한 정보와 매매가 및 임대가의 시세를 조사한다. 또한, 비슷한 매물이 나와 있는지 여부와 매물의 수를 파악한다.

7 | 체크리스트를 바탕으로 입찰 여부 결정하기

종합적인 체크리스트를 작성한다. 이를 참고해서 최종적으로 입찰 여부를 결정한다. 입찰 여부가 정해지면 수익을 고려해서 입찰가를 산정한다.

입찰 전 경매 체크리스트 서식

조사일자		물건의 종류		소재지(지역명)		

권리분석	말소기준권리					
	인수권리					
	임차인 분석					

손품조사	온라인상 시세조사					
		최저가격	평균가격	최고가격	전세	월세
	실거래가					
	KB시세					
	네이버 부동산시세					
	관련서류 열람 및 검토(확인)		공부상 내용과 현장이 다른 점			
	등기사항증명서					
	건축물대장					
	매각물건명세서					
	현장조사서					
	감정평가서					

발품조사	대중교통 및 편의시설					
	지하철 거리			버스정류장 거리		
	마트/편의점					
	병원			학교		
	현장 시세조사					
		최저가격	평균가격	최고가격	전세	월세
	부동산 1					
	부동산 2					
	부동산 3					
	부동산 4					
	부동산 5					
	내외부 상태					
	내부상태					
	외부상태					

가격산정	입찰가			필요금액		

메모						

111

감정평가금액보다 중요한 '시세'

경매신청이 접수되면 법원에서는 감정평가기관에 의뢰하여 부동산을 평가한다. 산출된 감정평가금액을 참고하여 최저매각가격(경매시작가격)을 정한다.

그런데 법원 경매 절차의 특성상 평가한 시점과 실제로 낙찰이 이루어지는 입찰기일까지 최소 6개월 이상 차이가 난다. 심한 경우에는 1~2년이 넘게 벌어지기도 한다. 시장 경기가 좋다면 감정평가금액과 실제 시세가 차이 날 수밖에 없다.

감정평가금액의 130%에 낙찰되기도!

2023년 3월 13일에 입찰이 진행된 아파트경매사건을 예로 들어 보자. 최저매각가격(감정평가금액)이 121,000,000원이었는데, 이날 21명이 입찰에 참여해서 감정가대비 130.41%인 157,798,000원을 써낸 사람이 최고가매수신고인이 되었다. 유독 낙찰자만 입찰가격을 높게 써낸 것이라고 생각할 수도 있겠지만, 차순위 금액을 보면 153,990,000원으로 입찰에 참여했음을 알 수 있다.

해당 물건의 감정평가서를 살펴보면, '조사기간'과 '작성일'이 각각 '2021. 05. 26~2021. 05. 27'과 '2021. 05. 27.'로 되어 있다. 이는 감정평가사가 감정한 날과 실제 입찰일까지의 시간적 간극이 2년 정도가 발생한 것이다. 이처럼 시간의 간극이 벌어질수록 평가금액과 실제시세는 차이가 날 수밖에 없게 된다.

그러므로 감정평가금액은 과거(최소 6개월~1년 전)의 시세일 뿐이며, 현재의 정확한 시세를 반영하고 있다고 볼 수 없기 때문에 최저매각가격은 참고용으로만 활용해야 한다. 즉 실제시세와 크게 다를 수 있음을 항상 인식하고 입찰 전 정확한 시세조사를 반드시 거쳐 입찰가를 산정해야 한다.

 ## 시세조사의 2가지 방법, 정공법과 우회법

2020년 8월 21일 공인중개사법 중 광고 관련 법률이 개정되면서 허위광고 시 500만원 이하의 과태료 처분을 받게 되었다. 이로 인해 인터넷 광고 중 금액에 대한 허위 부분이 많이 줄었다. 하지만 정확한 시세를 파악하기 위해서는 실제로 경매 대상 주변의 공인중개사무소에 방문해서 가격을 조사해야 한다.

정확한 시세조사를 위해서는 최소 3~5곳 정도의 공인중개사무소를 방문해 본다. 아파트는 비교적 시세가 정형화되어 있기 때문에 가격을 파악하기 쉽지만, 빌라(다세대)와 단독주택 등과 같은 개별성이 강한 주택의 경우에는 가격이 정형화되어 있지 않다. 같은 물건이라 하더라도 공인중개사의 성향과 바라보는 관점에 따라서 금액의 차이가 상당히 날 수 있으므로 3~5곳 이상의 공인중개사무소에서 가격 정보를 수집해서 그 평균치를 통해 적절한 시세를 파악해야 한다. 시세를 파악하는 방법에는 '정공법'과 '우회법'이 있다.

1 | 월~목요일 오후 3~5시를 공략하자! - 정공법

정공법이란, 말 그대로 물건소재지 주변 공인중개사무소에 방문해서 경매 때문에 방문했다고 사실대로 말하고 정보를 얻는 방법이다. 빈손으로 방문하지 말고 간단하게 음료수 등을 사서 방문하는 것이 좋다.

'경매 때문에 왔는데, 몇 가지만 여쭤봐도 될까요?'라고 하면, 공인중개사들의 반응은 2가지로 나뉜다. 바쁘다며 문전박대하는 사무실이 있는가 하면, 낙찰받으면 꼭 자신에게 매매 또는 임대를 맡겨달라며 반겨주는 사무실도 있다. 부담 갖지 말고 용기를 내서 지역의 전반적인 분위기, 개발호재, 시세 등을 물어보면 된다.

이러한 정공법을 사용할 때에는 가급적 주말을 피하는 것이 좋다. 특히 토요일 낮 시간대에는 집 보러 오는 손님들이 많아 공인중개사들이 바쁘기 때문이다.

또한 이사철(2, 3, 8, 9월)에는 가급적 금요일도 피하는 것이 좋다. 금융관련업무 또는 등기업무 등의 이유로 주말 이사보다 금요일 이사를 더 선호하기 때문에 이사철 금요일에는 잔금 때문에 정신이 없는 경우가 많다. 그러므로 경매 때문에 왔다고 하면 문전박대당할 가능성이 높아진다.

그러므로 월~목요일 오후 3~5시쯤 방문하는 것이 좋다. 경험상 공인중개사들이 이 시간대가 대체로 한가하다. 또한, 중개사무소에 들어가기 전 내부에 다른 손님이 있는지를 확인하고 들어간다. 다른 손님이 있다면 나중에 다시 방문하도록 한다.

2 | 손님인 척, 매도·매수 가격 알아보기!! – 우회법

우회법이란, 공인중개사에게는 미안하지만 손님인 척 가장하는 방법이다. '매도인의 입장'과 '매수인의 입장' 그리고 임대(전·월세)로 집을 구하고 있는 '임차인의 입장'을 가장해서 시세 및 주변 정보를 얻는 방법이다.

공인중개사 중에는 간혹 '매도가'와 '매수가'를 다르게 말해 주는 경우가 있다. 일반적으로 매도가는 조금 낮게, 매수가는 조금 높게 말한다. 그러므로 보다 정확한 시세를 파악하기 위해서는 매도인과 매수인을 번갈아가면서 여러 곳의 공인중개사무소를 방문해서 평균치 가격을 산정해 내는 것이 중요하다.

112

수익과 낙찰의 기회를 동시에! 적절한 입찰가 산정하기!

입찰가, 어떻게 써야 낙찰받을까?

경매에 입찰한다는 것은 수익을 얻기 위함이다. 수익을 많이 내기 위해서는 최대한 저렴하게 낙찰을 받은 후에 비싸게 팔면 된다. 하지만 수익에 너무 욕심을 내서 입찰가격을 낮게 써낸다면 그만큼 낙찰받을 확률도 낮아질 수밖에 없다. 이와는 반대로 낙찰에 욕심을 부려 입찰가를 높여 쓴다면, 낙찰받을 확률은 그만큼 올라가겠지만 수익은 내려갈 수밖에 없다.

그러므로 가장 중요한 것은 '이익을 내면서도 낙찰받을 수 있는' 적정한 입찰가를 산정하는 것이다. 이번 장에서는 입찰가를 산정하는 방식인 '일반방식'과 '역산방식'에 대해서 아래의 사례를 들어 알아보기로 하겠다.

경매물건은 1차 유찰되어 2023년 6월 13일 최저매각가격 3억 2,480만원에 2차 입찰이 진행된 다세대(빌라)주택이다. 해당 건물을 부동산에 내놨을 때 거래할 수 있는 금액이 4억원이라고 가정했을 때, 낙찰가를 제외한 부대비용은 4,710만원이라고 가정해 보겠다.*

....

● 취득세(092장 참고), 이사비(117장 참고), 수리비(090장, 091장 참고), 양도소득세(095장, 096장 참고).

2022타경 ■■■■		• 서울서부지방법원 본원 • 매각기일 : **2023.06.13(火) (10:00)** • 경매 7계(전화:02-3271-1327)				
소 재 지	서울특별시 마포구 성산동 ■■■ ■■■■■■■		도로명검색 지도 지도 주소 복사			
새 주 소	서울특별시 마포구 성암로 ■■■ ■■■					
물건종별	다세대(빌라)	감 정 가	406,000,000원	오늘조회: 12 2주누적: 268 2주평균: 19 조회동향		
대 지 권	26.17㎡(7.92평)	최 저 가	(80%) 324,800,000원	구분	매각기일	최저매각가격	결과
건물면적	44.06㎡(13.33평)	보 증 금	(10%) 32,480,000원	1차	2023-05-02	406,000,000원	유찰
매각물건	토지·건물 일괄매각	소 유 자	■■	2차	2023-06-13	324,800,000원	
개시결정	2022-08-18	채 무 자	■■				
사 건 명	강제경매	채 권 자	■■■■■■				

> 유찰되어 324,800,000원까지 떨어졌다.

경매 부대비용 계산

구 분	금 액
취득세(법무사비용포함)	500만원
이사비용(명도비)	100만원
수리비(인테리어)	500만원
중개수수료	160만원
금융거래비용	450만원(중도상환수수료 포함)
양도소득세	3,000만원*
총 부대비용	4,710만원

시세의 몇 %로 살 것인가? - 일반방식

초보들이 주로 사용하는 방식으로, 시세 대비 얼마를 싸게 낙찰을 받을지 할인율을 정해서 입찰가격을 산정한다.

....

● 보유기간이 1년 미만 시에는 70%, 1년 이상~2년 미만 시에는 60%의 양도세율을 적용받게 된다. 그러므로 2년 이상 보유해서 6~45%의 일반세율을 적용받는 것이 수익을 극대화할 수 있는 방법이 된다.

예를 들어 시세 대비 15% 정도 저렴한 금액으로 낙찰을 받겠다고 마음을 먹었다면, A의 입찰가격은 3억 4,000만원이 될 것이다. A의 최종 수익은 4억원 – 3억 4,000만원 = 6,000만원에서 비용을 뺀 금액이 된다.

◆ **부동산 거래 금액(예상) = 4억원**

　　　　↓ **거래금액의 15%**

◆ **입찰 가격 = 3억 4,000만원**

◆ **최종 수익 = 4억원 – 3억 4,000만원 – 4,710만원 = 1,290만원**

얼마의 수익을 얻을 것인가? – 역산(逆算)방식

경매 경험이 많은 사람일수록 입찰가를 산정할 때, 역산방식으로 산정하는 경우가 많다. 역산방식이란 말 그대로 순서를 거꾸로 해서 뒤쪽에서 앞쪽으로 거슬러 계산하는 방식을 말한다. 즉 해당 부동산을 낙찰받음으로써 자신이 얼마의 수익을 가져갈지를 먼저 정해 놓고 시작하는 방식이다.

경매 수익으로 1,500만원을 생각했다고 가정해 보겠다. 이렇게 거래가능금액과 예상수익이 정해지면, 본격적으로 역산으로 입찰가를 계산하게 된다.

즉 거래가능금액 4억원에서 자신의 수익 1,500만원을 뺀 금액인 3억 8,500만원에서 낙찰에서부터 매매까지 들어가는 총비용을 빼는 방식으로 계산을 하는 것이다. 따라서 3억 8,500만원 – 4,710만원 = 3억 3,790만원으로 입찰가를 산정하게 된다.

◆부동산거래 금액(예상) = 4억원

↓ 예상 수익 = 1,500만원

◆ 입찰가격 = 4억원 – 1,500만원 – 4,710만원 = 3억 3,790만원

113

경락자금 대출받는 방법

경매는 대출을 활용해서 투자하는 경우가 많다. 그러므로 입찰에 참여하기 전에 투자금액과 대출가능액을 미리 알아보고 입찰가를 산정하는 것이 중요하다. 경락자금 대출을 받는 방법은 크게 두 가지다.

1 | 은행에 직접 방문

주거래은행에서 상담받는 경우가 많다. 주의할 점은 본인은 주거래은행이라고 생각하는데, 은행에서는 주고객이라고 생각하지 않을 수도 있다는 것이다.

은행은 거래기간보다는 통장의 잔액과 월급 또는 고정적인 비용이 이체되는지를 주로 살펴본다. 따라서 오랫동안 거래했다고 해도 조건이 좋지 않을 수도 있다. 그러므로 최소 2~3곳 이상의 은행에 방문해서 상담받는 것이 좋다.

일반적으로 대출상담사(대출중개인)보다는 금리가 낮고, 법무사비용과 부수비용도 저렴한 편이다. 발품을 직접 팔아야 하고, 원하는 조건을 찾는 게 쉽지 않을 수도 있다는 것이 단점이다.

2 | 대출상담사에게 문의

최고가신고인이 되고
입찰보증금 영수증을 받아
경매 법정을 나오면, 순식
간에 여러 명의 아주머니
가 몰려와서 "낙찰을 축하
드립니다!"라는 말을 해 준
다. 그리고 연락달라며 명

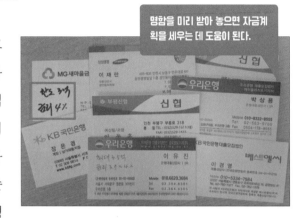

명함을 미리 받아 놓으면 자금계획을 세우는 데 도움이 된다.

함을 건네주는데, 이들 대부분이 대출상담사다.

명함에 적힌 전화번호로 사건번호를 알려주면 대부분 한두 시간 안에 대출 가
능 여부, 한도, 금리 등을 알려준다. 센스 있는 대출상담사들은 명함을 건넬 때 대
략적인 대출한도와 금리를 미리 적어서 준다. 이런 곳에 먼저 연락하는 것도 방
법이다.

별도의 수수료는 없지만, 대출을 실행하게 되면 은행은 이들에게 약정 중개수
수료(커미션)를 지급한다. 이 수수료는 결국 대출 금리에 포함되기 때문에 금리가
높아질 수밖에 없다. 또한, 소유권이전등기와 근저당권설정등기를 할 때 그들의
전담 법무사에게 의뢰해야 하는 조건이 붙는다. 대출상담사의 리베이트가 포함
되기 때문에 일반적인 법무사 비용보다 비싼 편이다.

경매하러 법원에 방문했다면 낙찰유무와 상관없이 대출상담사들의 명함을 받
아놓는 것도 좋다. 입찰 참여 전에 미리 대출 여부 및 한도 등을 확인해 계획을 세
우는 것이다.

일반적인 한도 내에서 대출받을 예정이라면 시중은행(1금융권)에서 직접 받는 것이 좋다. 만약 많은 금액을 받길 원하거나 대출받기 까다로운 물건(유치권성립여지 있음 등)을 매수할 것이라면 금리와 부수비용이 조금 더 비싸더라도 대출상담사에게 문의해 보는 게 방법이 될 수 있다.

114

법원 방문! 입찰 참여 순서

입찰 당일 경매법원에 가면 여러 사건이 동시에 진행되고 입찰자, 법원관계자, 대출상담사, 이해관계인 등 많은 사람들로 북적여 정신이 없다. 초보자일수록 당황하기 쉬우니 경매 법원에 가서 어떠한 순서에 의해서 입찰에 참여하면 되는지 그 과정에 대해서 알아보자.

1 | 준비물 챙기기

법원으로 출발하기 전, 입찰에 필요한 도장, 신분증, 입찰보증금 등을 미리 챙겨놓는다.

입찰자가 '개인'일 때와 '법인'일 때 필요서류가 다르다. 또, 입찰자 본인이 '직접입찰'할 때와 대리인이 '대리입찰'할 때 필요서류가 다르므로 사전에 꼼꼼하게 확인해야 한다(582쪽 Tip 참고).

2 | 진행물건 확인하기

법원에 도착하면 가장 먼저 해야 할 일이 해당 경매법정 입구 쪽에 있는 게시판을 확인하는 것이다. 게시판에는 당일 진행되는 경매사건이 사건번호 순으로 기재되어 있다. 입찰하려는 사건이 '취하', '변경' 등의 사유로 진행이 안 될 수도

있으므로 반드시 진행 여부부터 확인한다. 진행하지 않는 사건의 입찰에 참여할 경우 개찰 시 바로 입찰봉투를 되돌려받게 된다.

경매의 특성상 입찰 당일에도 사건이 취하되거나 변경될 수도 있기 때문에 '대한민국 법원 법원경매정보' 홈페이지에서 진행 상황을 확인한 후에 법원으로 출발하는 것이 좋다.

대한민국 법원 법원경매정보 홈페이지(www.courtauction.go.kr)

3 | 입찰보증금 챙기기

경매가 진행된다는 것을 확인했다면 은행에 가서 입찰보증금을 찾는다. 이때 가급적 수표 한 장으로 찾는 것이 좋다. 간혹 입찰자 중 현찰로 보증금을 준비해서 입찰봉투에 넣는 경우가 있는데, 낙찰 시 보증금액의 액수가 맞는지 집행관이 일일이 세어봐야 하는 번거로움이 생긴다. 또한 패찰 시 보증금을 돌려받고 다시 입금을 해야 하는데 현찰은 아무래도 불편함이 생길 수 있다.

입찰보증금은 정해진 금액보다 더 많은 금액을 납부하는 것은 상관없지만, 단 1원이라도 부족하면 아무리 최고가를 써내었다 하더라도 무효(패찰)처리 된다. 그러므로 이런 실수를 줄이는 차원에서라도 가급적 입찰보증금은 수표로 준비하는 것이 좋다.

우리나라 모든 법원에는 신한은행이 입점해 있다. 그러므로 미리 신한은행 계좌를 개설해 놓으면 입찰보증금을 찾을 때에도 편하고, 입찰에서 떨어졌을 때 보증금을 바로 입금하기도 편하다. 신한은행 계좌가 없는 경우 입찰 전날에 미리 수표로 찾아놓도록 한다.

4 | '매각물건명세서' 확인하기

입찰기일에 경매법정 앞쪽에 당일 진행되는 사건들의 '매각물건명세서'가 사건번호 순으로 진열되어 있다. 반드시 '매각물건명세서'를 확인해서 알고 있는 내용과 다른 내용이 있는지를 살펴봐야 한다. 입찰기일 7일 전부터 해당 법원에 방문하면 누구나 열람이 가능하므로 시간적 여유만 된다면 사전에 미리 열람해 놓는 것도 좋다.

입찰자들은 대부분 자신이 입찰하고자 하는 물건의 매각물건명세서를 열람하고자 한다. 그러므로 경매법정 앞자리에 앉아서 자신이 입찰하고자 하는 사건의 매각물건명세서를 누가, 몇 명이나 열람하는지를 살펴보면 경쟁자들을 대략적으로 파악할 수도 있다(매각물건명세서에 대한 자세한 내용은 584쪽 참고).

최근 경매법정 입구에 조회용 PC를 비치해 매각물건명세서를 전산으로 제공하는 법원들이 늘어나고 있다.

5 | 입찰서 작성하기

입찰기일에 경매법정 앞에 '입찰봉투', '입찰서(입찰표)', '매수신청보증봉투'가 비치되어 있으며, 누구나 편하게 필요한 만큼 가져다 사용할 수 있다.

입찰서 작성 후 매수신청보증봉투에 입찰보증금을 넣고 입찰봉투에 함께 담아 입찰함에 넣으면 입찰이 완료된다. 그리고 개찰이 시작될 때까지 기다린다.

입찰서 양식은 인터넷상으로 쉽게 구할 수 있으므로 실수를 줄이는 차원에서 미리 작성해 오는 것도 좋다. 간혹 입찰장 분위기에 휩쓸려서 낙찰에 대한 욕심이 생겨 생각했던 입찰가보다 더 높게 쓰기도 하는데 미리 입찰서를 작성해 가는 게 그걸 막는 방법이 될 수도 있다.

법원에는 입찰서를 작성하는 칸막이 테이블이 있지만, 경매사건이 많은 경우 사용자가 많아 혼잡하다. 그러므로 한적한 구내식당이나 매점 등에서 작성하는 것이 좋다. 이때 칸막이 테이블에는 인주가 비치되어 있지만 식당 등에는 없으므로 인주를 준비해 가는 것이 좋다(입찰서 작성에 대한 자세한 내용은 588쪽 참고).

6 | 개찰까지 기다렸다 결과 확인하기!

개찰시간이 되면, 법원직원들이 입찰봉투를 사건번호가 빠른 순서대로 정리를 한다. 그리고 사건마다 가장 높은 금액을 쓴 사람을 낙찰자로 지정한다. 낙찰을 받으면 집행관에게 자신의 신분증을 보여 주고 안내에 따라 서명 및 날인을 한다. 그리고 '입찰보증금영수증'을 받으면 된다. 낙찰에서 떨어진 패찰자들은 입찰보증금을 돌려받으면 된다.

입찰할 때 필참! 반드시 챙겨야 할 준비물!

경매 입찰에 참여하기 위해서는 다음과 같은 준비물이 반드시 필요하다. 만약, 미비한 것이 있을 때에는 경우에 따라 최고가신고인이 되고도 낙찰을 받지 못할 수가 있다.

입찰자 본인이 직접 입찰할 경우, '도장'은 인감도장이 아닌 일명 '막도장'이어도 상관이 없다. 또한, 법원에 따라 지장으로도 가능한 경우가 있으므로 만약 도장을 지참하지 못했을 경우 집행관에게 물어보고, 필요하면 주변 도장가게에서 만들어 찍으면 된다.

2인 이상이 공동으로 입찰할 경우, '공동입찰자목록'에는 공동 입찰자 상호 간의 지분을 표시해야 한다. 만약, 표시가 없을 경우 모두 동일한 비율로 간주된다. 참고로 공동 입찰은 입찰자가 모두 참석해도 되고, 그중 한 사람만 참석해도 된다. 단, 참석하지 않은 사람의 위임장, 인감증명서, 인감도장은 있어야 한다. 물론, 입찰자 모두 참석하지 않고 제3자를 대리인으로 하는 대리입찰도 가능하다.

'본인' 직접 입찰	• 신분증 • 도장 • 입찰보증금	
'대리인' 입찰	• 입찰자 인감증명서 • 입찰자 위임장 • 입찰자 인감도장 • 대리인 신분증 • 대리인 도장 • 입찰보증금	
2인 이상이 '공동'으로 입찰	• 공동입찰신고서 • 공동입찰자목록 • 입찰자 또는 대리인의 신분증과 도장 • 불참자의 인감증명서와 위임장 • 불참자의 인감도장 • 입찰보증금	
'법인' 명의로 입찰	대표이사가 직접 입찰	• 대표이사 신분증 • 대표이사 개인도장(인감 아니어도 됨) • 법인 등기부등본(발급용) • 입찰보증금
	대리인 입찰	• 위임장 • 법인 인감증명서 • 법인 인감도장 • 법인 등기부등본(발급용) • 대리인 신분증 • 대리인 도장(인감 아니어도 됨) • 입찰보증금

115

입찰 직전, 반드시 확인해야 하는 '매각물건명세서'

경매신청이 접수되어 사건이 진행되면, 법원에서는 현황조사를 실시하여 '매각물건명세서'를 작성하게 된다.

매각물건명세서는 매각기일의 1주일 전까지 경매가 진행되는 법원에 비치하여 누구든지 직접 열람할 수 있도록 하고 있다.

❶ 사건번호

해당 경매사건의 사건번호가 가장 먼저 기재된다.

❷ 최선순위 설정

말소기준권리를 의미한다. 2021년 8월 20일에 설정된 '근저당권'이 말소기준권리임을 알 수 있다.

❸ 배당요구종기

법원에서는 배당요구종기일을 정해 놓고 그날까지만 배당요구의 신청을 받아

- 경매와 관련된 서류 중 '현황조사서', '감정평가서'는 2주 전부터 '법원경매정보' 사이트와 '유료경매정보' 사이트에서 확인할 수 있다.

매각기일 1주일 전
확인 필수

의정부지방법원 고양지원

매각물건명세서

① 사건	2022타경■■■ 부동산임의경매	② 매각물건번호	1	작성일자	2023.04.06	③ 담임법관(사법보좌관)	■■■■
부동산 및 감정평가액 최저매각가격의 표시	별지기재와 같음	최선순위 설정	2021.8.20.근저당권			배당요구종기	2022.10.13

부동산의 점유자와 점유의 권원, 점유할 수 있는 기간, 차임 또는 보증금에 관한 관계인의 진술 및 임차인이 있는 경우 배당요구 여부와 그 일자, 전입신고일자 또는 사업자등록신청일자와 확정일자의 유무와 그 일자

④ 점유자 성명	점유 부분	정보출처 구분	점유의 권원	임대차기간 (점유기간)	보증금	차임	전입신고일자, 사업자등록 신청일자	확정일자	배당요구여부 (배당요구일자)
■■■		현황조사	주거 임차인				2018.08.02		
	관부	권리신고	주거 임차인	2018.08.02부터 2024.08.01.까지	390,000,000		2018.08.02	2018.07.09	2022.08.04

〈비고〉

※ 최선순위 설정일자보다 대항요건을 먼저 갖춘 주택·상가건물 임차인의 임차보증금은 매수인에게 인수되는 경우가 발생할 수 있고, 대항력과 우선변제권이 있는 주택·상가건물 임차인이 배당요구를 하였으나 보증금 전액에 관하여 배당을 받지 아니한 경우에는 배당받지 못한 잔액이 매수인에게 인수되게 됨을 주의하시기 바랍니다.

⑤ 등기된 부동산에 관한 권리 또는 가처분으로 매각으로 그 효력이 소멸되지 아니하는 것

⑥ 매각에 따라 설정된 것으로 보는 지상권의 개요

비고란

주게 된다. 즉 배당을 신청할 수 있는 마지막 날로 받을 돈이 있는 사람(채권자, 임차인 등)은 그 날짜까지 배당요구를 신청해야 한다. 그러므로 배당요구종기일 이후에는 배당요구를 할 수 없고 또한 배당요구를 하더라도 배당에서 제외된다.

앞 사건의 경우 배당요구종기가 '2022년 10월 13일'이므로 반드시 그 이전까지 배당신청을 해야 한다.

❹ 점유자 정보

점유자 성명, 점유 부분, 점유의 권원, 임대차기간, 보증금, 차임(월세), 전입신고, 확정일자, 배당신청 여부 및 신청일자가 기재된다. 점유자가 채무자(소유자)이면 크게 신경 쓸 부분이 없다. 하지만 점유자가 임차인이라면 반드시 '전입신고일자'와 '배당요구일자'를 주의 깊게 살펴봐야 한다.

앞 사례의 임차인은 보증금 3억 9,000만원에 살고 있으며, 전입신고와 확정일자 그리고 배당신청까지 모두 마친 상태다. 임차인의 전입신고일자는 해당 사건의 말소기준권리인 근저당권의 설정일자인 '2021년 8월 20일'보다 빠른 '2018. 8. 02'로 되어 있다. 그러므로 대항력을 갖춘 선순위 임차인에 해당한다. 즉 경매로 낙찰이 되면 낙찰자가 해당 임차인 보증금을 인수해야 한다.

그러나 다행히도 임차인이 '2022년 8월 4일'에 배당요구를 했기 때문에 경락대금에서 자신의 보증금을 배당받는다. 특별한 경우가 아닌 이상 낙찰자가 인수해야 하는 부담이 없는 것이다.

만약 임차인의 배당요구일이 배당요구종기일인 2022년 10월 13일보다 늦다면, 정상적인 배당요구로 인정되지 않아 배당을 받지 못하게 된다. 그러면 해당 임차인은 대항력을 갖춘 선순위 임차인이기 때문에 임차인의 보증금 3억 9,000만원을 낙찰자가 인수해야 한다.

❺ 등기된 부동산에 관한 권리 또는 가처분으로 매각으로 그 효력이 소멸되지 아니하는 것

말소기준권리를 기준으로 낙찰 후에 소멸되지 않고 낙찰자에게 인수되는 권리가 있을 경우 해당 권리를 매각물건명세서에 기재해 놓는다. 즉 말소되지 않고 인수되는 권리를 기재해 놓는 칸이기 때문에 입찰에 참여하기 전에 반드시 체크해야 한다.

❻ 매각에 따라 설정된 것으로 보는 지상권의 개요

토지가 경매사건으로 진행되는 경우, 토지 위에 매각에서 제외되는 건물이 있다면 '법정지상권 성립 여지 있음'이라는 문구가 기재된다. 법정지상권이란, 일정

요건을 갖추면 당사자의 설정 계약 없이도 법률의 규정에 의해 당연하게 인정되는 지상권˙의 일종이다. 낙찰받은 토지에 법정지상권이 성립된다면 낙찰자가 자신이 원하는 대로 활용을 하지 못할 수도 있다. 그러므로 특히 토지만 낙찰받을 예정이라면 법정지상권의 성립 여부를 반드시 확인해야 한다.

배당요구를 '해야 하는 권리' vs '하지 않아도 되는 권리'

경매에는 배당신청을 해야 하는 권리와 배당신청을 하지 않아도 배당을 받을 수 있는 권리가 있다.

예를 들어 전세권자의 경우, 말소기준권리보다 빠른 선순위 전세권자는 배당요구를 해야만 배당을 받을 수 있다.˙˙ 하지만 이와는 반대로 말소기준권리보다 늦은 후순위 전세권자는 배당요구를 하지 않아도 자신의 권리순서에 따라 배당을 받을 수 있다.

배당요구를 해야 하는 권리	배당요구를 하지 않아도 되는 권리
• 경매개시결정등기 이후에 등기된 채권자 (가압류, 압류, 임차권등기자 등) • 확정일자를 받은 후순위 임차인 • 주택임대차보호법에 의한 소액임차인 • 선순위 전세권자 • 근로기준법에 의한 임금채권자	• 경매개시결정등기 전에 등기된 채권자 (압류권자, 임차권등기자, 저당권자 등) • 경매신청채권자 • 이중경매신청인 • 후순위 전세권자

● **지상권** : 다른 사람 소유의 토지에 자신의 건물 또는 기타 공작물, 수목 등을 소유하기 위해 그 토지를 사용할 수 있는 권리를 말한다. 물론, 약정에 따라 토지이용료(지료)를 토지소유자에게 지급해야 한다.

●● **선순위 전세권자가 배당신청을 한 경우** : 전세보증금 전액을 배당받았는지 여부와는 상관없이 전세권은 말소가 된다. 그러나 대항력을 갖춘 임차인으로서의 지위는 그대로 살아 있으므로 배당받지 못한 나머지 보증금을 낙찰자에게 받을 때까지 대항할 수 있게 된다. (참고로 전세권이 설정되면 해당 주택에 전입신고를 하지 않아도 전입이 된 것과 같은 효력이 생긴다. 그러므로 선순위 전세권자의 경우 일반적으로 대항력을 갖춘 선순위 임차인의 지위도 동시에 갖게 된다.)

116

실수 없이 입찰표 작성해서
제출하기

경매법정에는 '기일입찰표', '매수신청보증봉투', '입찰봉투'가 비치되어 있다.
필요한 만큼 자유롭게 가져다 사용할 수 있으므로 여유 있게 여분을 챙기는 것이
좋다. 입찰서를 작성해서 입찰함에 넣기까지의 과정을 알아보자.

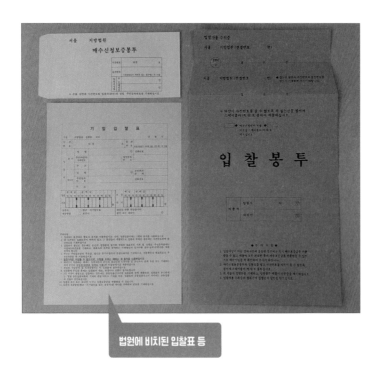

법원에 비치된 입찰표 등

입찰표 작성하기

입찰자 본인이 입찰하는 경우에는 아래 사진처럼 기일입찰표 앞면만 작성하면 된다. 대리인이 입찰할 때는 앞면의 대리인의 인적사항과 뒷면에 있는 위임장까지 작성한다. 입찰자(본인)의 인감도장을 날인한 후 인감증명서를 첨부해서 함께 제출해야 한다.

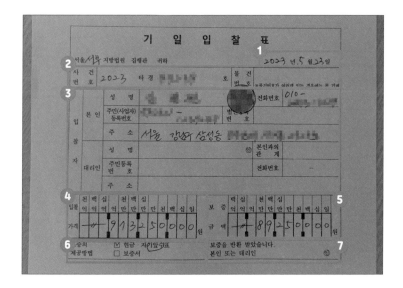

❶ 입찰기일

실제 해당 사건의 경매가 진행되는 날짜를 기재한다.

❷ 사건번호 및 물건번호

경매사건 중에서 사건번호에 별도의 '물건번호'가 있는 경우가 있다. 물건번호란 하나의 경매사건에 여러 개의 경매물건을 세트로 묶어서 동시에 진행할 때,

물건마다 붙이는 세부번호라고 생각하면 된다. 물건번호가 있을 경우에만 기재한다.

❸ 입찰자(인적사항)

입찰자 본인의 인적사항을 기재한다. 대리인이 입찰할 경우에는 입찰자의 인적사항과 대리인 인적사항도 함께 기재한다.

❹ 입찰가격

입찰자가 생각한 금액을 적는다. 단 '최저매각가격' 이상으로 써야 한다. 이하로 쓸 경우 입찰은 무효처리가 된다.

입찰가격을 적을 때에는 실수하지 않는 것이 가장 중요하다. 흔한 경우는 아니지만 아주 간혹 '0'을 하나 더 붙여 자신이 생각했던 입찰가격보다 10배를 써내는 일도 있다. 입찰가격은 절대 수정할 수 없으므로 수정이 필요할 때에는 반드시 새 용지를 사용해야 한다.

❺ 보증금액

일반적으로 입찰보증금은 최저매각가격의 10%다. 예외적으로 재매각* 시에는 최저매각가격의 20~30%이므로 입찰 전 반드시 확인해야 한다.

● **재매각(재경매)** : 낙찰자가 대금납부(잔금)를 하지 못해 다시 진행되는 경매를 말한다. 특별한 경우가 아닌 이상 대금납부를 하지 못한 낙찰자의 입찰보증금은 몰수된다. 몰수된 보증금은 배당재단에 포함되어 향후 배당금으로 사용된다.

❻ 보증의 제공방법

입찰보증금을 제공하는 방법에는 '현금', '자기앞수표'와 '보증서'가 있다. 대부분 편의성 때문에 수표로 낸다. 보증서는 입찰자가 서울보증보험주식회사에 일정액의 보증료를 지급하고 발급받은 경매보증보험증권(지급위탁체결문서)을 말한다.

보증서가 경매법정에서 사용되는 경우는 굉장히 드물다. 간혹, 최저매각가격이 높은 경매사건의 경우 입찰보증금액을 보증서로 대체하는 경우가 있지만 현금 또는 수표로 내는 것이 일반적이다.

❼ 보증을 반환받았습니다

패찰할 경우 그 자리에서 보증금을 반환받게 된다. 이때 보증금을 반환받았다는 영수의 의미로 서명 및 날인을 해서 집행관(또는 법원직원)에게 제출하면 자신의 보증금을 돌려받을 수 있다. 패찰 시에만 사용되는 난이다.

매수신청보증봉투 작성하기

준비한 보증금을 매수신청보증봉투에 넣고 '사건번호'와 '제출자'의 이름을 쓰고 날인한다. 뒷면에도 아래 사진과 같이 날인한다.

입찰봉투 작성하기

입찰봉투 앞면에는 제출자의 성명 및 날인을 하고, 뒷면 윗부분에는 사건번호를 기재한다.

입찰봉투 상단의 뒷면에 사건번호를 기재하는 난이 있다.

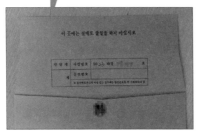

입찰함에 입찰봉투 넣기

작성이 완료된 ❶ 기일입찰표와 ❷ 매수신청보증봉투를 ❸ 입찰봉투에 넣고 제출하면 된다. 대리입찰 시에는 위임장과 입찰자(본인)의 인감증명서를 함께 첨부한다.

담당 집행관은 신분증으로 본인 여부를 확인한 후, 입찰봉투 앞면 윗부분에 '집행관인'을 날인하여 '입찰자용수취증'을 입찰봉투에서 잘라 입찰자에게 준다. 일종의 입찰영수증으로, 패찰 시에 보증금을 돌려받을 때 필요하므로 잘 가지고 있어야 한다.

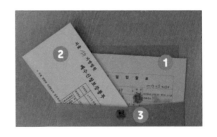

'0' 하나를 더 써서 입찰보증금 3,640만원을 날린 사람이 있다!

몇 년 전, 일산에 살고 있던 친구가 실거주 목적으로 아파트 경매를 하고 싶다고 도움을 요청한 적이 있었다. 아이들 때문에 살림살이가 늘어나서 지금 살고 있는 집이 좁다는 것이다. 친구와 물건을 검색하던 중 눈에 띄는 경매매물이 하나 있었다. 시세를 조사해 보니 5억 5,000만원 정도였고 가격이 상승하는 중이었다. 친구는 실거주 목적이었으므로 시세 대비 수리비 정도만 저렴하게 받았으면 좋겠다는 생각으로 최초 감정가인 5억 2,000만원을 입찰가로 정했다.

입찰 당일 우리가 참여한 경매사건에는 14명이 입찰을 했는데, 최고가가 발표될 때 경매법정이 술렁거렸다. 1회 유찰되어 시작되는 최저매각가격이 3억 6,400만원이었는데, 최고가가 감정가보다 834% 높은 43억 3,790만원이었기 때문이다.

아마도 낙찰자는 4억 3,379만원을 입찰가로 생각했을 것이다. 그런데 실수로 '0'을 하나 더 적어서 43억 3,790만원에 최고가매수신고인이 되었을 것이다. 낙찰자는 결국 대금납부를 하지 않았고, 입찰보증금 3,640만원은 포기했다.

이 물건은 재매각(재경매)이 실시되어 13명이 입찰에 참여했고, 5억 5,139만원에 최종 낙찰되었다.

117

살고 있는 사람 잘 내보내는
4가지 명도 비법

경매 경험이 많은 사람도 살고 있는 사람을 내보내는 '명도'는 굉장히 어렵고 부담스러운 일이다. 그러나 명도는 결국 사람과 사람 사이에서 진행되는 일이므로 상대방에 대한 배려와 이해하려는 마음을 갖는다면 생각보다 쉽게 해결할 수가 있다. 명도를 원활하게 풀어갈 수 있는 4가지 팁은 다음과 같다.

1 | 점유자의 말을 경청해라!

낙찰을 받았다는 기쁨도 잠시, 명도에 대한 걱정이 앞서기 시작한다. 그러다 보면 부동산의 점유자를 만나는 일을 최대한 미루고 싶다는 마음이 생길 것이다.

하지만 낙찰자는 최대한 빨리 점유자를 만나는 것이 좋다. 왜냐하면, 점유자의 성향, 향후 계획, 원하는 조건 등을 빨리 파악할수록 상호 간에 이익이 되는 방향으로 원만한 합의를 도출해 낼 수 있기 때문이다.

경매를 하다 보면 참으로 많은 사연들을 접하게 된다. 대체적으로 점유자는 '살고 있는 집이 경매에 넘어가서 나는 고통을 겪고 있는데, 감히 돈을 벌겠다고 낙찰을 받아!'라고 생각하며 낙찰자에게 반감을 갖는 경우가 많다. 그러므로 일단 점유자의 적대감을 줄일 수 있도록 노력해야 한다. 즉 낙찰자 본인의 생각이나 앞으로의 일정 등을 말하기보다는 점유자의 말을 최대한 경청해 주어야 한다. 어느 정도 반감이 줄어들 때쯤 낙찰자 본인의 이야기를 꺼내는 것이 좋다.

점유자의 상황이 좋지 않아 언성이 높아지거나, 직접적으로 욕만 안할 뿐 말투가 그리 곱지 못할 때가 많다. 또한, 마음속에 쌓아두었던 사연과 억울함이 많기 때문에 일방적인 대화는 자연스럽게 길어질 수밖에 없다. 이럴수록 최대한 경청하는 자세로 듣다 보면 점유자의 언성은 한층 누그러진다. 최소 1시간 이상은 들어야 하는 경우가 대부분이므로 인내심을 가져야 한다.

2 | 낙찰자의 대리인인 것처럼 행동해라!

명도에서 가장 중요한 것은 낙찰자와 점유자에게 상호 이익이 되는 원만한 합의를 도출해 내는 것이다. 그렇다면 '원만한 합의'란 무엇일까?

결국 '시간'과 '돈'이다. 낙찰자는 약간의 비용이 들더라도 가급적 점유자를 빨리 내보내고 싶어 할 것이다. 반대로 점유자는 어차피 경매로 비워 주어야 하는 상황이라면 이사비 명목으로 한 푼이라도 더 받고 싶어 할 것이다. 그러므로 명도의 핵심은 '이사 날짜'와 '이사비'가 될 것이다.

낙찰자가 생각한 이사비가 있을 것이다. 하지만 절대 금액을 먼저 제시하면 안 되고 일단 점유자의 말을 들어본다. 간혹 생각보다 적은 액수를 원하는 경우도 있기 때문이다.

또한 점유자를 만날 때에는 낙찰자 본인이더라도 자신을 '낙찰자의 대리인'으로 소개하는 것이 좋다. 왜냐하면 협상에서는 완충 역할을 해 줄 가상의 인물이 필요하기 때문이다.

예를 들어 낙찰자는 이사비로 300만원을 생각했는데, 점유자는 500만원을 달라고 할 때 이렇게 이야기를 하면 된다.

"저희 의뢰인께서는 이사비로 200만원을 생각하고 계십니다. 그런데 500만원을 제시하시니 많이 어려울 것 같습니다. 그러나 제가 저희 의뢰인께 최대한 협조를 구해 보겠습니다."

이렇게 가상의 인물을 만들어 놓음으로써 즉답을 피할 수 있고, 조율의 여지를 만들 수도 있다.

3 | 이사비는 배당 여부에 따라 탄력적으로 적용해라!

경매 경험이 적은 초보자일수록 이사비를 최소한으로 책정하는 경우가 많다. 또한 이사비의 액수를 고정시켜 놓고 융통성 없이 점유자와 합의를 시도하기도 한다. 그러나 원활한 명도가 되기 위해서는 점유자의 상황 등을 고려해서 이사비를 탄력적으로 조정해야 한다.

점유자가 빠른 시간 내에 이사를 나갈수록 이사비를 탄력적으로 높게 제안하는 것이 좋다. 즉 낙찰자는 이사비를 책정할 때 본인이 감당할 수 있는 최대치만 정해 놓고 탄력적으로 점유자와 합의에 임하는 것이 좋다. 또한, 점유자마다 처한 입장이 다르기 때문에 이사비를 지급할 때 차등을 두어 지급해야 한다.

4 | 이행합의서를 꼼꼼하게 작성해라!

낙찰자와 점유자 상호 간에 명도에 대한 합의가 이루어졌다면 구두로 끝내서는 안 된다. 반드시 문서를 남겨 향후에 약속이 이행되지 않을 때를 대비한다.

이행합의서에는 이사비의 액수, 이사 날짜, 공과금 등의 비용부담, 해당 날짜에 이사를 나가지 않을 경우 어떠한 패널티를 부담할지 등을 꼼꼼하게 작성해 놓는다.

< 이행확인서 >

1. 확인 당사자

점유자(임차인)	성 명	▮▮	연락처	010-▮▮▮▮
	주민번호		▮▮▮▮	

2. 확인 대상물건지(소재지)

서울특별시 서대문구 연희동 ▮▮▮▮

3. 확인내용

(1) 현 임차인은 <u>2023년 7월 3일</u>까지 이사하기로 한다.

(2) 임차인은 2023년 7월 3일까지 이사를 나갈 경우, 낙찰자는 이사지원비조로 <u>금 150만원</u>과 <u>인감증명서가 첨부된 명도확인서</u>를 임차인에게 교부하기로 한다.

(3) 임차인은 이사 당일 관리비와 공과금(수도, 전기, 도시가스)을 정산하여 납부하기로 한다.

(4) 이사 시 임차인은 현시설상태를 유지하여야 하며, 열쇠(비밀번호), 각종리모컨, 빌트인시설물 등을 낙찰자에게 인계하기로 한다.

(5) 만약 임차인이 2023년 7월 3일 이사를 가지 않을 경우, <u>1일당 10만원씩의 이행지체금</u>을 낙찰자에게 지급하기로 한다. 낙찰자는 이와는 별도로 형세청구 및 이에 따른 배당금 가압류를 할 수 있고 이에 대해 임차인은 어떠한 이의도 제기하지 않기로 한다.

4. 결어

<u>점유자 ▮▮▮</u> 은(는) 상기 내용을 충분히 인지하고 상호 합의 하에 본 내용을 충실히 이행할 것을 확약하고 본 확인서를 작성합니다. 향후 본인의 과실로 상기 내용을 이행하지 않을 경우, 민.형사상의 책임 및 그로 인해 발생하는 금전적인 모든 책임을 지기로 하며 이의를 제기하지 않겠습니다.

2023년 5월 26일

확약자 　점유자 ▮▮▮ (인)
　　　　 낙찰자 ▮▮▮ (인)

이행확인서 형식은 자유!
문서가 꼼꼼할수록, 약속 불이행 시 발생하는 패널티의
강도가 높을수록 점유자는 다른 생각을 하지 않게 된다.

명도할 때 임차인 이사비는 얼마가 적당할까?

"낙찰자에게 이사비를 받을 수 있다."는 말은 경매에서 흔하게 접하지만, 이는 잘못된 상식이다. 법적으로 낙찰자가 이사비를 지급해야 할 의무는 없다. 다만, 빠른 시일 내에 점유자를 내보내고 해당 부동산을 인도받는 것이 낙찰자에게도 이득이 되기 때문에 적당한 금액의 이사비를 주고 원만하게 합의를 보는 것이다. 이사비의 액수는 점유자가 임차인일 경우 보증금을 '모두 받아가느냐', '일부만 받아가느냐', '하나도 못 받아가느냐'에 따라 달리 책정하는 게 좋다.

보증금을 '일부' 받아가는 임차인이라면?
빨리 나갈수록 많이 준다!

임차인이 보증금을 '모두' 또는 '일부' 받아가기 위해서는 낙찰자의 '명도확인서'가 필요하므로 비교적 적은 금액으로 합의가 가능하다. 특히 '모두' 받아가는 경우에는 금전적으로 전혀 손해 보는 것이 없으므로 이사비를 주지 않고도 합의가 가능하다.

이사비는 점유자가 얼마나 빠른 시간 안에 나가는지에 따라 조율하면 된다. 예를 들어 낙찰일로부터 일주일 이내에 나가면 300만원, 한 달 이내에 나가면 200만원, 2달 이내에는 100만원과 같은 식으로 금액에 차등을 두어 합의를 도출하는 것이다.

보증금을 전혀 '못 받는' 임차인이라면?
강제집행 대비해 최대치까지 준다!

문제는 하나도 못 받아가는 임차인이다. 자신의 전재산과도 같은 보증금을 한 푼도 못 받기 때문에 저항도 강할 수밖에 없다. 그러므로 초보자들은 가급적 권리분석 단계에서 이런 물건을 피하는 것이 좋으며, 만약 입찰을 할 생각이라면 이사비를 최대치까지 생각하는 것이 좋다. 여기서 말하는 최대치란, 강제집행을 했을 때의 비용을 말한다. 점유자가 명도에 협조하지 않을 경우 최후의 수단으로 법의 절차에 따라 강제집행을 할 수밖에 없다. 그러나 강제집행이란 낙찰자에게도 '상처뿐인 승리'가 될 수 있으므로 가급적 하지 않는 것이 좋다. 그러므로 낙찰자 입장에서는 강제집행으로 점유자를 내보내는 것보다는 차라리 그 돈을 이사비로 주고 내보내는 것이 마음의 부담을 줄일 수 있다.

강제집행비용은 부동산의 종류와 층수, 평수, 짐(살림살이)의 양에 따라 다르게 책정되는데, 일반적으로 주택을 기준으로 '강제집행비용'과 '부수비용' 등을 합쳐 평당 10만~15만원 꼴이다. 예를 들어 33평형 아파트라면 330만~500만원이 된다.

118

낙찰자의 가장 큰 무기 명도확인서!

'임차인의 짐이 다 빠졌습니다' - 명도확인서

민법에서 임대차계약이 종료되면, 임차인의 주택반환의무와 임대인의 보증금 반환의무는 동시이행관계에 놓인다고 되어 있다. 임차인이 짐을 모두 빼서 공실 상태에서 집을 반환해하는 의무와 임대인의 보증금 반환의무가 동시에 진행되어야 한다는 것이다.

경매로 낙찰된 주택을 점유하고 있는 임차인이 배당신청을 한 경우에도 마찬가지다. 배당이 실시되었다 하더라도 임차인(점유자)은 곧바로 보증금을 배당받을 수 있는 것이 아니다. 원칙상 점유자가 짐을 모두 뺀 상태에서 법원의 확인을 받아야 하지만, 법원이 일일이 모든 집을 찾아다니면서 확인한다는 것은 물리적으로 불가능에 가까운 일이다.

그러므로 법원에서는 자신들이 해야 할 일을 해당 낙찰자(매수인)에게 위임시킨다. 법원에서는 임차인에게 짐을 다 뺀 것을 낙찰자가 확인했다는 증서를 받아오면 배당을 해 주겠다고 하는데, 여기서 말하는 증서가 바로 '명도확인서'다.

임차인 이사 변수를 대비할 것!

명도확인서는 임차인의 이사일정 등의 사정을 고려해서 낙찰자가 미리 교부해 주는 경우도 있다. 하지만 간혹 명도확인서를 먼저 받아 보증금(배당금)을 받았음에도 불구하고 약속한 날짜에 이사를 나가지 않는 임차인도 있다. 그러므로 가급적 명도확인서는 임차인이 짐을 모두 뺀 것을 확인한 후 교부하도록 한다.

임차인이 원해서 불가피하게 미리 명도확인서를 교부해 주어야 하는 상황이라면 이사를 가지 않을 것을 대비해서 일정 금액을 임차인에게 받아 예치하고 있는 것도 방법이 될 수 있다.

명도확인서는 법으로 규정된 양식이 따로 없어 자유 형식으로 작성하면 된다. '명도확인서'라고 적고 임차인(점유자)의 '이름'과 '주소'를 기재하면 된다. 임차인의 주소는 반드시 주민등록상 주소지를 적어야 하며, 해당 부동산의 주소와 일치해야 한다.

'사건번호'를 기재하고 '임차인이 명도하였음을 확인합니다.'라는 문구를 넣은 뒤, 마지막으로 '확인자' 난에 낙찰자(매수인)의 이름을 쓰고 인감도장을 날인한다. 이때 인감도장을 확인하기 위해 인감증명서를 함께 첨부한다.

명도확인서

이 름 : ▩▩▩

주 소 : 서울특별시 서대문구 연희동 ▩▩▩▩ ▩▩▩

귀원 2022타경 ▩▩▩▩ 부동산임의(강제)경매 사건에서 위 점유자(임차인)는 임차보증금에 따른 배당금을 받기 위해 낙찰자에게 목적 부동산을 명도 하였음을 확인합니다.

첨부서류 : 낙찰자 명도확인용 인감증명서 1통

2023년 7월 3일

낙찰자 : ▩ ▩ ▩ (인)

서울서부지방법원 귀중

> 많이 쓰이는 형식의 명도확인서

직장인들이여! 제발, 전업투자자를 꿈꾸지 말라!

전업투자를 하게 되면 더 많은 수익을 낼 수 있을 거란 생각에 '전업'을 꿈꾸는 이들이 많다. 하지만 부동산이든 주식이든 본업에 충실하면서 부업으로 투자를 병행하는 것이 훨씬 낫다.

전업투자자가 되기 위해서는 최소한 현재 자신의 근로소득(월급) 이상의 자본수입(월세, 주식배당, 이자소득 등)이 만들어진 상태여야 한다. 그렇지 않다면 전업에 대한 생각은 아예 접는 것이 좋다.

그럼, 왜 전업투자보다 본업(직장생활)을 하면서 투자를 하는 것이 좋은지 4가지 이유를 들어보겠다.

첫째, 생활비와 대출이자를 감당할 안전 자금이 필요하다

전업투자의 가장 큰 단점은 수입이 일정하지가 않다는 것이다. 한 번에 큰 수익을 낼 수도 있지만 반대로 오랜 시간 동안 수익이 나지 않을 수도 있다. 그런데 생활하기 위해서는 기본적인 생활비가 필요하다. 또한 상당수의 투자금이 '자기자본 + 대출'의 구조라서, 매달 고정적으로 지출되는 이자를 감당해야 한다.

그러기 위해서는 안정적인 고정수입이 필요하다. 그러므로 월급 이상의 꾸준한 자본소득이 갖춰지지 않은 상황이라면 전업투자를 생각해서는 안 된다.

둘째, 직장이 있어야 대출받을 때 유리하다

앞서 설명했듯, 투자에서는 자기자본뿐만 아니라 레버리지효과를 위해서 '대출'이 필수다. 대출을 잘 받는 것도 경쟁력이고 자산이다.

일반적으로 금융기관에서 대출심사를 할 때, 소득증빙이 어려운 자영업자보다는 직장인 (특히 공무원)에게 대출승인이 관대한 편이다. 즉 소득증빙을 원활하게 할 수 있고, 직장의 규모에 따라 신분의 보장성도 어느 정도 인정받을 수 있기 때문에 대출한도와 금리 등에서 유리하다.

직장생활을 하는 이유가 대출을 잘 받기 위함이라고 하는 사람이 있을 정도로 대출에서 '소득증빙'과 '재직증명'이 중요하다. 즉 직장이 '있고', '없고'에 따라 대출 승인 여부와 조건이 달라질 수 있다.

셋째, 월급은 큰 자산이다

수익형 부동산에서 연 순수익률 5%면 우량물건에 속한다. 연 수익률 5%로 월 300만원을 받으려면, 7억 2,000만원의 수익형부동산을 가져야 한다. 직장인의 월급 300만원은 최소 7억 2,000만원의 자산 역할을 하는 것이다. 이런 직장을 그만두고 전업투자를 한다면 자신의 자산을 역으로 줄어들게 만들 수 있다. 그러므로 직장인이라면 자신의 일터에서 최대한 버티고 살아남아서 자산 증식에 이바지해야 한다.

넷째, 심리적 안점감으로 인해 조급함과 실수를 줄일 수 있다

전업투자를 하게 되면 일반적으로 마음이 조급해질 수밖에 없다. 고정수입이 없어졌기 때문에 빠른 시간 내에 수익(결과물)을 만들어 내지 못하면 벌어놓은 돈을 까먹어야 한다는 생각이 들기 때문이다. 그러므로 전업투자자들에게는 늘 '조급함'이 따라다닐 수밖에 없다. 조급함으로 인해 성급하게 투자했다가 실수를 할 확률도 높아진다.

이와는 반대로 직장인에게는 월급이라는 안정된 고정수입이 있으므로 지금 당장 수익을 내지 못한다 하더라도 크게 부담이 되지는 않는다. 또한 '심리적', '경제적'으로 안정감이 있기 때문에 조급함에서 오는 실수를 줄일 수가 있다. 잘못된 투자로 손해를 입는다 해도 고정수입이 있기 때문에 버틸 여력을 만들 수도 있다.

◦ 소득종류별 증빙소득 입증서류 (아래 서류 중 택1)

소득종류	증빙소득 입증서류
근로소득	소득금액증명원 또는 소득확인증명서(ISA용), 근로소득원천징수영수증, 급여명세표 등(재직회사가 확인날인한 급여내역이 포함된 증명서 등) 객관적인 자료로 입증되는 소득
사업소득	소득금액증명원(종합소득세 신고자용), 연말정산용 사업소득원천징수영수증, 종합소득세 과세표준확정신고 및 납부계산서(세무사 확인분)
연금소득	연금수급권자 확인서 등 기타 연금을 확인할 수 있는 지급기관의 증명서
기타소득	소득금액증명원

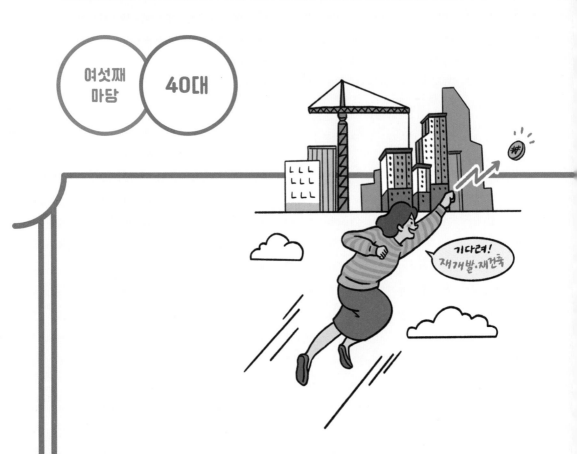

여섯째
마당

40대

기다려!
재개발·재건축

40대 점프업!
❷ 재개발·재건축으로
10억 만들기!

119

헌집을 새집으로!
재개발 vs 재건축 차이점은?

재개발과 재건축은 헌집을 헐고 새집을 짓는다는 것은 같지만 진행과정을 살펴보면 분명히 다른 사업이다. 재개발이냐, 재건축이냐에 따라 투자의 방법, 투자금, 투자기간 등이 달라질 수 있다.

재개발 - 기반시설 자체가 열악한 곳, 동네 전체를 새것으로!

주택(건물)만 노후된 것이 아니라 주변 기반시설도 열악해서 살기 불편한 지역이 재개발사업의 대상이 된다. 도로, 주차장, 공원, 학교 등의 기반시설이 노후되거나 부족하기 때문에 집만 다시 짓는 것이 아니라 지역(동네) 자체를 전체적으로 정비하는 개념이다.

재건축 - 기반시설 자체는 양호한 곳, 집만 새것으로!

주택만 노후되고 주변에 기반시설은 양호한 지역이 재건축사업의 대상이 된다. 그러므로 재건축사업에서는 새로운 집을 짓는 데 주목적을 둔다.

재건축사업은 아파트(공동주택)단지만을 대상으로 한다고 알고 있지만 단독주택을 재건축하기도 한다. 예를 들어 노후된 단독주택이나 다세대주택이 밀집되어 있는 곳이라 하더라도 해당 지역의 도로가 전반적으로 잘 정비되어 있고 학교, 공원 등도 잘 조성돼 주거환경이 좋은 곳이라면 재건축으로 사업이 진행된다.

즉 재개발이냐 재건축이냐를 따질 때 가장 중요한 요소는 '기반시설의 상태'다.

재개발·재건축 사업 모두 '도시기본계획' 안에서 진행

주민들이 원한다고 해서 지자체에서 모든 사업을 승인해 주는 것은 아니다.

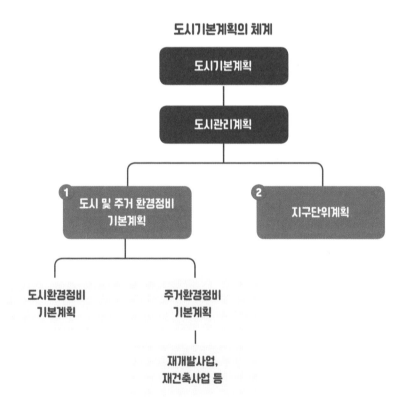

여섯째 마당 | 40대 점프업! ② 재개발·재건축으로 10억 만들기! 607

어떠한 개발사업이든 미리 수립해 놓은 '도시기본계획'이라는 틀 안에서 진행되어야 한다. 도시기본계획이란 특별시·광역시·특별자치시·특별자치도 등의 관할구역에 대하여 장기발전 방향을 제시하는 종합계획을 말한다. 이를 바탕으로 '도시관리계획'이 만들어지는데 '도시 및 주거 환경정비 기본계획'*과 '지구단위계획'으로 세분화해 보다 구체적인 개발계획의 기준을 만든다.

❶ 도시 및 주거 환경정비 기본계획

도시환경을 개선하고 주거생활의 질을 높이기 위해 수립되는 장기도시계획을 말한다. 도시환경정비사업에 대한 기본 틀을 제시하는 '도시환경정비 기본계획'과 주거환경관리사업의 기본적인 정책 방향과 기준을 제시하는 '주거환경정비 기본계획'으로 나누어진다.

즉 '도시 및 주거 환경정비 기본계획'이 수립되어야만 재개발·재건축 사업의 구역이 지정될 수 있다. (단, 재건축사업의 정비구역으로 지정받기 위해서는 안전진단을 통과해야 한다.)

❷ 지구단위계획

도시계획을 수립하는 지역 가운데 일부 지역의 토지이용을 보다 합리화하고 그 기능을 증진시키며, 미관의 개선 및 양호한 환경의 확보 등 당해 지역을 체계적·계획적으로 관리하기 위하여 수립하는 도시관리계획을 말한다.

- **도시 및 주거 환경정비 기본계획** : 주거환경개선사업, 주택재건축사업, 주택재개발사업 등을 포함하는 상위개념이다. 즉 재개발·재건축 사업은 도시 및 주거 환경정비 기본계획의 틀 안에서 진행된다.

120

재개발·재건축의 필요충분조건

단순히 주택이 낡았다고 재개발·재건축 사업을 할 수 있는 것은 아니다. 이번 장에서는 재개발·재건축 사업을 하기 위해 필요한 조건을 알아보기로 하겠다.

1 | 재개발구역 지정 요건

재개발구역으로 지정되기 위해서는 필수항목 2가지와 선택항목 1가지 이상의 요건을 충족해야 한다. 서울시 도시 및 주거 환경정비조례를 기준으로 구체적으로 살펴보자.

필수항목 - 2가지 반드시 충족

❶ 구역면적
정비구역의 전체 면적이 10,000㎡(1ha) 이상이어야 한다. 그러나 서울시의 경우 도시계획위원회의 심의를 거치면 5,000㎡도 가능하다.

❷ 노후도

철근콘크리트 또는 철골콘크리트 등 견고한 건축물의 경우에는 30년 이상(단독주택 제외), 그 외의 건축물은 20년 이상 된 건축물이 전체 비율의 2/3 이상을 차지해야 한다.

선택항목 - 1가지 이상 충족

❶ 호수밀도

구역 내의 주택 호수(가구 수)를 해당 구역 내의 토지면적으로 나눈 수치를 '호수밀도'라고 한다. 보통 헥타르당(1ha=약 3,024평) 주택의 수를 나타낸다. 재개발 구역으로 지정되기 위해서는 '60호/ha' 이상이어야 한다.

❷ 과소필지

토지가 용도의 효용을 다할 수 없는 작은 면적의 토지를 말한다. 서울시의 경우 주거지역에서 90㎡ 미만을 과소필지라고 한다. 재개발 구역으로 지정되기 위해서는 이러한 과소필지가 전체 토지의 40% 이상이어야 한다.

❸ 주택접도율

구역 내에 폭 4m 이상의 도로에 접한 건축물의 수를 구역 내에 건축물의 총수로 나눈 비율을 접도율이라고 한다. 주택접도율이 낮다는 것은 4m 이상의 도로에 접하고 있는 주택의 수가 적다는 의미다. 재개발구역으로 지정되기 위해서는 이러한 주택접도율의 비율이 40% 이하여야 한다.

❹ 노후도

선택항목에서 '노후도'는 구역 내의 노후 건축물의 비율이 아닌 전체 건축물의 연면적의 노후비율을 의미한다. 재개발구역으로 지정되기 위해서는 이러한 노후도가 전체 연면적의 2/3 이상이어야 한다.

> **필수항목 2개**
> **+**
> **선택항목 1개 이상**

개발구역 지정요건 총정리

구분		정비구역 지정기준
필수항목	구역면적	10,000㎡ 이상
	노후도	노후건축물의 수가 2/3 이상
선택항목	호수밀도	60호/ha 이상
	과소필지	과소필지율 40% 이상
	주택접도율	40% 이하
	노후도	연면적의 2/3 이상 (조례로 10%까지 완화 가능)

2 | 재건축 지정 요건

재건축의 대상은 기본적으로 노후·불량 주택을 대상으로 공동주택은 300세대 이상,[*] 단독주택은 200호 이상 또는 해당 부지면적이 10,000㎡ 이상이어야 한다. 또한 안전진단을 실시하여 2/3 이상의 주택이나 주택단지가 재건축 판단을

● 기존 세대수 또는 재건축사업 후의 예정세대수가 300세대 이상이면 된다.

받은 지역(단독주택은 노후·불량 건축물이 해당 지역 내 건축물 수의 2/3 이상인 지역)이어야 한다.

안전진단을 받기 위해서는 해당 구역에서 추진위원회를 구성하고 '재건축 결의'를 하여야 한다. 결의가 되면, 지자체에 안전진단을 신청하여 통과해야만 본격적으로 재건축사업에 들어갈 수 있다.

121

재개발·재건축
알쏭달쏭 Q&A 5가지

앞서 재개발과 재건축은 노후된 주거시설을 새롭게 만든다는 공통점이 있다는 것을 살펴보았다. 이번에는 투자자의 입장에서 가장 많이 궁금해하는 '조합원의 조건', '실투자금', '기부채납' 등의 내용을 풀어보겠다.

1 | 재개발·재건축은 조합원이 될 수 있는 자격이 각각 다르다?

재개발의 조합원 자격은 '토지 또는 건물의 소유자 및 지상권자'다. 구역 내에 소재한 토지나 건물 중에 하나만 소유하고 있어도 조합원이 될 수 있다.

재건축은 '또는' 조건이 아니라 '토지 및 건물의 소유자'만 조합원이 될 수 있다. 즉 토지와 건물을 모두 소유하고 있어야 조합원 자격이 된다.

2 | 재개발은 기부채납비율이 크다?

재개발은 열악하거나 부족한 도로, 학교, 공원, 주차장 등의 기반시설들을 새롭게 만들거나 다시 재정비해야 하기 때문에 재건축보다 기반시설 기부채납비율이 높을 수밖에 없다. 기부채납비율이 높다는 말은 그만큼 개발이익이 줄어든다는 말과 같다. 예를 들어 재개발구역의 전체 토지가 10,000평이라고 가정해 보자. 여기서 도로, 학교, 공원 등을 새로 만들기 위해 20%(2,000평)를 기부채납한다면 실제로 아파트를 지을 수 있는 토지의 면적은 10,000평에서 8,000평으로 줄어들게 된다. 이렇게 되면 건축할 수 있는 주택의 수가 줄어들 수밖에 없으므로 개발이익도 이에 비례하여 줄어들게 된다.

반면에 재건축은 일반적으로 기부채납비율이 낮기 때문에 재개발에 비해 개발이익이 큰 편이다.

3 | 재건축은 임차인 주거이전비, 상가보상비를 아낄 수 있다?

재개발에서는 임차인에게 주택일 경우에는 '주거이전비'를, 상가일 경우에는 '상가(영업)보상비'를 지급해야 한다. 반면 재건축에서는 둘 다 지급하지 않는다.

즉 재개발은 순수건축비를 제외한 부수적인 비용이 재건축보다 일반적으로 더 들어간다.

4 | 초기투자금이 부족할수록 재개발이 낫다?

재개발은 기반시설과 인프라 등이 열악한 다가구, 다세대주택 단지이기 때문에 매매가가 비교적 낮다. 즉 초기투자금이 적게 들어가는 편이다.

이에 반해 재건축은 기반시설과 인프라가 양호한 경우가 많아 매매가가 비교적 높다. 하지만 주택 자체가 낡아 전세가가 저렴하다. 이렇게 되면 '매매가 대비 전세가', 즉 전세가율이 낮을 수밖에 없으므로 초기투자금이 많이 들어간다.

5 | 사업속도는 재건축이 빠르다?

사업진행속도는 재개발에 비해 재건축이 빠른 편이다. 조합원의 자격만 보더라도 재건축의 경우 '토지 및 건물의 소유자'로 비교적 간단한 편이지만, 재개발의 경우 '토지 또는 건물의 소유자 및 지상권자'로 복잡하다. 즉 이해관계가 더 얽힐 가능성이 높다는 뜻이다.

감정평가액을 산정할 때도 재건축은 평형별로 정형화해서 일괄적으로 평가하면 되지만, 재개발은 주택의 종류도 다양할 뿐만 아니라 각기 다른 면적의 주택들을 개별적으로 평가해야 하기 때문에 시간이 더 걸릴 수밖에 없다.

재건축 정비구역으로 지정되려면 먼저 안전진단을 통과해야 한다. 안전진단 단계에서도 재건축 불가 판정을 받을 수 있는데, 마포구 성산시영아파트는 이를 통과하고, 다음 단계를 준비하고 있다.

재개발과 재건축의 차이점 총정리

	재개발	재건축
근거법령	도시 및 주거환경 정비법	도시 및 주거 환경정비법
정비기반시설	극히 열악함	양호함
기반시설 기부채납	상대적으로 많음	상대적으로 적음
조합원 자격	• 조합설립과 동시에 조합원이 됨 • 구역 내 소재한 건물 또는 토지 소유자, 지상권자*	• 조합설립에 동의한 자 • 구역 내 소재한 건물 및 토지를 모두 소유한 자
임대주택건설 의무	전체 세대수의 20% 이상** (각 시·도 조례에 따라 다름)	없음(단, 용적률 인센티브를 받기 위해 선택 가능)
개발부담금	해당 없음	재건축 초과이익 환수법 적용(초과이익 환수제)
현금청산 방법	수용(감정평가액 기준)	매도청구(시세 기준)
안전진단	실시하지 않음	실시함***
실투자금	상대적으로 적음	상대적으로 많음
투자수익	예측 어려움	예측 가능
사업진행속도	재건축과 비교하여 늦음	재개발과 비교하여 빠름
사업 성격	공공사업의 성격이 강함	민간사업의 성격이 강함
임차인 주거이전비	지급해야 함	없음
상가(영업)보상비	지급해야 함	없음

● 다른 사람의 토지에 건물, 기타 공작물, 수목 등을 소유하기 위하여 해당 토지를 사용할 수 있는 권리를 말한다. 예를 들어 다른 사람의 토지를 빌려 거기에 건물을 짓거나 농작물 등을 재배하는 경우다.

●● '도시 및 주거 환경정비법 시행령' 개정으로 재개발 아파트 임대주택 건설비율 상한선이 상향됐다. 2020년 9월 24일부터 재개발사업에 대한 임대주택 건설비율의 상한을, 건설하는 주택 전체 세대수의 100분의 15에서 100분의 20으로 상향하며, 시장·군수·구청장 등은 관할구역의 특성상 주택수급안정이 필요한 경우에는 임대주택 건설비율의 상한을 재량으로 30%까지 높일 수 있다.

●●● 공동주택이 아닌 단독주택 재건축의 경우에는 안전진단을 실시하지 않는다.

122

재개발·재건축 투자할 때 주의사항 3가지

　'어느 동네가 재개발이 된다더라!'와 같은 소문만 듣고 묻지 마 투자를 하는 사람들이 의외로 많다. 운이 좋아서 수익을 얻는 경우도 있지만 이것은 어디까지나 운일 뿐, 결코 실력이 아니다. 재개발·재건축 투자를 하려면 적어도 다음 3가지 정도는 먼저 고민해 보기를 바란다.

주의사항 1 | 고위험·고수익 투자임을 염두에 두자!

　모든 투자가 그렇듯 투자 가능한 금액에 따라 투자할 수 있는 대상물의 범위가 달라진다. 지역에 따라 차이는 있겠지만 서울 강북지역의 재개발·재건축 사업은 최소 2억~3억원 이상이 필요하다. 그리고 광역시 정도의 대도시급이라면 1억원 안팎의 자금이 필요하다. 물론, 사업의 진행단계와 지역에 대한 사람들의 선호도, 부동산의 종류에 따라 투자금의 액수는 달라질 수 있다.

　재개발·재건축 투자는 미래의 부동산을 사는 것이다. 그러므로 일반 부동산에 비해 고위험 고수익의 투자상품이 될 수 있다. 자칫 시장의 흐름을 잘못 타면 자금이 묶이는 상황이 벌어질 수 있다. 단타성 투자보다는 최소 3~5년 묶여도 자신의 경제활동에 지장이 없을 정도로 투자하는 것이 좋다.

주의사항 2 | 투자 타이밍을 정하고 투자하자!

재개발·재건축 사업은 구역이 지정되고 새 아파트가 지어져 입주하는 시점까지 빨라야 10~15년 정도 걸리고, 각 진행단계마다 계단식으로 가격이 상승하는 패턴을 보인다. 보통 구역지정, 추진위원회설립, 조합설립, 사업시행인가, 관리처분계획인가 등의 시점에 단계별 가격상승이 이루어진다. 즉 해당 정비사업의 처음부터 끝까지 보유하면서 최대한 수익을 창출할 수도 있겠지만, 중간에 들어가서 사업이 마무리되기 전에 나오는 것도 좋은 투자방법이 될 수 있다.

예를 들어 조합설립 무렵에 들어가서 사업시행인가 단계에 팔고 나오는 것이다. 물론 사업이 가시화되고 완료에 가까워질수록 수익이 커지지만 그만큼 투자기간이 너무 오래 걸린다. 그러므로 수익이 조금 줄더라도 타이밍을 잡아서 투자하는 것도 괜찮은 투자방법이 될 수 있다(627쪽 참고).

주의사항 3 | 수익성 계산은 철저히 하고 들어가자!

부동산 투자도 객관적으로 수익성을 따져볼 줄 알아야 한다. 그러기 위해서는 기본적인 학습이 필요하다. 최소한 해당 물건의 '감정평가액', '비례율', '권리가액', '사업진행속도' 정도는 알고 있어야 한다.* 스스로 수익성이 어떤지를 판단해보고 자의적으로 투자를 결정해야 한다(628쪽 참고).

- ● **감정평가액** : 조합원이 기존에 소유하고 있던 부동산의 가치를 평가한 금액이다.
  비례율 : '개발 후의 가치'를 '개발 전의 가치'로 나눈 것으로 신규주택의 사업성(수익성)을 나타내는 지표다.
  권리가액 : 감정평가액과 비례율을 곱한 값으로, 기존주택의 가치와 신규주택의 사업성까지 고려한 금액이다.

123

한눈에 보는 재개발·재건축 절차

투자 타이밍을 판단하기 위해서는 정비사업의 절차를 알고 있어야 한다. 그래서 이 장에서는 정비사업이 어떠한 단계를 거쳐 진행하는지 알아보기로 하겠다. 정비사업을 편의상 크게 4단계로 나누었다.

1단계 사업준비	2단계 사업시행	3단계 관리처분계획	4단계 사업완료
❶ 도시 및 주거 환경 정비 기본계획 ❷ 안전진단 및 정비 구역지정	❸ 추진위원회설립 ❹ 조합설립 ❺ 시공사선정 ❻ 사업시행인가	❼ 감정평가 ❽ 조합원분양신청 ❾ 관리처분계획 수립 및 인가	❿ 이주 및 철거 ⓫ 공사착공 ⓬ 일반분양 ⓭ 이전고시 ⓮ 청산 및 조합해산

1단계 | 사업준비

❶ 도시 및 주거 환경정비 기본계획

정비사업의 첫 번째 단계는 도시 및 주거 환경정비 기본계획(이하 정비기본계획)

을 수립하는 것부터 시작된다.

국토교통부장관이 10년을 단위로 도시 및 주거 환경정비를 위한 국가정책방향과 기본계획의 수립방향 및 이에 따른 재정지원계획 등이 포함된 기본방침을 수립한다. 수립된 기본방침을 바탕으로 하여 인구 50만명 이상의 대도시의 특별시장, 광역시장, 특별자치시장, 특별자치도지사 등은 10년을 단위로 정비기본계획을 수립하게 된다.

정비기본계획을 통해서 기존의 노후·불량한 건축물들이 밀집한 낙후된 지역에 새로운 주거환경과 문화가 조성될 거라는 넓은 의미가 내포되어 있다.

❷ 안전진단 및 정비구역지정

정비기본계획이 수립되면, 재건축의 경우 노후된 해당 아파트는 안전진단을 신청해서 재건축이 정말로 필요한지 여부를 진단받아야 한다. 이 안전진단을 통과해야만 정비구역으로 지정을 받아 다음 단계로 진행할 수 있다.

단, 재개발 및 단독주택 재건축은 안전진단을 따로 하지 않는다.

2단계 | 사업시행

❸ 추진위원회설립

정비구역으로 지정이 되면 주민들은 추진위원회를 설립하여 개발사업에 필요한 행정절차를 준비하고 조합을 설립하기 위한 작업을 하게 된다.

추진위원회의 설립은 '토지등소유자'*의 과반수 동의서를 받아 해당 지자체로부터 승인받으면 된다.

● **토지등소유자** : 조합원이 되기에 적합한 부동산을 가진 사람(예비조합원)을 말한다.

❹ 조합설립

지자체로부터 승인을 받은 추진위원회는 향후 정식으로 조합을 설립하기 위한 동의서를 토지등소유자들에게 받기 시작한다. 동의율을 계산할 때, 추진위원회 승인에 동의한 사람은 조합설립에도 동의한 것으로 간주되므로 조합설립을 위한 별도의 동의를 할 필요가 없다. 조합설립을 위해서는 다음과 같은 요건을 충족시켜야 한다.

조합설립을 위한 동의율 조건

재개발조합설립	재건축조합설립
• 토지등소유자의 75% 이상 동의 • 동의한 사람들이 소유한 토지면적의 합이 전체 토지면적의 50% 이상일 것	• 전체 구분소유자의 75% 이상 동의 • 각 동별로 과반수의 동의가 있을 것

추진위원회에서는 위와 같은 조합설립요건을 충족해서 해당 지자체에 조합설립인가 신청을 하게 된다. 해당 지자체에서는 특별한 이상이 없을 경우 인가를 내주는데, 인가된 날로부터 30일 이내에 조합사무소가 소재할 지역 등기소에 법인등기를 하면 정식으로 조합이 설립된 것이다. 이렇게 조합이 설립되면 추진위원회에서 현재까지의 모든 진행과정을 조합에 인수인계한 후에 해산하게 된다.

❺ 시공사선정

재개발사업의 경우 조합이 설립되면 바로 시공사선정에 들어간다. 공개입찰을 원칙으로 하며, 여러 시공사로부터 입찰(지원)을 받아서 조합원들의 투표로 시

공사를 선정하게 된다.[*]

다만, 서울의 경우에는 '공공지원제도'로 인하여, 시공사선정을 사업시행인가 이후로 미루고 있다. 공공지원제도란, 계획수립단계에서부터 사업이 완료될 때까지 정비사업의 진행을 공공에서 지원하는 제도를 말한다. 즉 정비사업의 공공지원을 위해 해당 정비구역의 구청장이 공공지원자가 되어 주민들이 조합임원 선출, 시공사나 설계자와 같은 주요 결정을 합리적이고 투명하게 할 수 있도록 행정적, 재정적 지원을 한다. 이때 해당 사업의 사업비 자체는 기존과 마찬가지로 조합원이 부담하며 지자체는 공공지원에 소요되는 비용만 지원해 준다.

❻ 사업시행인가

조합이 계획하고 있는 건축, 교통, 환경 등에 대한 정비사업의 구체적인 내용을 시·군·구에서 검토하고 인가를 내 주는 행정절차를 가리킨다. 즉 해당 조합에서 몇 세대의 아파트를 어떻게 짓겠다는 계획안을 제출하면 지자체가 그 내용을 검토하고 인가를 내주는 절차다.

조합에서 사업시행인가를 받았다면, 이제 본격적으로 정비사업이 시작되었다고 볼 수 있다. 이 단계에서 총 대지면적, 기부채납비율(면적), 용적률, 건폐율, 건축면적, 평형 구성, 전체 세대수, 단지 배치도, 조감도, 세부 부대시설계획 등의 윤곽을 볼 수 있기 때문이다.

참고로 재건축사업의 경우에는 시공사선정을 사업시행인가 이후에 한다.

● 재건축사업에서는 '사업시행인가'를 받은 후에 시공사를 선정한다.

3단계 | 관리처분계획

❼ 감정평가(종전자산평가)

사업시행인가를 받으면 조합에서는 우리가 흔히 말하는 '감정평가*(종전자산평가)'에 착수하게 된다. 감정평가란 정비사업구역 내의 토지등소유자들의 자산가치를 평가하는 것이다.

감정평가액이 생각보다 낮게 나와서 조합원들이 불만을 표하곤 한다. 감정평가액이 인근 지역의 시세보다 낮게 나오는 이유는 크게 다음의 2가지 때문이다.

첫 번째, 조합의 의도 때문이다. 대개 조합에서는 감정평가액이 낮게 책정되기를 원한다. 왜냐하면 감정평가액이 지나치게 높게 나와 버리면 일부 조합원들이 정비사업에 참여하기보다는 그냥 현금청산을 원할 수도 있기 때문이다. 현금청산 대상자가 많아지면 조합의 입장에서는 이들에게 지급해야 되는 비용이 증가하기 때문에 전반적으로 수익률이 떨어질 수밖에 없게 된다.**

두 번째, 감정평가를 할 때에는 향후 개발이익을 제외하고 현재의 가치만을 평가하기 때문이다. 일반적으로 정비구역으로 구역이 지정되고 사람들의 관심을 끌기 시작하면서 프리미엄(P)이 붙기 시작한다. 하지만 감정평가 시에는 이러한 향후가치, 프리미엄 등은 평가대상에서 제외되기 때문에 평가금액이 생각보다 낮게 나왔다는 생각이 들 수 있다.

....

● 실무 현장에서 '감정평가'라는 말을 많이 사용하는데, '종전자산평가'가 정확한 표현이다.

●● 일반적으로 조합은 여유자금이 많지 않기 때문에 현금청산을 해 주기 위해서는 '시공사' 또는 '금융기관'에서 돈을 빌릴 수밖에 없다. 조합의 입장에서는 현금청산 대상자가 늘어날수록 금융비용(이자 등)도 함께 늘어날 수밖에 없기 때문에 되도록 많은 조합원이 정비사업에 참여하기를 바란다.

❽ 조합원분양신청

조합은 사업시행인가가 고시된 날로부터 120일 이내까지 조합원들에게 감정평가액 및 개략적인 분담금추산액과 조합원분양 신청기간(30일 이상~60일 이내) 등을 통지해야 한다. 단, 공공지원제도가 적용되는 서울의 경우에는 시공사와 계약을 체결한 날로부터 120일 이내까지 통지하면 된다.

이때 조합원들은 분양신청기간 내에 자신이 희망하는 평형을 신청할 수 있다. 조합원들이 신청한 희망평형은 실제 분양계약이 체결될 때까지 다소 달라질 수 있다.

만약 분양신청기간 내에 분양신청을 하지 않으면 현금청산자가 된다.* 향후 신축될 전체 세대에서 조합원분양 세대수가 결정되면 나머지가 일반분양 세대수로 확정이 된다.**

❾ 관리처분계획 수립 및 인가

관리처분계획이란, 정비사업을 시행한 후에 분양되는 대지 또는 건축시설 등에 대하여 합리적이고 균형 있는 권리의 배분에 관한 사항을 정하는 계획을 말한다. 즉 조합원분양분과 일반분양분, 임대주택 수가 결정되며, 임차인의 손실보상, 새집의 분양설계, 부대복리시설, 정비사업비추산액 등이 결정되는 단계다. 돈에 대한 수치가 구체적으로 언급되는 시점인만큼 조합원들 간에 이해관계가 엇갈리게 되고 분쟁이 많이 생기기도 한다.

● 2021년 2월 5일 이후 공공이 주도하는 사업예정지구 내의 주택을 매수할 경우 입주권이 나오지 않고 현금청산을 당할 수 있으므로 유의해야 한다.

●● '일반분양 세대수' = 새로 건축될 총세대수 - 조합원분양 세대수 - 임대아파트 세대수.

조합은 이러한 내용을 담아 관리처분계획을 수립한 후에 관할시장, 군수 등에게 인가를 받아야 한다. 행정상의 마지막 단계라고 볼 수 있으며, 사업이 중간에 무산될 가능성은 굉장히 낮아졌다고 생각할 수 있다.

4단계 | 사업완료

⑩ 이주 및 철거

조합이 관리처분계획인가까지 받았다면 이제 본격적으로 공사를 위해 이주 및 철거를 시작하게 된다. 일반적으로 이주기간을 6개월~1년 정도 주며, 조합은 조합원들에게 이주비를 제공한다. 이주가 빨리 마무리될수록 금융비용을 줄일 수 있으므로 조합에서는 최대한 이주를 독려한다.

⑪ 공사착공

1,000세대를 기준으로 철거 이후 착공부터 완공까지 대략 3년 정도의 공사기간이 필요하다.

⑫ 일반분양

이주 및 철거가 완료되면 조합은 착공신고를 한 후 일반분양을 한다. 일반분양은 조합원분양분을 제외한 나머지 물량이 대상이 된다.

일반분양의 결과는 향후 해당 단지의 가격형성에 영향을 미치게 된다. 분양경쟁률이 높을수록 향후 프리미엄이 많이 붙을 가능성이 높아지기 때문이다. 그러므로 조합원이라 하더라도 일반분양의 경쟁률과 실제계약률 등에 관심을 가져야 한다.

⑬ 이전고시

공사가 완료되면 소유권보존등기를 해야 한다. 소유권보존등기를 하기 위해서는 이전고시라는 절차가 필요하다.

이전고시란 사업시행(공사)이 완료된 이후에 관리처분계획에 따라 새롭게 조성된 대지 및 건축물 등의 소유권을 분양받을 사람들에게 이전해 주는 절차다. 소유권을 이전해 주기 위해서는 예전 주택들의 지번(주소)을 모두 지우고 하나의 대표지번을 새로 지어진 아파트에 부여한다. 그리고 각 세대마다 평형별로 토지에 대한 권리인 대지권을 배분하는 작업을 하게 된다.

이전고시는 특별한 문제가 없으면 대개 공사완료 후 1년 안에 마무리되는 것이 일반적이다. 간혹 권리관계가 복잡한 사업지에서는 5년 이상 걸리는 경우도 있다. 이렇게 이전고시가 마무리되어야 비로소 각 세대별로 정상적인 소유권보존등기를 할 수 있게 된다.

⑭ 청산 및 조합해산

이전고시까지 완료가 되면, 조합은 지금까지의 사업 내용을 최종 정산하는 청산절차를 거친 후 조합해산을 함으로써 모든 사업 절차를 마무리 짓는다.

124

투자 타이밍 적기는?
(조합설립인가, 사업시행인가, 관리처분계획인가)

재개발·재건축 사업에서의 가격 상승은 단계별로 이루어지는 경향이 있다. 그중 조합설립인가, 사업시행인가, 관리처분계획인가 시에 큰 폭으로 상승하는 것을 쉽게 볼 수 있다. 가격 상승이 큰 만큼 투자에 관심을 갖고 진·출입하는 사람들도 많아진다.

1단계 사업준비	2단계 사업시행	3단계 관리처분계획	4단계 사업완료
❶ 도시 및 주거 환경 정비 기본계획 ❷ 안전진단 및 정비 구역지정	❸ 추진위원회설립 ❹ 조합설립 ❺ 시공사선정 ❻ 사업시행인가	❼ 감정평가 ❽ 조합원분양신청 ❾ 관리처분계획 수립 및 인가	❿ 이주 및 철거 ⓫ 공사착공 ⓬ 일반분양 ⓭ 이전고시 ⓮ 청산 및 조합해산

1 | 조합설립인가 - 정비사업에 대한 기대감 UP

정비사업에서 조합은 시공사선정, 건축계획, 정비사업의 관리 등을 전반적으로 책임지는 법인으로 정식조직이다. 주민들에게 동의서를 받고, 지자체에서는 설립인가를 받고 정상적으로 법인 등기까지 마치면 정식 조합이 설립된다. 이러한 과정을 거쳐 조합이 설립되면 이때부터 정비사업을 주도적으로 이끌게 된다(자세한 내용은 621쪽 참고).

정비사업에 대한 관심은 조합설립 이후부터 급격하게 늘어나는 경향이 있다. 조합이 설립되었다는 것만으로 정비사업에 대한 기대감이 커지기 때문이다. 그러나 조합이 설립되었다는 것 외에는 아직 구체적인 계획이 수립된 단계가 아니므로 조심스러운 접근이 필요하다. 리스크가 큰 만큼 본격적인 P(프리미엄)가 형성되기 전이므로 초기투자비용은 저렴한 편이다.

2 | 사업시행인가 - 투자금, 수익성의 윤곽이 보이는 시기

조합은 사업시행인가를 받은 직후에 정비구역 내의 종전자산에 대한 감정평가를 실시해야 한다. 조합원들이 기존에 가지고 있던 부동산의 가치를 평가해 감정평가액이 나오면 총사업비(공사비 등)와 일반분양가 등을 고려하여 조합원들이 새로운 아파트를 받기 위해 부담해야 하는 분담금을 대략적으로 산출할 수 있다(자세한 내용은 646쪽 참고).

투자자의 입장에서는 투자금액 및 수익성을 가늠해 볼 수 있기 때문에 본격적으로 투자에 나서게 된다. 또한, 정비사업에서 이 정도까지 과정이 진행되었다면 향후 사업이 중단되거나 무산될 확률은 확연하게 낮아지므로 일반투자자들의 진입이 늘어나는 시점이다. 본격적으로 P가 붙기 시작하고, 초기투자비용도 슬금슬금 올라가기 시작한다.

3 | 관리처분계획인가 - 마무리 단계로 프리미엄 UP!

관리처분이란 새롭게 지어질 아파트 등을 기존의 부동산과 어떠한 방법으로 바꾸어 처분할지에 대한 종합적인 계획을 세우는 단계다. 따라서 조합원들의 분양신청이 완료되면 사업성에 대한 구체적인 판단과 계획을 세울 수 있게 된다.

조합원분양과 일반분양을 통해 얻을 수 있는 수익을 계산할 수 있어서 이 시점이 되면 예상수익, 총사업비, 비례율, 감정평가액 등을 알 수 있다. 이를 더 구체화시켜 조합원들의 권리가액이 계산되면 조합원 각자가 얼마의 분담금을 내야 하는지도 알 수 있다.

이러한 내용들을 담은 관리처분계획을 해당 지자체에 제출하고 인가를 받았다는 것은 일반적인 행정절차를 대부분 마쳤다는 것이다. 즉 해당 정비사업이 중단되거나 취소될 확률은 이제 거의 없다고 보아도 무방하다. 그러므로 이 시점이 되면 사업의 윤곽과 안정성이 보장되는 상태여서 P도 급격하게 붙기 시작한다. 리스크가 줄어드는 대신, 초기투자비용이 늘어나게 된다.

투자자의 입장에서는 어느 정도 시세차익을 현금화한다는 의미에서 처분을 생각해 보는 시점이기도 하다. 이와는 반대로 실수요자의 입장에서는 향후 예상되는 시세보다 P가 저렴하다고 생각할 때에는 진입을 고려해 보는 것도 좋다.

125

재개발 입주권을 받을 수 있는 조합원이 되려면?

앞에서 재건축 조합원은 '토지＋건물 소유자'만 가능하며[*] 재개발은 토지나 건물, 둘 중 하나를 소유해도 조합원이 될 수 있다고 했다. 그러나 모두 조합원이 될 수 있는 것은 아니며 일정한 자격(요건)을 갖추어야 한다.

재개발 조합원 자격 – 토지등소유자(토지 또는 건물 소유자 및 그 지상권자)

재개발은 조합설립 동의 여부는 따지지 않고 일단 조합이 설립되면 요건을 갖춘 '토지등소유자'가 모두 자동으로 조합원이 된다. 그런데 여기서 말하는 '요건'이 다소 복잡하다.

조합원이 될 수 있는 사람은 크게 '토지와 건물을 모두 소유한 사람', '토지만 또는 건물만 소유한 사람(지상권자 포함)', '무허가건축물을 소유한 사람' 3가지 경우가 있다.

● 재건축은 건축물과 부속토지를 함께 소유하고 있어야만 조합원 자격을 인정받을 수 있다. 또한, 재건축사업에 동의한 사람만이 조합원이 될 수 있다. 재건축사업에 동의하지 않은 사람은 조합에서 '매도청구'나 '협의매수'를 통해 해당 조합원의 입주권을 매수하고, 이를 일반분양에 포함시켜 분양한다.

1 | 토지와 건물을 모두 소유한 사람은 100% 입주권 확보

토지와 건물을 모두 소유했다면 조합원이 되는 것에 대하여 특별한 요건이 붙지 않는다. 소유한 토지와 건물의 크기, 종류와는 상관없이 조합원이 된다.

2 | 토지만 또는 건물(지상권 포함)만 소유한 사람은?

토지만 또는 건물만 소유한 경우에는 우선 토지와 건물의 소유권 분리가 '서울시 도시 및 주거 환경정비조례' 시행일인 2003년 12월 30일 이전에 이루어져야 한다. 입주권을 여러 개 받기 위해 일부러 토지와 건물의 소유권을 분리하는 편법을 막기 위해서다. 예를 들어 어느 지역이 개발구역으로 지정되자 입주권을 2개를 받기 위해 주택을 토지와 건물로 각각 분리해서 건물은 자신의 명의로 하고 토지는 다른 사람 명의로 해놓았을 경우, 2003년 12월 30일 이후에 분리한 것이라면 입주권을 인정받지 못하게 된다.

단, 토지는 최소면적 기준이 있다. 건물과 소유권이 분리된 토지는 서울시 기준으로 90㎡(약 27.23평) 이상을 소유하고 있어야만 조합원으로 인정받을 수 있다.

예외적으로 토지만을 소유하고 있는 자가 무주택자인 경우 해당 정비구역의 구역지정이 2010년 7월 30일 이전에 되었다면 토지면적이 30㎡ 이상 90㎡ 미만인 경우에도 조합원으로 자격이 인정된다. 다만, 이때 토지의 지목*과 현황**이

- **지목** : 토지의 주된 이용목적에 따라 토지의 종류를 28가지로 구분하고 표시하는 분류체계를 말한다.
- **현황** : 실제 지목과는 상관없이 실제로 이용되고 있는 주된 상태를 말한다. 예를 들어 대장상에는 '도로'로 되어 있지만 실제로는 대지로 이용되고 있다면 현황은 '대(대지)'가 된다.

모두 도로인 경우에는 인정을 받지 못한다. 그러므로 아무리 무주택자라 하더라도 토지면적이 30㎡ 미만인 경우에는 조합원 자격이 인정되지 않아 현금청산 대상자가 된다.[*]

입주권 못 받고 현금청산 되는 경우(예시)

- **90㎡ 미만 토지 소유자**
- **30~90㎡ 미만 무주택자 토지 소유자(정비구역 지정 2010년 7월 30일 이후)**
- **30~90㎡ 미만 무주택자 도로 소유자(지목, 현황 모두)**
- **30㎡ 미만 토지 소유자(주택 소유 여부와 상관없음)**

3 | 무허가건축물을 소유한 사람은?

무허가건축물의 경우 합법적으로 허가는 받지 못했지만 그렇다고 소유권 자체가 부정되는 것은 아니다. 비록 무허가건축물이라 하더라도 일정한 요건을 갖춘 경우 조합원 자격이 인정된다.

일정한 요건은 1981년 12월 31일 현재 '무허가건축물대장'에 등록되어 있거나, 1981년 촬영한 제2차 항공사진에 나타나 있어야 한다. 무허가건축물에 투자할 경우 반드시 해당 지자체(시·군·구)에 이런 증빙서류가 있는지 확인해야 한다.

● 비록 소유한 토지면적이 30㎡ 미만이라 하더라도 조합원 분양신청 전까지 부족한 면적을 추가로 매입해서 면적을 90㎡ 이상으로 맞출 경우 조합원으로 인정받을 수 있다. 이때 합산할 토지는 반드시 인접한 토지일 필요는 없고 동일한 정비구역 안에 위치한 토지이기만 하면 된다.

재개발 조합원 자격요건 총정리

> 조합원 분양신청을 하지 않으면 현금청산자가 되므로 주의할 것!

토지와 건물 모두 소유	• 다른 조건 없음
토지 또는 건물만 소유	• 2003년 12월 30일 이전에 소유권이 분리되어 있을 것 • 토지의 경우 면적이 90㎡ 이상일 것 • 토지면적이 30㎡ 이상~90㎡ 미만일 경우 반드시 무주택자일 것 (단, 2010년 7월 30일 이전에 구역지정이 될 것) • 지목과 현황이 모두 '도로'가 아닐 것
무허가건축물 소유	• 1981년 12월 31일 현재 '무허가건축물대장'에 등록되어 있거나, 1981년 촬영한 '제2차 항공사진'에 나타나 있어야 할 것

재개발의 경우 일단 조합이 설립되면 조합설립의 동의 여부와는 상관없이 조합원이 된다. 이 중 조합원분양신청을 하지 않은 사람은 자신이 보유하고 있는 부동산에 대하여 현금으로 보상을 받고 조합원지위를 잃게 된다. 즉 '현금청산자'가 된다.

현금청산자가 되지 않으려면 '2003년 12월 30일'을 기억하라!

빌라에는 '원빌라'와 '구분빌라'가 있다. 원빌라는 말 그대로 처음부터 건축허가를 빌라로 받은 다세대(연립)주택을 의미한다. 구분빌라는 재개발사업이 진행되면 여러 개의 분양자격을 받을 목적으로 다가구주택(단독주택)을 다세대주택으로 전환시킨 빌라(일명 지분쪼개기)를 의미한다.

구분빌라에 투자하려면 2003년 12월 30일 이전에 전환이 되었는지 반드시 확인해야 한다. 최초 다가구주택에서 구분빌라로 전환된 시점이 2003년 12월 30일 이전이어야만 조합원 자격을 인정받을 수 있고, 그 이후라면 현금청산 대상자가 되기 때문이다.

구분빌라의 등기사항증명서 표제부에는 '등기원인 및 기타사항'란에 '구분으로 인하여'라는 문구가 기재되어 있다. 즉 등기사항증명서에 '구분으로 인하여'라는 문구가 있다면, 구분빌라이므로 등기의 '접수'일자가 2003년 12월 30일 이전인지 반드시 확인해야 한다.

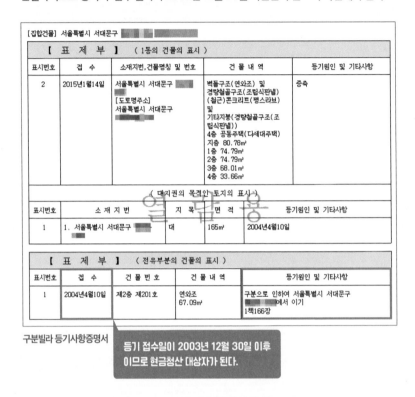

구분빌라 등기사항증명서

등기 접수일이 2003년 12월 30일 이후이므로 현금청산 대상자가 된다.

위 예시에서는 '접수'일자가 2004년 4월 10일로 되어 있다. 이런 경우, 해당 구분빌라의 소유자는 감정평가액을 기준으로 현금청산 대상자가 된다. 일반적으로 감정평가액은 향후의 개발이익을 배제하고 평가되기 때문에 실제 시세보다 더 저렴하게 책정된다. 그러므로 구분빌라에 잘못 투자해서 현금청산 대상자가 될 경우, 자신이 매수했던 금액에 못 미치는 금액으로 청산을 당할 수 있으니 주의해야 한다.

126

일반분양권과 달리 조합원 입주권에만 있는 혜택 3가지!

조합원의 입주권에는 일반분양권과는 달리 직·간접적으로 많은 혜택이 주어진다. 각 사장업장마다 혜택의 종류에 약간의 차이는 있지만, '로열동·로열층 선점', '저렴한 분양가', '무상옵션' 등은 가장 대표적인 혜택이다.

혜택 1 | 로열층·로열동을 선점할 수 있다!

대부분의 조합에서는 조합원들에게 5층 이상의 층과 로열동 세대를 추첨해서 우선 배정을 하고 나머지 세대는 일반분양한다. 단, 조합원이 많은 구역에서는 추첨을 통해서 동·호수가 배정되기 때문에 조합원이라 하더라도 저층을 배정받을 수도 있다. 그러므로 동·호수가 지정되기 전에 투자를 할 때에는 총 세대수 대비 조합원분양수를 확인해 보는 것이 좋다.

혜택 2 | 일반분양권에 비해 10~20% 저렴하다!

조합원분양가는 주변 시세를 감안해서 책정되기 때문에 일반분양가보다

10~20% 저렴하게 책정된다. 여기에 로열층·로열동을 배정받게 되므로, 일반분양에 비해 시세차익이 더 크게 발생하게 된다. 즉 일반분양가보다 더 저렴한 금액으로 더 좋은 조건의 아파트를 받을 수 있게 된다.

혜택 3 | 발코니 확장, 빌트인 가전 등 무상옵션 팍팍!

사업성이 좋은 사업일수록 건설사들은 시공권을 수주하기 위해 치열한 경쟁과 홍보전을 펼친다. 결국 조합원들의 마음을 얻어 선택을 받아야 하므로 입찰에 참여한 건설사마다 조합원들에게 많은 서비스품목을 제시하게 된다.

조합원들에게 무상으로 제공되는 옵션은 각 사업장마다 차이가 있겠지만, 서울 강북지역을 기준으로 대략 2,000만~3,000만원 상당의 경제적 혜택이 주어지는 경우가 많다. 일반적으로 제시되는 대표적인 서비스품목은 다음과 같다.

조합원 입주권 혜택 예시

무상옵션	예시
발코니 확장 및 발코니 새시	거실, 주방, 방
빌트인 가전	드럼세탁기, 김치냉장고, 식기세척기, 가스쿡탑, 음식물쓰레기탈수기, 빨래건조기, 천장 매립형 에어컨, 전동식 빨래건조대, 부부욕실 스피커폰, 비데 등
가구	붙박이장, 드레스장, 화장대 등
상급자재로 업그레이드	로이유리 이중창 발코니 새시(확장부위), 거실 우물천장, 거실 아트월, 친환경 온돌마루, 현관 중문 설치 등

127

재개발·재건축 수익성 지표 ①
감정평가액

감정평가액이란?

조합원이 기존에 가지고 있던 부동산의 가치를 평가한 금액을 말한다. 흔히, '감정평가액' 또는 '감정가'라고 하는데, 정식 명칭은 '종전자산평가금액'이다.

조합원이 향후에 받게 될 아파트의 가격(조합원분양가)에서 자신이 현재 소유하고 있는 부동산의 가치(감정평가액 × 비례율[*])만큼 뺀 나머지 금액이 분담금이 되기 때문에 조합원들이 민감하게 반응할 수밖에 없다.

그럼, 이번에는 감정평가액이 어떠한 방법으로 산출되는지 평가방식에 대해서 공동주택(집합건물)과 단독·다가구 주택으로 나누어서 알아보기로 하겠다.[**]

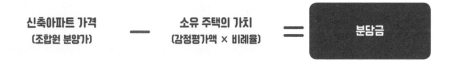

- 비례율에 대한 자세한 내용은 642쪽 참고.
- 감정평가의 평가기준일은 '사업시행인가 고시가 있는 날'을 기준으로 한다.

공동주택은 주변 실거래를 따르는 '거래 사례 비교법'

공동주택은 우리가 흔히 말하는 빌라, 연립주택 등의 집합건물을 말한다. 이러한 공동주택을 감정평가할 때에는 '거래 사례 비교법'을 사용하게 된다.

'거래 사례 비교법'이란 주변에 실제로 거래된 사례 중 해당 평가 대상주택과 가장 유사한 조건의 물건을 찾아서 얼마에 매매가 이루어졌는지를 참고해서 가치(가격)를 평가하는 방법이다.

다만, 개발구역을 벗어난 인근 지역 물건의 거래 사례를 참고하게 된다. 왜냐하면 감정평가는 순수하게 부동산의 가치만을 평가하기 때문이다. 즉 개발 등의 호재로 인한 시세 상승분은 반영하지 않겠다는 것이다. 따라서 감정평가액이 시세보다 낮게 평가되는 것이 일반적이다. 시세 대비 10~15% 정도 저렴하게 계산되는 경우가 많다. 현재 시세가 5억원이라면 감정평가액은 약 4억 3,000만~4억 5,000만원 정도로 평가되는 사례가 많다.

단독주택·다가구주택은 '토지가치 + 건물가치' 합산

공동주택의 평가와 달리 단독주택·다가구주택은 토지의 가치와 건물의 가치를 각각 평가한 다음 합산해서 평가금액을 산출한다.

❶ 토지 감정평가액

토지는 표준지공시지가를 기준으로 각 토지마다 위치, 주용도, 지목 등의 개별요인을 적용해서 평가한다. 예를 들어 표준지보다 우위에 있는 땅이라면 높게,

그 반대라면 낮게 평가하는 것이다.

표준지공시지가 × 지역 및 개별 요인 × 그 밖의 요인 = 토지 감정평가액

그러나 일반적으로 토지의 감정평가액은 해당 토지의 개별공시지가와 비슷한 수준이거나 약간 높은 수준에서 책정되는 경우가 많다. 즉 부동산시장의 흐름이 좋으면 개별공시지가보다 높게, 반대로 부동산시장이 좋지 않을 때에는 개별공시지가보다 낮게 책정되는 것이다.

그러므로 부동산시장의 흐름이 좋을 때에는 개별공시지가의 110% 정도, 시장의 흐름이 나쁠 때에는 90% 정도로 평가된다고 보면 된다.

❷ 건물 감정평가액

건물은 '원가법'으로 평가를 한다. 주택을 다시 짓는 데 들어가는 원가를 계산한 후 연식만큼 감가상각해서 잔존가치를 산출하는 방식이다.

철근콘크리트 구조의 경우 사용 가능한 연수를 40년 정도로 잡고 감가상각을 하여 잔존가치를 평가하게 된다. 지어진 지 40년이 넘은 건물의 잔존가치는 0원이 되지만, 실무에서는 아무리 오래된 건물이라 하더라도 최소 몇백만원은 평가해 준다.

다음의 표는 실무(현장)에서 많이 사용되는 연식에 따른 건물의 '평당' 예상 평가금액이다. 각 사업장마다 상황이 달라 약간의 편차가 있을 수 있으므로 참고용으로만 사용하기 바란다.

연식별 건물의 예상평가금액

건물의 경과연수	평당 예상평가금액
20년 이하	±150만원
25년 이하	±130만원
30년 이하	±110만원
35년 이하	±90만원
40년 이하	±60만원

철근콘크리트조 기준

단독주택의 감정평가액을 계산해 보자!

다음과 같은 조건의 단독주택이 재개발된다고 가정하고 대략적인 감정평가액을 구해 보자.

◆ **토지 40평**(개별공시지가 평당 1,500만원)
◆ **건물 30평**(철근콘크리트조, 경과연수 약 20년)

평가금액을 구해야 하는 주택의 종류가 '단독주택'이므로 토지의 평가금액과 건물의 평가금액을 산출해서 합산하는 방식으로 구해야 한다.

❶ 토지평가금액

보수적으로 산정하기 위해 부동산시장의 분위기가 '나쁘다'로 가정해서 개별 공시지가의 90%를 적용해 보겠다.

40평 × 1,350만원(1,500만원 × 90%) = 5억 4,000만원

❷ 건물평가금액

건물은 철근콘크리트조이며 20년 정도 되었기 때문에 대략적으로 '평당' 150만원 선으로 책정된다.

30평 × 150만원 = 4,500만원

❸ 예상 감정평가액

예상되는 감정평가액은 토지와 건물의 가치를 합하면 된다. 5억 5,000만~6억원 정도라고 판단할 수 있다.

토지 5억 4,000만원 + 건물 4,500만원 = 5억 8,500만원

128

재개발·재건축 수익성 지표 ②
비례율

재개발과 재건축에 조금이라도 관심이 있는 사람이라면 '비례율'이라는 단어를 들어봤을 정도로 개발사업의 사업성을 나타내는 대표적인 지표다.

이 장에서는 비례율의 의미와 계산식을 알아보도록 하자.

비례율이 높으면 사업성이 좋다

비례율은 정비구역의 '개발 후의 가치'를 '개발 전의 가치'로 나눈 비율을 나타낸 수치다. 일반적으로 100%보다 높게 나오면 '사업성이 좋다'라고 하며, 100%보다 낮게 나오면 '사업성이 나쁘다'라고 평가한다. 개발 후의 가치가 클수록 그리고 개발 전의 가치가 작을수록 비례율의 수치는 높게 나온다.

비례율을 계산하기 위해서는 '종후자산평가액', '총사업비', '감정평가액'을 알아야 한다. '감정평가액'은 앞서 알아보았으므로 이 장에서는 '종후자산평가액'과 '총사업비'에 대해서 알아보겠다.

$$\frac{\text{종후자산평가액} - \text{총사업비}}{\text{감정평가액(종전자산평가액)}} \times 100 = \text{비례율}$$

종후자산평가액

종후자산이란 개발사업이 완료되었을 때 조합이 얻게 될 총수입을 의미한다. 일반적으로 '조합원분양수입'과 '일반분양수입'을 합친 것을 총수입이라고 한다.

조합원의 분양가를 올리면 종후자산액이 늘어나는 효과는 있지만, 조합원들의 심한 반발에 부딪히게 될 것이다. 그러므로 종후자산액을 늘리기 위해서는 일반분양 물량이 많아야 하며, 분양가 또한 높게 책정되어야 한다.

그러나 분양가를 무한정 높게 책정했다가 미분양이 발생하면 오히려 손실이 발생할 수 있다. 따라서 부동산 경기가 좋으면 일반분양가를 올리고, 반대로 나쁘면 일반분양가를 내리는 등 시장분위기를 살펴 탄력적으로 책정한다.

조합원분양 수입 + 일반분양 수입 = 종후자산평가액

총사업비

총사업비는 개발사업에 들어가는 모든 비용이고, 크게 '공사비'와 '기타 사업비'로 나뉜다.

공사비는 말 그대로 아파트를 새로 짓기 위한 공사비용이고, 기타 사업비는 공사비를 제외한 부수적인 사업비를 말한다. 대표적인 항목으로는 설계비, 감리비, 보상비, 금융비용(이자), 예비비 등이 있다.

일반적으로 재건축사업의 총공사비를 100%라고 했을 때, '공사비 75%, 기타 사업비 25%'의 비율로 책정된다.

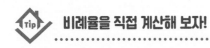

비례율을 직접 계산해 보자!

다음과 같은 조건의 재개발사업지의 비례율을 산출해 보자.

◆ 조합원분양수입 1,550억원, 일반분양수입 950억원
◆ 총사업비 1,500억원
◆ 감정평가액(종전자산평가액) 950억원

앞서 배웠던 비례율 산출식에 위 금액을 대입해 보면, '{[종후자산평가액 2,500억원(조합원분양수입 1,550억원 + 일반분양수입 950억원) − 총사업비 1,500억원] ÷ 감정평가액 950억원} × 100 = 105.26'이 나온다. 위 사례의 재개발 사업지의 비례율은 105%이므로 사업성이 비교적 무난하다고 평가할 수 있다.

$$\frac{\text{종후자산평가액} - \text{총사업비}}{\text{감정평가액(종전자산평가액)}} \times 100 = \text{비례율}$$

$$\frac{1,550 + 950 - 1,500}{950} \times 100 = 105.26\%$$

재개발사업은 기타 사업비의 비율이 조금 높아져 '공사비 65%, 기타 사업비 35%'의 비율로 진행된다. 재건축에는 없는 '보상비'의 항목이 추가로 발생하기 때문이다. 보상비의 대표적인 항목으로는 '손실보상비(현금청산)'와 '이주비'*가 있다.

● 재개발사업에서 말하는 '이주비'에는 크게 임차인을 위한 '주거이전비'와 상가영업자 보상을 위한 '기타 이주보상비'가 포함된다. 이 보상비는 일반적으로 조합이 금융기관이나 시공사로부터 빌려오기 때문에 많은 이자비용이 발생하게 된다.

129

재개발·재건축 수익성 지표 ③
분담금

분담금은 새 아파트를 받기 위해 지불해야 하는 돈

재개발·재건축 사업의 조합원이 새로이 아파트 등을 분양받기 위해 부담해야 되는 비용을 '분담금'이라고 한다. '조합원분양가'에서 '권리가액'을 뺀 금액이 분담금이 된다. 그렇다면 권리가액은 무엇일까?

권리가액은 조합원이 갖는 권리의 정도를 나타낸 금액으로, 기존주택의 가치 (감정평가액)에 신규주택의 사업성(비례율)을 곱한 값이다.

> 분담금을 최소화하기 위해서는 권리가액이 높아야 한다.

| 신축아파트 가격 (조합원분양가) | − | 소유 주택의 가치 (감정평가액 × 비례율) = 권리가액 | = | 분담금 |

예를 들어 조합원 A가 기존에 소유하고 있던 주택의 감정평가액이 5억 5,000만원이고 사업지의 비례율이 110%라면, 권리가액은 6억 500만원(5억 5,000만원 × 110%)이 된다.

이때 조합원분양가가 7억원이라면 A가 조합에 지급해야 하는 분담금은 9,500만원(7억~6억 500만원)이다.

감정평가액과 비례율이 높을수록 조합원이 부담해야 하는 분담금은 줄어들게 된다. 만약 권리가액이 조합원분양가보다 클 때에는 차액을 조합으로부터 돌려받게 된다.

'분담금'과 '추가부담금'은 달라요!

일반적으로 '분담금'과 '추가부담금'이라는 용어를 혼용해서 사용하는 경우가 많다. 그러나 이 두 용어는 다른 의미를 갖고 있다.

'분담금'은 관리처분계획에 따라 조합원이 원래부터 부담해야 했던 금액(조합원분양가 - 권리가액)을 말한다.

이와는 달리 '추가부담금'은 처음에는 없었지만 나중에 추가로 부담이 생긴 금액을 말한다. 추가부담금이 발생했다는 것은 조합이 애초 계획했던 관리처분계획대로 사업이 진행되지 않았다는 의미가 될 수 있다.

추가부담금이 발생하는 가장 대표적인 이유로는 사업의 지연으로 인한 금융비용의 증가 또는 경기변동에 따른 물가상승으로 인한 건축비 상승이 있다. 일반분양이 잘되지 않아서 예상했던 것보다 일반분양수입이 줄어든 경우에도 추가부담금이 발생한다.

분담금 원래 내야 하는 돈	VS	추가부담금 계획과 달라 추가로 납부해야 하는 돈

감정평가액이 낮으면 무조건 조합원에게 불리하다?

조합원의 감정평가액이 높게 나올수록 향후 부담해야 하는 분담금의 액수는 줄어들 가능성이 높아진다. 그러므로 감정평가액이 낮은 것보다는 높은 것이 좋다고 생각한다.

그러나 다른 조합원들의 감정평가액도 낮게 나왔다면, 무조건 분담금의 액수가 늘어난다고 볼 수는 없다. 왜냐하면 조합원들의 감정평가액이 전반적으로 낮게 나옴으로써 상대적으로 비례율의 수치가 높아질 수 있기 때문이다.

정비구역 '개발 후의 가치'를 '개발 전의 가치'로 나눈 비율이 비례율이다. 분모의 역할을 하는 '개발 전의 가치'가 작아질수록 비례율의 수치가 올라가게 된다.

❶ 개발 후의 가치가 1,100억원인 아파트가 있을 때, 개발 전 가치가 1,050억원이면 비례율은 약 105%다. ❷ 개발 전 가치가 이보다 낮은 950억원이라면, 비례율은 약 116%로 11%나 올라간다. 이처럼 감정평가금액이 전반적으로 낮게 나온다면 비례율은 높아진다.

$$\frac{\text{종후자산평가액} - \text{총사업비}}{\text{감정평가액(종전자산평가액)}} \times 100 = \text{비례율}$$

$$❶ \frac{1,100억원}{1,050억원} \times 100 = 105\%$$

$$❷ \frac{1,100억원}{950억원} \times 100 = 116\%$$

여기서 중요한 것은 조합원들의 개별 분담금을 산출할 때, 조합원분양가에서 감정평가액이 아닌 '권리가액(감정평가액 × 비례율)'을 뺀 금액이 분담금이 된다는 것이다.

A가 희망하는 공급면적 109㎡ 아파트의 조합원분양가가 6억원이라고 가정하고 분담금을 계산해 보자.

분담금 = 조합원분양가 - 권리가액(감정평가액 × 비례율)

   ❶ 감정평가액 3억원, 비례율 105%
      6억원 - (3억원 × 105%) = 2억 8,500만원
   ❷ 감정평가액 2억 7,500만원, 비례율 116%
      6억원 - (2억 7,500만원 × 116%) = 2억 8,100만원

이처럼 조합원들의 감정평가액이 전반적으로 높으면 비례율이 내려가고, 반대로 감정평가액이 전반적으로 낮으면 비례율은 올라간다. 조합원들의 감정평가액이 전반적으로 낮게 나왔다면 오히려 비례율이 올라가 분담금이 줄어들 수도 있다는 것이다.

물론, 자신의 감정평가액은 낮게 나오고 비슷한 조건을 가진 다른 조합원들의 감정평가액은 높게 나온다면 부담해야 하는 분담금의 액수가 늘어난다. 하지만 전반적으로 감정평가액이 낮게 나왔다면 이로 인해 비례율이 올라가기 때문에 평가액이 생각보다 낮게 나왔다고 실망할 필요는 없다.

130

조합원 입주권의 P가
일반분양권보다 저렴한 이유

인터넷으로 입주를 곧 앞둔 신축아파트를 검색하다 보면, 일반 '분양권'보다 조합원의 '입주권'의 P(프리미엄)가 3~5% 정도 저렴한 것을 종종 볼 수 있다. 입주권이 분양권에 비해서 P가 저렴한 이유는 크게 다음과 같은 2가지 이유 때문이다.

1 | 원래 입주권이 분양권보다 저렴하다

조합원이 입주권을 받을 때에는 일반분양가에 비해 10~20%가량 저렴한 가격으로 권리를 받게 된다. 따라서 같은 가격의 P를 붙인다 해도 상대적으로 입주권의 가격이 분양권의 가격보다 낮을 수밖에 없다.

예를 들어 분양권의 분양가격이 7억원이고 P가 3억원이 붙었다면 총 매매가는 10억원이다. 하지만 입주권의 조합원 분양가격은 6억 2,000만원이라서 P가 3억 5,000만원이라고 하더라도 총 매매가는 9억 7,000만원이다. 시작가격이 다르므로 P를 더 붙인다 해도 입주권의 가격경쟁력은 분양권보다 앞서게 된다.

2 | 입주권 취득세는 4%, 분양권 취득세는 면제된다

입주권과 분양권은 '새로 지어질 아파트를 받을 수 있는 권리'라는 공통점을 가지고 있다. 하지만 세금을 낼 때는 차이가 있다. 특히, 취득세가 많은 차이를 보인다.

입주권의 경우 철거된 주택, 즉 이미 주택이 멸실된 상태에서 나대지를 취득하는 개념이 되기 때문에 일반취득세율 1~3%가 아닌 4%의 취득세율을 적용받게 된다. 이와는 반대로 분양권에는 별도의 취득세가 없고, 향후 건물이 완공되어 입주할 때 보존등기비용만 부담하면 된다. 동일한 아파트를 새롭게 취득한다는 것은 같지만 입주권은 취득세 4%를 더 내야 하는 등 세금에서 차이가 나기 때문에 그만큼 가격적인 경쟁력을 부여하는 것이다.

이와 같은 차이가 있기 때문에 자신이 매수하고자 하는 권리가 '입주권'인지 아니면 '분양권'인지를 확인하는 것은 기본이다. 그러므로 가격이 일반분양권보다 저렴하다는 이유만으로 성급하게 입주권을 매수하면 안 된다. 취득세까지 감안해서 가격적인 경쟁력이 있는지를 따져보는 것을 잊지 말아야 한다.

131

이주비, 주거이전비, 이사비를 구분해 보자

본격적인 공사를 위해 이주기간이 정해지면, 이주비로 '얼마가 나온다더라', 주거이전비로 '얼마를 준다더라' 등의 말들이 나돌기 시작한다. 비슷한 것 같으면서도 다른 용어들이 어떠한 명목으로 누구에게 지급되는지 정확하게 모르고 혼용되는 경우가 많다.

그래서 이 장에서는 비슷한 것 같지만 다른 의미를 갖고 있는 '이주비', '주거이전비', '이사비'에 대해서 알아본다. 정비사업의 방식이 재개발이냐 재건축이냐에 따라 다르고 소유자와 임차인에 따라 지급되는 항목과 금액이 달라지므로 조합 사무실에 문의하는 것이 가장 정확하다.

이주비 지급대상 - 조합원(소유자)(재개발 ○ / 재건축 ○)

새로운 아파트가 지어질 동안 임시거처를 마련할 수 있는 비용을 지원해 주는 것이다. 정비구역 내에 살고 있던 조합원들이 다른 지역으로 이주할 수 있도록 이주비를 제공한다.

이주비는 조합에서는 시공사 또는 금융기관에서 자금을 빌려와 무이자로 조합원에게 지급하는 경우가 많다. 조합에 따라 유이자로 이주비를 지급하는 경우도 있다. 일반적으로 이주비를 지급할 때는 해당 조합원의 기존 부동산에 근저당권을 설정한 후에 지급한다.

이주비가 무이자로 진행된다 하더라도 결국에는 전체 사업비에 포함되어 분양가에 포함되는 것이다. 또한, 조합원에게 무상으로 지급해 주는 것이 아니라 대여금의 형태로 진행되기 때문에 입주시점에는 다시 상환해야 한다. 만약, 조합원이 입주권을 양도(매매)할 경우 승계하거나 반환하면 된다.

이주비는 규제지역과 부동산 담보대출 여부 등을 고려하여 감정가액의 30~60%까지 대출받을 수 있다. 조합에 문의하면 보다 정확한 이주비의 비율을 알 수 있다.

◆ 조합원이 정비구역 내 부동산을 담보로 대출을 받고, 입주 시 상환
◆ 감정가의 30~60%(조합 또는 시공사에서 추가적으로 유이자로 대출해 주는 경우도 있음)
◆ 이자는 대부분 조합에서 부담(사업비에 포함되어 결국 분양가에 포함됨)
◆ 주택 이외 나대지, 상가, 도로 등을 소유한 조합원도 지급
◆ 조합원이 신청 시 등기부에 근저당권 설정 일부금액(20~30% 내외)을 선지급한 후, 공가처리(이사 및 세입자 전출 등)가 확인되면 나머지 금액 지급

주거이전비 지급대상 - 실제 점유자(재개발 ○ / 재건축 ×)

공익사업으로 진행되는 구역 내의 주거용 건물을 실제로 점유하고 있는 소유자 및(또는) 임차인에게 지급되는 돈을 주거이전비라고 한다. 소유자는 2개월분의 주거이전비를, 임차인은 4개월분의 주거이전비를 지급받을 수 있다.

도시정비법 시행령에 따라 정비구역지정 3개월 이전부터 해당 지역에 거주를 하고 있어야 받을 수 있다. 지급되는 금액은 가구원수(가족수)에 따라 달라지며, 금액 산정은 '도시 근로자 월평균 가계 지출비'를 기준으로 한다.

- **구역지정 공람공고일 현재 해당 정비구역에 거주하는 소유자 또는 임차인에게 지급(재건축은 제외)**
- **구역지정 공람공고일 3개월 이전 '전입신고 + 실거주'의 요건을 충족하고 있어야 함**
- **통계청의 '도시 근로자 월평균 가계 지출비'를 기준으로 하여 주거이전비를 산출함**

가구원수	1개월	4개월
1인	2,056,918원	8,227,672원
2인	3,056,137원	12,224,548원
3인	4,343,375원	17,373,500원
4인	5,171,663원	20,686,652원

출처 : 2020년 1/4분기 가구원수별 도시 근로자 월평균 가계 지출비 통계청 자료

이사비 지급대상 - 실제점유자(재개발 ○ / 재건축 ×)

공익사업을 위한 토지 등의 취득 및 보상에 관한 법률에 따라 임차인에게 지급하는 돈을 이사비라고 한다. 특별한 지급기준은 없으며, 실제 현재의 점유자가 수령하는 것이 원칙이지만 편의상 소유자에게 지급하는 경우가 많다. 만약, 임차인이 살고 있다면 소유자가 받은 이사비를 임차인에게 전달해 주어야 한다.

금액은 조합에 따라 다르게 책정되며, 이주기간 내에 이주 여부 등에 따라서

차등 지급하는 경우도 있다.

- ◆ 보통 100만~300만원(조합마다 차이가 있음)
- ◆ 실제 이사를 해야 하는 현재의 점유자가 수령하는 것이 원칙이지만, 편의상 소유자에게 지급하는 경우가 많음

　재건축의 경우 조합에서 임차인들에게 별도의 '이사비'를 지급하지 않는다. 즉 재건축 임차인의 경우 임대인(소유자)에게 별도로 받아야 한다. 그러나 대부분의 정비사업 예정지에서 임대차계약서를 작성할 때, '정비사업(재개발·재건축 등)으로 인해 이사를 나가야 하는 경우 임차인은 임대인에게 이사비를 포함하여 그 어떠한 금전을 요구하지 않는다.'라고 기재하기 때문에 실제로 임차인이 이사비를 받는 경우가 드물다.

이주비, 주거이전비, 이사비 총정리

구분	지급목적	비용의 성격	상환 여부	지급대상
이주비	임시거처를 마련하기 위한 비용	대여금	O	소유자
주거이전비	빠른 이사를 종용하기 위한 합의금 또는 지원금	지원금	×	실제점유자
이사비	실제 이사에 필요한 비용	실비	×	실제점유자

132

조합원에게 유리한 공사방식은?
도급제 vs 지분제

시공사(건설회사)를 선정할 때, 공사비의 지급방식에는 '도급제'와 '지분제'가 있다. 공사와 관련하여 발생하는 책임과 수익의 주체를 누구로 할 것이냐에 따라 도급제와 지분제로 나뉜다. 설명을 위해 다음과 같은 조건으로 정비사업이 진행된다고 가정해 보겠다.

공급면적 109㎡, 300세대 정비사업 세부 조건

항목	내용
1세대 당 공사비	3억 5,000만원
공사비 총액	1,050억원
조합원분양분	200세대
일반분양분	100세대
일반분양가	12억원

일반분양분의 총 분양가는
1,200억원(12억원 × 100세대)

도급제 – 손익의 주체가 조합원!

시공사가 예정된 공사비만 받고 공사를 해 주는 방식을 도급제라고 한다. 이 보기처럼 109㎡ 아파트를 300세대를 신축하는 데 들어가는 총 공사비가 1,050억원이라면, 시공사는 1,050억원을 공사비로 받고 신축한 아파트 300세대를 조합에게 넘겨주기만 하면 된다. 그러므로 향후 조합이 일반분양을 통해서 얻는 이익금에 대해서는 시공사는 전혀 상관없게 되고, 모두 조합원에게 돌아간다. 즉 도급제에서는 조합(원)이 공사와 관련된 책임과 경제적 '득'과 '실'의 주체가 된다.

문제는 손실이 생겼을 때다. 일반분양이 미분양이 났을 경우에는 조합원들이 추가부담금을 부담해야 한다. 그러므로 부동산 경기가 좋을 때에는 도급제로 공사계약을 하는 것이 조합원들의 이익을 극대화할 수 있는 방법이다. 반대로 부동산 경기가 좋지 않을 때에는 지분제로 공사계약을 하는 것이 조합원들에게 유리하다.

지분제 – 손익의 주체가 시공사!

시공사의 공사비를 해당 사업지에서 남는 이익으로 대신하는 방식을 지분제라고 한다. 시공사에게 지급해야 하는 공사비가 정해져 있는 것이 아니라 일반분양 등을 해서 남는 이익을 공사비조로 모두 가져가는 방식이다.

앞의 보기에서 일반분양분 100세대의 총 분양가는 1,200억원이다. 그럼 시공사는 공사비 1,050억원 대신 1,200억원을 공사비조로 모두 가져간다. 즉 지분제에서는 시공사가 공사와 관련된 책임과 경제적 '득'과 '실'의 주체가 된다.

이렇게 되면, 도급제에 비해 시공사만 폭리를 취한다고 생각할 수도 있다. 그래서 시공사는 일반적으로 조합원들에게 '무상지분'이라는 것을 제공한다. 무상지분이란 말 그대로 조합원들에게 무상으로 지분을 더 주는 것이다. 예를 들어 29평형에 해당하는 공사비만 받고 넓은 평수의 33평형 집을 조합원에게 제공해 주는 것이다.

이렇게 지분제로 공사가 진행될 경우 시공사는 미분양 등으로 손실이 생길 경우의 경제적 위험부담까지 떠안게 된다. 그러므로 조합원 입장에서는 추가 부담을 없애고 안정적으로 시공하고 싶다면 지분제를 선택하는 것이 좋다. 또한, 소규모 개발사업지에서 조합원이 사업경비에 대한 부담을 느낄 경우에도 지분제를 선택하는 것이 좋다.

아파트 건축비 평당 700만원

아파트 공사비는 강남의 일부 고급아파트를 제외하고 일반적으로 평당 700만원선이다. 최근 건축자재비와 인건비 등이 많이 상승해서 동네에서 쉽게 볼 수 있는 빌라(다세대주택)도 평당 건축비가 700만원을 넘기는 경우가 많은데, 아파트를 짓는 데 평당 700만원선이라고 하면 비교적 건축비가 저렴하다는 생각이 들 수도 있다.

그럼 34평형이라고 말하는 공급면적 112㎡ 아파트의 세대당 건축비를 계산해 보겠다. 평당 건축비는 700만원이니까 '34 × 700만원'으로 생각하기가 쉽다.

그런데 아파트의 평당 건축비를 계산할 때에는 '공급면적'이 아닌 '계약면적'을 기준으로 계산된다는 사실을 알아야 한다. 다음의 표는 일반적인 공급면적 34평형 아파트의 면적표다.

전용면적	84.98㎡
공급면적	111.66㎡
기타 공용면적	57.49㎡
계약면적	169.16㎡

공급면적은 111.66㎡(약 34평)이지만, 계약면적은 169.16㎡(약 51평)다. 그러므로 해당 아파트의 건축비는 '700만원 × 51평'으로 계산해야 한다.

앞서 계약면적이란 '공급면적 + 기타 공용면적'이라고 설명했다(311쪽 참고). 기타 공용면적에 포함되는 대표적인 것들에는 단지 내 관리실, 노인정, 커뮤니티센터, 주차장 등이 있다. 최근에 지어진 신축아파트일수록 커뮤니티센터와 주차공간의 비중이 커짐에 따라 계약면적이 늘어나는 추세다.

일반적인 '공급면적'과 '계약면적'

전용면적	공급면적	계약면적
59㎡(약 18평)	24~26평형	40~45평
84㎡(약 25평)	32~35평형	50~55평

출처 : 개포자이프레지던스

133

노후주택이 신축아파트로 변신!
가장 빠른 길은 '가로주택정비사업'

가로주택정비사업이란?

가로주택정비사업은 6m 이상의 도로 등에 둘러싸인 구역의 노후, 저층 주거지를 대상으로 하는 소규모 도시재생사업의 일종이다. 재개발·재건축 사업과는 달리 대규모 철거 없이 기존의 기반시설과 가로망을 유지하면서 최대 15층 높이의 공동주택을 신축한다.

가로주택정비 현수막

즉 노후·불량 건축물이 밀집하는 가로구역에서 종전의 가로를 유지하면서 소규모로 주거환경을 개선하는 정비사업이다. 다음의 3가지 요건을 모두 충족해야만 가능하다.

1. 사업지의 도로 폭이 6m 이상 또는 도시계획도로 4면이 둘러싸인 10,000㎡(약 3,025 평) 미만*의 가로구역으로 통과도로가 없어야 한다. 단, 4m 이하의 통과도로는 예외로 인정되며, 4면 중 일부 면이 공원, 하천, 공용주차장, 녹지 등과 접한 경우에는 해당 도로 조건에 충족한 것으로 인정받을 수 있다.

2. 사업지 내 건축물 중 노후·불량 건축물의 수가 2/3 이상이어야 한다.

3. 사업지 내에 기존 주택의 수가 단독주택일 경우에는 10호 이상, 공동주택(다세대, 연립 등)일 경우에는 20세대 이상, 공동주택과 단독주택이 혼합되어 있는 경우는 20채 이 상이어야 한다(단, 합산 20채 이하여도 단독만 10호 이상이면 가능).

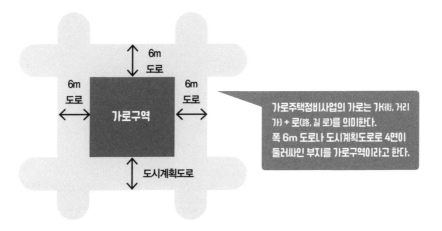

조합설립요건

가로주택정비사업의 조합설립을 위해서는 다음과 같은 토지 등 소유자의 동의가 필요하다.

· 도시계획위원회 심의를 거쳐 가로주택정비사업 대상지의 면적을 20,000㎡ 미만까지 적용할 수 있다.

◆ 토지 등 소유자 80% 이상 동의 및 토지면적 3분의 2 이상의 동의가 있어야 한다. (만약, 조합설립에 동의를 하지 않은 경우에는 매도청구가 가능하다.)

◆ 공동주택의 경우에는 구분소유자의 과반수 동의가 필요하다. 또한, 공동주택 외의 건축물은 해당 건축물이 소재하는 전체 토지면적의 1/2 이상의 토지 등 소유자의 동의가 있어야 한다.

단, 소유자가 20명 미만일 경우에는 조합을 설립하지 않고, 토지 등 소유자 전원의 합의로 주민합의체 대표자를 선임해서 '토지 등 소유자방식'으로 사업을 시행할 수 있다.

가로주택정비사업으로 최소 4년 SAVE!

가로주택정비사업의 최대 장점은 절차의 간소화로 신속한 사업의 진행이 가능하다는 것이다.

가로주택정비사업에서는 정비사업의 기초작업이라고 할 수 있는 '정비기본계획', '정비구역지정', '추진위원회의 구성' 등이 생략되고, 바로 '조합설립인가'부터 시작된다. 또한 '사업시행인가'에 관리처분계획까지 포함되기 때문에 일반정비사업에 비해 사업기간이 최소 4~5년 이상 단축되는 효과를 누릴 수 있다.

사업장마다 차이는 있겠지만 '조합설립부터 준공까지' 4년 내외의 기간이 소요되는 것이 일반적이다.

1단계 사업준비	2단계 사업시행	3단계 관리처분계획	4단계 사업완료
❶ 도시 및 주거 환경 정비 기본계획 ❷ 안전진단 및 정비 구역지정	❸ 추진위원회설립 ❹ 조합설립 ❺ 시공사선정 ❻ 사업시행인가	❼ 감정평가 ❽ 조합원분양신청 ❾ 관리처분계획 수립 및 인가	❿ 이주 및 철거 ⓫ 공사착공 ⓬ 일반분양 ⓭ 이전고시 ⓮ 청산 및 조합해산

❻ 사업시행인가에
❾ 관리처분계획 수립 및 인가가 포함되므로
절차는 더 간단해진다.

가로주택정비사업의 또 다른 매력 3가지

절차의 간소화 외에도 기대할 수 있는 장점은 많다.

첫째, 건축법에 따른 대지의 조경기준, 건폐율 산정기준, 대지 안의 공지기준 및 건축물의 높이제한 기준 등을 지방건축위원회 심의를 받으면 완화하여 적용 받을 수 있다.

둘째, 재건축 초과이익환수제 적용이 면제되어 사업의 이익을 극대화할 수 있어 조합원들의 분담금을 최소화할 수 있다.

셋째, 서울의 경우 가로주택정비사업에서 미분양이 발생하면, 전용면적 $85m^2$ 이하이고 3억원 이하의 미분양주택을 서울주택공사(SH)가 매입하여 임대주택으로 활용하게 된다. 그러므로 미분양에 대한 리스크를 줄일 수 있다.

50대 노후 준비! 상가투자

134

한눈에 보는 상가구입 절차도

상가는 대표적인 수익성 상품이다. 본인이 장사를 하며 사용하려는 목적으로 매수하기도 하지만, 대부분은 임대를 놓아서 월세를 받기 위해 매수한다. 그러므로 좋은 상가란, 돈이 될 만한 상가를 말한다. 무엇보다 안정적으로 꾸준하게 월세를 받을 수 있는 상가를 고르는 것이 중요하다. 자칫 상가를 잘못 구입하게 되면, 공실이 발생해 월세는 고사하고 대출이자와 관리비 부담을 고스란히 떠안게 될 수도 있다. 그러므로 상가투자는 신중하게 판단해서 결정해야 한다.

1단계 자금계획 세우기

자신이 투자할 수 있는 돈의 액수를 생각해 본다. 상가를 구입할 때에는 초기 투자금의 부담을 줄이고 수익률을 높이기 위해서 대부분 대출을 받는다. 그러므로 상가를 알아보러 다니기 전에 은행에 방문하여 자신의 소득과 신용도를 고려해서 대략적인 대출한도와 금리를 알아보아야 한다.

결국 투자할 수 있는 자금이란, '순수 자기자본 + 대출금 + (예상)임대보증금'이 될 것이다(670쪽 참고).

2단계 목적과 종류 정하기

상가의 종류에 따라 '임대수익'이 아닌 '시세차익'이 목적이 되기도 한다. 지가 상승 또는 개발호재 등으로 인한 시세차익을 바라는 것이다. 따라서 상가에 투자하려는 목적을 정확하게 하고 이에 부합하는 상가를 선택해야 한다.

또한 같은 수익형 상가라 하더라도 단지내상가, 구분상가, 스트리트형 상가, 테마상가 등 종류가 다양하다. 각 상가의 특성과 장단점을 비교해서 본인에게 가장 적합한 종류의 상가를 정하는 것이 중요하다(136장, 137장, 139장 참고).

3단계 투자지역 정하기

상가투자에서 가장 중요한 것은 상권이다. 상권이 얼마만큼 형성되고 활성화되었는지가 투자의 성패를 좌우할 수 있기 때문이다.

투자지역은 주변 지인 혹은 일부 전문가의 말만 듣고 정하기보다는 투자자 본인이 잘 알고 있는 지역으로 정하는 것이 좋다. 특히 초보투자자일수록 현재의 '거주지' 또는 '근무지' 주변이 좋다. 어떤 업종이 장사가 잘되는지, 어떤 상가가 임대가 잘되는지 등을 자연스럽게 파악하고 있기 때문이다.

즉 상가는 꾸준히 발품을 팔면서 직접 지역의 상권을 파악하는 것이 중요하다. 아무리 유명한 전문가가 추천해 주는 지역이라도 본인이 직접 체감하지 못한 지역이라면 투자를 하지 않는 것이 좋다.

4단계 부동산중개사무소 방문하기

투자할 지역을 정했다면 인터넷을 통해서 물건을 검색하거나 또는 원하는 지역에 위치한 중개사무소에 방문한다. 특히, 상가중개를 전문으로 하는 중개사무소의 경우 대표적인 유료사이트('네이버부동산', '네모') 외에도 개인블로그와 카페 등으로 광고를 한다. 참고로 활발하게 광고를 올리는 중개사무소일수록 많은 물건을 보유하고 있을 확률이 높다.

5단계 상권 분석하기

마음에 드는 상가를 발견했다면, 상가를 중심으로 지역의 상권을 분석해 본다. 요일별·시간대별(아침, 점심, 저녁)로 유동인구는 얼마나 되는지, 어떠한 업종이 장사가 잘되는지, 주변에 신규로 상가가 공급될 여지가 있는지, 공실 또는 임대로 나와 있는 상가는 얼마나 되는지 등을 직접 확인해 본다.

6단계 서류 확인하기

등기사항증명서(115쪽 참고)를 통해서 권리관계에는 이상이 없는지를 확인한다. 또한, 건축물대장(713쪽 참고)을 통해서 '위반건축물등재' 여부와 상가의 종류를 확인함으로써 입점이 가능한 업종이 어떤 것인지 등을 파악해 본다.

7단계 은행 대출 및 자금계획 최종 점검하기

계약서를 작성하기 전, 은행에 다시 방문해서 대출가능한도와 금리 등을 최종적으로 확인한다. 그리고 현재 임대보증금 등을 고려해서 자신의 자금계획에도 차질이 없는지 점검해 본다.

8단계 계약서 작성하기

계약하러 나온 사람이 실제 등기상 소유자가 맞는지를 확인하고 계약서를 작성한다(140쪽 참고).

임차인이 이미 입점해서 영업을 하고 있는 상태라면, 매도자에게 향후에도 계속해서 영업을 하겠다는 임차인의 확인서*를 받게 해야 한다. 그리고 잔금을 치를 때에는 새로운 임대인인 본인과 계약서를 다시 작성하는 것이 좋다. 만약, 공실상태라면 본격적으로 임대를 맞추어야 한다(175쪽 참고).

9단계 중도금·잔금 지불 및 소유권이전등기

매매대금(계약금, 중도금, 잔금 등)은 가급적 현금보다는 계좌이체를 하는 것이 좋다. 이때 입금계좌는 반드시 매도자 명의의 계좌여야 한다.

● 임대차 계약기간 도중 임대인이 바뀌는 경우 임차인은 자신이 원하지 않을 경우 계약기간의 잔존 여부와 상관없이 계약을 해지하고 종료할 수 있다(대법원 1998.9.2. 자98마100결정)(697쪽 참고).

135

상가투자 전,
목표와 투자금 설정하기

목표가 임대수익이면 대출 40% 미만
목표가 시세차익이면 대출 60% 이상

상가투자금은 '순수 자기자본 + 은행대출 + 임대보증금'으로 구성된다. 그러므로 상가투자를 생각하고 있다면 가장 먼저 투자 가능한 금액을 정확하게 산정해봐야 한다.

특히 상가투자는 레버리지 효과를 최대한으로 끌어올리기 위해 투자자금에 여유가 있다 하더라도 대출을 활용한다. 적게는 전체 분양가(매매가)의 30~40%, 많게는 60~70% 이상으로 대출받는 경우도 있다.

만약 투자 목적이 '임대수익'이라면 대출 비중을 최소화하는 것이 좋다. 이와는 반대로 '시세차익'을 고려한 투자일 경우에는 표면상의 수익률을 높이고 초기 투자금의 부담을 줄이기 위해 대출을 최대한 많이 받는 것이 좋다.

대출은 많이 받을수록 초기 투자금이 줄어들기 때문에 수익률 계산에서 상대적으로 높은 수익률이 산출된다.* 그러나 대출금액이 많아질수록 이와 비례하여

부담해야 하는 이자액 또한 늘어나기 때문에 실제 수익은 그만큼 줄어들게 된다. 그러므로 '임대수익'이 주목적이라면 대출활용을 이용한 레버리지는 최소화해야만 한다.[**]

투자성격에 따른 투자금 비율

'임대수익'을 고려한 투자	자기자본 60% 이상 vs 대출 40% 미만
'시세차익'을 고려한 투자	자기자본 40% 미만 vs 대출 60% 이상

투자금액을 미리 계산해 봐야 자금을 집행할 때 실수를 줄일 수 있다. 투자금이 정해지면, 금액에 따라 투자할 수 있는 상가의 종류와 규모가 달라진다.

지역에 따라 차이는 있지만 서울 강북지역을 기준으로 10억원 이하는 '구분상가', 10억원 이상 30억원 이하는 '상가주택', 30억원 이상은 '상가건물'(일명 꼬마빌딩)에 투자하려는 경향이 있다(상가 종류에 대한 자세한 설명은 676쪽 참고).

- 초기투자금이 적을수록 임대수익률은 올라가게 된다. 그러므로 투자자(매수자)는 상가의 객관적인 수익률을 알아야 한다. 대출금을 제외한 전체 매매가를 기준으로 순수익률을 계산해 보면 된다.
- [**] 상가 수익률을 계산하는 방법은 674쪽 참고.

136

월세 vs 시세차익,
상가 구입 목적 결정하기

상가의 종류에 따라 수익의 성격도 달라진다. 예를 들어 구분상가는 임대수익을, 상가건물은 시세차익에 비중을 두고 접근하게 된다. 투자 목적을 먼저 명확하게 정해야 거기에 맞는 종류의 상가를 선택할 수 있다.

소자본 투자로 월세를 받고 싶다면 '구분상가'

구분상가(분양상가)는 건물 전체가 아닌 개별 호수별로 소유권이 나누어진 상가로 집합건물의 성격을 갖는 상가를 의미한다. 초기투자금이 많이 필요한 다른 상가건물에 비해 소액으로도 투자가 가능하기 때문에 초보투자자도 시도해 보기 좋은 편이다.*

일반적으로 구분상가의 투자 목적은 시세차익보다는 안정적인 임대수익이라서 매매가는 임대수익률에 영향을 미치는 월세, 대출금리 등의 요소에 따라 달라진

● **구분상가 투자 유의사항** : 구분상가는 공실 리스크를 조심해야 한다. 상가의 특성상 공실이 나면 후임 임차인을 맞추는 데 몇 달씩 걸리기도 한다. 계절을 타거나 지나치게 유행을 타는 업종보다는 장기적으로 영업이 가능한 업종이 좋다. 유명 프랜차이즈 등이 입점을 희망한다면 임대료 또는 관리비를 약간 조절해 주더라도 유치하는 것이 좋다.

다. 임대료를 올려 받을수록 수익률이 올라가기 때문에 매매가도 상승하게 된다.

서울의 경우 1층 구분상가를 대출받지 않았다는 전제하에 순수익률이 4% 이상이면 안정적이라고 할 수 있다. 시중에 분양되고 있는 구분상가들의 경우 대출을 활용한 수익률이 7~9%까지 나오는데, 대출을 빼고 순수익률로 계산을 해보면 대부분 4~5% 정도가 나온다.

$$순수익률 = \frac{월세 \times 12개월}{(매매가 - 보증금)} \times 100$$

$$대출을\ 활용한\ 수익률 = \frac{(월세 - 월이자) \times 12개월}{(매매가 - 보증금 - 대출금)} \times 100$$

아래의 표는 분양대행사가 일반적으로 구분상가의 분양가를 책정할 때, 층별로 예상하는 순수익률을 나타낸 것이다. 층수가 올라갈수록 수익률이 좋아지는 것은 월세를 비싸게 받을 수 있어서가 아니라 그만큼 분양가가 저렴해지기 때문이다.

구분상가의 층별 예상 순수익률

층수	엘리베이터 있는 상가	엘리베이터 없는 상가
1층	4~4.5%	4~4.5%
2층		5% 이상
3층	5% 이상	7% 이상
4층		
5층 이상	6.5% 이상	8.5% 이상

고층일수록
분양가 낮아져서 수익률 UP!

시세차익을 노린다면 '구분상가'보다 '상가건물'

상가건물은 월세보다는 토지의 가격 상승 가능성에 더욱 비중을 두고 투자를 하게 된다. 이로 인해 수익률은 구분상가에 비해 낮은 편이다. 하지만 지하철개통, 재개발·재건축 사업 등의 개발호재로 지가가 상승하고 건물의 가치가 상승할 경우 큰 수익을 남길 수 있다. (구분상가의 경우 주변의 개발호재가 발생하더라도 해당 상가의 월세가 오르지 않으면 시세에 별다른 영향을 미치지 못하는 경우가 많다.)

서울을 기준으로 대출을 받지 않은 상태에서 순수익률이 3~4%대이고, 4% 이상이면 우량물건에 속한다.

 대출을 뺀, 진짜 수익률 계산하는 방법

수익률을 계산할 때에는 대출레버리지를 빼고 순수익률이 몇%인지를 따져봐야 한다. 먼저 다음과 같은 조건의 상가가 있다고 가정하고, 수익률을 계산해 보자.

실전! 수익률 계산하기
☐ 매매가 7억원
☐ 보증금 5,000만원
☐ 월세 250만원

$$\frac{월세\ 250만원 \times 12개월}{(매매가\ 7억원 - 임대보증금\ 5,000만원)} \times 100 = 약\ 4.61\%$$

부풀린 수익률 조심하기!

앞의 예처럼 대출 없이 순수익률이 연 4.6%이면 양호한 상가에 속한다. 그런데 사람들의 눈길을 더 끌기 위해 대출금과 관리비까지 포함시켜서 수익률을 계산하는 경우가 종종 있다. 특히, 관리비는 수입이 아니라 바로 지출되어야 하는 항목이므로 수익률을 계산할 때 절대로 포함시켜서는 안 된다.

속임수 월세 계산법

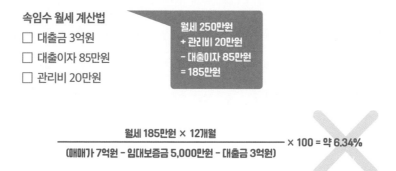

- ☐ 대출금 3억원
- ☐ 대출이자 85만원
- ☐ 관리비 20만원

월세 250만원
+ 관리비 20만원
− 대출이자 85만원
= 185만원

$$\frac{월세 185만원 \times 12개월}{(매매가 7억원 - 임대보증금 5,000만원 - 대출금 3억원)} \times 100 = 약 6.34\%$$

같은 상가인데도 '대출금'과 '관리비'를 포함시켜서 계산하면 수익률이 1.7% 높아지는 것으로 나타났다. 대출을 많이 받을수록 레버리지 효과가 있어 명목수치상의 수익률이 높아지는 것처럼 보이는 것이다. 하지만 그만큼 부담해야 하는 이자액 또한 늘어나서 실제로 남는 수익은 점점 줄어들게 된다.

137

상가의 종류와 장단점

상가에는 근린상가, 단지내상가(아파트, 주상복합), 상가주택, 스트리트형 상가, 상가건물(꼬마빌딩) 등 다양한 종류가 있다. 상가별 특징과 장단점을 파악해서 자신에게 적합한 상가를 선택해 보자.

1 | 근린상가 - 주거지역 상권, 진입장벽 낮아 경쟁 치열

주거지역 인근에 위치하여 주민의 생활편익을 제공하는 상점들을 근린상가라고 한다. 동네에서 흔히 볼 수 있는 생활 밀착형 업종들로 슈퍼, 의원, 미용실, 약국, 편의점, 세탁소, 학원 등이 대표적이다. 대부분의 근린상가들은 배후지로 주택가를 확보하고 있어 비교적 안정적인 고객 확보가 되어 있는 편이다.

건축법상으로는 제1종과 제2종 근린생활시설 및 판매시설 등으로 분류된다.

근린상가 장단점 총정리

장점	• 주거 밀집지역 주변에 위치해 있기 때문에 고객수요와 매출이 안정적이다. • 업종 제한이 거의 없어 대부분의 업종이 개업 가능하다. 　(단, 학교 주변지역의 업종 제한과 상업지역에서만 가능한 위락업종은 제외)●
단점	• 주변에 쇼핑센터, 백화점, 대형마트의 입점 등 외적 변화가 상권에 미치는 영향이 크다. • 업종의 제한이 거의 없어 주변에 동종업종 또는 유사업종이 난립하여 경쟁이 치열해질 수 있다. 영업력이 뒤처지는 상가는 임대료가 하락할 수도 있다.

2 | 단지내상가 – 700세대 이상 공략, 안정적이지만 되팔기 어려움

아파트단지 혹은 주상복합건물 내에 있는 상가를 단지내상가라고 한다. 근린 상가와 마찬가지로 실생활에 필요한 업종 위주로 입점한다.

단지내상가는 별도의 상권이 없더라도 해당 단지의 입주가구가 소비층으로 받쳐주기 때문에 안정적인 매출을 기대할 수 있다.

단, 안정적인 영업을 위해서는 단지 내 세대수가 최소 700세대 이상이어야 한 다. 또한, 백화점이나 쇼핑센터를 이용하려는 경향이 강한 대형평형(40평대 이상) 보다는 중·소형평형(20~30평형대)의 비중이 높을수록 좋다.

건축법상으로는 제1종과 제2종 근린생활시설 및 판매시설 등으로 분류된다.

● **근린상가 업종 제한** : 학생의 교육(학습권)을 지키기 위한 제한으로, 절대정화구역과 상대정화구역이 있다. '절대 정화구역'은 학교 교문을 기준으로 50m 이내에, '상대정화구역'은 학교 경계(담)로부터 직선거리로 200m 이내 에 법으로 정해 놓은 유해시설 및 교육환경에 악영향을 줄 수 있는 업종의 입점을 막고 있다. 대표적인 예로 당구 장, PC방, 노래연습장, 유흥주점, 숙박업(모텔, 호텔 등), 비디오방 등이 있다(유치원과 대학교는 별도의 예외규정 이 있다).

단지내상가 장단점 총정리

장점	• 단지 내 기본 고객이 확보되어 있어 매출 안정성이 다른 상가에 비해 좋다. • 근린상가에 비해 소액으로 임대업에 진입할 수 있다. 특히, 연식이 오래된 구축 단지내 　상가일수록 매매가가 저렴하다.
단점	• 대부분 업종이 주민밀착형이어서 점포당 매출의 한계가 있다. 향후 월세를 올릴 수 있는 　폭이 크지 않다. • 대규모 택지개발지구나 신도시에서는 중심상업지역에 대형 쇼핑센터나 백화점 등이 들 　어설 경우 단지내상가의 수요가 분산되어 수익성에 큰 타격을 입을 수도 있다. • 일반상가에 비해 매수하려는 사람이 적어 향후 되팔기가 쉽지 않다. 시세차익을 생각하 　기보다는 장기보유를 하면서 꾸준한 임대수익을 위한 투자상품으로 접근해야 한다.

3 | 상가주택 – 주거와 임대수익 동시 창출 가능

주택가 또는 이면도로에 접하고 있는 3~5층짜리 건물로 1~2층은 상가로 되어 있고, 3~5층은 주택으로 사용되는 건물을 상가주택이라고 한다. 직접 거주하면서 월세를 받을 수 있기 때문에 노후를 준비하는 사람들에게 많은 관심을 받는 투자대상이다.

상가주택 장단점 총정리

장점	• 주거의 안정과 매달 일정한 임대수입을 얻을 수 있다. • 월세뿐만 아니라 향후 지가 상승으로 인한 시세차익도 기대할 수 있다. • 이면도로와 접한 경우가 많아 건물의 접근성이 좋고 주변 편의시설을 이용하기가 편리 　하다.
단점	• 주택이 상가와 혼재되어 있고 임차인들과 공동생활을 해야 하기 때문에 일반주택에 비 　해 주거환경(사생활, 주차 등)이 다소 불편할 수 있다. • 시세차익형 투자상품을 겸하고 있어 투자금 대비 매월 수익률은 상대적으로 낮을 수 있다.

상가주택은 경사가 없는 평지에 노출이 잘되는 코너자리에 있는 것이 가장 좋다. 자동차의 접근성도 고려하면, 접하고 있는 도로의 폭이 6m 이상이면 좋은 상가주택이다.

건축법상으로는 제1종 또는 제2종 근린생활시설 및 주택 등으로 분류된다.

4 | 스트리트형 상가 - 공급과잉, 공실부담 높음

근린상가의 일종으로 대단지 주상복합아파트 또는 수변공원(광장) 등을 따라 상가들이 늘어선 형태로, 사람들의 동선에 따라 걸어다니면서 쇼핑을 즐길 수 있도록 만들어진 상가를 말한다. 우리가 잘 알고 있는 일산 '라페스타', 송도 '커넬워크' 등이 대표적인 스트리트형 상가다.

건축법상으로는 제1종과 제2종 근린생활시설 및 판매시설 등으로 분류된다.

스트리트형 상가 장단점 총정리

장점	• 사람들의 동선에 따라 상가가 들어서 있기 때문에 눈에 잘 띄고, 보행 중에 간판과 매장 내부 등을 쉽게 볼 수 있어 고객을 바로 끌어들일 수 있는 집객력이 높은 편이다. • 상가 앞에 테라스를 조성하거나 중앙광장 또는 정원, 수변공원 등을 조성함으로서 휴식과 여가를 즐길 수 있는 복합적인 기능을 추가하여 지역주민과 관광객들의 발길을 모을 수 있다.
단점	• 최근 스트리트형 상가가 인기를 끌면서 공급이 늘어나 희소성이 떨어질 수도 있다. • 업종의 실용성보다는 유럽형 스타일, 카페거리 등 최신 트렌드에 맞춰 조성되는 경향이 많아서 향후 트렌드가 변하거나 상권에 변화가 생길 경우 경쟁력을 갖추지 못할 수도 있다. • 가시성이 좋은 1층 상가에만 관심이 집중되는 경향이 있어, 1층 상가의 분양가가 굉장히 높게 책정된다. 따라서 높은 임대료를 요구할 수밖에 없는 구조가 된다. 상권이 형성되지 않을 경우에는 비싼 임대료를 감당하지 못하는 임차인들의 입점 포기가 늘어나 공실에 대한 부담이 커질 수 있다.

5 | 상가건물 – 임대수익보다는 향후 시세차익 기대!

주택가보다는 이면도로 이상에 접하고 있는 2~5층짜리 건물로 전체 층이 상가로 되어 있다. 월세보다는 향후 토지의 가격 상승 가능성에 더욱 비중을 두고 투자를 하게 된다. 이로 인해 일반적으로 수익률은 구분상가에 비해 낮은 편이다.

하지만 주변에 개발호재, 상권의 활성화 등이 있을 경우 토지가격과 건물의 가치가 상승해 큰 시세차익을 기대할 수 있다.

건축법상으로는 제1종과 제2종 근린생활시설 및 판매시설 등으로 분류된다.

상가건물 장단점 총정리

장점	• 개발호재, 상권의 활성화 등이 있을 경우에 많은 시세차익을 얻을 수 있다. • 주거용 건물에 비해 임차인들의 건물 수리에 대한 요구가 적은 편이며, 내부 구조가 비교적 단순하기 때문에 관리가 편하다.
단점	• 초기투자금액이 다른 상가에 비해 상대적으로 크다. • 경기에 영향을 많이 받는다. 특히, 불경기로 인해 임차인들의 매출이 떨어질 경우 임대료 연체가 생길 수 있으며 향후 임대료 인상이 어렵다. • 투자금에 비해 임대수익률이 낮은 편이다.

주거와 임대수익, 1석 2조 상가주택

누구나 한번쯤 건물주를 꿈꾼다. 안정적으로 임대수익이 발생해 근로소득이 없더라도 생활이 가능한 건물주는 선망의 대상이다. 특히, 직접 거주를 하면서 상가 부분에서 월세수입이 발생하는 상가주택은 꾸준히 인기가 있다.

상가주택의 장점 2가지

1 | 주거와 임대수익을 동시에 누릴 수 있다

직접 거주를 하면서 상가에서는 매달 일정액의 월세를 받을 수 있기 때문에 은퇴를 앞둔 장년층과 근로소득이 없는 노년층의 관심도가 높다. 또한, 시설관리면에서도 유리하다. 주거용건물보다 임차인들의 요구사항이 적은 편이어서 용이하다.

2 | 일반상가에 비해 양도소득세 부담이 덜하다

1세대 1주택 양도세 비과세 요건을 갖추었을 경우, 주택 부분에 대해서는 12억원까지 비과세를 받을 수 있다. 또한, 12억원 초과 부분에 대해서는 보유기간과 거주기간에 따라 최대 80%의 장기보유특별공제를 받을 수 있기 때문에 다른 수익형 부동산에 비해 양도소득세 절세효과가 큰 편이다.

2022년부터 바뀐 상가주택의 양도소득세

기존에는 상가주택의 양도소득세를 계산할 때 주택의 연면적과 상가의 연면적의 크기를 비교해서 주택의 면적이 더 클 경우 건물 전체를 주택으로 간주했으며, 상가의 면적이 더 크거나 같을 경우 상가는 상가로, 주택은 주택으로 각각 나누어 양도세를 계산했다.

그러나 2022년 1월 1일부터는 면적 크기에 상관없이 주택은 주택으로, 상가는 상가로 본다. 이렇게 되면 주택의 연면적이 더 큰 상가주택이 1세대 1주택으로 비과세 요건을 갖추었다 하더라도 12억원 초과분에 대한 장기보유특별공제액을 주택 부분만 최대 80%를 공제받을 수 있고, 상가 부분에 대해서는 최대 30%까지만 받을 수 있게 된다. 즉 양도세 부담이 더 커졌다.

구분	주택 연면적 > 상가 연면적		주택 연면적 ≤ 상가 연면적	
	주택	상가	주택	상가
	↓	↓	↓	↓
	주택	상가	주택	상가

단, 주택 연면적이 상가 연면적보다 크고 상가주택의 양도가액이 12억원 이하인 경우에는 종전과 동일하게 상가주택 전체를 주택으로 보아 비과세 요건을 갖추었다면 양도세가 비과세가 된다.

오랜 기간 동안 상가주택을 보유하면서 양도차익이 클 것으로 예상되는 경우에는 용도변경을 해서 상가의 연면적을 줄이고 주택의 연면적을 최대한 늘려 놓는 것도 양도소득세를 절세할 수 있는 방법이 될 수 있다.

138

돈 되는 상가를 고르는
10가지 방법!

입지가 좋고, 유동인구가 많은 곳에 위치한 상가는 무슨 업종이 들어와도 장사
가 잘될 것이다. 그러나 이런 곳은 이미 매매가(분양가)가 높게 형성되어 있으므로
소액투자로 진입하기가 쉽지 않다. 특히 대로변에 위치한 상가의 경우 접근성과
가시성이 좋아 임대료를 높게 받을 수 있지만, 이와 비례하여 매매가 또한 상당
히 비싼 편이기 때문에 상가를 선택할 때에는 자신의 투자금을 고려해서 가성비
도 생각해 보아야 한다.

이 장에서는 돈 되는 상가의 10가지 조건에 대해서 알아보자.

❶ 가시성이 좋아야 한다
상가는 사람들의 눈에 잘 띄는 것이 가장 중요하다. 가시성을 높이기 위해서

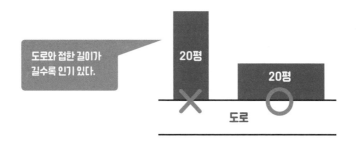

는 도로(인도)와 접한 전면의 길이가 길수록 좋다. 또한, 건물 가운데보다는 코너에 위치하고 있어 여러 방향에서 상대적으로 노출이 더 많이 되는 상가가 좋다.

❷ 접근성이 좋아야 한다

상가는 사람들이 쉽게 방문해서 많은 소비가 이루어지는 것이 좋다. 그러므로 무엇보다 접근성이 중요한데, 접근성에는 '물리적 접근성'과 '심리적 접근성'이 있다.

물리적 접근성이란, 손님이 상가에 접근하는 데까지 걸리는 물리적 시간을 말한다. 버스나 지하철역 또는 주차장에서 상가까지의 거리 등이 대표적이다.

심리적 접근성이란, 손님이 상가에 얼마나 마음 편하게 접근할 수 있는지를 의미한다. 손님의 동선상에 상가가 위치해 있어야 하는데 그렇지 못할 경우 심리적 접근성이 떨어지게 된다. 예를 들어, 상가 전면의 경사가 심하다거나 커다란 장애물(담, 화단, 옹벽 등)이 설치되어 있어 접근성이 떨어지는 경우 심리적 접근성이 떨어진다고 할 수 있다.

❸ 출근길목보다는 퇴근길목에 위치해 있어야 한다

바쁜 출근길보다는 하루일과를 마치고 귀가하는 퇴근길에 대부분의 소비가 이루어진다. 업종마다 약간의 차이는 있겠지만 일반적으로 아침 출근길 방향에 있는 상가보다는 저녁 퇴근길 방향으로 있는 상가가 좋다.

'출근길'에 유리한 업종	김밥, 토스트전문점, 문구점 등
'퇴근길'에 유리한 업종	마트, 음식점, 호프집, 미용실, 과일·채소가게 등

❹ 주변에 노점상이 많이 있어야 한다

노점상을 보면 자연스럽게 지역의 상권이 파악된다. 상가 주변에 노점상이 많다는 것은 그만큼 상권이 좋다는 반증이기도 하다. 노점상은 어느 길목에 유동인구가 많은지, 장사가 잘되는지 등을 경험상으로 알고 있는 경우가 많기 때문이다.

노점상을 보면
유동인구가 보인다.

❺ 주변에 대형마트, 백화점, 재래시장 등이 없어야 한다

반경 500m 이내에는 대형소비시설이 없는 것이 좋다. 대형소비시설은 많은 손님들을 블랙홀처럼 흡수해 버리기 때문에 가급적 피하는 것이 좋다.

❻ 상가가 접한 도로는 4차선 미만이어야 한다

도로 폭이 넓고 차량 통행이 많으면 안전사고에 대한 우려와 길을 건너기 위해 신호를 대기해야 하는 불편함 때문에 접근성이 떨어질 수밖에 없다. 대로는 차가 다니기에는 좋지만, 장사하는 입장에서는 마이너스 요인이 될 수도 있다.

❼ 주차가 편해야 한다

차량이 늘어남에 따라 주차공간 확보가 상권에 미치는 영향이 점점 커져간다.

상가건물의 자체 주차장뿐만 아니라 근처에 얼마만큼 주차공간이 확보되어 있는지, 또 얼마나 주차가 편리한지가 상가를 선택하는 중요 요소가 되었다. 가장 흔한 예로 편의점을 들 수 있는데, 매장 앞에 주차할 수 있는 공간이 있는 곳과 없는 곳의 매출은 상당한 차이를 보인다.

❽ 주변에 빈 땅이 없어야 한다

상가 주변으로 새로 건물을 지을 만한 땅이 있다는 것은 향후 경쟁해야 하는 상가가 발생할 수도 있다는 말과 같다. 만약 주변에 빈 땅이 있을 경우 향후 이용 계획에 대해서 반드시 알아보아야 한다.

❾ 평지 또는 완만한 경사에 있어야 한다

상가와 접한 도로가 경사가 심할 경우 손님의 접근성이 떨어질 수밖에 없다. 아무리 사람이 많이 다니는 길목에 위치해 있는 상가라 하더라도 경사가 심한 경우에는 사람들이 그냥 흘러갈 확률이 높아진다.

❿ 상가에 권리금이 어느 정도 형성되어 있어야 한다

권리금이란 해당 상가에서 어떠한 영업을 했을 때 벌어들일 수 있는 영업수익을 후임임차인이 현재임차인(또는 현재 영업을 하고 있는 사람)에게 보상해 주는 성격의 돈이다. 그러므로 장사가 잘되는 곳일수록 시설권리보다는 영업권리와 바닥권리가 많이 형성된다(708쪽 참고). 이렇게 권리가 형성된 상가가 좋은 상가다. 권리가 형성되는 자리일수록 새로운 임차인을 쉽게 구할 수 있다는 장점이 있다.

◈ 재개발지역에서 상가 분양받기!

재개발 상가 분양, 잘만 받으면 돈이 된다!

'재개발' 하면, 흔히 아파트 입주권투자를 가장 먼저 떠올리게 된다. 하지만 재개발사업은 기존의 낡은 주택뿐만 아니라 상가와 부대복리시설 등도 새로 짓고 아파트처럼 관리처분 계획에 따라 분양을 한다. 즉 신축되는 상가와 부대복리시설 등도 조합원에게 우선 분양을 하고 남는 경우에 일반인에게 분양한다. 그러므로 상가의 경우도 아파트와 마찬가지로 조합원이 우선 좋은 위치(조건)의 상가를 배정받을 확률이 높다.

최근 저금리시대가 지속되면서 안정적으로 임대료를 받을 수 있는 수익형 부동산에 대한 관심이 높아졌다. 특히 재개발사업으로 인해 대단지로 조성되는 신축아파트의 단지내상가의 경우 배후 주거세대를 바탕으로 안정적인 수익을 기대할 수 있기 때문에 많은 투자자들에게 관심의 대상이 되고 있다.

재개발 상가의 공급순위(기준)

	1순위	2순위	3순위	4순위	5순위	6순위
① 종전 건축물의 용도가 분양건축물의 용도와 동일하거나 비슷한 시설인지 여부	O	O	O	O	×	×
② 사업자등록증 여부	O	×	O	×	×	×
③ 권리가액이 분양건축물의 최소 분양 단위규모 추산액 이상인지 여부*	이상	이상	미달	미달	이상	이상
④ 공동주택(아파트)을 분양받았는지 여부	상관없음	상관없음	분양×	분양×	분양×	분양O

● 공동주택을 분양받은 경우에는 그 분양가격을 제외한 가액을 말한다.

재개발사업에서 상가 등의 분양기준은 법령과 조례 범위에서 정관에 정한 바에 따라 관리처분계획으로 수립해야 한다. 해당 시·군·구청장에게서 인가받은 정관 내용과 다르게 총회의 의결로 분양기준을 정해 관리처분계획을 수립할 수는 없다.

'서울특별시 도시 및 주거환경정비 조례' 제38조(주택 및 부대·복리 시설 공급 기준 등) 2항에서 재개발사업으로 조성되는 상가 등 부대·복리 시설은 관리처분계획기준일 현재 687쪽 표와 같은 순위를 기준으로 공급한다고 되어 있다.

참고로 재개발예정지 내에 위치하고 있다 하더라도 해당 지역 전체가 개발되지 않고 일정 부분이 정비구역에서 빠지는 경우도 있을 수 있다. 그러므로 투자하기 전에 관할 시·군·구청에 투자하고자 하는 물건이 개발예정지에 포함되는지 여부를 반드시 확인해 봐야 한다.

139

초보투자자가 피해야 할
상가 3가지!

많은 사람들이 노후 대비용으로 상가투자를 선호하는 경향이 있는데, 상가는 일단 임차인이 구해지면 그 이후로는 특별히 신경 쓸 일이 없다고 생각하기 때문이다. 그래서 특히 은퇴를 앞둔 장·노년층이 퇴직금으로 상가투자에 나서는 경우가 많다.

모든 투자가 그러하듯 제대로 준비를 하지 않는다면 임대수입은 고사하고 금전적인 손해를 입거나, 소중한 자산이 장기간 묶이는 고통의 시간을 겪게 될 수도 있다. 그러므로 막연하게 '얼마를 투자하면 한 달에 월세로 얼마를 받을 수 있다!'라는 가벼운 생각으로 투자를 해서는 안 된다.

초보투자자는 다음의 세 종류의 상가에 대한 투자는 가급적 피하는 것이 좋다.

1 | 신도시 분양상가 - 비싼 분양가 수익성 악화

도시가 새롭게 조성되면 필연적으로 소비를 위한 상업지역이 형성되면서 상가공급도 함께 이루어지게 된다.

2000년대 이전까지만 하더라도 분양가가 저렴해, 1층에 웬만한 상가를 분양받기만 하면 제법 안정적인 수익을 거둘 수 있었다. 그러나 요즘 분양하고 있는 상가들은 상가부지 자체가 비싸고 여기에 건축주, 분양대행사 등의 막대한 마진이 붙어 분양가가 비싸다. 그래서 아무리 입지가 괜찮은 1층 상가라 하더라도 수익성이 좋지 못할 때도 있다.

특히, 신도시 분양상가의 경우에는 더욱 신중을 기해야 한다. 왜냐하면 새로운 도시에 상권이 형성되기 위해서는 최소 5~7년 정도의 시간이 필요하기 때문이다. 아무리 입지가 좋은 상가라 하더라도 제대로 된 '빛'을 내기 위해서는 최소한의 시간이 필요하다. 따라서 공실에 대한 두려움은 한동안 혹처럼 따라다닐 것이다.

더 큰 문제는 신도시 특성상 주변에 빈 땅이 많아서 지속적으로 상가 공급이 이어지면서 물량이 넘쳐날 수도 있다는 것이다. 이렇게 되면, 최초 예상했던 임대료보다 낮게 받을 수밖에 없다. 임대료 하락으로 수익률이 내려가게 되면, 이는 곧 상가의 매매가를 떨어뜨리는 결과로 이어지게 된다.

그러므로 초보투자자는 가격을 더 부담하더라도 상권이 형성되고 안정된 곳에 위치한 상가를 매수하는 것이 좋다.

신도시 상가 투자 시 주의할 점

◆ 아파트세대수 대비 상가의 비율을 따져봐야 한다.[*]

◆ 신도시가 조성되고 있는 중이라면, 신도시공사가 완료될 때까지 얼마의 시간이 더 걸릴지를 생각해 봐야 한다.

◆ 주변에 추가 공급되는 상업지가 있는지 살펴봐야 한다.

● **세대별 적정 상가비율** : 아파트단지 내 상가의 경우 아파트 1,000세대당 상가는 30개 미만이면 괜찮은 편이다.

2 | 임대확약(수익률 보장)상가 – 바가지 위험 체크!

분양(매매)조건으로 일정기간 동안 일정금액 이상의 수익률을 보장해 준다는 상가도 있다. 짧게는 1~2년, 길게는 3~5년 동안 '연 ○○%의 수익률'을 시행사(건축주)가 보장해 주겠다는 임대확약을 조건으로 분양계약을 체결하는 것이다.

매수자 입장에서는 임차인을 구해야 한다는 부담과 공실에 대한 부담을 동시에 해결할 수 있어 일거양득이 될 수 있다. 또한, 잔금과 동시에 바로 월세를 받을 수 있기 때문에 안정적인 투자처라고 생각할 수 있다.

하지만 이런 임대확약상가에 투자하기 전에 꼭 확인해야 할 2가지 사항이 있다.

❶ '분양가'와 '예상임대료'는 적절한가?

분양가에 이미 임대확약된 금액이 포함되어 있을 수도 있다. 임대확약으로 받게 되는 임대수익이 분양가에 포함되어 있는 것이다. 즉 매수자가 시행사(건축주)에게 지급한 분양대금의 일부를 돌려받는 것이다.

아래와 같은 조건의 A 상가와 B 상가를 예로 들어 설명해 보겠다.

A 상가	B 상가
• 분양가 4억원	• 매매가 3억 3,000만원
• 보증금 5,000만원	• 보증금 5,000만원
• 월세 150만원	• 월세 100만원
• 수익률 5.1%	• 수익률 4.3%
• 3년 임대확약 보장된 신규 상가	• A 상가 인근에 위치한 기존 상가

A 상가의 수익률*은 연 5.1%로 B 상가의 연 4.3%보다 높다. 또한, 3년간 임대 확약보장 조건이므로 분양가(매매가)는 B 상가보다 7,000만원이 비싸지만 수익률 측면에서는 A 상가에 투자를 하는 것이 더 메리트가 있어 보인다.

그런데 정확한 시세조사를 해본 결과 A 상가의 임대료가 150만원이 아닌 B 상가의 100만원 수준이라면 상황은 완전히 달라진다. 이렇게 되면 분양가도 B 상가보다 7,000만원이 비싸고, 수익률도 3.4%로 떨어지기 때문에 결코 현명한 선택이 될 수 없다.

한편, A 상가의 시행사(건축주)는 임대확약한 3년의 월세 5,400만원을 매수자에게 되돌려준다 해도 분양가 자체를 주변 시세에 비해 7,000만원을 비싸게 팔았기 때문에 금전적인 손해는 전혀 없게 된다.

결국 분양가와 임대료를 제대로 파악하지 못하면, 모든 금전적인 피해는 매수자의 몫으로 남게 된다.

❷ 확약기간 만료 후에도 같은 수익률을 유지할 수 있는가?

매수자의 입장에서 시행사(건축주)가 임대확약을 분양조건으로 제안할 때, 영구적으로 안정성이 확보된 것으로 오해하는 사람이 많다. 하지만 임대확약은 짧게는 1~2년, 길어도 3~5년이다. 문제는 확약기간이 종료되었을 때다. 만약, 상가로써 경쟁력을 갖추지 못한 경우라면 계약기간 종료 후의 임대수익 여부가 불투명해지기 때문이다.

따라서 임대확약된 임대료가 주변 상가들의 임대료 수준과 비슷하고 상권이 안정되었는지, 상가 자체의 경쟁력 여부를 판단해서 결정을 해야 한다. 그래야 임대확약 약정기간이 끝난 후에도 기대했던 임대수입을 꾸준하게 얻을 수 있다.

● 상가 수익률 계산하는 방법은 674쪽 참고.

1년 5.2% 수익

5년간 26% 수익 보장되는 상가

(위탁사, 패션그룹 협지 5년간 5.2% 임대수익 보장 확약서 작성)
(준공 후 자산관리신탁 선정 후 임대수익 지급)

임대확약은 1~2년, 또는
3~5년이니 주의!

3 | 테마상가 - 온라인 쇼핑으로 점유율 하락 추세

하나의 특정한 메인테마를 가지고 대규모로 공급되는 상가를 테마상가라고
한다. 대표적으로 패션을 테마로 한 동대문의 '두타', 가전제품을 테마로 한 신도
림의 '테크노마트'가 있다.

테마상가는 작게 쪼개져 상가의 개수가 많다는 것이 특징이다. 분양평수(면적)가
작다 보니 투자금액도 상대적으로 적어져 소액 투자자들에게 관심을 받게 된다.

하지만 테마상가의 특성상 한 가지 테마를 갖는 업체들이 입점을 하기 때문에
아무리 상권이 좋고 유동인구가 많은 곳에 위치하더라도 소비층이 원하는 테마
를 제대로 잡지 못할 경우 상권 활성화가 생각보다 쉽지가 않다. 또한, 소유자 수
가 많다 보니 어떠한 문제가 생겼을 때 의견 일치가 어렵다는 단점도 있다.

최근에는 쇼핑문화도 오프라인에서 온라인으로 넘어가고 있다. 특히, 새벽배
송, 당일배송, 로켓배송 등으로 신속함을 앞세운 온라인 마켓들과의 경쟁이 치열
해지고 있다. 또한, 여러 가지 상품을 한 공간에서 구매하는 원스톱 쇼핑을 원하
는 소비층이 늘어남에 따라 대형복합몰이나 대형아울렛 등의 시장점유율이 높아
지고 있다. 한 가지 테마를 갖는 테마상가를 찾는 수요층은 점점 줄어들 수밖에

없으므로 투자에 매우 신중을 기해야 한다.

주변에서 상가투자를 잘못해서 머리가 아프다는 분들의 이야기를 들어보면 상당수가 테마상가를 분양받은 경우다. 잘못된 상가투자로 다달이 대출이자와 관리비를 부담해야 하는 경제적 어려움을 겪을 수도 있으므로 테마상가의 투자는 굉장히 신중해야 한다.

 ## 테마상가의 명당 자리

테마상가의 경우 고객들의 에스컬레이터 이용도가 굉장히 높은 편인데, 일반적으로 에스컬레이터 오른쪽 회전반경에 위치한 상가의 분양가가 더 비싼 편이다. 왜냐하면, 무의식적으로 우회전을 하는 사람이 더 많기 때문이다. 이로 인해 동일업종이 에스컬레이터를 기준으로 오른쪽과 왼쪽에 입점해 있을 경우, 오른쪽 상가의 매출이 더 높게 나올 가능성이 크다.

에스컬레이터 오른쪽이 명당

140

선임대 분양상가는 가짜 임차인, 임차 계약해지 주의!

선임대 분양상가를 조심해야 하는 이유!

분양계약보다 임대차계약이 먼저 이루어진 경우를 선임대라고 한다. 선임대가 된 구분상가의 장점은 분양을 받은 후 공실기간 없이 바로 월세를 받을 수 있다는 것이다. 분양 전에 임대계약이 체결되었다는 것은 그만큼 상가의 입지 또는 가치가 좋다는 반증이기 때문에 선임대 상가는 투자자들의 관심을 받는다. 그러나 일부 분양대행사들이 이를 악용해서 분양가를 높여 폭리를 취하는 사례가 있으니 각별히 주의해야 한다.

구분상가의 분양가를 좌우하는 요소 중에서 가장 중요한 것은 임대료(수익률)다. 분양대행사가 분양가를 높이기 위해서 주변 시세보다 높은 월세를 책정하는 경우가 있다. 분양대행사가 임대료(월세)를 부풀려서 분양가를 올리는 대표적인 방법으로는 다음과 같은 2가지 방법이 있다.

선임대 분양상가 현장 사진

매수자를 속이는 방법 ① 가짜 임차인 고용

분양대행사가 가짜 임차인을 섭외해서 임대차계약서를 작성한다.

예를 들어, 분양대행사가 자신이 고용한 사람을 임차인으로 하여 보증금 5,000만원에 월세 300만원으로 계약서를 작성을 하고 계약금 10%를 걸어놓는다. 매수자에게는 임대차계약서를 보여 주면서 월세 300만원으로 선임대가 된 상가임을 강조해서 분양계약을 체결시킨다. 분양계약이 체결되고 나면 가짜 임차인은 계약금과 임대차계약을 포기해 버린다.

물론, 가짜 임차인이 걸어놓았던 계약금 500만원은 분양대행사가 대신 부담을 했지만 결코 손해가 나지 않는다. 분양대행사는 상가를 분양할 때 받게 될 수수료가 훨씬 크기 때문이다. 예를 들어 시행사(건축주)에게 분양수수료 3,000만원을 받기로 했다면, 계약금 500만원을 매수자에게 떼어준다 해도 2,500만원을 남길 수 있다.

그러므로 선임대가 된 상가를 분양받을 때에는 임대차계약의 진위 여부를 꼼꼼하게 확인해 봐야 한다. 특히, 계약금의 액수가 통상적인 금액(10%)보다 적을 경우에는 더욱 조심해야 한다. 프랜차이즈업종이 입점 예정이라면 본사 가맹담당자에게 확인해 보고, 분양계약을 체결하기 전에 임차인을 직접 만나서 영업의사가 있는지 등을 파악해 보는 것이 좋다.

매수자를 속이는 방법 ② 임차인의 계약 해지

이 방법은 한 단계 더 진화된 속임수다. 정상적으로 임대차계약서를 작성하고 보증금까지 모두 입금한다. 그리고 상가에는 '내부 수리 중' 또는 '오픈 준비 중'이라는 현수막을 걸어놓는다.

이렇게 세팅을 해놓고 매수자에게 해당 상가가 선임대를 마친 상태이며, 현재는 오픈을 준비하고 있다고 브리핑을 한다. 매수자는 계약금뿐만 아니라 잔금까지 정상적으로 치러진 상태에서 'ㅇㅇ 입점 예정'이라는 현수막이 걸린 것까지 확인했기 때문에 전혀 의심하지 않고 분양계약을 체결하게 된다.

이렇게 분양계약이 체결되어 잔금까지 치르고 소유권이전등기까지 마치면 임차인은 임대인의 변경을 사유로 계약의 해지통지를 하고 임대차계약을 종료해 버린다. 계약기간 도중에 주인이 바뀌었을 때, 임차인 마음대로 이사를 나갈 수 있다는 대법원 판례가 있기 때문이다.

임차인은 임대인이 바뀌었을 때 임대인이 바뀌는 것을 원하지 않거나, 바뀌는 임대인이 싫을 때 계약기간과는 상관없이 임대차계약을 해지할 수 있다는 내용이다. 임대인(소유자)이 바뀌면 '임대차계약이 승계된다'는 것은 알고 있으면서, '임차인이 계약을 해지할 수 있다.'는 것을 모르는 사람이 많다는 허점을 노린 것이다.

대법원 1998. 9. 2. 자98마100결정

임차인이 원하지 아니하면 임대차의 승계를 임차인에게 강요할 수 없는 것이어서 스스로 임대차를 종료시킬 수 있어야 한다는 공평의 원칙 및 신의성실의 원칙에 따라 임차인이 곧 이의를 제기함으로써 승계되는 임대차관계의 구속을 면할 수 있고, 임대인과의 임대차 관계도 해지할 수 있다고 보아야 한다.

이 판례를 악용해서 일부 분양대행사가 '사기'를 치곤 한다. 높은 월세로 이미 임차인이 맞춰졌다는 말에 덜컥 계약을 했다가 임차인에게 계약해지를 통지받게 된다면 매수자가 입게 될 금전적인 손실은 매우 클 것이다. 기대했던 높은 임대료로 다시 임차인을 맞출 수 없을 뿐만 아니라, 새로운 임차인을 구할 때까지 공실을 감수해야 하기 때문이다.

그러므로 분양계약서를 작성할 때, 안전장치로 '임대인 변경에 대한 임차인 동의서' 또는 기존의 임차인과 '재계약서'를 바로 작성해 놓는 것이 좋다.

141

상가별 적정 매매가를
계산하는 방법!

상가를 분양 또는 매수를 할 때, '매매가 ○○억원, 현재 보증금 ○○○만원에 월세 ○○○만원, 수익률 ○○%'라는 말을 자주 듣게 될 것이다. 매매가가 저렴하면서 수익률이 높으면 좋다는 것은 알고 있지만 막상 상가의 가격이 적당한지를 판단하려면 쉽지 않다.

이번 장에서는 구분상가와 상가건물의 적정한 매매가격을 구하는 방법에 대해서 알아보겠다.

1 | 구분상가 - 수익률로 매매가 측정

매매가를 좌우하는 요소에는 위치, 유동성, 상권, 면적 등등 여러 가지가 있지만, 구분상가에서 가장 중요한 것은 '수익률'이다. 월세를 얼마나 받을 수 있느냐에 따라 매매가가 달라지기 때문이다. 수익률을 바탕으로 구분상가의 적정 매매가를 계산하는 공식은 다음과 같다.

$$\frac{\text{월세} \times 12\text{개월}}{\text{수익률}} = \text{구분상가 매매가}$$

실전! 구분상가 적정 매매가 계산하기

☐ 수익률 5%

☐ 보증금 5,000만원, 월세 200만원

$$\frac{\text{월세 200만원} \times 12\text{개월}}{\text{수익률 5\%}} = 4\text{억 8,000만원}$$

여기에 부동산경기가 좋을 때에는 임차보증금 5,000만원을 더하기도 한다. 향후 월세를 올릴 수 있는 여지가 있기 때문이다.

2 | 상가건물 – 토지와 건물 가치로 매매가 측정

상가건물은 임대수익보다는 향후 지가상승으로 인한 시세차익이 중요하므로 구분상가에 비해 수익률의 비중은 그리 높지 않다. 즉 토지의 가치와 건물의 가치가 중요하다. 그래서 상가건물의 매매가는 '토지가격 + 건물가격'으로 계산되는 것이 일반적이다.

❶ 토지가격 + ❷ 건물가격 = 상가건물 매매가

❶ 토지가격

토지의 가격은 '주변 토지시세 × 상가건물의 토지면적'으로 구한다.

❷ 건물가격

건물의 가격은 '평당 건축비 × 연면적 × 감가상각을 적용한 건물의 잔존가치' 값이다.

평당 건축비는 건물의 주용도, 규모, 층고, 엘리베이터 설치 여부, 층별 화장실의 개수 등에 따라 차이가 있다. 대략 평당 ±600만원 선이다.[*]

여기에 건물은 오래될수록 감가상각으로 인해 가치가 떨어진다. 상가건물의 경우 일반적으로 사용연한을 40년 정도로 본다. 즉 1년에 2.5%씩 감가상각이 진행된다고 보면 된다. 예를 들어, 지어진 지 20년 정도 된 상가건물의 잔존가치는 50%가 된다.

실전! 상가건물 적정 매매가 계산하기

☐ 토지면적 50평
☐ 주변 토지 시세 평당 4,000만원

● 상가(사무실) 건물은 일반적으로 주택에 비해 내장마감에 대한 자재비가 덜 들어가기 때문에 평당 건축비가 저렴할 수밖에 없다. 일반적으로 상가건물의 평당 공사비는 ±600만원이고 부수비용(설계비, 감리비, 측량비, 각종 인입비 등)은 별도로 준비해야 한다.

□ 건물의 연면적 100평

□ 건물의 연식 20년

토지가격(4,000만원 × 50평) + 건물가격(600만원 × 100평 × 50%) = 23억원

해당 상가건물의 적정 매매가는 ±23억원 선이 된다.

신축된 지 5년 미만의 건물이라면 신축 프리미엄이 붙는다. 건물의 규모와 내외부 마감자재의 수준에 따라 차이는 있겠지만 일반적으로 5년 미만의 건물에는 총매매가의 10% 정도의 건축주(매도자) 마진이 추가로 붙기도 한다.

142

상가는 전용률보다 평단가를 따져라!

가격적인 면에서는 전용률이 높은 상가가 좋다!

상가 분양에서 분양면적은 '계약면적'을 기준으로 한다. 계약면적은 '전용면적' (각 호실의 독립된 공간)과 '공용면적'(계단, 복도, 엘리베이터, 주차장, 관리실 등)의 합이다.

예를 들어, 분양되는 상가의 전용면적이 20평이고 공용면적이 10평이라면, 분양면적은 30평형이 된다. 독립된 공간으로 사용할 수 있는 것은 '전용면적'이므로 싸다, 비싸다를 비교하기 위해선 전용면적의 평단가를 따져봐야 한다.

다음과 같은 조건의 A 상가와 B 상가의 가격을 비교해 보겠다.

	분양면적	분양가	전용률	전용면적	전용기준 평단가
A 상가	30평형	9억원	60%	18평	5,000만원
B 상가	30평형	8억원	50%	15평	5,330만원

A 상가와 B 상가의 분양면적은 30평형으로 동일하다. 분양가는 B 상가가 1억 원이 저렴해서 같은 조건이면 B 상가를 분양받는 것이 경제적으로 이득이라고 생각하게 된다.

그러나 전용면적을 기준으로 계산해 보면 반대의 결과가 나온다. A 상가의 전용면적은 18평(전용률 60%)이고, B 상가의 전용면적은 15평(전용률 50%)이다. 전용면적 대비 평당가를 계산해 보면 A 상가는 5,000만원(=9억원/18평), B 상가는 5,330만원(=8억원/15평)이 된다. 그러므로 결코 A 상가가 B 상가보다 분양가가 비싼 게 아니다.

쾌적한 편의시설이 필요한 업종은 전용률이 낮아야 좋다

가격적인 면에서는 전용률이 높은 상가가 좋다. 하지만 업종에 따라 전용률이 높은 상가가 불리할 수도 있다.

예를 들어, 해당 상가에 향후 유치될 주력업종이 외부에서 손님을 끌어들어야 하는 판매시설이라면 전용률이 높을수록 불리하다. 전용률이 높을수록 공용면적의 비율은 낮아질 수밖에 없기 때문이다. 이로 인해 복도, 엘리베이터, 주차장 등의 공용면적이 줄어들어 자칫 쾌적함과 편의성을 저하시킬 수 있다.

상가의 전용률은 일반적으로 50~60% 정도가 가장 많으며, 상가의 유형과 특성에 따라 40~80%까지 다양하다.

143

상가 매매·임대 중개수수료 계산하는 방법

중개수수료는 거래금액의 0.9% 이내

상가의 중개수수료(중개보수)는 공인중개사법 시행규칙에 의해 '0.9% 이내에서 상호 협의'하여 결정한다고 되어 있다.

공인중개사법 시행규칙 제20조

④ 법 제32조제4항에 따라 주택 외의 중개대상물에 대한 중개보수는 다음 각 호의 구분에 따른다.

2. 제1호° 외의 경우 : 중개의뢰인 쌍방으로부터 각각 받되, 거래금액의 1천분의 9 이내에서 중개의뢰인과 개업공인중개사가 서로 협의하여 결정한다.

- **'제1호'에 해당하는 대상물** : 전용면적이 85㎡ 이하이면서 일정설비(전용주방 및 욕실)를 갖춘 오피스텔을 의미한다. 이때 중개수수료율은 매매는 0.5%, 임대는 0.4%가 된다. 이 외의 오피스텔은 모두 '주택 이외'에 해당하기 때문에 매매와 임대 상관없이 0.9%의 요율이 적용된다.

중개수수료 계산하는 방법

상가의 중개수수료는 '거래금액 × 요율'로 계산한다. 매매는 '실거래금액'이 거래금액이 된다. 임대차는 '보증금+(월세 × 100)'이 거래금액이 되는데, 이 값이 5,000만원 미만인 경우에는 '보증금+(월세 × 70)'을 적용한다.

거래종류	거래금액	요율상한(%)
매매·교환	실거래금액	거래금액의 0.9% 이내에서 상호 협의하에 결정
임대차	① 보증금 + (월세 × 100) ② 보증금 + (월세 × 70) ※ ①이 5,000만원 미만이면 ②를 적용	

실전! 상가 중개수수료 계산하기

A, B, C 상가가 같은 가격조건을 가졌으며, 요율이 0.9%라고 가정해 보자.

☐ A(매매) : 매매가 5억원

☐ B(임대) : 보증금 1,000만원, 월세 35만원

☐ C(임대) : 보증금 1,000만원, 월세 100만원

A 상가

매매가 5억원 × 요율 0.9% = 450만원

B 상가

① 보증금 1,000만원 + (월세 35만원 × 100) = 4,500만원

② 보증금 1,000만원 + (월세 35만원 × 70) = 3,450만원

※ ①이 5,000만원 미만이므로 ②를 거래금액으로 적용한다.

거래금액 3,450만원 × 요율 0.9% = 31만 500원

C 상가

① 보증금 1,000만원 + (월세 100만원 × 100) = 1억 1,000만원

※ ①이 5,000만원 이상이므로 거래금액은 그대로 적용

거래금액 1억 1,000만원 × 요율 0.9% = 99만원

상가의 경우 공인중개사들이 0.9%의 요율을 적용해서 중개수수료를 청구하는 경우가 많다. 그러나 공인중개사법 시행규칙에서 0.9% 이내에서 당사자 간의 협의를 통해서 정하라고 되어 있다. 그러므로 중개의 난이도, 만족도에 비해 중개수수료가 과하다고 생각될 때에는 해당 공인중개사에게 절충해 줄 것을 요구해 보는 것이 좋다. 거래금액이 클수록 절충되는 범위가 커지며, 일반적으로 0.5~0.7%에서 조율되는 경우가 많다.

144

상가 권리금 4총사!
(feat. 바닥·영업·시설·허가 권리금)

권리금은 새로운 임차인이 기존의 임차인에게 주고 들어오는 돈이므로 임대인과는 상관없다고 생각할 수도 있다. 그러나 권리금의 액수가 상가의 가치를 가늠할 수 있는 척도가 될 수도 있기 때문에 임대인도 관심을 가져야 한다. 권리금의 종류에는 바닥권리금, 영업권리금, 시설권리금, 허가권리금 등이 있다.

❶ 바닥권리금

상가의 입지와 상권이 좋아서 어떠한 업종이든 손님이 많은 곳에 발생하는 프리미엄 금액을 말한다. 목이 좋은 상가의 '자릿세'라고 생각하면 된다.

간혹 공실 상태의 상가라 하더라도 위치가 정말 좋다면, 임대인이 직접 임차인에게 바닥권리금을 요구하는 경우도 있다.

❷ 영업권리금

현재 상가에서 영업으로 발생한 매출을 근거로 한 권리금을 말한다. 장사가 잘되어서 매달 일정한 매출이 보장되는 곳의 상가를 그대로 인수하는 경우, 통상 승계시점으로부터 6~12개월 동안 평균 매출을 기준으로 1년(12개월분) 정도의 순수입에 해당하는 금액이 영업권리금으로 인정된다. 예를 들어, 한 달 평균 순수입이 1,000만원이라면 ±1억원 정도의 영업권리금이 붙는 것이다.

영업권리금을 산정할 때는 매도자가 제공하는 산출 매출액을 그대로 믿어서는 안 된다. 매출장부나 카드전표 또는 POS 시스템(point of sales 시스템, 판매시점 정보관리시스템) 등을 확인한 후 권리금이 적정한지 판단해 봐야 한다.

❸ 시설권리금

현재 운영하는 업종과 동일한 업종 또는 유사한 업종으로 새로운 임차인이 기존의 사용하던 시설들을 그대로 인수받아 사용하면서 이전 임차인에게 주는 시설비용을 시설권리금이라고 한다. 그러므로 현재의 업종과 전혀 다른 업종이 들어갈 경우 별도의 시설권리금은 없는 것이 일반적이다. 시설권리금에 포함되는 항목으로는 내부인테리어, 간판, 내부물품, 주방기기, 냉·난방기기 등이 있다.

보통 시설권리금을 산정할 때에는 최초 설치비용의 가용연한을 5년 정도로 보고 매년 20% 정도를 감가해서 계산한다. 예를 들어, 3년 전 5,000만원의 설치비용이 들어갔다면 잔존가치 2년분에 해당하는 2,000만원 내외가 시설권리금이 된다.

시설권리금의 잔존연한을 정확하게 알고 싶다면, 현재 점포의 사업자등록증의 최초 개업일을 확인해 보면 된다.

❹ 허가권리금

관청에 인·허가를 받아야 할 수 있는 영업을 인수하는 경우에 지급되는 권리금을 말한다. 동일한 지역에서 일정거리 이내에서는 더 이상 신규 영업 허가를 받을 수 없는 복권판매권, 담배판매권 등이 대표적이다.

또한, 숙박업(호텔, 모텔) 또는 목욕탕, 주유소, 세차장 등도 허가조건을 충족해야 하는 업종이어서 아무나 영업을 할 수가 없다. 그러므로 이러한 업종을 인수할 경우에 허가권리금이 붙는 경우가 많다.

권리금의 종류와 발생 이유

종류	발생 이유
바닥권리금	입지와 상권이 좋은 곳
영업권리금	매출이 보장되는 곳
시설권리금	동일·유사업종이 사용하던 시설을 그대로 인수받는 곳
허가권리금	관청의 인·허가가 필요한 곳

145

주의! 상가 관리규약
– 업종지정, 독점적영업권을 확인해라!

상가에서 영업하려면 관리규약을 따라야 한다

규모가 있는 구분상가 건물의 경우에는 대부분 자체적인 '관리규약(자치규약)'이 있다. 각각의 호실마다 업종을 지정해 놓는다거나, 특정 영업에 대한 영업권을 독점적으로 부여해 놓는 것이다. 예를 들어, 메디컬빌딩 1층의 특정 호실을 약국 자리로 지정해서 해당 호실에만 약국 영업을 할 수 있는 독점권을 준다. 독점적 영업권을 갖고 있다면, 바로 옆에 비슷한 크기의 호실보다 분양가가 몇 배가 더 비쌀 수도 있다.

만약 업종지정과 독점적영업권이 보장된 건물 내에서, 관리규약을 어기고 동종 업종이 입점할 경우 '영업금지가처분'과 동시에 '손해배상소송'을 청구할 수 있다.

> **대법원 2009. 12. 24. 선고 2009다61179 판결**
> 분양회사가 최초 수분양자에게 특정 영업을 분양하는 것이 수분양자들에게 그 업종을 독점적으로 운영하도록 보장하는 의미가 내포되어 있다고 판단하였다.

'독점적영업권'이 있다면 '업종지정'도 확인할 것

독점적영업권이 있다고 항상 좋은 것만은 아니다. 때로는 불리한 상황이 발생하기도 한다. 예를 들어 '죽 전문점' 영업을 할 수 있는 독점적영업권을 가진 구분상가가 있다고 가정해 보자. 주변 상가에 신규로 3곳의 죽집이 생기면서 매출이 급격하게 하락해, 건물 내에 없는 커피전문점으로 변경해 보려 했다. 하지만 관리규약에 향후 다른 업종으로 변경할 수 없다는 '업종지정'까지 포함되어 있어서 다른 업종으로 변경하지 못했다. 영업손실을 이기지 못하고 결국 폐업해 공실이 발생했지만, 후임 임차인도 죽전문점으로 입점해야 하기 때문에 공실이 계속될 가능성이 높아지게 됐다.

건물의 규모가 클수록 이해관계가 복잡해서 한번 정해진 관리규약을 변경하기가 쉽지가 않다. 독점적영업권이 있어도 향후 상권의 변화 등으로 인해 업종의 변경이 가능한 상가도 있으므로, 상가관리규약으로 '독점적영업권'만 부여하는 것인지 아니면 '업종지정'까지 된 것인지를 반드시 확인해야 한다.

만약, 위 사례와 같이 관리규약상 업종변경이 불가능하다면 해당 상가 주변으로 동일업종 또는 유사업종이 입점할 여지가 있는지 등을 종합적으로 살펴봐야 한다.

146

건축물대장 확인은 언제나 필수!

상가라고 해서 아무런 제한 없이 어떠한 업종이든 입점시킬 수 있는 것은 아니다. 상가마다 건물의 용도가 다르기 때문에 업종의 종류에 따라 입점 가능 여부가 달라질 수 있다. 또한, 해당 상가가 불법확장, 용도변경 등의 사유로 건축물대장상에 '위반건축물'로 등재되어 있을 경우 입점시킬 수 있는 업종에 더욱 제한을 받게 된다.

그러므로 상가를 매수하거나 분양받기 전에 반드시 건축물대장*을 발급받아서 상가의 용도와 위반건축물 등재 여부 등을 미리 확인해 봐야 한다.

건물의 용도에 따른 분류

상가는 '9개의 시설군'과 '28개의 세부용도'가 있다. 각 시설군에 따라 영업을 할 수 있는 업종을 구분해 놓았다.

● 018장 참고.

건물 시설군 9개와 세부용도 28개

시설군	세부용도	용도변경
1. 자동차관련시설군	자동차 관련 시설	
2. 산업등의시설군	운수, 창고, 공장, 위험물저장처리, 묘지·장례시설	
3. 전기통신시설군	방송통신, 발전시설	
4. 문화집회시설군	문화집회시설, 종교시설, 위락시설, 관광휴게시설	허가
5. 영업시설군	판매, 운동, 숙박시설, 2종근생 중 다중생활시설	↕
6. 교육복지시설군	교육연구, 노유자, 수련, 야영장시설	신고
7. 근린생활시설군	제1종근린생활시설, 제2종근린생활시설	
8. 주거업무시설군	단독주택, 공동주택, 업무시설, 교정·군사시설	
9. 그밖의시설군	동물 및 식물 관련시설	

> 상위군으로 변경할 때는 '허가',
> 하위군으로 변경할 때는 '신고' 필요

업종이 해당 상가의 용도와 맞지 않을 경우에는 용도변경신청을 해야 한다. 이때 상위시설군으로 변경은 '허가사항'이고, 하위시설군으로 변경은 '신고사항'이 된다.

예를 들어, 해당 상가의 건축물대장상 용도가 '제2종근생'(근린생활시설군)으로 되어 있는데 이를 '숙박시설'(영업시설군)로 용도변경한다고 가정해 보겠다. 이는 상위시설군('7 근린생활시설군' → '5 영업시설군')으로의 용도변경에 해당하기 때문에 관할 구청에 용도변경 '허가'를 받아야 한다.

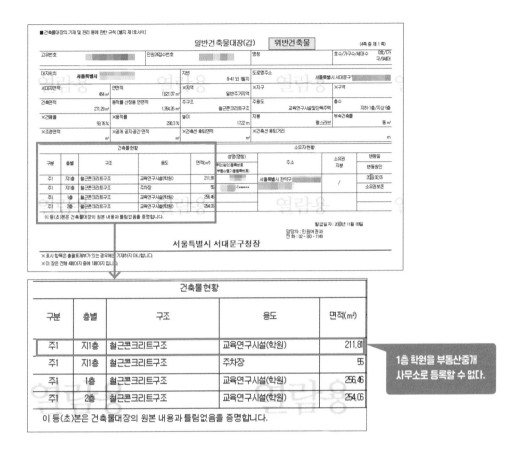

구분	층별	구조	용도	면적(㎡)
주1	지1층	철근콘크리트구조	교육연구시설(학원)	211,81
주1	지1층	철근콘크리트구조	주차장	55
주1	1층	철근콘크리트구조	교육연구시설(학원)	256,46
주1	2층	철근콘크리트구조	교육연구시설(학원)	254,06

이 등(초)본은 건축물대장의 원본 내용과 틀림없음을 증명합니다.

1층 학원을 부동산중개사무소로 등록할 수 없다.

해당 건물은 1층과 2층이 교육연구시설(학원)로 되어 있다. 예를 들어, 해당 건물 1층에 학원이 아닌 부동산중개사무소를 개설등록하기 위해 구청에 등록신청을 하게 되면 등록을 받아주지 않는다.

용도변경은 절차와 방법이 다소 까다롭고 관련법규를 잘 알고 있어야 하므로 건축사를 통해서 진행하는 것이 일반적이다. 건축사에게 의뢰할 경우 비용은 난이도와 건물의 규모에 따라 다르게 책정된다. 일반적으로 간단한 '신고' 건의 경우 건당 20만~30만원 선에서 가능하며, 복잡한 '허가' 건의 경우 몇백만원에서 몇

천만원을 넘길 수도 있다.

그러므로 상가를 매수할 매수자뿐만 아니라 영업을 할 임차인 역시 계약서 작성 전에 반드시 건축물대장상 상가의 용도를 확인해야 별도의 추가 비용을 줄일 수 있다.

 사업자등록의 4가지 종류(feat. 영업신고, 영업허가, 영업등록, 자유업종)

상가에서 영업을 하려면 업종에 따라 구청에 영업신고, 영업허가, 영업등록 등을 해야 하고 세무서에는 사업자등록을 신청해야 한다.

1 | 영업신고

일정한 요건을 갖추어 해당 관청(시·군·구청)에 영업신고를 신청하는 것을 말한다. 예를 들어 음식점의 경우 위생교육증, 보건증, 신분증, 임대차계약서 등의 관련서류와 상가의 정화조 등의 설비, 구조상의 문제가 없다면 구청에서는 영업신고증을 내준다.
구청에서는 신청자가 일정한 요건만 갖추면 특별한 사유가 없는 한 신청을 수리해 준다. 하지만 쉽게 신고증을 발급받을 수 있는 영업신고업종이라 하더라도 '국토의 계획 및 이용에 관한 법률', 하수도법, 농지법 등 개별 법령에 저촉되는 내용이 없는지 확인해 봐야 한다.

영업신고 업종 : 일반음식점, 미용실, 네일숍, 제과점, 세탁소 등

2 | 영업허가

규제 없이 영업을 하게 되면 공공의 안전, 공익, 질서 등을 해칠 우려가 있는 업종은 영업허가가 필요하다. 그러므로 일정한 요건을 갖추었다 하더라도 관할 구청에서 저촉되는 개별법이 없는지 또는 주변 주민들의 민원 등이 없었는지 등을 고려하여 허가의 여부를 판단한다. 일반적으로 신규로 허가를 받기가 어려운 편이어서 '영업의 양수·양도' 형태로 기존 업체를 그대로 인수하는 경우가 많다.

영업허가 업종 : 단란주점, 유흥주점, 성인오락실, 신용정보업(신용조사, 채권추심) 등

3 | 영업등록

자격증이나 영업등록증 등 자격요건을 증빙해야 등록증을 내준다. 영업등록의 경우 대인
등록과 대물등록이 있다.
대인등록은 사람에게 등록증을 발급해 주는 경우이며, 대물등록은 영업장소에 등록증을
발급해 주는 것을 말한다.

영업등록 업종 : 대인등록 – 약국, 공인중개사사무소, 안경점 등

대물등록 – 학원, 독서실, PC방, 노래방 등

4 | 자유업종

관청에 별도의 신고·허가·등록할 필요 없이 세무서에 가서 사업자등록만 하면 영업이 가
능한 업종이다. 만약 상가가 무허가건축물 또는 건축물대장상 위반건축물로 등재되어 있
다 하더라도 영업할 수 있다. 완제품을 판매하는 소매점이 여기에 해당한다.

자유업종 : 슈퍼마켓, 편의점, 휴대전화판매점, 의류점, 철물점, 화장품매장, 문구점 등

	불법·무허가 건축물 가능 여부
영업신고업종	
영업허가업종	불가능
영업등록업종	
자유업종	가능

자유업종은 관청 신고 절차가 필요 없고,
무허가건축물·위반건축물에서도 영업
할 수 있다.

147

상가를 구입하면
'부가가치세'를 내야 한다

부가가치세란?

사업자가 상품을 판매하거나 서비스를 제공할 때 전체 금액의 10%를 최종소비자에게 별도로 받아서 신고 및 납부하는 세금을 부가가치세라고 한다. 부가가치세는 사업자(매도자)가 부담하는 것이 아니라 최종소비자(매수자)가 부담해야 하는 세금이다.

부가가치세! 매수자 부담, 매도자 납부!

부가가치세의 부과대상은 상가의 건물 부분이다. 상가 전체가격에서 토지가액을 뺀 나머지 가액을 건물가액으로 하여 10%가 부과된다.

예를 들어 상가 전체의 금액이 7억원이고, 토지가액이 3억원, 건물가액이 4억원이라고 가정해 보겠다. 이때 부가가치세는 건물가액 4억원의 10%이므로 4,000만원이 된다. 따라서 상가 매수인은 매도자에게 총 7억 4,000만원을 지급하고, 매도자는 받은 4,000만원을 부가가치세로 신고·납부하게 된다.

즉 부가가치세는 매도자가 납부하지만, 그 돈은 매수자가 부담하게 된다. 그러므로 향후 분쟁을 방지하기 위해서 계약서 특약사항란에 '부가가치세는 별도(VAT별도)'라는 문구를 반드시 기재해 놓는 것이 좋다.

참고로 상가 매매계약서에 토지가액과 건물의 가액이 나누어 기재가 된 경우에는 기재된 금액을 기준으로 부가가치세를 계산하면 된다.

토지와 건물의 가액이 구분되어 기재되어 있지 않은 경우에는 토지는 '공시지가*(국토교통부)', 건물은 '기준시가**(국세청)'와 매매가의 비율로 기준이 정해진다.

- 토지가액 : 매매가 × $\dfrac{\text{토지의 공시지가}}{\text{토지의 공시지가} + \text{건물의 기준시가}}$

- 건물가액 : 매매가 × $\dfrac{\text{건물의 기준시가}}{\text{토지의 공시지가} + \text{건물의 기준시가}}$

- **공시지가** : 국토교통부장관이 매년 조사·평가하여 공시한 개별 토지의 단위면적(m^2)당 가격을 말한다. 개별공시지가는 취득세, 양도소득세, 상속세 등의 국세와 지방세는 물론 개발부담금·농지전용부담금 등을 산정하는 기초 자료로도 활용된다. 공시기준일은 원칙적으로 1월 1일이며, 예외적인 경우에 국토교통부장관이 공시기준일을 따로 정할 수 있다.

- **기준시가** : 국세청은 어떤 지역의 땅값 상승으로 인해 부동산투기의 우려가 있는 곳을 지정지역으로 지정한다. 이렇게 지정된 지역 내에서 토지나 건물과 같은 부동산을 포함해 골프회원권 등을 팔거나 상속 또는 증여할 때 세금을 부과하기 위한 기준으로 만들어진 가격을 바로 기준시가라고 한다. 참고로, '공시지가'는 토지값만을 나타내는 가격이지만, '기준시가'는 토지와 그 위에 지어진 건물(건축물)까지 모두 포함한 포괄적 가격이다.

실전! 상가 부가가치세 계산해 보기

다음과 같은 예를 들어 부가가치세를 계산해 보자.

☐ 상가의 매매가 7억원

☐ 토지의 공시지가 2억원

☐ 건물의 기준시가 3억원

1. 토지가액

$$매매가 7억원 \times \frac{토지의\ 공시지가\ 2억원}{토지의\ 공시지가\ 2억원 + 건물의\ 기준시가\ 3억원}$$

$$= 2억\ 8,000만원$$

2. 건물가액

$$매매가 7억원 \times \frac{건물의\ 기준시가\ 3억원}{토지의\ 공시지가\ 2억원 + 건물의\ 기준시가\ 3억원}$$

$$= 4억\ 2,000만원$$

상가의 부가가치세는 건물가액의 10%에 해당하는 4,200만원이다.

매수자가 임대사업자로 등록하면 환급 가능

상가를 취득하면서 부담했던 건물 부분에 대한 부가가치세 10%는 임대사업자로 사업자등록('일반과세자'에 한함)을 하면 환급받을 수 있다.*

상가를 분양 또는 매수했을 경우 시행사(건축주) 또는 매도자에게 세금계산서를 발급받아 세무서에 신고한 후 환급절차를 진행하면 부가가치세를 환급받을 수 있다.

여기서 한 가지 주의할 점은 부가가치세를 환급받았다면, 이후 10년간 일반과세자로 유지해야 한다는 것이다. 만약, 중간에 폐업을 하거나 간이과세자로 전환을 하게 되면 환급받았던 부가가치세를 다시 납부해야 한다.

이처럼 부가가치세를 매수자가 환급받을 수 있는 이유는 세금을 부담하는 사람이 최종 소비자이기 때문이다. 임대사업자등록을 하면 상가를 구입한 사람은 소비자가 아니라 임대업을 하는 사업자가 되기 때문에 부가가치세를 반환받게 되는 것이다.

● 사업자등록은 사업을 개시한 날(계약일)로부터 20일 이내에 해야 한다. 그러므로 분양계약(매매계약)을 체결하자마자 곧바로 사업자등록을 하는 것이 좋다. 간혹 사업자등록을 하지 않는 경우도 있는데, 이런 경우에는 부가가치세를 환급받을 수 없을 뿐만 아니라 향후에라도 임대사업을 하고 있다는 사실이 밝혀지게 되면 그동안 누락했던 세금(부가가치세, 소득세 등)을 한꺼번에 모두 납부해야 한다.

148

상가 세금의 모든 것!

부동산은 '세금으로 시작해서 세금으로 끝난다!'라는 말이 있을 정도로 세금과 밀접하게 관련되어 있다. 상가도 마찬가지이므로 취득할 때부터 양도할 때까지 어떤 세금을 내야 하는지 그 종류와 내용에 대해서 알아보기로 하겠다.

1 | 상가를 샀다면 - 취득세

주택을 구입할 때와 마찬가지로 취득세를 납부해야 한다. 주택과 가장 큰 차이점은 상가 구입가격(거래가격)의 4.6%를 납부해야 한다는 것이다(092장 참고).

취득세 4% + 지방교육세 0.4% + 농어촌특별세 0.2% = 총 4.6%

2 | 상가를 보유하고 있다면 - 재산세, 종합부동산세, 부가가치세

❶ 재산세

상가 재산세는 주택과 마찬가지로 연 2회 부과된다. 즉 건물에 대한 재산세는 7월(7월 16일~31일)에, 토지에 대한 재산세는 9월(9월 16일~31일)에 납부해야 한다.

상가의 재산세를 구하는 공식은 '과세표준 × 세율'이다. 재산세의 과세대상이 건물과 토지로 나누어져 있다 보니 '과세표준'과 '세율'에서 차이를 보인다. 단, 공정시장가액비율은 건물과 토지 모두 70%로 동일하게 적용이 된다(093장 참고).

- ◆ **건물분 재산세**
  = 과세표준(시가표준액 × 공정시장가액비율 70%) × 세율 0.25%
- ◆ **토지분 재산세**
  = 과세표준(공시지가 × 공정시장가액비율 70%) × 세율 0.2~0.4%

상가 건물과 토지의 재산세율

	과세표준	세율	비고
건물	금액에 상관 없음	0.25%	단일세율
토지	2억원 이하	0.2%	3단계 초과 누진세율
	2억원 초과~ 10억원 이하	40만원 + (2억원 초과금액의 0.3%)	
	10억원 초과	280만원 + (10억원 초과금액의 0.4%)	

실전! 상가 재산세 계산해 보기

다음 조건의 상가를 샀다면 얼마의 재산세를 내야 하는지 계산해 보자.

☐ 건물의 시가표준액 3억 5,000만원

☐ 토지의 공시지가 3억원

1. 건물분 재산세

(시가표준액 3억 5,000만원 × 공정시장가액비율 70%) × 세율 0.25% = 612,500원

2. 토지분 재산세

① 공시지가 3억원 × 공정시장가액비율 70% = 과세표준 2억 1,000만원

② (2억원까지 × 세율 0.2%) + (나머지 1,000만원 × 0.3%) = 430,000원

해당 상가의 소유자는 7월에 건물분 재산세 612,500원, 9월에 토지분 재산세 430,000원을 납부해야 한다. 주택과 마찬가지로 상가 재산세고지서에도 재산세 외에 '도시지역분', '지역자원시설세', '지방교육세'가 함께 고지되어 발송된다.

❷ 종합부동산세

종합부동산세는 상가건물이 지어진 토지의 공시지가가 80억원이 넘을 때에만 부과되는 세금이다. 만약, 보유하고 있는 상가가 '구분상가'라고 한다면 해당 호실의 등기상 대지지분의 공시지가를 기준으로 부과 여부가 결정된다.

부과기준이 되는 공시지가는 실거래가격보다 30~40% 낮게 책정되는 것이 일반적이므로 웬만한 상가투자자에게는 해당사항이 없는 세금이라고 생각해도 무방하다(094장 참고).

❸ 부가가치세(임대료 부분)

상가 취득 시에 매수자가 건물가액의 10%에 해당하는 세액을 부가가치세로 부담한 것과는 별도로, 보유하면서 수익(월세, 보증금 등)이 발생하면 해당 수익의 10%에 해당하는 금액을 부가가치세로 납부해야 한다.

수입의 기준은 매달 받는 월세뿐만 아니라 보증금에 대해서도 납부의무가 발생한다. 즉 보증금을 은행에 예금했다고 가정했을 때, 예상되는 이자수입을 기준으로 납부세액(간주임대료)을 산출한다.

앞서 설명했듯 부가가치세는 어떠한 재화나 서비스를 받는 최종소비자가 부담하는 세금이므로 임대인이 신고·납부는 하지만, 결국 임차인에게 월세에 10%를 더 받아서 대신 납부하는 개념이 된다.

부가세는 연 2회* 부과되는데 1기(상반기 1~6월분)는 7월 1일부터 25일까지, 2기(하반기 7~12월분)는 다음 해 1월 1일부터 25일까지 관할 세무서 또는 국세청 홈택스(www.hometax.go.kr)에 접속해서 수입의 10%를 임대인이 신고, 납부하면 된다.

부가가치세 계산 공식

◆ 보증금 부가가치세 = [(보증금 × 이자율) × (182 ÷ 365)] × 10%

◆ 월세 부가가치세 = 월세 × 6개월 × 10%

● **사업자의 종류** : '일반과세'사업자와 '간이과세'사업자가 있다. 간이과세사업자란 소규모 사업자로 연간 매출액이 8,000만원 미만이어야 한다. 이러한 간이과세사업자의 경우 연 1회(1월~12월분) 부가가치세를 납부하며, 신고·납부일은 다음 해 1월 1일부터 25일까지다.

실전! 월세, 보증금 부가가치세 계산해 보기

다음과 같은 예를 들어 월세와 보증금에 대한 부가가치세를 계산해 보겠다.

☐ 보증금 5,000만원

☐ 월세 250만원

☐ 이자율 2.9%

> 부가세는 연 2회 부과되는데 여기서는 1회분 계산

◆ **보증금 부가가치세**
= [(보증금 5,000만원 × 2.9%) × (182 ÷ 365)] × 10%= 약 72,300원

◆ **월세 부가가치세**
= 월세 250만원 × 6개월 × 10% = 1,500,000원

상가의 부가가치세는 1,572,300원(= 72,300원 + 1,500,000원)이 된다.

참고로 2023년 기준 부가가치세에 적용된 임대보증금에 대한 이자율은 2.9%다. 이 이자율은 시중은행의 1년 만기 정기예금 이자율 추세 등을 고려하여 정해지며, 매년 국세청장이 고시한다. 그러므로 이자율 변동이 없을 경우 다음에 납부해야 하는 부가가치세액은 동일하게 된다.

3 | 상가를 팔았다면 – 양도소득세

다른 부동산과 마찬가지로 양도차익이 발생한 경우에만 납부하는 세금이다. 즉 양도차익이 없거나 손해를 보고 매도했다면 납부할 세금이 없게 된다.

주택과 마찬가지로 기본공제 연 250만원을 받을 수 있으며, 3년 이상 보유했을

경우 장기보유특별공제(6~30%를 보유기간별 차등적용)도 받을 수 있다.

　단, 비과세 혜택이 없어 1가구 1상가라 하더라도 양도차익이 발생하면 과세된다. 2년 이상 보유하고 양도하면 과세표준에 따라 일반세율(6~45%)이 차등적용된다. 세금의 계산방식은 주택의 계산방법과 차이가 없으므로 참고하기를 바란다(096장 참고).

149

상가 매매·임대 계약서 작성 시 유의사항!

계약서, 꼼꼼하게 작성해야 분쟁을 막는다

계약서를 꼼꼼하게 작성할수록 향후에 분쟁의 소지를 줄일 수 있다. 그러므로 계약서를 작성할 때에는 두루뭉술하게 작성하지 말고, 최대한 양 당사자 간의 합의된 내용을 빠짐없이 기재해 놓는 것이 좋다.

상가 매매계약서 체크리스트

항목	YES
❶ 부가세 부담을 누가 할지를 명확하게 밝힌다.	✓
❷ 기존의 임차인이 영업을 계속하겠다는 확인서를 받는다.	✓
❸ 건축물대장을 확인한다.	✓
❹ 소방시설이 잘 갖춰져 있는지 확인한다.	✓
❺ 편의시설이 잘 갖춰져 있는지 확인한다.	✓
❻ 영업정지 또는 행정처분을 받았는지 확인한다.	✓

이 장에서는 상가의 '매매계약서'와 '임대차계약서'를 작성할 때, 반드시 기재해야 하거나 유의할 점 등에 대해서 알아보기로 하겠다.

상가 임대계약서 체크리스트

항목	YES
❶ 부가세 포함 여부를 계약서에 명확하게 기재한다.	✓
❷ 어떤 업종으로 입점하게 될지 사전에 파악한다.	✓
❸ 보증금은 최소 15개월분을 받는다.	✓
❹ 내부인테리어 및 시설물(간판, 조형물) 설치 요건을 작성한다.	✓
편의시설이 잘 갖춰져 있는지 확인한다.	✓
❺ 구두 약속이 있다면 반드시 특약으로 기재한다.	✓

상가 매매계약서 작성 시 유의사항

❶ 부가세 부담을 누가 할지를 명확하게 밝힌다

부가세를 분양가(매매가)에 포함시킬 것인지 아니면 매수자가 별도로 부담할 것인지를 정해서 계약서에 명확하게 기재해야 한다.

일반적으로 상가의 경우 건물에 대한 부가세 10%는 매수자가 부담하는 것이라고 알고는 있지만 이를 계약서상으로 분명하게 명시해 놓지 않을 경우 자칫 분양가(매매가)에 포함된 것으로 인식할 수도 있기 때문이다.

❷ 기존의 임차인이 영업을 계속하겠다는 확인서를 받는다

현재 임차인이 영업 중에 있다면 향후 소유자가 바뀐다 하더라도 계속해서 영업을 하겠다는 확인서를 매도인을 통해서 받아놓아야 한다.[*]

❸ 건축물대장을 확인한다

상가는 건축물대장상 위반건축물로 등재되어 있으면 새로운 영업에 대한 신고·허가·등록을 받을 때 문제가 될 수 있다.

또한, 대장상 위반건축물로 등재가 되어 있지 않더라도 건물의 내외부를 꼼꼼하게 살펴보고, 향후에라도 불법건축물이 될 만한 소지가 없는지를 확인해 본다.

❹ 소방시설이 잘 갖춰져 있는지 확인한다

최근 다중 이용 시설물에 대한 소방규제가 강화되고 있다. 그러므로 상가가 소방규제를 위반하거나 미흡한 부분이 없는지 파악해야 한다. 천장의 스프링클러와 비상계단, 대피공간 등이 제대로 갖춰져 있는지를 반드시 확인해야 한다.

❺ 편의시설이 잘 갖춰져 있는지 확인한다

상가의 편의시설인 주차장, 엘리베이터, 화장실 등이 잘 갖춰져 있으며, 고장 또는 파손 없이 정상적으로 사용 가능한지를 살펴본다.

❻ 영업정지 또는 행정처분을 받았는지 확인한다

상가는 일정한 상행위 또는 영업을 위한 공간이다. 그러므로 각종 인·허가를

● 임차인은 계약기간 도중 임대인(소유자)이 바뀔 경우, 계약기간의 잔존 여부와는 상관없이 계약을 해지하고 임대차를 종료할 수 있다(대법원 1998.9.2. 자98마100결정).

받을 수 있는 요건을 갖추었는지가 굉장히 중요하다. 관할 관청(시·군·구)에 문의하여 영업정지 또는 행정처분을 받은 기록이 있는지를 확인해 본다.

또한, 계약일 이후 잔금 전에 영업정지 및 행정처분을 받을 경우 그 책임은 누가 부담할 것이며, 어떻게 해결할지 등을 사전에 조율하여 계약서에 명확하게 기재해 놓는다.

임차인과 임대차계약서 작성 시 유의사항

❶ 부가세 포함 여부를 계약서에 명확하게 기재한다

일반적으로 '부가세 별도'라는 말이 없을 경우 월세에 부가세가 포함된 것으로 본다. 향후 부가세로 인한 분쟁을 방지하는 차원에서라도 반드시 부가세 포함 여부를 기재해 놓아야 한다.

❷ 어떤 업종으로 입점하게 될지 사전에 파악한다

임차인에게 어떤 업종으로 영업을 할지 물어보고, 계약서 특약사항란에 반드시 해당 업종만으로 영업할 것임을 기재해 놓는다. 간혹 임대인에게 업종을 속이고 사행성 도박, 유흥 등 불법영업으로 입점하기도 한다. 이런 경우 상가의 이미지에도 문제가 생길 수 있으며, 무엇보다 임대인이 거친 임차인을 컨트롤할 수가 없는 상황이 발생할 수도 있다. 또 월세연체, 관할관청에 행정제재 등을 받을 수 있어 정신적, 금전적 손해를 입을 수도 있다. 더불어 해당 업종이 과연 월세를 잘 낼 수 있는 업종인지를 판단해 봐야 한다.

❸ 보증금은 최소 15개월분을 받는다

임차인은 보증금, 권리금, 인테리어비용, 영업준비비용 등 초반에 들어가야 하는 비용이 많기 때문에 월세를 조금 더 내더라도 보증금을 깎으려고 한다. 임대인은 어차피 은행이자도 저렴하니까, 보증금을 덜 받고 월세를 더 받는 것이 경제적으로 이득이 된다고 생각할 수 있다. 하지만 월세를 많이 받고 싶다고 해서 한없이 보증금을 내려주어서는 안 된다.

보증금은 보통은 월세의 2년분 정도다. 월세를 높이고 보증금을 낮추더라도 최소 15개월분은 받아놓는 것이 좋다. 주택의 경우 월세를 3개월 이상 밀리는 경우는 드물지만, 상가의 경우 드문 일이 아니기 때문이다.

또한, 주택은 자신의 보증금에서 밀린 월세를 정산하고 나머지 보증금을 받아서 다른 곳으로 이사를 가면 되기 때문에 큰 문제가 되지 않는다. 그러나 상가의 경우는 다르다. 특히, 많은 금액의 권리금을 주고 들어왔거나 시설비가 많이 들어간 경우일수록 월세가 밀렸다고 해서 곧바로 나머지 보증금만을 받고 나가는 경우는 거의 없다.

❹ 내부인테리어 및 시설물(간판, 조형물) 설치 요건을 작성한다

상가 규모에 따라 다르겠지만 임차인이 원하는 영업을 하기 위해서는 내부인테리공사가 필연적이다. 내외부 구조변경 등이 필요한 경우도 있다. 이러한 인테리어는 향후에 동일한 업종이 입점할 경우에는 문제가 되지 않겠지만, 다른 업종이 입점할 경우에는 철거 및 원상회복의 문제가 발생할 수도 있다. 그러므로 사전에 명확하게 확인해야 한다.

임대인은 계약서를 작성할 때 어떠한 공사를 할지, 간판은 어떻게 설치할지, 별도의 시설물을 추가로 설치할지 등을 확인해서 특약사항란에 명확하게 기재해 놓는 것이 좋다.

[특약사항]
1. 월차임 200만원과 부가세10%(20만원)은 매월 말(末)일에 아래의 계좌로 입금한다.(VAT별도)
(███은행 - ████████████████)

2. 매달 관리비 10만원과 각종공과금은 임차인이 부담한다.(수도, 전기, 가스)

3. 임차인은 중식당을 운영할 예정이다.

4. 임차인의 비용으로 주방덕트(환기설비)를 설치하기로 하며, 임대인은 이를 동의 하고 최대한 협조 하기로 한다.

5. 계약종료 시 임차인이 설치한 시설물 등은 모두 원상복구(철거)하기로 한다.
(이때, 발생하는 모든 비용은 임차인이 부담하기로 한다.)

6. 일반적인 사항은 부동산관례 및 해당법률에 의한다.

> 임대계약서 작성 시 인테리어 철거 원상회복은 특약으로!

본 계약을 증명하기 위하여 계약 당사자가 이의 없음을 확인하고 각각 서명·날인한다.   20██년 12월 23일

❺ 구두 약속이 있다면 반드시 특약으로 기재한다

계약서 작성을 다 마쳤는데, 추가로 요구사항이나 합의사항이 생길 수도 있다. 계약의 효력은 서면으로 작성하지 않고 구두상으로만 하였다 해도 당사자 간의 합의만 있었다면 효력은 발생한다. 그러나 구두로 한 약속은 향후 분쟁이 발생할 경우 증인이 없으면 입증하기가 매우 어렵다. 그러므로 계약서 작성 이후에 다른 구두 약속이 생겼다면 계약서를 다시 작성하거나 아니면 특약사항란에 추가로 기재해 놓는 것이 좋다.

150

문제 임차인과 빠르게 합의 보는 법
- 제소전 화해조서

임대업을 하다 보면 다양한 사람을 임차인으로 만나게 된다. 월세가 3개월 이상 연체되거나, 처음 약속한 용도대로 사용하지 않아 내보내야 하는 경우도 생긴다. 하지만 내 마음처럼 임차인이 순순히 나가주지 않는다. 특히, 권리금을 주고 들어온 경우와 내부인테리어를 한 임차인일수록 버티기 기술이 만만치 않다.

이럴 때 임대인은 명도소송을 생각하게 된다. 하지만 명도소송은 판결문이 나올 때까지 최소 5개월에서 길게는 1년까지 걸린다. 또한, 판결을 받아도 임차인이 못 나겠다고 버티면 강제집행절차까지 밟아야 한다.

이러한 시간과 에너지의 소비를 줄이기 위해서 '상가임대차계약서'를 작성할 때 미리 '제소전 화해조서'를 받아놓는 것이 좋다. 물론 비용은 들지만 나중에 문제가 발생했을 때 들어가는 시간이나 명도소송비용에 비하면 부담 없는 수준이다.

제소전 화해조서, 소송 없이 강제집행 신청 가능

제소전 화해조서는 소송 전 당사자 간의 화해가 이루어졌음을 확인하기 위한 서식이라고 생각하면 된다. 어떠한 분쟁이 발생할 경우 소송으로 이어지는 것을 방지하기 위해 미리 양 당사자가 판사 앞에서 서로 화해하도록 약속한 문서를 말한다.

제소전 화해조서는 판결문과 같은 효력이 있기 때문에 별도의 소송을 제기할 필요 없이 곧바로 임차인을 상대로 부동산 인도 강제집행을 신청할 수 있다.

제소전 화해조서 절차

1. 화해신청서 작성 후 법원에 접수
2. 법원이 임대인과 임차인에게 화해 기일을 지정
3. 화해 기일에 임대인과 임차인 법원에 출석
4. 작성된 제소전 화해신청서의 내용으로 화해한다는 의사를 표시
5. 위 내용을 토대로 법원은 화해조서를 작성하여 임대인과 임차인에게 송달

임차인도 꼼꼼하게!
작성 시 유의사항

한번 작성된 화해조서는 판결문과 동일한 효력이 발생한다. 임대인과 임차인 쌍방에게 법적 구속력이 생기는 것이다. 그러므로 임대인과 임차인은 신중하게 작성해야 한다.

작성 시 임대인은 부동산의 표시(부동산의 일부에 대한 임대차일 경우에는 도면 첨부), 계약의 기간, 약정된 해지사유 등을 정확하게 기재하는 것이 좋다. 임차인은 해당 임대차 내용과 비교했을 때 불리한 내용은 없는지, 강행규정에 위반되는 내용

은 없는지 등을 꼼꼼하게 살펴보는 것이 좋다.[*]

일반적으로 제소전 화해조서에는 다음과 같은 사항이 기재된다.

1. 임차인은 계약기간이 만기가 되면 임차물을 임대인에게 반환한다.
   (시설물 등에 대한 원상회복 내용 포함)

2. 계약기간 동안의 월세, 관리비, 부가세 등에 대한 내용 및 지급방법
   (위의 항목이 연체되었을 때 연체이자 이율 및 가산금 등에 대한 약정 포함)

3. 사용용도 무단변경, 무단전대, 월세 연체 시 임차인의 기한이익의 상실 및 임대인은 계
   약을 해지할 수 있다.

신청 비용은 70만~150만원

제소전 화해는 대부분 변호사사무실에 위임해서 진행한다. 비용은 사무실마다 다르나 70만~150만원(VAT 별도, 실비 별도) 선이다.

임대인과 임차인이 직접 출석하면 비용을 아낄 수 있다. 만약 변호사 2명이 임대인과 임차인을 대리해서 출석하게 되면 비용이 더 비싸진다.

● 상가임대차보호법은 편면적 강행규정이므로 임차인에게 일방적으로 불리한 특약사항은 무효가 될 수도 있기 때문이다.

151

우리가 수익형 부동산에 투자하려는
이유는 무엇인가? (feat. 상가투자의 본질)

1 | 본질적 가치를 인위적으로 변형해서는 안 된다

'오피스텔', '생활형 숙박시설(이하 생숙)', '지식산업센터(이하 지산)'는 상가와 더불어 가장 대표적인 수익형 부동산이다. 그러므로 노후를 대비해서 또는 월세 수익을 얻기 위한 임대업을 목적으로 매수를 했다면 정말 괜찮은 투자 대상물이다.

그런데 상승장이어서 시세차익형 부동산에 투자를 하고 싶은데 아파트의 가격이 너무 많이 올랐고 규제가 심해서 본질적인 대상물에 투자를 하지 못하고 '꿩 대신 닭'이라는 심정으로 자신만의 투자기준 없이 주변 분위기에 휩쓸려 오피스텔, 생숙, 지산 등에 투자하지 말아야 한다. 즉 해당 물건에 대한 본질적 가치를 인위적으로 변형해서 투자를 하면 안 된다는 것이다.

이러한 투자는 경험상 상승장이 막바지에 나타나는 현상인데 하루가 다르게 가격이 상승하는 것을 보면서 지금 당장 뭐라도 해놓지 않으면 시간이 갈수록 상대적으로 큰 손해를 보겠다는 조급한 마음에 일단 저지르고 보자는 생각에서 비롯된 경우가 많다.

2 | 정체성의 혼란

조금 억지스러운 예가 될 수 있지만 이는 마치 상승장일 때 시세차익을 목적으로 구분상가를 분양받아서 전세를 놓고 몇 년 후에 가격이 올라가면 팔겠다는 생각과 같을 수 있다. 물론 구분상가라고 해서 시세차익이 아예 없는 것은 아니다. 그런데 구분상가의 가격은 수익률이 '몇%냐?'가 좌우하기 때문에 결국 가격이 상승하려면 임대가가 그만큼 상승해야 한다. 그러므로 구분상가의 수익형 부동산이라는 본질을 인위적으로 변형해서 시세차익형처럼 접근해서는 안 된다.

최근에 유행했던 지산도 이와 같다. 지산은 예전부터 대표적인 수익형 부동산이었다. 즉 분양(매수)을 받아서 공장이나 사무실 등으로 세를 놓아서 월세를 받는 상품이다. 그런데 최근 몇 년 사이에 지산의 정체성에 혼란이 생겼다. 투자의 본질을 잃은 돈들이 하나둘 모여들기 시작하면서 '속은 수익형'인데 보이는 '겉은 시세차익형'처럼 포장이 되었다. 그런데 지산의 현재 분위기는 어떠한가? 여러분이 스스로 한번 판단해 보았으면 한다. 지산의 본질처럼 수익형 부동산으로 접근해서 월세수익을 안정적으로 받다가 나중에 매도했을 때 얻을 수 있는 시세차익은 부수적인 것이다. 그런데 최근 지산에 투자한 사람들은 주된 목적을 월세수익보다는 향후 시세차익에 두고 불나방이 되어 날아들었다. 그러므로 해당 부동산이 갖고 있는 본질적인 가치를 인위적으로 변형해서 투자대상물로 설정해서는 안 된다.

부동산은 저마다 존재의 이유와 목적이 있다. 그러므로 수익형 부동산을 상승장일 때, 정체성을 인위적으로 시세차익형 부동산으로 변환해서 접근하지 않았으면 한다. 정체성을 인위적으로 변경할 경우 상승장일 때에는 좋아 보여도 하락장일 때에는 버틸 수 없게 되어 후회하는 경우가 많기 때문이다.

3 | 덧붙이는 조언

투자대상물의 본질은 절대적인 개념이 아니라 상대적인 개념이다. 즉 누군가에겐 좋은 물건이 나에게는 안 좋은 물건이 될 수도 있다. 그러므로 중요한 것은 주변의 분위기에 휩쓸려 안 어울리는 옷을 입지 않는 것이다. 자신에게 가장 편하면서도 본인의 스타일에 맞는 옷을 입을 줄 알아야 한다. 물론 주변 사람들이 어떤 옷을 입는지 살펴볼 필요는 있지만 꼭 따라서 똑 같이 입을 필요는 없다. 왜냐하면 체형이나 스타일이 다르기 때문이다.

그런 의미에서 오피스텔, 생숙, 지산을 시세차익형 부동산으로 접근했다면 굉장히 잘못 산 옷이라 할 수 있다. 하지만 이와는 반대로 안정적인 월세를 받기 위해 수익형 부동산으로 접근했다면 굉장히 편한 딱 맞는 옷이 될 수도 있다.

스타일이 마음에 들고 착용했을 때 편해야 오래도록 즐겨 입을 수 있게 된다는 사실을 알고 있었으면 한다.

돈이 된다! 스마트스토어

엑스브레인 지음 | 22,000원

3년 연속 베스트셀러!
줄 서서 듣는 엑스브레인 명강의!
'덕구 씨는 어떻게 연매출 30억을 뚫었을까?'

왕초보를 위한 최고의 책!
아이템 선택/상위노출 비법/상세페이지 구성/무료광고/
매출분석/어뷰징(슬롯)

돈이 된다! 해외소싱 대박템

하태성(물주 하사장) 지음 | 22,000원

국내 유명 셀러를 부자로 만든
하사장의 해외소싱 비법 대공개!
돈많은 언니, 유정햇살, 정다르크 강력 추천!

대박템 족집게 체크리스트/최저가 소싱처 발굴법/
나만의 브랜드 차별화 비법
부록 해외소싱쿠폰

★ 〈돈이 된다! 쿠팡〉 책도 곧 출간됩니다.

맘마미아 월급재테크 실천법

맘마미아 지음 | 18,000원

**사회초년생에게 가장 많이 선물하는 책!
이 책대로 하면
당신도 월급쟁이 부자가 된다!**

통장관리/가계부 작성/예적금, 펀드, 주식 경매 총망라!

부록 금융상품 Top3/연말정산/청약/보험 체크리스트 수록

맘마미아 가계부

맘마미아 지음 | 12,000원

**100만 회원 감동 실천!
9년 연속 1등 국민 가계부!**

3종 선물

❶ 영수증 모음봉투 ❷ 무지출 스티커 ❸ 한눈에 가계부

* 매년 출간됩니다.
* 온라인 가계부(굿노트 버전) 진서원 스마트스토어 판매 중!

함께 읽으면 좋은 <진서원> 책들

**심정섭의
대한민국
학군지도**

국내 최초 학군 투자서!
자식교육＋노후대비 최고 해결사!

10년 가까이 사랑받은 베스트셀러!
최신 개정증보판 출간!

심정섭 지음 | 값 35,000원

**김지혜의
부동산
경매지도**

네이버 태양신의 핵심지 입찰 족보!

왕초보 필독 입지 PICK!
(서울 28곳, 수도권 39곳, 지방 11곳)

가성비 투자물건 PICK!
(아파트 14개, 빌라&단독 12개, 오피스텔&지산 22개, 토지 20개,
상가&꼬마빌딩 1개)

김지혜 지음 | 값 38,000원

**법인으로
투자할까
개인으로
투자할까**

부동산 명의 선택이 수익을 좌우한다!

1인 법인 설립부터 흑자 운영 비법까지!
연봉 7천만원 흑자 법인 대표가 되는 법 소개!

인아랑(따스한 지인) 지음 | 값 22,000원

**50억짜리
임장
보고서**

왕초보 3년 만에 부자가 된 비결!

1달에 1곳, 시크릿 임장 챌린지!

<책 속 부록> 1천만원 아파트 투자법
<별책 부록> 50억 임장 노트

성연경 지음 | 20,000원